Dr. Erich R. Utz (Hrsg.)

Digitalisierung – »the next challenge« für Sparkassen

Dr. Erich R. Utz (Hrsg.)

Digitalisierung – »the next challenge« für Sparkassen

Handlungsfelder zur künftigen Gestaltung des Geschäftsmodells in Sparkassen

1. Auflage

Mit Beiträgen von:

Jens Biehsmann, Dr. Markus Bock, Heinz-Paul Bonn, Christian Damaschke/ Carsten Giebe, Klaus G. Leyh/Dr. Stephan Spieleder, Thomas Hämmerl/Marcus Kaletta, Siegfried Knoche/Laura Linzmeier/Tobias Sterr, Dr. Rainer Klingeler, dr inż. Piotr Komorowski, Teresa März, Prof. Dr. Marcus Riekeberg, Dr. Reinhold Roller, Peter Marc Stober/Frank Demmer, Dr. Erich R. Utz, Prof. Dr. Harry Wagner/Markus Derer

Deutscher Sparkassenverlag Stuttgart

Bibliografische Information der Deutschen Nationalbibliothek

Die Deutsche Nationalbibliothek verzeichnet diese Publikation
in der Deutschen Nationalbibliografie;
detaillierte bibliografische Daten sind im Internet
unter http://dnb.de abrufbar.

Alle Angaben wurden sorgfältig ermittelt, für Vollständigkeit
oder Richtigkeit kann jedoch keine Gewähr übernommen werden.

© 2020 Deutscher Sparkassen Verlag GmbH, Stuttgart
Alle Rechte vorbehalten.
Dieses Werk einschließlich aller seiner Teile ist urheberrechtlich
geschützt. Jede Verwertung außerhalb der engen Grenzen des
Urheberrechtsgesetzes ist ohne Zustimmung des Verlages
unzulässig und strafbar. Das gilt insbesondere für Vervielfältigungen,
Übersetzungen, Mikroverfilmungen und die Einspeicherung
und Verarbeitung in elektronischen Systemen.

www.dsv-gruppe.de

Lektorat: Richard Speier
Herstellung: Jeanette Nickoll
Umschlaggestaltung nach einer Konzeption
von Groothuis, Lohfert, Consorten, glcons.de, Hamburg
Typografie nach einer Konzeption
von Rainer Leippold, Leonberg
Satz: Reemers Publishing Services GmbH, Krefeld
Druck und Binden: mediaprint solutions GmbH, Paderborn
Papier: Hergestellt aus 100% chlorfrei gebleichtem Zellstoff
Printed in Germany

ISBN: 978-3-09-312068-8
1. Auflage 01/2020
301 028 001

Inhaltsverzeichnis

	Grußwort Roland Schmautz, Vizepräsident des Sparkassenverbandes Bayern	13
	Vorwort des Herausgebers Dr. Erich R. Utz, Vorstandsmitglied der Kreissparkasse Kelheim	15
	Vorwort Martin Neumeyer, Verwaltungsratsvorsitzender der Kreissparkasse Kelheim und Landrat des Kreises Kelheim	17
	Vorwort Professor Dr. Dr. Dr. h.c. F. J. Radermacher, Universität Ulm	19

Teil 1:	Strategie, Betrieb und Vertrieb	21
1	**Digitalisierung und Sparkassen – geschäftspolitische Herausforderung, Evolution oder Tipping Point**	23
	Dr. Erich R. Utz, Kreissparkasse Kelheim	
1.1	Geschäftspolitische Bedeutung und Einordnung des Begriffes Digitalisierung in Sparkassen	23
1.2	Was bedeutet Digitalisierung nicht – Versuch einer Abgrenzung	24
1.3	Geschäftspolitik heute und morgen – what is the big difference?	26
1.4	Was ist vielleicht übermorgen?	27
1.5	Geschäftspolitische Herausforderung und evolutionäre Geschäftsentwicklung	28
1.6	Schlusslehre	29
1.7	Managementtheorie und Praxis	31
1.8	Zusammenfassung und Ergebnis	35
2	**Digitalisierung als Teil des Öko-Systems der Menschheit: Chance oder Risiko?**	37
	Prof. Dr. Harry Wagner und Markus Derer, FMS Future Mobility Solutions GmbH	
2.1	Digitalisierung: ein Erklärungsversuch	37
2.2	Digitalisierung im Unternehmenskontext	40
2.2.1	Innovation durch Disruption	40
2.2.2	Innovation durch Evolution	41
2.2.3	Vertikalisierung von Wertschöpfungsketten	41
2.2.4	Plattform-Ökonomie	41
2.2.5	Big Data Footprints	41

2.3	Digitalisierung gibt es nicht zum Nulltarif	42
2.3.1	Die geopolitische Herausforderung	44
2.3.2	Die soziale Herausforderung	45
2.3.3	Die ökologische Herausforderung	45
2.4	Digitalisierung ist Chance und Risiko zugleich	46
2.4.1	Problemsteigerung durch Effizienzsteigerung: ein Beispiel	46
2.4.2	Digitalisierung des sozialen Lebens: Die neuen Regeln der menschlichen Interaktion	47
2.4.3	Digitalisierung von Unternehmen: Was sie kann und was nicht	49
2.5	Warum wir diesen Megatrend so kritisch hinterfragen	50
3	**Rechtliche Auseinandersetzung mit der Digitalisierung in der Sparkasse und Folgerungen**	**53**
	Rechtsanwalt Dr. Reinhold Roller, München	
3.1	Vertragsabschluss im digitalen Zeitalter	53
3.2	Video-Identifizierung	54
3.3	Mobile Payment Services via App	55
3.4	Gesetz zur Beaufsichtigung von Zahlungsdiensten (ZAG)	57
3.5	Kommunikation via App und elektronischem Postfach	57
3.6	Datenverwaltung, z.B. Profiling und Cloud-Dienste	58
3.7	Nutzung von Cloud-Diensten	59
3.8	Onboarding und Onlinestrecke	60
3.9	Geldwäschegesetz und Onboarding	60
3.10	Beispiel: Robo-Advice	61
3.11	Schlussbemerkung	62
4	**Strategische Ausrichtung der Sparkassen in der Digitalisierung und der Weg der operativen Umsetzung**	**63**
	Siegfried Knoche (Sparkassenverband Bayern), Laura Linzmeier (Sparkassen Consulting GmbH) und Tobias Sterr (Sparkassenakademie Bayern)	
4.1	Management Summary	63
4.2	Digitalisierung und die Auswirkungen auf Sparkassen	64
4.2.1	Definition Digitalisierung	64
4.2.2	Sparkassen im Spannungsfeld von Niedrigzinsen, Regulatorik und Digitalisierung	66
4.2.3	Auswirkungen der Digitalisierung	68
4.2.3.1	… auf den Menschen als Kunde und Mitarbeiter der Sparkasse	69
4.2.3.2	… auf den Betrieb und die Prozesse der Sparkassen	70
4.2.3.3	… auf die Regulatorik	72
4.3	Digitalisierung des Bankenmarktes – sind FinTechs oder Internetriesen die eigentliche Gefahr für Sparkassen?	73
4.4	Exkurs: Kundenerwartungen und Kundenverhalten im Kontext der Digitalisierung	76

4.5	Strategisches Zielbild zur Digitalisierung und der Weg einer Sparkasse zur individuellen Digitalisierung	78
4.5.1	Moderne Sparkasse im Kontext der Digitalisierung – Zielbild Digitalisierung	80
4.5.2	Umsetzung der Digitalisierung in Sparkassen – Vorgehensmodell und zentrale Instrumente in der S-Finanzgruppe	82
4.6	Umsetzung der Digitalisierung in den drei Dimensionen Kunde, Mitarbeiter und Sparkasse	86
4.6.1	Dimension Kunde	87
4.6.1.1	Mit der Multikanalfähigkeit als Reaktion auf hybrides Kundenverhalten zur nachhaltigen Kundenbindung	88
4.6.1.2	Mit einem multikanalen Produktangebot und dem Ökosystem zur Marktführerschaft	90
4.6.2	Dimension Mitarbeiter	91
4.6.2.1	Analyse	94
4.6.2.2	Planungsworkshop	95
4.6.2.3	Kick-Off	95
4.6.2.4	Digitaler Führerschein	95
4.6.2.4	Bildungsmaßnahmen	96
4.6.2.5	Nachhaltigkeit	97
4.6.3	Dimension Betrieb	98
4.6.3.1	Aufbauorganisatorische Anpassungserfordernisse	98
4.6.3.2	Quantitative und qualitative Überprüfung des Standortnetzes	99
4.6.3.3	Standardisierung, Digitalisierung und Automatisierung der Prozesswelt	99
4.6.3.4	Hebung von Potenzialen in Rahmen der Industrialisierung	100
4.7	Erfolgsfaktoren für die Digitalisierung in Sparkassen	100
4.8	Ausblick	101
5	**Digitalisierung und deren Einflussfaktoren im Betrieb der Sparkasse**	**105**
	Thomas Hämmerl und Marcel Kaletta, Sparkassen Consulting GmbH	
5.1	Management Summary	105
5.2	Was bedeutet die Digitalisierung für eine Sparkasse im Betrieb?	107
5.3	Digitale Transformation: Besondere Herausforderung für Sparkasse und Mitarbeiter	111
5.3.1	Herausforderung Automatisierung	112
5.3.2	Herausforderung Organisation	114
5.3.3	Herausforderung Mensch und Kultur	117
5.3.4	Herausforderung Transformation	120
5.4	Auszug aktueller Rahmenbedingungen und Entwicklungen in der S-Finanzgruppe	122
5.4.1	Exkurs: Betriebsstrategie der Zukunft (BdZ)	122
5.4.2	Exkurs: Bürokommunikationsstrategie der Finanz Informatik	125

5.4.3	Exkurs: ProzessPlus (PPS) für Sparkassen	127
5.5	Digitale Transformation innerbetrieblicher Prozesse	127
5.5.1	Vorgehensmodell zur erfolgreichen Umsetzung der digitalen Transformation	127
5.5.2	Einfluss- und Erfolgsfaktoren digitaler Transformation in einer Sparkasse	129
5.5.2.1	Analyse	129
5.5.2.2	Umsetzung der Technologie	130
5.5.2.3	Optimierung der Prozesse	131
5.5.2.4	(Regelmäßige) Anpassung und Weiterentwicklung	131
5.5.2.5	(Regelmäßige) Schulungen und Reviews	131
5.6	Ausblick	132
6	**Sparkassen-DataAnalytics: Den Datenschatz der Sparkassen-Finanzgruppe heben**	**139**
	Christian Damaschke und Carsten Giebe, Sparkassen Rating und Risikosysteme GmbH (SR)	
6.1	Auf zu neuen Ufern – warum in See stechen?	139
6.2	Die See wird rauer – ein Blick nach Backbord und Steuerbord	142
6.3	Den Datenschatz der Sparkassen-Finanzgruppe heben	144
6.4	Hart am Wind – alle Mann an Bord!	149
6.5	Aus dem Krähennest betrachtet	152
7	**IT als strategische Ressource der Finanzwirtschaft**	**155**
	Dr. Markus Bock, Finanz Informatik	
7.1	Einleitung	155
7.2	Strategische Herausforderungen im Banking	155
7.3	Bedeutung der Digitalisierung	157
7.3.1	Betriebswirtschaftliche Bedeutung der Digitalisierung	158
7.3.2	Plattformökonomie	159
7.3.3	Veränderungsfähigkeit am Beispiel Allfinanz	160
7.4	IT im Kontext der Digitalisierung	161
7.4.1	Bedeutung der IT in einer Retailbank	162
7.4.2	Standardisierte Abbildung unterschiedlicher Betriebsmodelle	163
7.4.3	Digitalisierung ist Kerngeschäft der IT-Dienstleister	164
7.4.4	Zentralisierte IT ist Stärke der Sparkassen-Finanzgruppe	165
7.4.5	Aktuelle Gestaltungsschwerpunkte im Kontext der Digitalisierung	167
7.4.6	Auf dem Weg zur Plattformökonomie	170
7.4.7	Erfolgsfaktor Innovationskultur	172
7.5	Moderne Banksteuerung rückt in den Fokus	173
7.5.1	Digitalisierung und Banksteuerung	173
7.5.2	Nutzen einer digitalisierten Banksteuerung	174
7.5.3	Perspektiven einer digitalisierten Banksteuerung	175

Teil 2:	**Verbund**	177

8	**Digitalisierung als Chance und Herausforderung begreifen – Die Versicherungskammer als digitaler Vorreiter unter den öffentlichen Versicherern**	**179**
	Klaus G. Leyh und Dr. Stephan Spieleder, Versicherungskammer Bayern	
8.1	Einleitung	179
8.2	Digitalisierung: Kunden und Vertriebspartner im Mittelpunkt	179
8.2.1	Veränderte Kundenerwartungen	180
8.2.2	Steigende Anforderungen für den Konzern Versicherungskammer und die Vertriebspartner	182
8.3	Digitale Transformation: Die Versicherungskammer und ihre strategische Ausrichtung in der S-Finanzgruppe	186
8.3.1	Wertbeitrag und wichtigste Technologiefelder	186
8.3.2	Voraussetzungen für eine erfolgreiche Transformation	187
8.3.2.1	Vom Kunden her gedacht	188
8.3.2.2	Die digitale Perspektive erweitern	188
8.3.2.3	Das digitale Portfolio auswählen	189
8.3.2.4	Die Anwendungen stetig weiterentwickeln (Launch & Iterate)	189
8.3.2.5	Den digitalen Kulturwandel vorantreiben	189
8.3.3	Strategische Ausrichtung des Konzerns Versicherungskammer	190
8.3.4	Digitalisierung in der S-Finanzgruppe	193
8.4	Ausgewählte digitale Lösungen im Portfolio der Versicherungskammer	195
8.4.1	S-Versicherungsmanager	195
8.4.2	Situative Versicherungen	198
8.4.3	Apps und Anwendungen	200
8.4.4	Advanced Analytics	200
8.5	Mehrwerte der Digitalisierung	203
8.5.1	Mehrwerte für Kunden, Partner und das Unternehmen	203
8.5.2	Der personell-digitale Vertrieb	205
8.6	Conclusio / Schlusswort	207

9	**Digitalisierung in der Landesbausparkasse**	**209**
	Peter Marc Stober, LBS Hessen-Thüringen, und Frank Demmer, LBS West	
9.1	Prolog	209
9.2	Kundenperspektive	210
9.3	Zielbild LBS-Gruppe	211
9.4	Kundenreise	211
9.5	Künftiges Digitales Ökosystem	212

Teil 3:	**Querschnittsthemen**	217

10	**Disruption – Buzzword oder klar abgrenzbares Phänomen in Veränderungsprozessen?**	219
	Prof. Dr. Marcus Riekeberg, Sparkassen Consulting GmbH	
10.1	Alles wird anders	219
10.2	Innovation oder Disruption?	222
10.3	Die drei Perspektiven disruptiver Veränderungsprozesse	225
10.3.1	Erste Perspektive: inhaltliche Begründung disruptiver Veränderungsprozesse	225
10.3.2	Zweite Perspektive: Die Geschwindigkeit disruptiver Veränderungsprozesse	227
10.3.3	Dritte Perspektive: Wahrnehmung der Veränderung oder das Wellenmodell der Disruption	229
10.4	Bewertung der aktuellen Entwicklung in der Finanzdienstleistungsbranche	230
10.4.1	Erster Blickwinkel – die Grundprinzipien der Disruption – übertragen auf den Bankensektor in Deutschland	230
10.4.2	Die Geschwindigkeit des Veränderungsprozesses in der Finanzdienstleistungsbranche	235
10.4.3	Übertragung des Wellenmodells auf die Finanzdienstleistungsbranche	236
10.5	Gegenstrategien – oder besser »Mit-Strategien«	237
10.6	Fazit	240

11	**Auf dem Weg zur »Every-Day-/Every-Pay-Bank«**	243
	Heinz-Paul Bonn, HPBonn Consulting	
11.1	Künstliche Intelligenz als permanenter Einfluss	243
11.2	Jeder Service ist eine Transaktion	243
11.3	»KI-Kunden« werden Key-Kunden	245
11.4	Transaktionen sind Informationen	246
11.5	Den Daten auf der Spur	247
11.6	Plattform für die Plattform-Ökonomie	248
11.7	Strategien für das »Internet der Dollars«	250

12	**Process Mining als Grundlage für die Digitalisierung der Geschäftsmodelle**	253
	Dr. Rainer Klingeler, CP Consulting Partner AG	
12.1	Einleitung	253
12.2	Process Mining und Prozessanalyse	256
12.3	Die Bedeutung der Prozessanalyse für das Geschäftsmodell	258
12.3.1	Optimierung	258
12.3.2	Die Bankenaufsicht und Geschäftsprozesse	260
12.4	Die Methodik des Process Mining	262

12.4.1	Definitionen und Begriffe	262
12.4.2	Datenanforderungen	264
12.4.3	Der ETL-Prozess	265
12.4.4	Software-Auswahl	266
12.4.5	Miner	268
12.5	Praxisbeispiele	270
12.5.1	Kreditprozess Retailgeschäft	270
12.5.2	Anwendung von Machine-Learning-Algorithmen auf Prozessdaten	273
12.6	Ausblick	274

Teil IV:	**Praxis**	277
13	**Verwendung von Sparkassen-DataAnalytics (SDA) in der Verteilung von Vertriebszielen**	**279**
	Jens Biehsmann, CP Consultingpartner AG	
13.1	Planungs- und Verteilungsverfahren im Kundengeschäft	279
13.1.1	Aktuelle Herausforderungen an die Planung des Kundengeschäfts	279
13.1.2	Integrierter Ansatz – Strategie, Operative Planung, Vertriebsziele	280
13.1.3	Ausgestaltung von Vertriebszielen	283
13.2	Absatzziele für Vertriebseinheiten	285
13.2.1	Adressaten	285
13.2.2	Anforderungen Verteilung	286
13.2.3	Verteilungsverfahren	286
13.2.3.1	Verteilen über Vererben	288
13.2.3.2	Verteilung über Kundenscores	289
13.2.3.3	Verteilung über Segmentscores	291
13.2.4	Bewertung der Verfahren	294
14	**Umsetzungsempfehlung für das Digitale Beratungs-Center in der Kreissparkasse Kelheim**	**295**
	Teresa März B.A., Kreissparkasse Kelheim (gekürzte Fassung der Bachelor-Thesis)	
14.1	Einleitung	295
14.2	Makroökonomische- und Wettbewerbsanalyse und Handlungsoptionen	296
14.2.1	PESTEL-Analyse	296
14.2.2	Wettbewerbsanalyse	297
14.2.3	Handlungsoptionen für das Kundengeschäft	299
14.2.4	Herausforderung für die Kreissparkasse Kelheim	302
14.3	Rolle des künftigen Kundenverhaltens	303
14.3.1	Aktuelle und zukünftige Erwartungen an die Sparkassen	303
14.3.2	Auswirkungen auf die Zielgruppenbildung	304

14.4	Die Kundenkommunikation der Zukunft	306
14.4.1	Handlungsmöglichkeiten für die Kundeninteraktion	306
14.5	Veränderung der Beraterrolle	310
14.5.1	Anforderungen des Kunden an den Berater	310
14.5.2	Veränderung der Erwartungshaltung der Sparkassen an die Berater	311
14.6	Die Rolle des Back-Office in der künftigen Kundenbeziehung	314
14.6.1	Auswirkungen auf die Organisationsentwicklung im Back-Office	314
14.6.2	Anforderungen an die Systeme und Technik im Back-Office	317
14.7	Handlungsoptionen für das Digitale Beratungs-Center	319
14.8	Zusammenfassung	326
15	**Role of digitization for German savings banks**	329
	dr inż. Piotr Komorowski, Assistant Professor, Department of Finance, Institute of Sociology, Faculty of History and Social Sciences, Cardinal Stefan Wyszyński University in Warsaw, Poland	
15.1	Introduction	329
15.2	The era of the digital economy in the context of the functioning of German savings banks	329
15.3	Forces that push digitization	331
15.4	In search of new sources of competitive advantage	335
15.5	Revolution of the business model – get ready for a long journey	337
15.6	Threats of digital revolution	341
15.7	Summary	342
	Autoren	347
	Stichwortverzeichnis	351

Grußwort Roland Schmautz, Vizepräsident des Sparkassenverbandes Bayern

Liebe Leserin, lieber Leser,

der Megatrend »Digitalisierung« wird die Finanzbranche stark verändern, denn Geld ist – mit Ausnahme von Bargeld – schon digital. Das macht es für neue Angreifer, vor allem aus den Bereichen BigTech und FinTech, leichter, in die Märkte der regionalen Sparkassen und Genossenschaftsbanken einzudringen. Denn die Digitalisierung verändert das Kundenverhalten und die Kundenerwartung radikal.

»Wie können also regionale Sparkassen und Genossenschaftsbanken ihren Auftrag erfüllen, für ihre Kunden attraktiv und relevant bleiben und gleichzeitig in ein zukunftsfähiges, tragfähiges Geschäftsmodell transformieren?«

Dazu werden sich Sparkassen in den nächsten Jahren noch stärker auf ihre Kunden ausrichten und zu »echten Vertriebssparkassen« entwickeln. Sie werden den »Datenschatz« heben und daraus Mehrwert für ihre Kunden generieren.

Dazu gehören in digitalen Zeiten auch wettbewerbsfähige Preise. Die Sparkassen sind derzeit eher »Manufakturbetriebe«, in denen vor Ort noch mal Hand anlegt, diskutiert, verändert, dokumentiert, administriert und geprüft wird. Ziel muss es sein, eher in ein »Franchise-Modell« mit fertigen, geprüften Produkten, Prozessen zu wechseln. Nur mit hochgradig standardisierten und automatisierten Produkten und Prozessen werden wir wettbewerbsfähig bleiben. Deshalb wird die Digitalisierung auch die Architektur der Zusammenarbeit der Sparkassen-Finanzgruppe verändern.

Liebe Leserin, lieber Leser, für diesen Transformationsprozess gibt es viele Ansatzpunkte und Vieles ist noch in Bewegung. Das macht es so spannend. Die Beiträge in diesem Buch geben einen guten Ein- und Überblick, sollen zum Nachdenken anregen und Sie motivieren, möglichst bald mit Ihrer »digitalen Challenge« zu beginnen.

Ich wünsche Ihnen viel Spaß beim Lesen und die Kraft und das Glück für die richtigen Entscheidungen. Viel Erfolg!

München, im Januar 2020

Roland Schmautz,
Vizepräsident
des Sparkassenverbandes Bayern

Vorwort des Herausgebers Dr. Erich R. Utz, Vorstandsmitglied der Kreissparkasse Kelheim

Man muss wissen,
wo man herkommt,
aber auch wo man hinwill,
vor allem aber,
wo man nicht hinwill.

Dr. Erich R. Utz

Unsere Welt verändert sich. Gerade Sparkasse und Genossenschaftsbanken sind mit Blick auf den Wandel, den die Digitalisierung mit sich bringt, enorm gefordert. Es geht jetzt darum, mit den Wettbewerbern und auch neuen Marktanbietern sowie internationalen Banken Schritt zu halten, besser noch voranzugehen.

Der stetige Wandel gehört zur Evolution. Dabei setzt sich wie in der Natur auch im Wirtschaftsleben das durch, das sich nachhaltig am besten bewährt. Also ist das Zauberwort an dieser Stelle »Anpassungsfähigkeit«. Diese hängt im Wesentlichen ab von der Geschwindigkeit, in der die Veränderungen erfolgen, von den Stoßrichtungen, in der sie gehen soll, und von den Anspruchsgruppen, die es gilt zu erreichen. Wer diese holistische Anpassungsfähigkeit verliert oder versäumt, gerät sehr leicht in die Schieflage. Ebenso diejenigen, die an bestimmten Tipping Points, also Kipppunkten, bei denen sich abrupt das Umfeld ändert, stehen, Weichen falsch stellen, diese nicht erkennen oder nicht wahrnehmen wollen.

Alles macht nur noch der Computer mittels künstlicher Intelligenz, das ist eine weit verbreitete Meinung im Kontext zur Digitalisierung. Insbesondere wenn wir den Sparkassengedanken fortführen wollen, stehen Sparkassen für die Regionen, die dort lebenden Menschen und ansässigen Firmen. Bei aller Technologisierung wird der Mensch rein aus Evolutionsgesichtspunkten immer eine gewisse Sehnsucht nach der Kommunikation mit seinen Artgenossen haben. Diese Sehnsucht wurde uns in die Evolutionswiege gelegt und macht – wie auch das Bewusstsein – uns Menschen aus. Wenn Kommunikation nicht mehr stattfindet, verarmt der Mensch, er degeneriert. Darüber sollten sich alle, die Visionen hinsichtlich künstlicher Intelligenz haben, im Klaren sein. KI als Unterstützung die Menschen weiterzubringen, nicht das Denken von Menschen abzuschaffen. Das wäre fatal und führt in breiten Schichten tatsächlich zur Degeneration einer Population.

Zusammenfassend bedeutet es, dass die Digitalisierung nicht die Beziehung Mensch zu Mensch, also Kunde zu Sparkassenberater, ersetzt. Vielmehr erfolgt ein Umbau von Serviceleistungen auf die Maschine, Beratungsleistung per se gehört zum Erfolgsmodell von Sparkassen und wird durch die Digitalisierung nicht gänzlich abgelöst.

Gehen wir ein Stück weiter in die Zukunft von Übermorgen, damit ist ein Blick mit einer Range von zehn Jahren gemeint. Es wird sich die gesamte Finanzbranche weiterentwickeln, neue Marktteilnehmer sind schon eingetreten und weitere werden folgen, bisherige werden gänzlich verschwinden. Facebook arbeitet z. B. an einer eigenen Währung, der Kryptowährung Libra. Diese soll sich vornehmlich an Privatleute richten. Damit können dann der Zahlungsverkehr sowie andere Servicefunktionen abgewickelt werden. Das Ganze steckt noch in den Kinderschuhen und die internationalen Bankenaufseher beäugen diese Entwicklung kritisch. Im Kern würde eine Nebenwährung entstehen, die in der zentralen Geldmengensteuerung seitens der Aufsichtsbehörden keine Berücksichtigung findet.

Gerade aus den vorgenannten Gründen ist der Gedanke zu diesem Werk entstanden. Dieses Sammelwerk deckt ein breites Spektrum der »Bedeutung von Digitalisierung« ab. Allen, die zum Gelingen dieses Werkes beigetragen haben, danke ich sehr. Vorneweg Herrn Speier vom Sparkassenverlag, der die Betreuung dieses Buches von Seiten des Deutschen Sparkassenverlags übernahm. Weiter danke ich auch meiner Mitarbeiterin Frau Wichtlhuber, die als Ansprechpartnerin zwischen dem Sparkassenverlag und mir stand. Ebenso Frau Use, die Beiträge korrigierte, unterstützte und kritische Diskussionen begleitete.

Kelheim, im Januar 2020

Dr. Erich R. Utz
Vorstandsmitglied
Kreissparkasse Kelheim

Vorwort Martin Neumeyer, Verwaltungsratsvorsitzender der Kreissparkasse Kelheim und Landrat des Kreises Kelheim

When the wind of change blows,
some people build walls,
others build windmills.

Chinesische Weisheit

Nichts beeinflusst unseren Tagesablauf so sehr, wie die Digitalisierung und ist gleichzeitig mit vielen unbeantworteten Fragen verbunden. Gefährdet sie meinen Arbeitsplatz oder kann sie meinen Berufsalltag erleichtern oder sogar noch interessanter machen?

Hilft Digitalisierung mir dabei gesünder zu leben und wie prägt und beeinflusst sie unsere Jugend?

Digitalisierung ist mittlerweile in allen Lebenslagen gegenwärtig und auch oft mit Ängsten aber auch mit großen Hoffnungen verbunden. Sie ist vor allem eine der größten Chancen unser aller Zukunft zu gestalten.

Die Geschwindigkeit mit der sich die Digitalisierung weiterentwickelt ist enorm und hier gilt es, den Anschluss nicht zu verlieren und eine Vorreiterrolle einzunehmen. Der Faktor Mensch nimmt hierbei die tragende Rolle ein.

Die Digitalisierung beeinflusst auch die Sparkassen sehr stark und doch ist sie der beste Weg, erfolgreiche Geschäftsmodelle weiterzuentwickeln und die Philosophie »die Nähe zum Kunden" langfristig zu bewahren. Ausgewählte Serviceleistungen werden digitalisiert und die hohe Beratungsqualität somit unterstützt.

Dies schafft nachhaltige Kundenerlebnisse, die schon kurzfristig die Akzeptanz der Digitalisierung erhöhen werden.

Hier stehen wir am Beginn eines hochkomplexen Themas. Auch die künstliche Intelligenz wird die Bankenwelt stark verändern. Studien belegen, dass bereits in naher Zukunft die künstliche Intelligenz im Finanzsektor eine immer größere Rolle spielen wird. Eine Technologie, die unvorstellbar große Datenmengen verarbeitet und daraus den maximalen Nutzen generiert – sie geht weit über das traditionelle »Rechnen« hinaus und bietet für alle Beteiligten einen entsprechenden Mehrwert. Die Finanzdienstleistungsbranche ist hier führend bei Investitionen in künstliche Intelligenz. Eine Technologie, die unterstützen, aber nicht das selbstverantwortliche Denken und Handeln der Menschen ersetzen soll. Visionäre Denkansätze stehen klar im Kontext zu Bewusstsein und Kommunikation.

Auch bei der Personalführung ist Digitalisierung längst allgegenwärtig. Hier gilt es Vorbehalte abzubauen und sowohl Mitarbeiter als auch Führungskräfte von Anfang an mit auf den Weg zu nehmen. Zweifellos ist die Digitalisierung mit hohen Investitionen verbunden, doch sich ihr zu verschließen birgt mittelfristig höhere Risiken, als sich auf dieses Thema einzulassen. Vor allem wenn es darum geht, qualifizierte Fachkräfte zu finden und sie langfristig für das eigene Unternehmen zu begeistern. Auch dies trägt maßgeblich zur Wettbewerbsfähigkeit bei.

Dieses Sammelwerk bietet einen breitgefächerten Blick auf das Thema Digitalisierung und nähert sich dieser hochkomplexen Technologie aus unterschiedlichen Blickwinkeln. Ich gratuliere recht herzlich zu dieser gelungenen Publikation und bedanke mich beim Herausgeber und allen Personen, die dazu beigetragen haben, dieses Projekt zu realisieren.

Kelheim, im Januar 2020

Martin Neumeyer
Verwaltungsratsvorsitzender
der Kreissparkasse Kelheim und
Landrat des Landkreises Kelheim

Vorwort Professor Dr. Dr. Dr. h.c. F. J. Radermacher, Universität Ulm

Die enormen Innovationen im Bereich der Informationstechnik, die getrieben werden durch eine Verbesserung der Preis-Leistungs-Relation für elementare Rechenoperationen um den Faktor 2 alle zwei Jahre (sogenanntes Mooresches Gesetz), verändert die Lebensverhältnisse der Menschen wie die Situation in den Märkten in dramatischer Weise. Immer mehr relevante Informationen sind in einer Form verfügbar, die über Rechner, heute häufig auch in Gestalt von Smartphones, verarbeitet werden können. Menschen und Maschinen sind vielfältig durch Netzwerke miteinander verbunden. Daten, die früher mühselig erhoben werden mussten, fallen heute automatisch und praktisch zum Nulltarif an. Mit geeigneten Algorithmen, oft basierend auf statistischer Datenanalyse, heute thematisiert als künstliche Intelligenz, ergeben sich ganz neue Möglichkeiten für Dienstleistungen, auch solche sehr persönlicher Art.

Das Thema betrifft massiv auch die Sparkassen. Bei Geldgeschäften geht es primär um Informationen über verfügbare Finanzmittel, Konten von Partnern, Gebühren, rechtliche Vorschriften, etc. Natürlich spielen in diesem Bereich auch das Vertrauen und persönliche Beziehungen eine große Rolle, weil sich Menschen meist gut überlegen, wem sie ihr Geld oder die finanzielle Wechselwirkung mit Dritten anvertrauen. In Ergänzung zu dieser persönlichen Dimension geht es aber auch um die effiziente, zugleich sichere Abwicklung vielfältiger finanzieller Transaktionen in kurzer Zeit von überall her und zu geringen Kosten. Dabei sind permanent aufwändige Schutzvorkehrungen gegen Cyber-Angriffe zu organisieren.

Alle Finanzdienstleister, auch die Sparkassen, stehen hier vor großen Herausforderungen, denn Investitionskosten für Hard- und Software sind hoch, das Finden qualifizierter Mitarbeiter ist nicht einfach und die Konkurrenz ist hart. Die aus der letzten großen Finanzkrise resultierende Niedrigzinspolitik der Europäischen Zentralbank, die unter den aktuellen Marktgegebenheiten insbesondere auch wichtig ist, um den Zusammenhalt des Euroraums zu sichern, erschwert die Situation der Finanzdienstleister von der Seite der Zinseinnahmen her. In dieser Situation ist die Sicherung der Balance in der Verfolgung vieler Ziele bei gleichzeitiger Wahrnehmung der vielfältigen Verantwortungen der Sparkassen zur Sicherung der ökonomischen Leistungsfähigkeit ihrer Einzugsgebiete, alles andere als einfach.

In diesem Kontext hat Dr. Erich R. Utz, Vorstandmitglied der Kreissparkasse Kelheim, ein neues, interessantes Buch publiziert. Es diskutiert die aufgeworfenen Themen vor dem Hintergrund langjähriger Beschäftigung mit Fragen der Digitalisierung, wie auch der Erfahrungen des Autors in verantwortlichen Positionen im Sparkassensektor. Sein Buch mit dem Titel »Digitalisierung – »The Next Challenge« für Sparkassen« adressiert insbesondere die Themenbereiche

Strategie, Betrieb und Vertrieb, Verbund, Querschnittsthemen (u.a. Disruption) und Praxis.

Das Buch wird vielen Interessierten für das Thema neue Perspektiven eröffnen. Ich beglückwünsche den Autor zu dem Werk und wünsche ihm und dem Buch viele zufriedene Leser.

Ulm, im Januar 2020   Prof. Dr. Dr. Dr. h.c. F. J. Radermacher,
Universität Ulm

Teil 1: Strategie, Betrieb und Vertrieb

1 Digitalisierung und Sparkassen – geschäftspolitische Herausforderung, Evolution oder Tipping Point

Dr. Erich R. Utz, Kreissparkasse Kelheim

»*Change is the law of life.
and those, who look only
to the past or the present
are certain to miss the future.*«

John F. Kennedy

1.1 Geschäftspolitische Bedeutung und Einordnung des Begriffes Digitalisierung in Sparkassen

Unsere Welt verändert sich. Dieser stetige Wandel gehört zur Evolution. Dabei setzt sich sowohl in der Natur als auch im Wirtschaftsleben das durch, was sich nachhaltig am besten bewährt. Also ist das Zauberwort an dieser Stelle »Anpassungsfähigkeit«. Diese hängt im Wesentlichen ab von der Geschwindigkeit, in der die Veränderungen erfolgen, von den Stoßrichtungen, in die es gehen soll, und von den Anspruchsgruppen, die es gilt zu erreichen. Wer diese holistische Anpassungsfähigkeit verliert oder versäumt, gerät sehr leicht in eine Schieflage. Ebenso diejenigen, die an bestimmten Tipping Points, also Kipp-Punkten, bei denen sich abrupt das Umfeld ändert, stehen, Weichen falsch stellen, diese nicht erkennen oder sie nicht wahrnehmen wollen.

Betrachtet man die Entwicklung der Technologie, so lässt sich das gut anhand des folgenden Schaubildes in Abbildung 1 darstellen. Analoges Banking, früher mit Lochkarten und Datenstationen in den Sparkassen in der Folge, erleichterte gerade das Massenaufkommen im Zahlungsverkehr als auch bei der rasant angestiegenen Anzahl der Girokonten in den Sparkassen. Damals, also in den Anfängen der 1970er-Jahre war noch viel Handarbeit in den Sparkassen zu leisten. Die Daten mussten über Stammdaten- und Datenänderungsdienste gesammelt, erfasst und verarbeitet werden. Ab ca. den 1980er-Jahren zog das Terminal und somit die Direkterfassung von Buchungsvorgängen ein. Jetzt war es möglich, direkt in im Datensystem Erfassungen vorzunehmen und auch Zahlungen direkt zu übermitteln. Damals war das eine große Herausforderung, da die Mitarbeiter auf die neuen Systeme geschult werden mussten. Das gesamte Anweisungs- und Kontrollwesen musste daraufhin abgestellt werden.

Ab dem Jahr 2010 zog dann das Multikanalbanking ein. Erste Homebanking-Anwendungen wurden bereitgestellt. Ein wichtiger Schritt in Richtung Digitalisierung war hiermit getan. Ab 2010 wurde die Philosophie der vernetzten Kanäle geplant und angegangen. Derzeit, also Stand 2019, sind Sparkassenkunden in der Lage, ihre Bankgeschäfte ganz und gar in der Internetfiliale abzuwickeln. Geschäftsprozesse, wie z. B. Privatkredite oder andere Serviceprozesse, können nun vom Kunden selbst angesteuert werden. Hier hat sich in der Entwicklung der Sparkassengeschäfte bereits erstmals gezeigt, dass die digitale Zukunft Einzug hält und Kunden sich unabhängig von Beratungszeiten mit Services selbst versorgen können. Das Ziel ist, dass Kunden – je nach Affinität – möglichst viele Finanzprodukte bereits selbst abwickeln oder ordern. In einer Weiterentwicklung sind Versicherungen und Bausparverträge sowie andere Finanzdienstleistungen geplant.

Mit dem im 1. Quartal 2020 kommenden Release können sogar andere Bankenkonten im Rahmen der Multibankingfähigkeit in die Internetfiliale der Sparkasse eingebunden und Prozesse auch dort durchgeführt werden – Entwicklungen also, die zeigen, dass hier im Kundeninteresse auch Mehrwerte geboten werden, die es einfacher machen sollen, als es bisher erscheint.

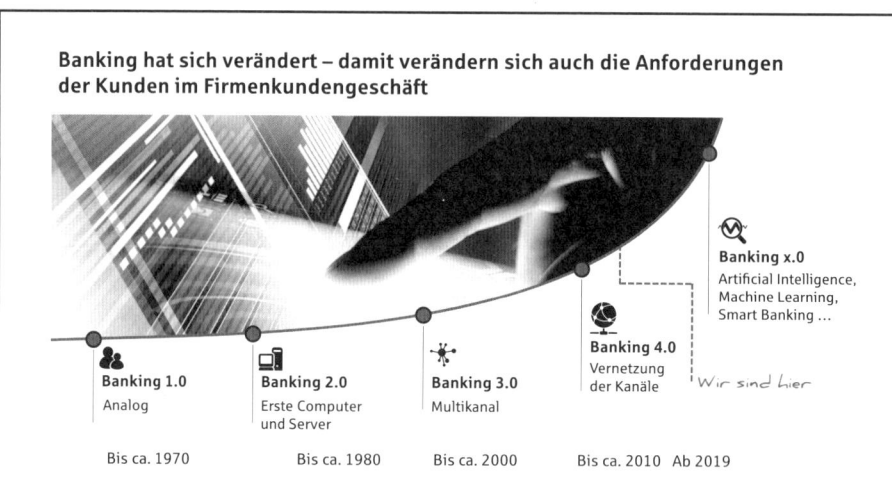

Abb. 1: Veränderungen im Banking (Quelle: Finanz Informatik, Jahreszahlen eigene Darstellung)

1.2 Was bedeutet Digitalisierung nicht – Versuch einer Abgrenzung

Alles macht nur noch der Computer mittels künstlicher Intelligenz (KI), so denken Viele. Kann diese Aussage isoliert stehen? Sicher nicht. Insbesondere wenn wir den Sparkassengedanken fortführen wollen, stehen Sparkassen für die Regionen, die dort lebenden Menschen und ansässigen Firmen. Bei aller Technologisierung wird der Mensch rein aus Evolutionsgesichtspunkten immer eine gewisse Sehnsucht nach der Kommunikation mit seinen Artgenossen haben. Diese Sehnsucht wurde uns in die Evolutionswiege gelegt und macht –

wie auch das Bewusstsein – uns Menschen aus. Wenn Kommunikation nicht mehr stattfindet, verarmt der Mensch, er degeneriert. Darüber sollten sich alle, die Visionen hinsichtlich KI haben, im Klaren sein. KI als Unterstützung, die Menschen weiterzubringen, nicht das Denken von Menschen abzuschaffen. Das wäre fatal und führt in breiten Schichten tatsächlich zu einer Degeneration einer Population. Oft in Science-Fiction-Romanen beschrieben, beispielsweise in Flucht ins 23. Jahrhundert[1] Logan's Run (USA 1976) nach dem Roman Logan's Run (1967) von William F. Nolan und George Clayton Johnson[2].

»Nachdem die Zivilisation infolge von Umweltzerstörung, Überbevölkerung und Krieg untergegangen ist, lebt der Rest der Menschheit im 23. Jahrhundert in einer futuristischen Großstadt, die unter mehreren gigantischen Kuppeln von der Außenwelt völlig abgeschottet ist. Die schöne neue Welt ist eine hochtechnisierte, sorglose Freizeitgesellschaft: Die Menschen sind jung, müssen nicht arbeiten und genießen ihr heiteres Nichtstun. Ehe und Familie sind unbekannt, die freie, unverbindliche Liebe selbstverständlich. Niemand kennt seine Eltern, da alle Menschen in künstlichen Brutstationen gezüchtet werden. Kontrolliert wird die Stadt von einem Supercomputer.«[3]

Digitalisierung ist zunächst nicht intelligent. 0 und 1 stellen grundsätzlich die Basis für den Binärcode dar. »Wir verwenden normalerweise Zahlen, die sich aus den Ziffern 0–9 zusammensetzen. Nach der 9 kommt beim «Hochzählen" dieser Stelle wieder die 0 und die nächst höherer Stelle wird um eins hochgezählt. Zum Beispiel kommt nach der Zahl 3019 die Zahl 3020. Auf der Einerstelle wurde aus der 9 eine 0, und auf der Zehnerstelle wurde aus der 1 eine 2. Nach der 1999 kommt die 2000: Hier pflanzt sich der Wechsel sozusagen von der Einerstelle bis zur Tausenderstelle fort.«[4]

Im weiteren Schritt kommt die Welt der Algorithmen hinzu. »Algorithmus bedeutet dabei im Wesentlichen eine Abfolge von Operationen, die von einem Ausgangszustand zu anderen Zuständen führen, und zwar in einer Sequenz von Bearbeitungsschritten, bis (hoffentlich) ein angestrebter Endzustand erreicht wird. Abhängig von Zwischenzuständen oder anderen Parametern erfolgt auf dem Wege der Abarbeitung der Schritte der Übergang zu weiteren Zuständen.[5]

Zusammenfassend bedeutet es, dass die Digitalisierung nicht die Beziehung Mensch zu Mensch, also Kunde zu Sparkassenberater, ersetzt. Vielmehr erfolgt eine Verlagerung von Serviceleistungen auf die Maschine. Beratungsleistung per se gehört zum Erfolgsmodell von Sparkassen und wird durch die Digitalisierung nicht gänzlich davon abgelöst.

---

1 https://www.astronalpha.de/filme/flucht-ins-23-jahrhundert/, 8.9.2019.
2 Ebenda.
3 Ebenda.
4 https://www.arndt-bruenner.de/mathe/Allgemein/binaersystem.htm, 8.9.2019.
5 Algorithmen, maschinelle Intelligenz, BIG DATA: Einige Grundsatzüberlegungen, (Langvariante) F. J. Radermacher, 2015.

1.3 Geschäftspolitik heute und morgen – what is the big difference?

Befassen wir uns mit der Tiefzinsphase. Das ist derzeit das größte Thema in der Bankenwelt. Auf den Punkt gebracht bedeutet dies, dass eine Fristentransformation kaum mehr möglich ist und die daraus resultierenden Erträge sukzessive mit dem Ablauf von Altzinsblöcken auf der Aktivseite der Sparkasse abnehmen. Der Grund ist schlicht und einfach: Privateinlagen können nach unterschiedlichen Auffassungen in der breiten Masse nicht ohne Weiteres mit Verwahrentgelten belastet werden. Zumindest ist dies eine sehr kontrovers diskutierte Situation. Somit bleiben Privatkunden noch vor den Verwahrentgelten verschont, die Dramaturgie liegt jedoch in der Refinanzierung.

Hier ist es Instituten mit hohen Einlagenbeständen gar nicht möglich, sich beispielsweise mit einem Negativzins zu finanzieren. Das spiegelt sich inhärent auch in den Kalkulationsmodellen der Finanzbranche wider. Wenn in der Kalkulation mit negativen Zinsen gerechnet wird, und das ist konzeptionell so vorgesehen, dann ergibt das schlicht ein falsches Margenergebnis. Es wird sich reich gerechnet, die GuV eines Instituts jedoch verspürt gerade das Gegenteil. Die Nominalzinsen von Darlehen sind so tief, beispielsweise 10-jährige Zinsbindungen im Hypothekenbereich sind schon unter 1 %[1]. Das genügt letztlich in Summe nicht, die Aufwendungen eines Instituts und darüber hinaus noch ein angemessenes Betriebsergebnis vor Bewertung zu rekrutieren.

Dennoch, mit Blick auf die Digitalisierung, ist das Kernberatungsgeschäft der Sparkassen geprägt von einer Face-to-Face-Beratung. Natürlich gibt es Versuchsballone, bei denen es einen Raum gibt, in dem der Kunde vor einem Bildschirm Fragen stellt und auch Antworten erhält. Das Ganze ist sehr nett. Diejenigen, die sich mit diesen Themen praxisgerecht bei anderen Branchen dieser Art der Informationsaufnahme gewidmet haben, stellen regelmäßig fest, dass man schnell an einem Punkt ist, an dem es nicht mehr weitergeht. Die Maschine ist eine Maschine, KI hin oder her, das Ganze ist in den Kinderschuhen ebenso, wie heutzutage das autonome Fahren. Am Ende entscheidet der Kunde, ob für ihn durch diese Art der Dienstleistung optimale Ergebnisse erzielt werden oder er genervt die Vorgänge abbricht und letztlich wieder einen Menschen sucht, der ihm weiterhelfen kann.

Unabhängig davon sei hier erwähnt, dass es sicher eine Grundgesamtheit an Menschen gibt, die sich mit solch neuen Technologien anfreunden und diese dann auch soweit nutzen. Diese sind jedoch nicht frustriert, wenn ein gewünschtes Ergebnis ausbleibt, im Gegensatz zum breiten Kreis der Kunden, die sich nicht so intensiv mit der Technik befassen. Diese Menschen sind als Innovationspioniere zu sehen und nehmen es auch nicht krumm, wenn ein Vorgang gerade bei der Einführung nicht ganz perfekt läuft. Das Ganze ist vergleichbar

---

1 Stand November 2019.

mit dem Glauben: Es gibt die, die es tun, andere wiederum nicht. Im Zeitablauf wird sich zeigen, was am Ende der Endverbraucher akzeptiert und was nicht.

1.4 Was ist vielleicht übermorgen?

Gehen wir ein Stück weiter in die Zukunft von Übermorgen. Damit ist ein Blick mit einer Range von zehn Jahren gemeint. Es wird sich die gesamte Finanzbranche weiterentwickeln, neue Marktteilnehmer werden eintreten, bisherige werden gänzlich verschwinden. Facebook arbeitet z. B. an einer eigenen Währung, der Libra. Das ist eine Währung, die von Facebook und anderen Partnern begeben werden soll. Als Sitzlandprinzip wurde die Schweiz gewählt.[1] Diese Kryptowährung richtet sich vornehmlich an Privatleute. Dabei können dann der Zahlungsverkehr, wie auch andere Servicefunktionen durchgeführt werden. Das Ganze steckt noch in den Kinderschuhen und die internationalen Bankenaufseher beäugen diese Entwicklung kritisch. Im Kern würde eine Nebenwährung entstehen, die in der zentralen Geldmengensteuerung von den Aufsichtsbehörden keine Berücksichtigung findet.

Setzen sich solche Entwicklungen weiter fort, so findet ein Verteilprozess des Zahlungsverkehrs statt. Die Übernahme und auch das Angebot von Bankdienst- und sonstigen Serviceleistungen werden folgen. Deshalb muss es den Sparkassen gelingen, durch zusätzliche attraktive Leistungen im Sinne von Big Data den Kunden Vertrauen, Sicherheit und Mehrwerte zu vermitteln, um das Sparkassengeschäft auf die Digitalisierung zu adaptieren. Gelingt dies nicht, kippt auch das Modell.

Mit einem Blick auf Übermorgen lässt sich als Fazit ableiten, dass die große Herausforderung ist, dass der technologische digitale Fortschritt in einem so noch nie dagewesenen Tempo den Wandel bestimmt. Diese Veränderungen werden schlagartig kommen und wir werden größte Mühe haben, richtig damit umzugehen. Dies bedeutet, dass wir diesen Change mit höchstem Respekt hinsichtlich der Herausforderungen an die Zukunft angehen müssen. Das Scheitern an der Komplexität des immens schnellen Wandels ist Stand heute nicht mehr gänzlich ausgeschlossen. So sind jedoch letztlich die Parameter, die exogen aufgestellt werden. Abtauchen gilt nicht, sondern mit offenem Visier in die Zukunft und diese aktiv gestalten, das muss das Motto und die Handlungsmaxime sein.

---

1 Die Aufsicht muss ein Auge auf Libra haben, Deutsche Bundesbank Auszug aus Presseartikeln, Nr. 30, 17. 7. 2019, S. 3–6.

1.5 Geschäftspolitische Herausforderung und evolutionäre Geschäftsentwicklung

Das aktuelle Umfeld im Banken- und Sparkassenwesen ist geprägt von einer Politik der Europäischen Zentralbank, die die Märkte durch Tiefzinsen, also konkret Negativzinsen, mit Geld unterspülen. Dies hat für die Süd-Euroländer den Charme, sich billigst zu finanzieren. Volkswirtschaftlich gesehen ist dies in keinem seriösen Konzept nachzuvollziehen. Kapital, Arbeit und Boden waren zu jeder Zeit der geschichtlichen Epochen Wirtschaftsfaktoren, die knapp und somit vergleichsweise teuer waren.

Große Makroökonomen, wie Rudiger Dornbush, Stanley Fischer, Paul A. Samuelson, Friedrich Hayek, Milton Friedman sind sich per se einig, dass die Anreize von Notenbanken zwar die Politik unterstützen sollen, aber eine eigene Politik zu verfolgen, um die »Politik« zu schützen, ist den Vorgenannten fremd. Nicht nur die Politik mit ihren Nachlässigkeiten in den jeweiligen europäischen Volkswirtschaften wird durch diese Art von Zentralbankpolitik gestützt. Diese liefert auch keine Anreize, damit die ursächlichen hohen Staatsverschuldungsquoten nach unten geschleust werden. Vielmehr ist das, wohlgemerkt aus deutscher Sicht, der gänzlich falsche Ansatz, um finanzpolitisch Europa zusammenzuhalten. Aus übergeordneter Sicht ist ein stabiles Europa, frei von Kriegen, mehr als wünschenswert und am Ende der Preis, den die Volkswirtschaften bezahlen, die sich bisher gut etabliert haben und ihre Finanzsysteme weitestgehend stabil halten.

Weiter wirft sich die Frage auf, ob billigstes Geld, fast zu Nullzinsen für den Darlehensnehmer tatsächlich der richtige Anreiz für Investitionen ist, richten sich Unternehmen doch vielmehr an Angebots- und Nachfrageverhalten aus. Weiter kommt künftig dem Thema Nachhaltigkeit eine besondere Rolle in Unternehmen zu. Hier kann es ebenfalls zu Restriktionen bei Instituten und Unternehmen durch die neu in der Diskussion stehenden Nachhaltigkeitsrisiken kommen. Dies zeigt die aktuelle Konsultation 16/2019 – Umgang mit Nachhaltigkeitsrisiken der Bundesanstalt für Finanzdienstleistungsaufsicht.[1] Kapazitätserweiterungen sind demnach künftig nach besonderen Nachhaltigkeitskriterien vorzunehmen.

Weiter ist derzeit zu beobachten, dass Unternehmen, die sich gut etabliert haben, aus Eigenkapital oder Gewinnen ihre Investitionen tätigen. Andere nehmen zu einem äußerst günstigen Tiefzins Kapital langfristig auf. Die Kredite werden über Finanzintermediäre, über Schwarmfinanzierungen oder auch klassisch über Schuldscheindarlehen begeben. Allen gemein ist, dass hierbei Besicherungen kaum eine Rolle spielen und die Darlehensgeber auf das Ma-

---

[1] https://www.bafin.de/SharedDocs/Downloads/DE/Merkblatt/dl_mb_umgang_mit_nachhaltigkeitsrisiken.pdf;jsessionid=D181B605D9A66578B7FA47FA02F89AEA.1_cid390?__blob=publicationFile&v=2, Abgriff 24.10.2019.

nagement vertrauen. Die Laufzeiten sind sehr lang und die jeweiligen Unternehmen in Branchen, die sich vergangenheitsbezogen oft schnell in einer Krise finden können. Diese Art des Preises billigen Geldes beherbergt also Zündstoff, der sich auf die gesamte Wirtschaft ausdehnen und diese auch negativ infizieren kann.

1.6 Schlusslehre

Zinsen gegen null für Unternehmen, private und öffentliche Haushalte, Negativzinsen bei Sparkassen und Banken bedeutet, dass es eng im Betriebsergebnis vor Bewertung wird. Anreize für eine erhöhte Kreditvergabe soll durch diese Zinspolitik geschaffen werden. Die vorherrschenden Bewertungssysteme (Rating) sind nachlaufende Instrumente wie ein Tachometer, die eine ausschließlich vergangenheitsorientierte Analyse zulassen. Wichtiger sind unter diesen Rahmenbedingungen die Entwicklungen der Zukunft, somit ist Brain gefragt, um die Zukunft abzubilden. Reine Kreditvergabe aus der Not heraus Geld verdienen zu müssen, geht einher mit steigenden regulatorischen Anforderungen. Erhöhte Kredite binden mehr Risikotragfähigkeit und reduzieren somit den Geschäftsradius für weitere Kredite.

Abb. 2: Einfluss der Europäischen Zentralbank auf das Tiefzinsniveau (eigene Darstellung)

Abbildung 2 verdeutlicht schematisch die Wirkungsmöglichkeiten der EZB-Tiefzinspolitik. Zum einen drückt die EZB über das massive Einschleusen von Geld in den Markt das Gaspedal voll durch. Es entsteht eine Geldschwemme, überspitzt ausgedrückt. Kreditinstitute bezahlen für ihre Zentralbankguthaben aktuell − 0,5 %, wobei auf das Sechsfache ihrer vorgeschriebenen Mindestreserve keine Negativzinsen mehr bezahlt werden müssen.[1] Aufgrund des Zinsverfalls und der negativen Zentralbankguthaben reduziert sich bei den Sparkassen und Genossenschaftsbanken der Zinsüberschuss massiv und schmälert somit das Betriebsergebnis vor Bewertung.

Um aus dem Dilemma herauszukommen, vergeben Institute massiv Kredite an Unternehmen. Hierbei sind diese Kredite aber auch mit höheren Risiken verbunden, insbesondere vor dem Hintergrund einer sich womöglich abschwächenden Wirtschaftskonjunktur. Am Ende bezahlen die Sparkassen die Zeche zweimal:

1. Durch die Negativzinsen der EZB für die Zentralbankguthaben, die durch massiven Zugang von Kundeneinlagen im Volumen weiterwachsen.
2. Mit Abstand dann bei Konjunkturkrisen nochmals durch Kreditabschreibungen, die durch die Konjunktureinbrüche eintreten, und zwar zwangsläufig, da hat ein Institut bei der Kreditvergabe noch nichts falsch gemacht.

Und dabei geht die Regulierung weiter. Die Risk-weighted Assets (RWA), also die risikogewichteten Aktiva, steigen bei der Kreditvergabe an, Anlagealternativen in Wertpapiere oder andere Vermögenswerte belasten ebenfalls die RWA. Somit wird das Eigenkapital knapp. Um die Risiken abzuschirmen, ist eine entsprechende Risikotragfähigkeit erforderlich. Diese wird anhand von Parametern in Stresstests simuliert. Für diese Stresstest ist genügend Kapital vorzuhalten. Weitere steigende Anforderungen im Risikocontrolling fordern die Sparkassen immens bis hin an die Leistungsgrenzen. Programme können gar nicht so schnell entwickelt werden, wie die Aufsicht neue Regulierungen fordert. Somit entsteht auf der anderen Seite im Institut eine Art Bremse. Im Ergebnis drückt die EZB mittels massiver Bereitstellung von Liquidität das Gaspedal durch, über die Regulierung stellt sich bei den Instituten aber eine Bremswirkung im Geschäftsbetrieb ein. Am Ende sind die Institute diejenigen, die die ganze Misere wirtschaftlich betrachtet verkraften müssen.

---

[1] https://www.faz.net/aktuell/finanzen/war-die-zinssenkung-der-ezb-eine-zinserhoehung-16393359.html, Abgriff 28.10.2019.

1.7 Managementtheorie und Praxis

Kommen wir zurück zu den Managementtheorien, die uns auch im Sparkassengeschäft begleiten.
- Management by Objectives
- Organisationsstruktur und Entscheidungsprozesse
- Motivation, Kommunikation, Change und Führung
- Funktionierendes reales Zielsystem und Controlling
- Persönliche Entwicklung der MA

Management by Objectives ist nichts anderes, als dass die strategischen Ziele nach Peter Drucker aus Sicht des Gesamtunternehmens auf die Ziele der jeweiligen Organisationseinheiten gemeinsam festzulegen sind – also Management, welches durch Zielvorgaben geprägt ist.[1] Hierbei ist demnach wichtig, dass die Führungskräfte bis hin zu den Mitarbeitern wissen, wo die Unternehmensleitung strategisch hin will. Dies ist besonders in Sparkassen heute absolut wichtig, da die gesamte Banken- und Sparkassenbranche einem so noch nie gekannten Wandel und Umbruch unterliegt. Erst dann wird ein gemeinsames Verständnis durch die Zielformulierungen entwickelt, um daraus die Ziele abzuleiten.

Wie kann sich das Management auf diese Aufgabe einstellen? Das ist eine interessante Frage. Diese wird hier einfach beantwortet. Reduce to the max, also auf das Wesentliche zu reduzieren, ist der Schlüssel. Weg von der Wissenschaftstheorie, hin zur pragmatischen Praxisumsetzung in wenigen Schritten:
1. Gehe durch den Betrieb mit offenen Augen.
2. Höre in Deine Mitarbeiter hinein und höre gut zu.
3. Höre in Deine Kunden hinein.
4. Höre in Deine Eigentümer hinein.
5. Registriere den Wettbewerb.
6. Mache Dir Dein eigenes Bild.
7. Definiere Goals and Objectives.

Diese Managementgrundsätze sind im Grunde simpel, dennoch von enormer Bedeutung. Insbesondere in Zeiten, in denen es gilt zusammen zu rücken, sind diese grundlegenden Punkte unverzichtbar.

1. Gehe durch den Betrieb mit offenen Augen
Es ist wichtig, dass sich der Vorstand bei den Mitarbeitern und Führungskräften im Betrieb zeigt. Nur so werden Veränderungen erkannt und es wird ein Gefühl vermittelt, wie die innere Stimmung einer Sparkasse ist. Das ist sicher für den einen oder anderen spannend. Allein Veränderungen, die Fachbereiche

---

1 Drucker, Peter F., Management, Campus Verlag Frankfurt, New York, Band 2, S. 110–112.

vorgenommen haben, festzustellen, ist eine bereichernde Tatsache. Dies gilt auch für die Marktbereiche.

2. Höre in Deine Mitarbeiter hinein und höre gut zu

Das Zauberwort an dieser Stelle ist »einfach mal nur zuhören«. Auf Leitungsebene ist das Bestreben, nicht nur effektiv, sondern auch effizient zu sein. Dies bedeutet, wenig Zeit zu vergeuden. Da bleibt das aktive Zuhören ab und an auf der Strecke, genau das ist aber so wichtig. Nutzen wir doch die Begegnungen mit unseren Mitarbeitern und Führungskräften, um hineinzuhorchen: Was braucht die Sparkasse, was denken die dort arbeitenden Mitarbeiter, welche Ideen haben diese. Das betriebliche Vorschlagswesen ist fast in jeder Sparkasse etabliert, nutzt sich jedoch auch ab. Da hilft tatsächlich, in Mitarbeiterbesprechungen angemeldet hineinzugehen. Das »sich anmelden« ist eine Frage der Wertschätzung und wird von Mitarbeitern nicht als Kontrolle per se gesehen. Überhaupt sollte das Management an dieser Stelle Vertrauen aufbauen. Das ist deshalb so wichtig, um tatsächlich das Innerste der Mitanbieter, also deren Sichten und Denken zu erfahren. Nutzen wir doch das »Beratungspotenzial« unserer Mitarbeiter. Das ist so wichtig und ersetzt den Unternehmensberater in Teilen, da dieser weder Kultur noch das Innerste der Mitarbeiter kennt. Im Ergebnis baut dies Vertrauen auf und zeugt von Interesse. Im bilateralen kurzen Gespräch wird sicher schnell klar, wo Knackpunkte in den betrieblichen Prozessen oder in den Erfordernissen des Marktes liegen. Das Interesse an den Mitarbeitern schafft Nähe und Wertschätzung. Beides ist mit Geld an dieser Stelle nicht aufzuwiegen.

3. Höre in Deine Kunden hinein

In Zeiten, in denen der Wettbewerb stetig zu nimmt, alle Banken und Sparkassen weitestgehend ähnliche Fragestellungen im Rahmen der Negativzinsphase haben, gilt es mehr denn je, den Kunden Mehrwerte für die Wahl eines Regionalkreditinstitutes aufzuzeigen. Wenn der Preis für Finanzdienstleistungen erforderlich ist, um das strategische Dasein eines Bankinstitutes zu sichern, dann stellt sich die Frage, was die Entscheidungskriterien der Kunden sind, um bei einem Institut zu bleiben. Dabei erscheint es wichtig und sinnvoll, dass auf die echten Bedürfnisse der Kunden abgestellt wird. Daneben spielt eine große Rolle, dass die Institute modern und alle Kanäle in Einfachheit anbieten können. Darüber hinaus sind weitere Mehrwerte aufzuzeigen. Beispielsweise über Data-Analytics. Hierzu wird an anderer Stelle dieses Werkes verwiesen. Aber auch Tipps mittels Broadcast in ganz kurzen, aber prägnanten Sequenzen kommen bei Kunden gut an. Das sollen nicht immer nur Finanztipps sein. Vielmehr ist es wichtig, die Dinge des Lebens, die in ständiger Veränderung sind, transparent zu machen. Zum Beispiel im Herbst auf die Notwendigkeit der körperlichen Fitness hinzuweisen, das Einmotten des Motorrades bis hin zum Saisonkennzeichen und viele Dinge mehr sollten hier aufgenommen werden. Nur dann erlebt der Kunde Mehrwerte, die er von einer Sparkasse überhaupt nicht erwartet. Also hören wir in unsere Kunden hinein und hören wir ihnen auch zu. Das ist das Ergebnis dieses Punktes.

4. *Höre in Deine Eigentümer hinein*
Dieser Punkt kann kurzgehalten werden. Wichtig dabei ist, dass die Eigentümerinteressen klar definiert wurden, um sich strategisch richtig ausrichten zu können.

5. *Registriere den Wettbewerb*
Der Wettbewerb spielt aktuell eine herausragende Rolle. Grund dafür ist das aktuelle Tiefzinsniveau. Gerade Regionalbanken und Sparkassen haben einen enormen Einlagenzufluss durch ihre Kunden. Dass zeugt von einem großen Vertrauen der Kunden zum einen und zum anderen ist dies der Tatsache geschuldet, dass in Zeiten florierender Volkswirtschaften auch bei den Einkommen der privaten, der gewerblichen als auch den öffentlichen Haushalten mehr Kapital regeneriert wird. Dies führt zu einem Anwachsen von Einlagen bei den genannten Bankengruppen. Somit ist Liquidität im Überfluss vorhanden und hierfür muss bei der EZB ein Negativzins bezahlt werden. Parallel besteht ein Anlagenotstand, da festverzinsliche Wertpapiere mit durchschnittlichen Ratingnoten kaum mehr eine Rendite abwerfen, diese also gegen 0 tendiert. Somit bleibt die Flucht in Kundengeschäfte, sowohl im gewerblichen als auch in den privaten Bereich und führt aktuell zu einem derart heftigen Wettbewerb, dass der Ertrag sehr stark in der GuV leidet. Somit geht auch der Ertrag der Institute zurück.

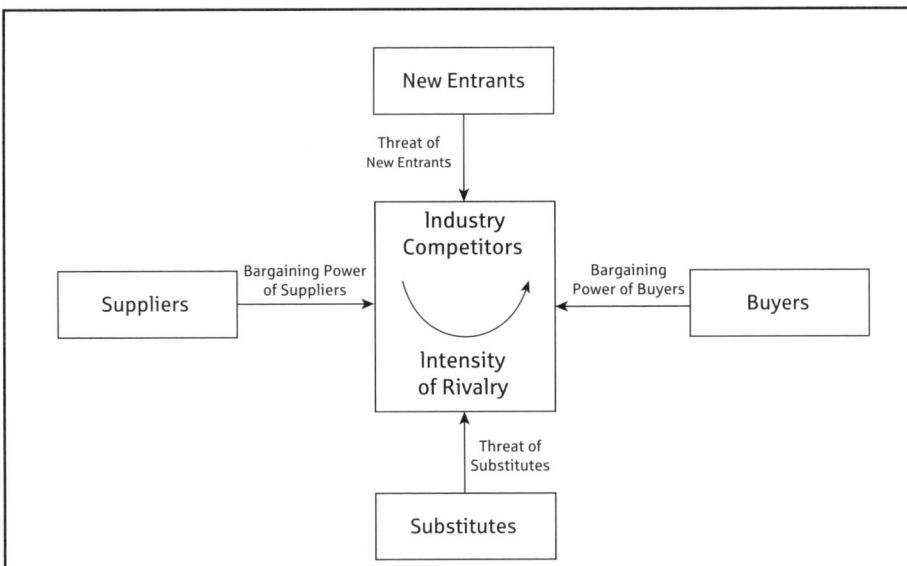

Abb. 3: Intensität des Wettbewerbs (Quelle: Michael E. Porter, Competitive Advantage, New York: Free Press, 198, p. 6.)

In Abbildung 3 wird die Rivalität des Wettbewerbs nach Michael Porter dargestellt. Übertragen auf das Sparkassengeschäft bedeutet dies Folgendes: Die Rivalität im Wettbewerb wird stetig steigen. Bedingt durch das Verhalten der Kunden und der Anbieter von Finanzdienstleistungen, noch klassischerweise durch Banken und Sparkassen abgedeckt. Eine besondere Bedrohung (Threat) stellen neue Marktteilnehmer dar, z. B. die US-Bank Goldman Sachs. »Bislang ist nur bekannt, dass die US-Bank Goldman Sachs ihre Privatkundensparte Marcus früher oder später nach Deutschland exportieren will. Allerdings hat Goldman den Start erst einmal auf unbestimmte Zeit verschoben. Nach Einschätzung von BCG-Partner Holger Sachse hat der deutsche Privatkundenmarkt trotz der mageren prognostizierten Wachstumsraten zu Unrecht einen so schlechten Ruf, denn allein schon die schiere Größe mache das Geschäft interessant.«[1]

Alibaba, ein chinesischer Anbieter in Analogie zu Amazon, wickelt mittlerweile auch Geldtransaktionen ab.[2] Diese Bankersatzleistungen haben Einfluss auf den Zahlungsverkehr der Banken in Deutschland mit Blick in die Zukunft. Noch ist der Zahlungsverkehr in den Sparkassen etabliert, aber diese Sicherheit ist strategisch bedroht und es bedarf Antworten, um dieser Entwicklung entgegenzutreten.

6. *Mache Dir Dein eigenes Bild*

Im Ergebnis der Punkte 1–5 ist es nun an der Zeit, sich ein klares eigenes Bild der Situation und den Erfordernissen zu machen. Erst jetzt ist transparent, wohin es gehen soll oder auch muss. Alle erforderlichen Anspruchsgruppen, man kann das auch als Stakeholder-Betrachtung bezeichnen, sind gehört und Lösungen können angegangen werden. Und somit bleibt hier nur, auf den 7 Punkt überzuleiten.

7. *Definiere Goals and Objectives*

Hier wird auf den bereits genannten Punkt von Peter Drucker verwiesen. Sich Ziele zu setzen, die Mannschaft mit auf den Weg zu nehmen ist der beste Garant, um die strategisch gesetzten Ziele sicher zu erreichen. Im Ergebnis bedeutet dies, Ziele zu formulieren und diese dann auch im Unternehmen zu etablieren.

---

1 https://www.handelsblatt.com/finanzen/banken-versicherungen/bankenmarkt-neue-wettbewerber-buhlen-um-geschaeft-mit-deutschen-privatkunden/24515590.html?ticket=ST-49342858-9zhdiGNguDyKcEHJfYiG-ap3, Abgriff 29.10.2019.
2 https://www.fool.de/2019/06/01/3-gruende-warum-die-alibaba-aktie-jetzt-den-markt-schlagen-koennte/, Abgriff 29.10.2019.

1.8 Zusammenfassung und Ergebnis

Der große Unterschied ist, dass der technologische und digitale Fortschritt in einem noch nie dagewesenen Tempo den Wandel bestimmen. Diese Veränderungen kommen schlagartig und wir haben größte Mühe und gehen mit höchstem Respekt an die Herausforderungen der Zukunft. Das Scheitern an den Unwägbarkeiten des immens schnellen Wandels ist Stand heute nicht mehr gänzlich ausgeschlossen. So sind jedoch letztlich die Parameter, die exogen gestellt werden. Als Risiko seien hier die Tipping Points genannt. Tipping Points sind Kipp-Punkte.[1] Konkret heißt das, dass Veränderung nicht allmählich, sondern jäh in einem dramatischen Moment eintreten.[2] Für die Finanzbranche und auch für die Sparkassen können solche dramatisch eintretenden Veränderungen gefährlich werden und bis hin zum Kippen und Scheitern des Geschäftsmodells führen. Um solchen abrupten Veränderungen nicht hilflos gegenüberzustehen ist nun Umsicht, Vorsicht und Beobachtung auch kleinster Änderungen entscheidend.

Um dieses Kippen zu verhindern, wird derzeit viel in der Sparkassen-Finanzgruppe unternommen. Ob Data Analytics, digitale Beratungsfiliale, Weiterentwicklung von Prozessen in der Internetfiliale und weitere Stärkung der Kompetenz durch Bündelung von Spezialeinheiten im Beratungsgeschäft, all das sind Bestrebungen eines erforderlichen Anpassungsverhaltens. Weitere Aktivitäten hinsichtlich der Weiterentwicklung werden folgen. Heute vielleicht noch undenkbar, morgen schon Realität – so kann man künftige Entwicklungen begegnen.

Das Zauberwort ist auch hier Change. Also Veränderung. Veränderungen erkennen, deren Bedeutung für die Sparkasse ableiten und Änderungen sowie Umsetzungen einleiten und durchführen, das sind die To-dos für die Zukunft. Am Ende bedeutet diese eine laufende Überprüfung und Anpassung der Geschäftspolitik und der Strategie im Unternehmen. Das ist die große Herausforderung und zugleich im Gegensatz zu den früheren Dekaden der Veränderungen der große Unterschied, the big difference. Zukunft bedeutet immer Veränderung. Wer vor der Veränderung Angst hat, hat Angst vor der Zukunft und wird diese nicht meistern. Eine vergangenheitsbezogene Unternehmensführung ist in diesen Zeiten nicht mehr zielführend. Deshalb bin ich auch ein Stück zuversichtlich, dass es die Zukunft evolutionär betrachtet auch gut meint, wenn wir Warnzeichen schnell erkennen und zügig darauf reagieren.

---

1 Malcom Gladwell, Tipping Point, Verlagsgruppe Random House FSC® N001967, Goldmann Verlag, München, 2016.
2 Malcom Gladwell, Tipping Point, Verlagsgruppe Random House FSC® N001967, Goldmann Verlag, München, 2016, S. 15.

2 Digitalisierung als Teil des Öko-Systems der Menschheit: Chance oder Risiko?

Prof. Dr. Harry Wagner und Markus Derer, FMS Future Mobility Solutions GmbH

2.1 Digitalisierung: ein Erklärungsversuch

Die einfachste Definition von Digitalisierung besagt, dass analoge Inhalte oder Prozesse in eine digitale Form oder Arbeitsweise umgewandelt werden.[1] So verschickt der Lagerist nicht mehr eine händisch aufgenommene Inventarliste per Fax an die Verwaltungsabteilung, sondern drückt einen Knopf auf seinem mobilen Dateneingabegerät, mit dem er zuvor die Lagerbestände eingescannt hat. Der Filialleiter bewältigt seinen Kassenabschluss zu Schichtende nicht mehr mit Stift, Papier und einer ausufernden Zettelwirtschaft, sondern mit Zählautomaten und volldigitalen Warenwirtschaftssystemen, die auf Knopfdruck das Tagesergebnis auswerten und an die Zentrale weiterleiten. So könnte jede Branche, jede Tätigkeit und jede Aufgabenstellung betrachtet und exemplarisch herangezogen werden, um die Digitalisierung darzustellen. Indessen ist diese mitunter kontrovers diskutierte Entwicklung so viel weitreichender wie zu Beginn vermutet. Gleichzeitig ist es aber doch keine Revolution wie mancher meinen mag. Was also ist Digitalisierung und was bedeutet das für den Menschen?

Sollen Erklärungen für komplexe Phänomene oder Lösungen für Probleme gefunden werden, bedient man sich gerne der Natur. Schließlich ist sie unser Lieferant für unsere Lebensgrundlage, unser Ideengeber für bahnbrechende Erfindungen und unser geduldiger Partner, der uns auch grobe Verfehlungen verzeiht. Um das komplexe Phänomen Digitalisierung zu erklären, kann das Konzept der Ökosystemleistungen herangezogen werden, welches durch die Vereinten Nationen im Zuge des Millennium Ecosystem Assessments erstmals unter der Regie von Kofi Annan einen reichweitenstarken Rahmen erfuhr.[2]

---

1 Vgl.: Wirtschaftslexikon Gabler
2 Vgl.: Millennium Ecosystem Assessment. https://www.millenniumassessment.org/en/About.html#, Aufruf: 1.8.2019

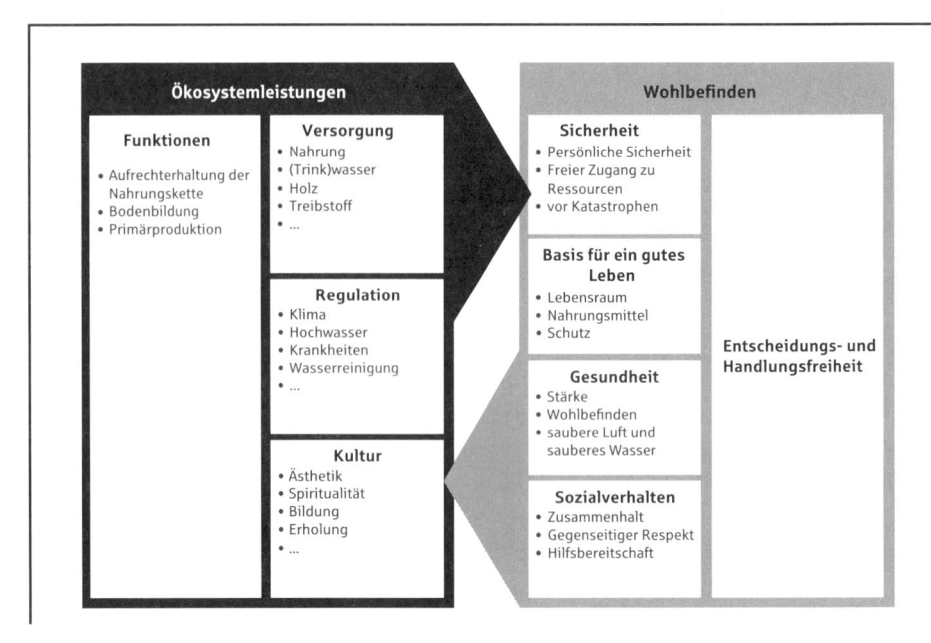

```
┌─────────────────────────────────────────┬──────────────────────────────┐
│         Ökosystemleistungen             │         Wohlbefinden         │
├──────────────────┬──────────────────────┼──────────────────────────────┤
│    Funktionen    │      Versorgung      │         Sicherheit           │
│                  │ • Nahrung            │ • Persönliche Sicherheit     │
│ • Aufrechterhal- │ • (Trink)wasser      │ • Freier Zugang zu           │
│   tung der       │ • Holz               │   Ressourcen                 │
│   Nahrungskette  │ • Treibstoff         │ • vor Katastrophen           │
│ • Bodenbildung   │ • ...                │                              │
│ • Primärproduk-  │                      │   Basis für ein gutes        │
│   tion           │                      │         Leben                │
│                  │      Regulation      │ • Lebensraum                 │
│                  │ • Klima              │ • Nahrungsmittel             │
│                  │ • Hochwasser         │ • Schutz                     │
│                  │ • Krankheiten        │                              │ Entscheidungs- und
│                  │ • Wasserreinigung    │        Gesundheit            │ Handlungsfreiheit
│                  │ • ...                │ • Stärke                     │
│                  │                      │ • Wohlbefinden               │
│                  │        Kultur        │ • saubere Luft und           │
│                  │ • Ästhetik           │   sauberes Wasser            │
│                  │ • Spiritualität      │                              │
│                  │ • Bildung            │      Sozialverhalten         │
│                  │ • Erholung           │ • Zusammenhalt               │
│                  │ • ...                │ • Gegenseitiger Respekt      │
│                  │                      │ • Hilfsbereitschaft          │
└──────────────────┴──────────────────────┴──────────────────────────────┘
```

Abb. 1: Ökosystemleistungen als Basis für das menschliche Wohl[1]

In diesem Konzept dreht sich auf übergeordneter Ebene alles um die Frage, welchen Vorteil bzw. Nutzen die Menschheit aus Ökosystemen ziehen, in welcher Verfassung unsere Ökosysteme sind und wie deren Zukunft aussieht. Auf Basis der natürlich begründeten Biodiversität wirken diese Systeme unterstützend (wie bspw. Bodenbildung, Stoffkreisläufe), bereitstellend (Nahrung, Wasser, Holz), regulierend (Klima, Überflutungen, Krankheiten) und kulturell (Bildung, Erholung). Mit anderen Worten sorgen diese Leistungen für das Überleben und das grundlegende Wohlbefinden des Menschen. Im Rahmen des Millennium Ecosystem Assessment werden alle Ökosystemleistungen wie folgt untergliedert:

- **Versorgende Leistungen**, wie zum Beispiel die Verfügbarkeit von Trinkwasser, Nahrungsmitteln oder Brennstoffen.
- **Selbstregulierende Leistungen**, wie zum Beispiel die Luftreinigung, Klimaregulierung oder der Überschwemmungsschutz.
- **Kulturelle Leistungen**, wie zum Beispiel Bildung, Erholung in der Natur, Erleben und Spiritualität.
- **Basisleistungen**, wie zum Beispiel Stoffkreisläufe oder die Photosynthese.

Im Kontext der Digitalisierung sind die bestehenden Ökosysteme einerseits die Basis in Form von energiebereitstellenden Stoffen wie Kohle, Öl oder rege-

---

1 i. A.: Millennium Ecosystem Assessment. United Nations 2005

nerative Energien, und Ausgangsmaterialien, die für die Herstellung von digitalen Endgeräten und Übertragungsmedien notwendig sind. Andererseits werden sie von der Digitalisierung direkt und indirekt beeinflusst, wie beispielsweise durch vernetzte Industrieprozesse oder neuartige Geschäftsmodelle. Die Digitalisierung unterliegt folglich physischen Grenzen in Form von Ressourcenvorkommen und hat ebenso Auswirkungen auf die Erhaltung der für den Menschen überlebenswichtigen Biodiversität.

Wandeln sich die sogenannten indirekten Triebkräfte – neben der Bevölkerungsentwicklung und dem Lebensstil stellt der technologische Fortschritt einen wesentlichen Hebelfaktor dar – werden solche verändert, die direkt auf Ökosysteme wirken. Deren Veränderung beeinflusst wiederum die Leistungsfähigkeit und Funktionalität von Ökosystemen, welche die Grundlage für das menschliche Wohlbefinden bilden.[1] In dieser Wirkkette ist die Digitalisierung bereits tiefgreifend verankert.

Die Tragweite dieses Megatrends wird dabei erst bei genauerer Betrachtung seiner Einbettung in bestehende Ökosysteme offensichtlich. Beispielsweise ermöglichen digitale Technologien eine auf breiter Front extensive Ausbeutung natürlicher Vorkommen von Rohstoffen und Lebewesen, die für den Erhalt der Leistungsfähigkeit von Ökosystemen existenziell sind. Zwar ist die Digitalisierung durchaus ein bereicherndes Phänomen, das langfristigen gesellschaftlichen und technologischen Fortschritt ermöglicht. Gleichermaßen birgt sie sehr mächtige Technologien, die das Gleichgewicht und die Zukunftsfähigkeit der Erde nachhaltig negativ beeinflussen können.

---

1   Vgl.: Millennium Ecosystem Assessment. https://www.millenniumassessment.org/en/About.html#, Aufruf: 1.8.2019

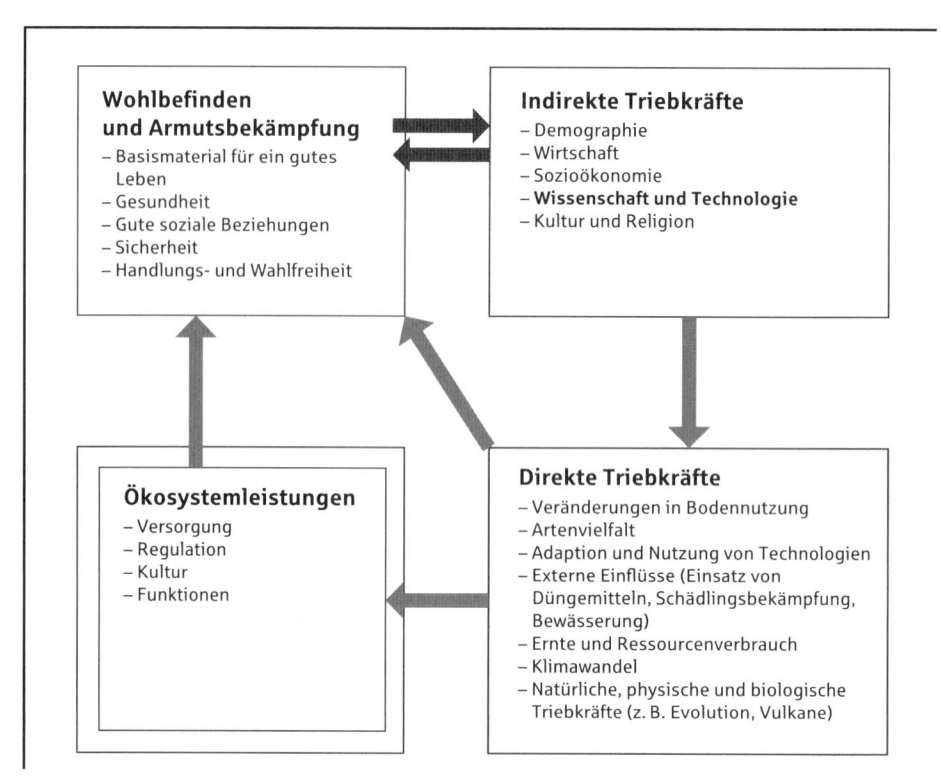

```
┌─────────────────────────────────────────────────────────────────────┐
│   Wohlbefinden                    Indirekte Triebkräfte             │
│   und Armutsbekämpfung            – Demographie                     │
│   – Basismaterial für ein gutes   – Wirtschaft                      │
│     Leben                         – Sozioökonomie                   │
│   – Gesundheit                    – Wissenschaft und Technologie    │
│   – Gute soziale Beziehungen      – Kultur und Religion             │
│   – Sicherheit                                                      │
│   – Handlungs- und Wahlfreiheit                                     │
│                                                                     │
│   Ökosystemleistungen             Direkte Triebkräfte               │
│   – Versorgung                    – Veränderungen in Bodennutzung   │
│   – Regulation                    – Artenvielfalt                   │
│   – Kultur                        – Adaption und Nutzung von Technologien │
│   – Funktionen                    – Externe Einflüsse (Einsatz von  │
│                                     Düngemitteln, Schädlingsbekämpfung, │
│                                     Bewässerung)                    │
│                                   – Ernte und Ressourcenverbrauch   │
│                                   – Klimawandel                     │
│                                   – Natürliche, physische und biologische │
│                                     Triebkräfte (z. B. Evolution, Vulkane) │
└─────────────────────────────────────────────────────────────────────┘
```

Abb. 2: Interaktionen zwischen Ökosystemleistungen, menschlichem Wohlbefinden und Triebkräften des globalen Wandels (Quelle: MEA 2005)

Dieser Beitrag soll eine kritische Perspektive auf die Digitalisierung als »The next challenge« geben und zu einer persönlichen Auseinandersetzung mit ihr anregen. In dieser Perspektive wird kein Anspruch auf Vollständigkeit erhoben, vielmehr sollen Impulse für eine persönliche Auseinandersetzung mit der Thematik gesetzt werden.

2.2 Digitalisierung im Unternehmenskontext

Richtet man die eingangs dargestellte Definition entsprechend unternehmerischer Wertschöpfungsketten aus, können prinzipiell die folgenden fünf Ausprägungen identifiziert werden:

2.2.1 Innovation durch Disruption

Digitalisierung bedeutet für viele Branchen auch, dass Markteintrittsbarrieren durch bisher unbekannte oder erst neu gegründete Unternehmen deutlich niedriger sind. Bewährte Geschäftsmodelle können leichter adaptiert und skaliert oder gar obsolet gemacht werden. So treffen neue Dienstleister auf neue Märkte und dementsprechend entstehen neue Bedürfnisse mit neuen Kunden. Mit einer größeren Skalierung können niedrigere Kostenstrukturen erreicht und die Wettbewerbsfähigkeit etablierter Unternehmen in Gefahr gebracht werden.

2.2.2 Innovation durch Evolution

In dieser Dimension werden klassische bisher analoge Prozesse und Abläufe im Unternehmen mithilfe moderner Kommunikationstechnologien digitalisiert. Die übergeordneten Ziele sind hier Aufwand und Zeit einzusparen und somit für ein besseres Unternehmensergebnis zu sorgen.

2.2.3 Vertikalisierung von Wertschöpfungsketten

Die wertschöpfenden Tätigkeiten eines Unternehmens können durch innovative Kommunikationslösungen teilweise signifikant optimiert und Einsparungen realisiert werden, bei gleichbleibendem oder gar gestiegenem Service-Standard für dessen Kunden. Mit der zunehmenden Bandbreite an digitalen Lösungen geht in der Regel eine gestiegene Anspruchshaltung der Kunden einher. Intuitive Bedienbarkeit, äußerst kurze Wartezeiten und ein hoch effizientes Beschwerdemanagement sind Grundvoraussetzungen für die Überlebensfähigkeit eines Dienstleisters am Markt.

2.2.4 Plattform-Ökonomie

Ein zentrales Kernelement des digitalen Wandels ist die sogenannte Plattform-Ökonomie. Anhand rasanter Wachstumssprünge in wenigen Jahren kann am Beispiel von Anbietern wie AirBnB, Facebook, Google o.Ä. abgeleitet werden, wie diese Ökonomie einst unumstößliche marktwirtschaftliche Prinzipien nichtig erscheinen lässt. Auf diesen virtuellen Marktplätzen finden Kunden und Anbieter schnell, effizient und komfortabel zusammen. Dieser Ansatz bietet die attraktive Möglichkeit, binnen kurzer Zeit von einem Rookie zum globalen, mitunter monopolhabenden Marktführer aufzusteigen.

2.2.5 Big Data Footprints

Kunden hinterlassen im Internet bei jeglicher Tätigkeit ihre Spuren. Diese Spuren ergeben mithilfe digitaler Analysemethoden ein detailliertes digitales Abbild des Kunden, dessen Präferenzen, Interessen und Wünsche. Mit diesem Wissen können Kunden direkt und zielgerichtet angesprochen werden. Mit der richtigen Art und Weise fühlt sich der Kunde nicht überwacht, sondern erlebt einen deutlich gestiegenen Service-Standard und gewöhnt sich dementsprechend an den wahrgenommenen Komfort. Klassische Vertriebswege haben in dieser Hinsicht das Nachsehen, da zielgerichtete Kundenansprachen in dieser Ausprägung nur mit einem unverhältnismäßig hohen Aufwand realisiert werden können.[1]

Auf diesen Ebenen ist die Digitalisierung aber kein Phänomen, das über uns hineinbricht, sondern ein Überbegriff für die verschiedenen Entwicklungsströme der vergangenen zwei Jahrzehnte. Für Unternehmen, die sich mit dieser Herausforderung beschäftigen, können es Handlungsfelder sein, die es für sie nachhaltig und zukunftsfähig zu gestalten gilt.

Letztendlich ist die Digitalisierung nicht nur technologisch, sondern gesellschaftlich ein herausfordernder, langfristig wirkender Umwälzungsprozess. Dieser durchdringt – gewollt oder ungewollt – jeden Lebensbereich eines jeden Menschen in fast jeder Lebenslage. Dementsprechend müssen sich Unternehmen den sich ändernden Anforderungen ihrer Kundinnen und Kunden anpassen und sich auch in ihren unternehmerischen Tätigkeiten weiterentwickeln. Ein Prozess, der so facettenreich und weitreichend ist, kennt in der Regel nicht nur Gewinner. Um diesen Umstand zu veranschaulichen, werden im Folgenden sozioökonomische und soziale Folgen der Digitalisierung aufgegriffen.

2.3 Digitalisierung gibt es nicht zum Nulltarif

Ausgehend von dem Konzept der Ökosystemleistungen ist die Digitalisierung dem technologischen Fortschritt, also anderen indirekten Einflüssen, zuzuordnen. Weitere indirekte Einflüsse sind beispielsweise die sozioökonomischen oder die kulturellen und religiösen Treiber. Dabei ist festzustellen, dass die Digitalisierung nicht als alleinstehende Entwicklung betrachtet werden kann, sondern einen monumentalen Einfluss auf andere Treiber ausübt. Beispielsweise optimieren wir mit ihr die Art und Weise wie wir Rohstoffe gewinnen bzw. wie wir schneller und wirtschaftlicher unsere natürlichen Vorkommen ausbeuten können. Hinter einer Effizienzsteigerung steht nämlich nicht selten ein absolut gestiegener Mehrverbrauch. Dieses auch als Rebound-Effekt bekannte Phänomen lässt sich folgendermaßen veranschaulichen:[2]

Bis zur Jahrtausendwende gab es in Deutschland ein dichtes Netz an Videotheken, die in ihren Läden Filme, Videospiele und Tonträger zum gebührenpflichtigen Verleih angeboten haben. Um ein Medium ausleihen zu können, musste der Kunde zur Videothek gelangen, den Film ausleihen, zu seinem gewünschten Ort verbringen und dort konsumieren. Der Film selbst musste auf das Trägermedium gebrannt und zur Videothek transportiert werden. Mit Streaming-Plattformen, die im Zuge der Digitalisierung entstanden, wurde das

---

1 Vgl.: Millennium Ecosystem Assessment. https://www.millenniumassessment.org/en/About.html#, Aufruf: 1.8.2019
2 i.A.: Robert Stein. Fünf Ausprägungen der Digitalisierung für den Mittelstand. Mittelstandsverbund

Geschäft des Videoverleihs weitestgehend aus dem Markt verdrängt. Laut einer Studie aus dem Jahre 2014 ist der Energieaufwand für das Streamen eines Filmes im Vergleich zur traditionellen Ausleihe um knapp ein Drittel geringer. Dementsprechend niedriger ist die Menge an dafür aufzuwendendes umweltfeindliches Kohlenstoffdioxid. Die bessere Ökobilanz bezieht sich dabei jedoch auf einen identischen Film. Durch das Komfortplus beim Konsumieren von Streaminginhalten – der Weg zur und von der Videothek fällt schließlich weg – ist die Nachfrage nach On-Demand-Streamingdiensten immens gestiegen. Nicht selten werden komplette Staffelserien, oftmals aus 25 Folgen und 20 Stunden an Inhalten bestehend, an einem Wochenende konsumiert. Das auch als Binge Watching bekannte Phänomen verursacht den sogenannten Rebound-Effekt. Das bedeutet, dass die durch das Streaming entstandene Effizienzsteigerung durch übermäßigen Konsum gekürzt oder gar egalisiert wird. In diesem Beispiel um ein Vielfaches übertroffen, so dass 70 % des heutigen Datenverkehrs auf Streaming-Aktivitäten bzw. audiovisuelle Inhalte zurückzuführen sind.

Dabei ist anzumerken, dass der Rebound-Effekt mitunter schwer messbar ist und die durch die Digitalisierung erzielten Effizienzsteigerungen durchaus als wichtige Nachhaltigkeitspotenziale anzusehen sind. Einfach umsetzbare und immense Potenziale sind beispielsweise die Vermeidung realisierter Mobilität durch Videokonferenzen oder Home-Office-Angebote. Im Unternehmenskontext kann die Digitalisierung – ebenso die als Industrie 4.0 bekannte Digitalisierung der industriellen Produktion – durchaus zu drastischen und notwendigen Effizienzsteigerungen führen.[1]

Hinter dem Kosmos der Digitalisierung stehen schließlich unsere Ökosysteme, welche durch ihre physischen Vorkommen die Grundlage für den Megatrend Digitalisierung bieten, ihn aber auch real begrenzen. In dieser Hinsicht muss nicht zwangsläufig ein genereller Rohstoffmangel zu verstehen sein, denn die Vorkommen von technologie-relevanten Stoffen wie Kobalt, Lithium, Nickel, Kupfer und Graphit – einige im Volksmund mitunter als Seltene Erden bezeichnet[2] – sind auf Basis des heutigen Wissens ausreichend. Dennoch müssen Wechselwirkungen bzw. Aufwände, die durch die Digitalisierung entstehen, in die Betrachtung der Thematik miteinbezogen werden. Aus diesem Megatrend ergeben sich grundlegende Fragestellungen hinsichtlich der Nachhaltigkeit, der Ressourcenbelastung sowie der geopolitischen Verantwortung.

---

1 i. A.: William Stanley Jevons. The Coal Question, beyond the rebound effect. 1865
2 Die als Seltene Erden bekannten Industrierohstoffe sind metallische Legierungen oder oxydische Verbindungen aus chemischen Elementen der 3. Nebengruppe des Periodensystems

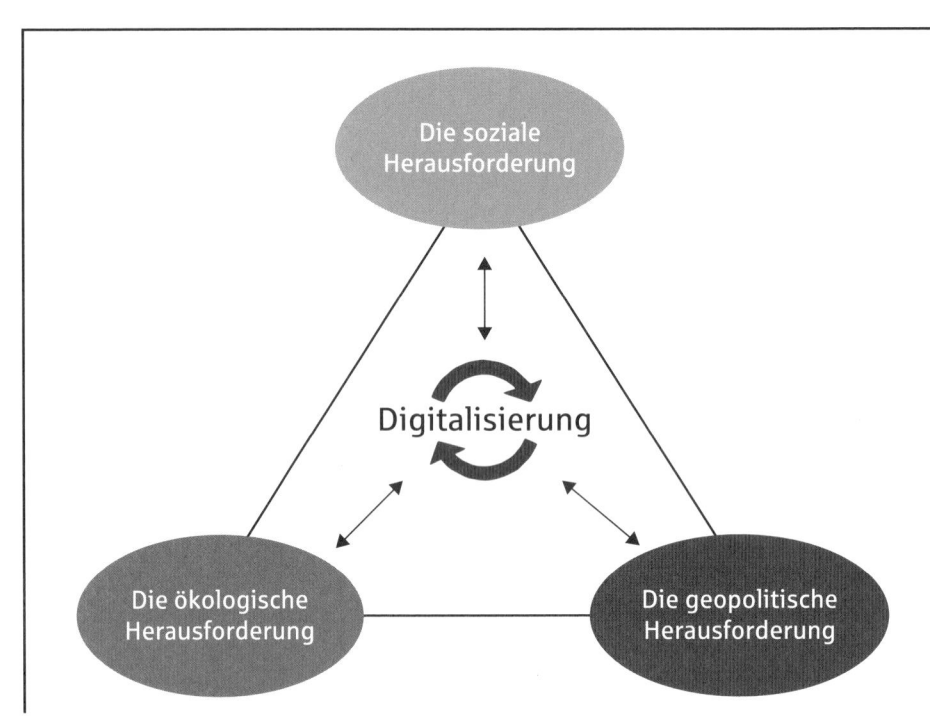

Abb. 3: Digitalisierung – the next challenge (eigene Darstellung)

2.3.1 Die geopolitische Herausforderung

Zunächst muss in die Betrachtung miteinbezogen werden, unter welchen Voraussetzungen und politischen Rahmenbedingungen diese zwingend notwendigen Rohstoffe gewonnen werden. Die Bundesrepublik Deutschland hat im Jahre 2018 rund 9 724 Tonnen seltene Erdmetalle und -verbindungen importiert, wovon 20 Prozent ihren Ursprung in der russischen Föderation sowie 80 Prozent in der Volksrepublik China hatten.[1] Letzteres hat auf einige Seltene Erden eine Quasi-Monopolstellung, da sich das Land bereits frühzeitig die Rechte an Minen und Förderstätten rund um den Globus gesichert hat.

Aus der Historie heraus ist bekannt, dass Rohstoffverfügbarkeiten ein wesentliches Instrument in der geopolitischen Weltordnung darstellen können. In Zeiten internationaler Spannungen und Umwälzungsprozesse sind Rohstoffabhängigkeiten dementsprechend kritisch anzusehen. Was die Abhängigkeit nach Mineralöl in Industrie und Verkehr ist, ist in der Digitalisierung die Abhängigkeit nach Seltenen Erden. Sie stellen nach aktuellem Stand der Technik

---

[1] i.A.: Shahabi, Walker, Masanet. The energy and greenhouse-gas implications of internet video streaming in the United States. 2014

die zwingende Voraussetzung für Unterhaltungselektronik, Kommunikationstechnologien bis hin zu Transportmedien wie dem Glasfaserkabel dar.[1] Um die Versorgungssicherheit gewährleisten zu können, sind langfristig stabile geopolitische Beziehungen notwendig. Wie groß diese Herausforderung sein kann, zeigen aktuelle internationale Spannungsverhältnisse und die brisanter werdende Frage nach der Vormachtstellung einzelner Supermächte.

2.3.2 Die soziale Herausforderung

Des Weiteren ist die Förderung und Verarbeitung der Seltenen Erden unter Berücksichtigung europäischer und deutscher Sozial- und Arbeitsstandards kritisch zu hinterfragen. Das für Smartphones wichtige Kobalt wird mitunter unter menschenunwürdigen Bedingungen durch Minderjährige in kongolesischen Minen gewonnen.[2] Für die Gewinnung von Lithium werden ganze Salzseen ausgetrocknet, die die Umwelt nicht mehr mit Mineralien und Wasser versorgen können. Ausgetrocknete Kraterlandschaften und unwiederbringlich zerstörte Ökosysteme sind die Folge.[3]

Durch die hohe Konnektivität ist die Menschheit mittlerweile in der Lage, sich ein Bild über die entsprechenden Ursachen und Folgen zu machen. Die soziale Herausforderung besteht also zu einem großen Teil darin, die Digitalisierung nicht nur in der Bundesrepublik, sondern die komplette Wertschöpfungskette mithilfe moderner Technologien sozialverträglich zu gestalten. Hier begrenzt sich der Begriff der Nachhaltigkeit nicht exklusiv auf Umweltfragen, sondern erstreckt sich weiter über die sozialen Fragen hinsichtlich menschenwürdiger Wertschöpfungsmethoden.

2.3.3 Die ökologische Herausforderung

Ein weiterer Umstand, der bislang in den reichweitenstarken Diskussionsforen nachrangig behandelt wurde, ist der tatsächliche Energieverbrauch der Digitalisierung. Während die Digitalisierung als digitale Zukunft in all ihren Facetten diskutiert wird, muss gleichzeitig der nächste Schritt miteinbezogen werden. Wie kann Digitalisierung zukunftsfähig gestaltet werden?

Hinter den schier unbegrenzt erscheinenden Möglichkeiten verbergen sich platz- und energieintensive Strukturen. So gesehen verteilt sich der Ort Internet auf eine Vielzahl an Server- und Datencentern rund um den Globus. Allein für die in Deutschland betriebenen Rechnerzentren ist die vollständige Energie-

---

1 Die als Seltene Erden bekannten Industrierohstoffe sind metallische Legierungen oder oxydische Verbindungen aus chemischen Elementen der 3. Nebengruppe des Periodensystems
2 i. A.: Harald Elsner. Bundesanstalt für Geowissenschaften und Rohstoffe. Interview der Welt vom 31. 5. 2019
3 i. A.: Kempf, Klencke. Rohstoffpolitik fit für die Zukunft machen. Bundesverband der deutschen Industrie e.V. 28. 6. 2018

produktion von fünf Großkraftwerken notwendig. In der Mainmetropole Frankfurt am Main steht der weltweit größte Internetknoten, welcher durch eine 600.000 m² große Infrastruktur betrieben wird.[1] Über diesen Knoten läuft pro Sekunde eine Datenmenge von über 6 Terabit, was einem Umfang von 1,5 Milliarden ausgefüllten DINA4-Seiten entspräche.[2] Weltweit wird die Zahl der für das Internet notwendigen Atomkraftwerke auf 25 Stück geschätzt.[3] Wäre das Internet tatsächlich ein Land, hätte es den weltweit sechstgrößten Energieverbrauch, vor Kanada und Deutschland. Auf Basis heutiger Hochrechnungen verdoppelt sich alle 18 Monate der Datenverkehr. Bis zum kommenden Jahr werden über 50 Milliarden Endgeräte online sein, rechnerisch wären das sieben Geräte je Erdbewohner.[4] Die mit der Digitalisierung direkt zusammenhängenden Superlative sollen den Umstand veranschaulichen, dass die Entwicklungstendenzen keineswegs aufwandsneutral von Statten gehen können. Alle digitalen Technologien haben in der Regel schließlich die gleiche Ausgangsbasis: elektrische Energie. Zwar sind schon heute Algorithmen mit Machine-Learning-Elementen in den großen Servercentern implementiert, um den Energieverbrauch zu reduzieren. Mit einer zunehmenden Durchdringung der Digitalisierung und einem stetigen Bevölkerungszuwachs mit Zugang zu digitalen Technologien steigt entsprechend auch der Gesamtenergiebedarf.

2.4 Digitalisierung ist Chance und Risiko zugleich

Aus den drei dargestellten Dimensionen lässt sich schließen, dass die Digitalisierung durchaus als knappes Gut betrachtet werden und dementsprechend die Frage gestellt werden muss, wie viel und welche Art der Digitalisierung in den verschiedenen Lebens- und Einsatzbereichen sinnvoll und nachhaltig ist. Mithilfe fortschreitenden Wissens und moderner Technologien – die zu einem großen Teil auf der Digitalisierung fußen – kann die Menschheit in begrenztem Maße die Zukunft prognostizieren. Trotzdem zeigen aktuelle Entwicklungen, dass die Digitalisierung nicht uneingeschränkt als alternativloses Instrument zur Verbesserung bzw. Lösung der Herausforderungen unserer Zeit herangezogen werden kann.

2.4.1 Problemsteigerung durch Effizienzsteigerung: ein Beispiel

Ein anschauliches Beispiel zeichnet sich indes bei Sharing-Konzepten im Mobilitätsbereich ab. In den vergangenen zehn Jahren erfuhren nicht nur deut-

---

1 i. A.: Guhr. Neue Technologien und alte Probleme? Facing Finance e.V. Berlin 2018 (S.15 ff)
2 Vgl. u. a.: Deutscher Bundestag. Lithium-Vorkommen, Abbau und ökologische Auswirkungen in Bolivien. Deutscher Bundestag 2019
3 Vgl.: https://www.de-cix.net/de/about-de-cix/company-profile, Aufruf: 1.8.2019
4 Vgl.: https://www.de-cix.net/de/locations/germany/frankfurt/statistics, Aufruf: 1.9.2019

sche Metropolen einen wahren Boom an neuen Mobilitätsangeboten für Straßen sowie als App-Lösungen für mobile Endgeräte. Mit dem Wandel von einer reinen Besitz- zu einer Nutzkultur, etablierten sich Mobilitätsdienstleister, die in einem geografisch definierten Bedienungsgebiet Fahrzeuge zur Verfügung stellen. Diese können von registrierten Kunden nach Belieben gegen Gebühr genutzt werden. Neben dem stationsbasierten Car Sharing, welches sich als erste Betreiberform etablierte, kam das sogenannte Free Floating Car Sharing. In letzterem Konzept können Fahrzeuge durch eine mobile Applikation metergenau geortet werden. Der potenzielle Kunde muss also nicht mehr an eine fixe Station gelangen, sondern kann mithilfe seines Smartphones das nächstgelegene Fahrzeug identifizieren, reservieren und direkt losfahren. An seinem Ziel angekommen kann er das Fahrzeug abstellen und muss es nicht zu einer spezifischen Station bringen. Mit der größtmöglichen Flexibilität und Komfort – so dachte man – könnten Einwohner dazu bewegt werden, auf ihr eigenes Fahrzeug zu verzichten und somit eine zurückgehende Pkw-Dichte im Stadtgebiet bezwecken. Dadurch würden sich wiederum Stausituationen und Emissionen reduzieren und die angespannte Verkehrssituation entschärfen. Das stationsbasierte Car Sharing hingegen wurde zunächst als zu unflexibel eingeschätzt, als dass es einen positiven Einfluss auf den privaten Pkw-Besitz haben könnte.

Mittlerweile zeigen Untersuchungen hingegen, dass das Free Floating mitunter zusätzlichen Verkehr induzieren und somit die verkehrliche Situation in Städten weiter verschärfen kann. Kunden, die zuvor den Weg zu Fuß gegangen oder hierfür in die Verkehrsmittel des ÖPNV gestiegen sind, nutzten nun den ständig verfügbaren Pkw. Was für den einzelnen Nutzer ein Plus an Komfort und Flexibilität darstellt, führt in der Gesamtheit zu größer werdenden Herausforderungen in der innerstädtischen Verkehrsabwicklung.[1] So ist in diesem Beispiel aus einer Effizienzsteigerung für den einzelnen eine Problemsteigerung für alle geworden. Ob auf langfristige Sicht und inwieweit sich nachhaltige Kannibalisierungseffekte gegenüber anderen Verkehrsmodi einstellen, muss indes durch weiterführende Langzeitstudien ergründet werden.

2.4.2 Digitalisierung des sozialen Lebens: Die neuen Regeln der menschlichen Interaktion

Auch im sozialen Leben ist die Digitalisierung weit mehr als die reine Digitalisierung analoger Inhalte. Nirgendwo ist dieses Phänomen so eindrucksvoll zu beobachten wie in der täglichen gesellschaftlichen Interaktion. Nicht ohne Grund hat sich der Claim »Digitalisierung des sozialen Lebens« etabliert. Das gesellschaftliche Leben hat sich aufgrund der Durchdringung moderner Informations- und Kommunikationstechnologien dramatisch gewandelt.

---

1 i. A.: Südwestdeutscher Rundfunk. Wie viel Energie braucht das Netz? (Interview mit Clemens Rohde, Energieexperte des Fraunhofer Instituts, 2017)

In ihrer Umsetzungsstrategie »Digital gestalten« identifiziert die Bundesregierung Chancen und Risiken der Digitalisierung in der Gesellschaft. Die zwei übergeordneten Ziele sind die Nutzung der Chancen für einen steigenden Wohlstand, gleichermaßen aber die Beherrschbarkeit der damit verbundenen Risiken. Dahinter verbirgt sich nicht ausschließlich der viel diskutierte Datenschutz, sondern weitergehend die sogenannte Digitalkompetenz der Bevölkerung. Im Rahmen der Umsetzungsstrategie soll eine gleichlautende Teilinitiative der Bevölkerung Schlüsselkompetenzen im Umgang mit digitalen Medien vermitteln. Sie soll den Menschen einen »kenntnisreichen, kritischen, kreativen und widerstandsfähigen Umgang mit digitalen Medien ermöglichen.«[1]

Ein Großteil der gesellschaftlichen Interaktion spielt sich mittlerweile digital ab, mit dem Smartphone als Tor zur Welt. Mit modernen Chat-Programmen werden so viel Informationen wie noch nie zuvor in der Geschichte der Menschheit geteilt. Viele lassen teils tiefgreifende Einblicke in ihre Privatleben zu, indem sie Fotos und Kurzvideos auf Plattformen veröffentlichen und auf Kommentare warten. Sie kommentieren selbst Artikel, Fotos und andere Beiträge. Sie leben unsere Kreativität aus oder sammeln Impulse für sie. Mithilfe unseres Smartphones markieren sie ihre aktuellen Standorte und teilen der Welt mit, was und warum sie jetzt genau hier sind. Sie drücken ihre Persönlichkeit, ihre Interessen, ihre Abneigungen oder ihre politische Gesinnung aus.

Ein Beispiel, wie diese »digitale Verhaltensweisen« mit weitreichenden Folgen missbraucht werden können, ist mit dem Skandal um den Wahlkampf des US-Präsidenten Donald Trump ans Licht getreten.

In den Jahren 2013 bis 2015 sammelte die Technologiefirma Cambridge Analytica im großen Stil überwiegend persönliche Nutzerdaten von registrieren Mitgliedern des sozialen Netzwerks Facebook. In dem auch als »der Facebook-Skandal« bekannt gewordenen Vorgang ging es um über 87 Millionen Datensätze von Nutzern, in denen relevante Informationen zu persönlichen Eigenschaften, Interessen und Ansichten einsehbar waren. Ein Teil der betroffenen Nutzer beantwortete zuvor einen digitalen Fragebogen, der in der nachfolgenden Analyse Aufschlüsse über spezifische Persönlichkeitseigenschaften ermöglichte. Im Zuge internationaler Ermittlungsarbeiten verhärtete sich der Verdacht, dass diese Wissensbasis missbraucht wurde, um den Präsidentschaftswahlkampf von Donald Trump aktiv zu unterstützen. Mit dem sogenannten Micro Targeting fanden die gewonnenen Erkenntnisse wiederum Anwendung in der Ansprache und Beeinflussung einzelner Zielgruppen. So wurden Befürworter des Präsidentschaftskandidaten aktiv mit Inhalten bespielt, die sie in der politischen Gesamtstrategie am stärksten befürworteten. Gegner der republikanischen Linie wurden wiederum gezielt mit Falschinformationen versorgt, um die Teilnahmemotivation an der Wahl zu senken. Weiterführend sind

---

1 Vgl.: Statista. Prognose zur Anzahl vernetzter Geräte weltweit in den Jahren 2003 bis 2020. 2019

daraus ganze Webseiten und Blogs entstanden, die für den Nutzer nicht direkt den Wahlkampfführenden zuzuordnen waren, sondern als unabhängige und sachliche Informationsinstanzen auftraten. Inwieweit die Schuld in diesem globalen Skandal welchen Akteuren zuzurechnen ist, konnte bislang nicht vollends geklärt werden. Allerdings zeigt dieses Beispiel auf, dass die Digitalisierung des sozialen Lebens verbunden mit der allgemeinen Digitalisierung durchaus kritische Risiken birgt.[1]

Die vielfältigen Chancen, die hinsichtlich der Digitalisierung multimedial benannt werden, können also gleichermaßen auch zu Risiken werden. Wie bei allen bahnbrechenden Erfindungen stellt sich die zentrale Frage um die Ziele, welche die Menschheit mit ihnen erreichen möchten.

2.4.3 Digitalisierung von Unternehmen: Was sie kann und was nicht

Im Unternehmenskontext kann die digitale Transformation zunächst von zwei grundlegenden Perspektiven unterschiedlich wahrgenommen werden. Auf der einen Seite stellen sich mittelständische Unternehmen die Frage, inwieweit die Digitalisierung ihr bisheriges Geschäftsmodell optimieren, verschlanken und innovieren kann. Auf der anderen Seite sehen sie sich den Anforderungen ausgesetzt, die sich mit der gesellschaftlichen Durchdringung digitaler Prozesse ergeben und die sich mit zunehmender Geschwindigkeit verändern. So gesehen ergibt sich also der Zwang, sein unternehmerisches Tun freiwillig und fortwährend zu modifizieren und weiterzuentwickeln.

Das Paradoxon ergibt sich hier nicht zufällig. Digitalisierung bedeutet unter anderem beispielsweise unmittelbare Informationsverfügbarkeit, die Möglichkeit seinen Kunden mit seinen Rahmenbedingungen und seinen Bedarfen präzise abbilden zu können. Gleichzeitig bedeutet Digitalisierung aber auch für den Kunden, unmittelbar Anbietervergleiche und ggfs. Anbieterwechsel durchführen zu können. Da die modernen Technologien einer großen Bandbreite an Unternehmen zur Verfügung stehen, ist eine wettbewerbsorientierte Differenzierung nicht per se gegeben, sondern erfordert eine ebenso scharfe Differenzierungsstrategie wie es zuvor der Fall gewesen ist.

Die letztendlichen Potenziale einer Digitalisierung der bestehenden Geschäftstätigkeiten hängen also maßgeblich von dem zielgerichteten Einsatz der entsprechenden Technologien ab. Beispielsweise wird ein rein digitales Geschäftsmodell, das kein physisches Filialnetz unterhalten muss, eine wesentlich geringere Kostenstruktur erreichen können. Das Risiko, dabei den gewissen Unterschied, und in diesem Sinne das Entscheidungskriterium für diesen einen Anbieter zu verlieren, kann indes durchaus größer werden. Durch die fast vollständige Verbreitung des Smartphones ermöglichen digitale Technologien

---

1 U. a. basierend auf: Schaller. Making Congestion Pricing Work for Traffic and Transit in New York City. Schaller Consulting 2018

aber eine direkte und zielgerichtete Ansprache des Kunden. Gepaart mit Kenntnissen über dessen Interessen und Bedürfnissen kann eine Kundengewinnungsmaßnahme maßgeschneidert werden. Das klassische Massen-Marketing ist im Vergleich wesentlich teurer und vermeintlich weniger effektiv.

Um die Bandbreite an Digitalisierungspotenzialen erfassen zu können, werden in den folgenden Beiträgen dieses Sammelbandes weitere Potenziale im Bankenwesen identifiziert und tiefergehend beleuchtet. Prinzipiell erstrecken sich diese aber über die gesamte Wertschöpfungskette des jeweiligen Unternehmens.

2.5 Warum wir diesen Megatrend so kritisch hinterfragen

Auch wenn die Digitalisierung von der Gesellschaft mitunter als Revolution wahrgenommen wird, so ist der Transformationsprozess im mittelständischen Unternehmenskontext eher von evolutionärer Natur. Es betrifft alle Bereiche: Produktion, Vertrieb, die Unternehmensorganisation und generell auch das Produktportfolio. Eben überall dort, wo digitale Anwendungen und Technologien klassische Lösungen ersetzen kann. So gesehen kann die Digitalisierung auch als technologiegetrieben bezeichnet werden.

In den letzten 15 Jahren ist der Handlungsbedarf für Unternehmen in diesem Kontext drastisch gestiegen, da sich die Menschen sehr schnell an die neuen Möglichkeiten der Digitalisierung gewöhnt haben. Nachgefragte Informationen müssen in Echtzeit verfügbar sein, die Interaktion mit Anbietern muss reibungslos und intuitiv funktionieren. Folglich ist es zwingend notwendig, dass sich Unternehmen intensiv mit den Möglichkeiten aber auch mit den Grenzen der Digitalisierung auf eingangs vorgestellten Ebenen auseinandersetzen.

Der gestiegene Wettbewerbsdruck und der global geführte Diskurs neuer Informations- und Kommunikationstechnologien bewegt nicht wenige dazu, die Digitalisierung als Allheilmittel für jegliche unternehmerische Herausforderung zu sehen. Fakt ist jedoch, dass am Ende des Tages Menschen mit Menschen interagieren, auch wenn der Anteil miteinander kommunizierender Maschinen zwischen ihnen steigt. Der Wert, der nachgefragt oder geschaffen wird, gründet auf der Entscheidung und Handlung eines oder mehrerer Menschen. Dementsprechend ist Digitalisierung als Selbstzweck nicht zielführend, sie vereinfacht, verkürzt, optimiert und ermöglicht. Ähnlich eines Werkzeugkastens, aus dem sich der Handwerker für seine Dienstleistungen bedient, kann auch die Digitalisierung gesehen werden. In diesem Werkzeugkasten gibt es eine größer werdende Vielzahl an digitalen Technologien bzw. Werkzeuge, die für die unterschiedlichsten Fragestellungen hilfreich sind. Oder eben nicht.

Ein zentrales und kontrovers diskutiertes Kernelement der Digitalisierung ist Chance und Risiko zugleich: Daten. Mit der Transparenz steigt in der Regel der Informationsgehalt und damit potenziell das Wissen, auf dem unternehmerische Entscheidungen fußen. Je größer die Wissensbasis eines Sachverhalts ist, desto nachhaltiger können Lösungsstrategien entwickelt werden. Viele Menschen befürchten jedoch genau hier eine zu große Transparenz der eigenen Person. Vorlieben, Leidenschaften, Einstellungen, wirtschaftlicher oder familiärer Status sind sensible Kontexte, die der Mensch vertraulich und geschützt sehen möchte. Auf der anderen Seite steigt die Nachfrage nach individuellen Kundenansprachen, -angeboten und -betreuung.

Dieses Spannungsfeld unterliegt indes einem generationenübergreifenden Perspektivwechsel. Klar ist, dass Kunden hohe Erwartungen an die Art pflegen, wie Produkte und Dienstleistungen entwickelt und angeboten werden sollen: hoch individuell und gleichzeitig anonym. Währenddessen möchten sie an die Vertrauenswürdigkeit ihrer Anbieter glauben, denn kaum einer beachtet detailliert die ausufernden Allgemeinen Geschäftsbedingungen. Daraus ergibt sich für Unternehmen die herausfordernde Aufgabe, digitale Werkzeuge präzise und überlegt einzusetzen und Daten mit der Beachtung datenschutzrechtlicher Vorschriften und in einem relevanten Umfang zu sammeln.

Ein weiteres kritisches Element ist der drohende Verlust von Arbeitsplätzen, da sie durch digitalisierte Geschäftsprozesse obsolet werden. Sicherlich werden zuvor manuelle Arbeitsaufgaben zunehmend mithilfe leistungsfähiger digitaler Technologien verrichtet. Laut einer Studie der *WirtschaftsWoche* sind knapp 4,4 Millionen Arbeitsplätze in Deutschland theoretisch durch digitale Technologien substituierbar. Für das Bankenwesen prognostiziert die Studie ein Substituierbarkeitspotenzial von etwa 39 %, d. h. etwa 39 % der jetzigen Berufsbilder könnten zu großen Teilen inhaltlich durch Computer ersetzt werden.[1] Tatsächlich belegen zahlreiche Studien, dass die Sorge um die eigene Arbeitsplatzsicherheit im Bankenwesen unter Branchenmitarbeitern stetig wächst. Seit der Jahrtausendwende erlebt die Branche einen voranschreitenden Abbau der Arbeitsplätze. Von knapp 750 000 direkt Beschäftigen im Jahre 2000 zählt der deutsche Bankenverband aktuell noch 586 000.[2] Diese Entwicklung ist branchenübergreifend zu beobachten, wobei sich das Substituierbarkeitspotenzial unterschiedlich stark ausprägt.

Datenmissbrauch und Arbeitsplatzsicherheit sind zwei zentrale Handlungsfelder, in denen sich Unternehmen im Kontext Digitalisierung positionieren, Risiken begrenzen und Chancen identifizieren müssen. Ein weiterer Blick in die Historie der Menschheit zeigt, dass mächtige Technologien sowohl positive als auch negative, gar desaströse Ausprägungen zur Folge haben konnten. Dieser Beitrag möchte eine kritische Perspektive auf diese Thematik geben, die Digitalisierung aber nicht per se verunglimpfen. Digitale Technologien haben in ihrer

---

1 Vgl.: Bundesregierung. Umsetzungsstrategie Digitalisierung. Presse und Informationsamt der Bundesregierung. Berlin 2019
2 Vgl.: Dachwitz, Rudl, Rebiger. Was wir über den Skandal um Facebook und Cambridge Analytica wissen. 21.3.2018. (Quelle: https://netzpolitik.org/2018/cambridge-analytica-was-wir-ueber-das-groesste-datenleck-in-der-geschichte-von-facebook-wissen/, Aufruf: 1.8.2019)

Gesamtheit grundsätzlich das Potenzial, das private und das Berufsleben nachhaltig zu verbessern. Dank innovativer Operationsmethoden, additiv gefertigter Prothesen und Echtzeitverfügbarkeit von Informationen wurden unzähligen Menschen sogar bereits das Leben gerettet.

Gleichermaßen kommt mit den wachsenden Möglichkeiten die Verantwortung, Digitalisierung zum Wohle des Menschen und überlebenswichtiger Ökosysteme einzusetzen und weiterzuentwickeln. Die zunehmende Vernetzung findet nicht nur im digitalen Netzwerk statt, sondern um den gesamten Erdball. Mit der Vernetzung erhöhen sich Abhängigkeiten und Wechselwirkungen über Landes- und Kontinentsgrenzen hinweg. Aus den in diesem Beitrag beschriebenen Umständen resultieren Fragestellungen, für die noch keine ausreichenden Antworten gefunden werden konnten. Es bedarf also einer tiefgreifenden Auseinandersetzung mit ihnen, um den vielleicht weitreichendsten Umwälzungsprozess nach der industriellen Revolution für Gesellschaft und Wirtschaft zukunftsfähig und lebenswert gestalten zu können.

3 Rechtliche Auseinandersetzung mit der Digitalisierung in der Sparkasse und Folgerungen

Rechtsanwalt Dr. Reinhold Roller, München

3.1 Vertragsabschluss im digitalen Zeitalter

Das Zustandekommen von Verträgen über das Internet hinkt in Bezug auf rechtliche Vorgaben wohl eindeutig hinter der Realität zurück. Denn entsprechend der Vorgaben von MiFID II ist im Passivgeschäft für die Wertpapierdienstleistung der Sparkasse mit dem Kunden auf Papier oder einem anderen dauerhaften Datenträger eine schriftliche Rahmenvereinbarung abzuschließen, in der die wesentlichen Rechte und Pflichten der Sparkasse als Wertpapierdienstleister und die des Kunden niedergelegt sind. Allerdings nur, wenn bezüglich der empfohlenen Finanzinstrumente oder Dienstleistungen regelmäßige Eignungsbeurteilungen vorgenommen werden. Sparkassen sind aber keine bloßen Vermittler von Wertpapierdienstleistungen und unterliegen daher obschon diesen Pflichten. Da Sparkassen in einer laufenden Geschäftsbeziehung mit ihren Kunden stehen, müssen die Vorgaben eingehalten werden. Da eine Aushändigung in Papierform in der Regel ausscheidet, ist den Kunden z.B. als pdf-Datei im Anhang einer E-Mail eine Abschrift des Rahmenvertrages zu übermitteln.

Auch digitale Verträge kommen regelmäßig durch Angebot und Annahme zustande. Der Kunde nimmt heute schon das Angebot der Sparkasse regelmäßig durch einen Click an, vergessen wird aber regelmäßig, dass auch eine Annahmeerklärung durch die Sparkasse erforderlich ist. Diese wird in den Prozess des Vertragsabschlusses – etwa durch eine E-Mail – integriert, denn am rechtmäßigen Zustandekommen eines digitalen Vertragsabschlusses hängt für die einzelne Sparkasse eine ganze Reihe von rechtlichen Fragen, wie etwa Widerrufsrechte, Fristenberechnung, Anfechtungsmöglichkeiten, etc.[1].

Zudem kommen digitale Geschäftsabschlüsse regelmäßig im Wege des sogenannten Fernabsatzes zustande. Dies zieht wiederum besondere Pflichten für die einzelnen Sparkassen nach sich, denn Fernabsatzverträge sind Verträge, bei denen der Unternehmer oder eine in seinem Namen oder Auftrag handelnde Person und der Verbraucher für die Vertragsverhandlungen und den Vertragsschluss ausschließlich Fernkommunikationsmittel verwenden. Dies trifft auf digitale Geschäftsabschlüsse regelmäßig zu:

---

1 BeckOK BGB/H.-W. Eckert, 49. Ed. 1.2.2019, BGB § 145 Rn. 2

»Die nicht abschließende Aufzählung in § 312c Abs. 2 nennt beispielhaft Briefe, Kataloge, Telefonanrufe, Telekopien, E-Mails, über den Mobilfunkdienst versendete Nachrichten (SMS) sowie Rundfunk und Telemedien.«[1].

Dies führt dazu, dass dem Kunden eine ganze Reihe von Informationen zur Verfügung zu stellen sind (vgl. Art. 246b EGBGB). Bei Fernabsatzverträgen ist die Sparkasse auch verpflichtet, dem Verbraucher eine Bestätigung des Vertrags, die den Vertragsinhalt wiedergibt, innerhalb einer angemessenen Frist nach Vertragsschluss, spätestens jedoch bevor mit der Ausführung der Dienstleistung begonnen wird, auf einem dauerhaften Datenträger zur Verfügung zu stellen. Damit entsteht die Pflicht Kunden eine Vertragsvereinbarung zur Verfügung zu stellen[2].

Schließlich ist im Fernabsatz das besondere Widerrufsrecht des Sparkassenkunden zu berücksichtigen. Sind somit die Voraussetzungen eines Fernabsatzvertrages gegeben, hat der Kunde die Möglichkeit den Fernabsatzvertrag zu widerrufen. Die Widerrufsfrist selbst beträgt zwei Wochen. Der Beginn der Zweiwochenfrist ist jedoch, damit sie ordnungsgemäß zu laufen beginnt, an einige Voraussetzungen gebunden, die in der Praxis schwer einzuhalten sind. Zu nennen sind zum einen die besondere Widerrufsbelehrung, daneben aber auch die Erteilung der Informationen gemäß Art. 246b EGBGB. Die Informationen sind durch den Unternehmer spätestens bis zur vollständigen Erfüllung des Vertrages dem Verbraucher in Textform mitzuteilen. Erfolgen diese nicht, beginnt die Widerrufsfrist nicht zu laufen und es kommt zu einem – im Finanzdienstleistungsbereich – unendlichen Widerrufsrecht[3]. Die weiteren Informationspflichten der Sparkassen für Verträge über Finanzdienstleistungen, die außerhalb von Geschäftsräumen geschlossen wurden, ergeben sich aus zahlreichen schwer zu durchdringenden gesetzlichen Vorgaben:

»§ 312d Abs. 2 ist lex specialis zu § 312d Abs. 1 für außerhalb von Geschäftsräumen geschlossene Verträge über Finanzdienstleistungen und Fernabsatzfinanzdienstleistungsverträge«[4].

3.2 Video-Identifizierung

Die Video-Identifikation findet online statt; so arbeitet auch z.B. der SBroker im Wertpapierbereich mit diesem Verfahren. Sie kann vom Sparkassenkunden bequem von zuhause aus oder sogar unterwegs erledigt werden. Probleme mit technischen Voraussetzungen gibt es nicht mehr, einzig eine Internetverbin-

---

1 MüKoBGB/Wendehorst, 8. Aufl. 2019, BGB § 312c Rn. 14
2 BeckOK BGB/Martens, 49. Ed. 1.2.2019, BGB § 312f Rn. 1
3 BeckOK BGB/Martens, 49. Ed. 1.2.2019, BGB § 312g Rn. 2
4 BeckOK BGB/Martens, 49. Ed. 1.2.2019, BGB § 312d Rn. 5, 6

dung ist Voraussetzung. Zudem auch ein Gerät, das Live-Videos in das Internet übertragen kann, wie ein Smartphone, Tablet oder ein PC mit Webcam. Die neuesten Browser-Updates müssen selbstverständlich installiert sein. Zudem ist ein gültiger Ausweis oder Reisepass erforderlich. Dieser darf nicht innerhalb der nächsten drei Monate ablaufen. Sind diese Voraussetzungen geschaffen, erhält der Sparkassenkunde, meistens per E-Mail, einen Link. Dieser führt auf die abgesicherte Seite eines Unternehmens, das unabhängig ist. Video-Ident funktioniert vor allem für berufstätige Sparkassenkunden sicher besser als das Post-Ident-Verfahren. Denn im Gegensatz zu Post-Ident ist keine persönliche Präsenz in der Sparkasse vor Ort erforderlich, um die Identität dort bestätigen zu lassen. Stattdessen kann der Kunde seinen Ausweis in einem Video-Chat präsentieren, sodass seine persönlichen Daten bestätigt werden.

Im April 2017 hat die BaFin ein neues Rundschreiben zu den Anforderungen an die Nutzung von Videoidentifizierungsverfahren veröffentlicht[1]. Die BaFin im Übrigen zu den aktuellen Betrugsfällen rund um das Video-Identifizierungsverfahren:

»*Eine bekannte Betrugsmethode besteht darin, den Eindruck zu erwecken, dass sich der Verbraucher im Rahmen eines Online-Bewerbungsverfahrens per Video identifizieren müsse, bevor er einen Arbeitsvertrag erhält.*«[2].

3.3 Mobile Payment Services via App

Die Idee des »Mobile Payment«, des Bezahlens per Handy ist 2018 in der Sparkassenwelt Realität geworden. Anstelle vieler verschiedener Karten mit jeweils einer eigenen PIN für den bargeldlosen Zahlungsverkehr reicht das Handy, um bargeldlos zu transferieren. Der Deutsche Sparkassen- und Giroverband (DSGV) hat seine Bezahl-App »Mobiles Bezahlen« für Smartphones in Googles PlayStore gebracht. Mit der Anwendung können Sparkassenkunden wie mit Google Pay kontaktlos mit ihrem Smartphone bezahlen. Die Zugangsdaten für Online-Banking gelten auch für die App. Dafür müssen Sparkassenkunden für Online-Banking angemeldet sein – die Anmeldedaten sind bei Mobiles Bezahlen dieselben. Anschließend wird in der App ausgewählt, welche der dem Konto zugeordnete Karte für das kontaktlose Zahlen mit dem Smartphone verwendet werden soll. Anders als bei Google Pay geht das bei der Sparkasse auch mit der Girokarte und nicht nur mit Kreditkarten.

Ansonsten wird Mobiles Bezahlen genauso verwendet wie Google Pay: Anstatt einer Karte wird das Smartphone an ein Kartenlesegerät gehalten, das kontaktloses Zahlen unterstützt. Bis zu einem Betrag von 25 Euro müssen Nut-

---

1 Bezug: Rundschreiben 1/2014, Ziffer III., vom 5.3.2014
2 Meldung der BaFin vom 26.3.2019

zer keinen Sicherheitsnachweis erbringen. Auch bei einer Kreditkarte ist bei kontaktlosem Zahlen erst ab diesem Betrag die PIN oder eine Unterschrift erforderlich. In den Einstellungen der Bezahl-App können Sparkassenkunden einstellen, wann die Anwendung nutzbar sein soll. So kann die Zahlung bereits ausgelöst werden, wenn der Sperrbildschirm eingeschaltet ist. Alternativ können Nutzer auch wählen, dass das Gerät entsperrt oder sogar die App gestartet sein muss. Inzwischen haben auch Sparkassen eine entsprechende Funktion in ihre hauseigenen Mobile Banking-Apps integriert.

Bis zu einem Einkaufswert von 20 oder 25 Euro gibt es je nach Bezahl-App häufig keine PIN-Abfrage. Für viele Kunden stellt dies ein Sicherheitsrisiko dar. Bei anderen Apps (wie beispielsweise Google Pay) wird gänzlich auf eine PIN-Angabe verzichtet. Hier wird die Sicherheit dadurch gewährleistet, dass eine Zahlung allgemein nur mit entsperrtem Smartphone möglich ist. Ist das Smartphone nicht durch Passwort, Fingerabdruck, Iris, Gesichtserkennung usw. geschützt, ist eine Nutzung nicht möglich. Dem Betrug ist damit natürlich möglicherweise Tür und Tor geöffnet – obwohl für ein funktionierendes Wirtschaftssystem sichere Zahlungssysteme essentiell sind. Neben datenschutzrechtlichen Aspekten – weil Anbieter wie Apple, Amazon oder Google etc. wohl maßgeblich in den Zahlungsdienstemarkt eintreten, weil sie Interesse an den Transaktionsdaten haben – sind zahlreiche weitere rechtliche Aspekte zu berücksichtigen.

Dazu zählen zur Wahrung der Rechtssicherheit vertragsrechtliche und bankaufsichtsrechtliche Aspekte. Unter vertragsrechtlichem Gesichtspunkt ist das Verhältnis zwischen einem Kunden und einem Anbieter von Mobile-Payment-Lösungen, wie z.B. die Sparkassen, als Zahlungsdienstevertrag gemäß § 675f BGB zu bewerten[1]. Für Sparkassen von Interesse sind insbesondere auch die vertragsrechtlichen Haftungsvorschriften im Falle von nicht autorisierten Zahlungsvorgängen gemäß § 675j BGB[2].

Nach der Norm des § 675u BGB haftet grundsätzlich der Zahlungsdienstleister; denn er hat gegen den Zahler keinen Anspruch auf Erstattung seiner Aufwendungen und ist verpflichtet, diesem den Zahlungsbetrag unverzüglich zu erstatten. Änderungen ergeben sich allerdings, wenn die nicht autorisierte Zahlung aus der Nutzung eines verlorenen oder z.B. gestohlenen Zahlungsauthentifizierungsinstruments resultiert. In diesem Fall gewährt dem Zahlungsdienstleister § 675v BGB einen Schadensersatzanspruch gegen den Zahler. Dieser Anspruch ist auch der Höhe nach nicht begrenzt, wenn der Zahler grob fahrlässig nicht alle zumutbaren Vorkehrungen trifft, um die personalisierten Sicherheitsmerkmale, wie etwa Sicherheitscodes vor unbefugtem Zugriff zu schützen. Dies sind etwa die Fälle, wenn der Code schriftlich auf einem Zettel im Portemonnaie verwahrt oder direkt im Gerät gespeichert[3] wird.

---

1 MüKoBGB/Casper, 7. Aufl. 2017, BGB § 675f Rn. 1 – 2
2 MüKoBGB/Jungmann, 7. Aufl. 2017, BGB § 675j Rn. 1
3 MüKoBGB/Zetzsche, 7. Aufl. 2017, BGB § 675u Rn. 2

Unter bankaufsichtsrechtlichen Erwägungen heraus sind für Sparkassen die Regelungen des Geldwäschegesetzes (GwG) und des Gesetzes zur Beaufsichtigung von Zahlungsdiensten (ZAG) zu berücksichtigen. Denn nach § 2 Abs. 1 Nr. 3 GwG gelten Zahlungs- und E-Geld-Institute im Sinne des ZAG als Verpflichtete, die zur Verhinderung von Geldwäsche über ein wirksames Risikomanagement gem. § 4 Abs. 1 GwG verfügen müssen; und zudem gem. § 10 ff. GwG bestimmte Sorgfaltspflichten zu beachten haben. Mobile-Payment-Anbieter fallen unter § 1 Abs. 1 Nr. 5, Abs. 2 ZAG; so dass die Regelungen dieses Gesetzes nachfolgend zu besprechen sind.

3.4 Gesetz zur Beaufsichtigung von Zahlungsdiensten (ZAG)

Zahlungsdienste sind die in § 1 Abs. 1 Satz 2 ZAG genannten Dienste (**Zahlungsdienste-Positivkatalog**). Ein Zahlungsdienst findet regelmäßig in einer Dreiecksbeziehung zwischen Zahler, Zahlungsempfänger und Zahlungsdienstleister statt[1]. Die Zweite Zahlungsdiensterichtlinie (im Folgenden auch: »PSD 2«) sollte den durch die PSD 1 geschaffenen europäischen Binnenmarkt für unbare Zahlungen fortentwickeln. Wesentliche Inhalte der Richtlinie – und des Umsetzungsgesetzes – sind die Erweiterung des Kreises der Zahlungsdienste um die Zahlungsauslösedienste und Kontoinformationsdienste und die Neukonturierung der Ausnahmetatbestände.

Neu sind die §§ 51 ff. ZAG, die Kontoinformations- und Zahlungsauslösedienste betreffen. Das Inkrafttreten dieser Normen ist komplex[2]. Betroffen ist davon beispielsweise Software, die dem Kunden z.B. Analysen seiner monatlichen Belastungen, Multibanking-Systeme bzgl. Informationen an den Kunden über sämtliche Kontodaten bei mehreren Banken etc. bieten. Durch diese neuen Vorschriften werden die Sparkassen nunmehr verpflichtet, die Kundendaten an die Softwareanbieter herauszugeben und mit diesen zu kooperieren.

3.5 Kommunikation via App und elektronischem Postfach

Die Rechtsregeln über den Einsatz von Apps und elektronischen Postfächern sollen sicherstellen, dass technische Kommunikationssysteme nicht missbraucht werden. Für eine geschützte und funktionierende Kommunikation zwi-

---

1 Merkblatt zum ZAG vom 22. 11. 2011, geändert am 29. 1. 2017
2 »§§ 45 bis 52 sowie der § 55 treten 18 Monate nach dem Inkrafttreten des delegierten Rechtsakts nach Artikel 98 der Richtlinie (EU) 2015/2366 des Europäischen Parlaments und des Rates vom 25. November 2015 über Zahlungsdienste im Binnenmarkt, zur Änderung der Richtlinien 2002/65/EG, 2009/110/EG und 2013/36/EU und der Verordnung (EU) Nr. 1093/2010 sowie zur Aufhebung der Richtlinie 2007/64/EG (ABl. L 337 vom 23. 12. 2015, S. 35; L 169 vom 28. 6. 2016, S. 18) in Kraft. Das Bundesministerium der Finanzen gibt den Tag des Inkrafttretens des delegierten Rechtsakts im Bundesgesetzblatt bekannt«. (ZAG § 51, beck-online)

schen Sparkasse und Kunde muss gesichert sein, dass die Übermittlung unverändert und unverfälscht geschieht. Weiterhin muss gesichert sein, dass der angegebene Absender der tatsächliche ist und kein Unbefugter Kenntnis des Inhalts erlangen kann. Vorgeschriebene Systeme mit Verschlüsselungstechnik zur Garantie der Echtheit und Gültigkeit sind dem Autor allerdings nicht bekannt. Da dies ein relativ neues Phänomen ist, fehlt es an klaren Regelungen. Erkannt wurde der Regulierungsbedarf zwischenzeitlich auf europäischer Ebene für Mobile-Payment-Services, was auch zur Verabschiedung der Zweiten Zahlungsdiensterichtline führte[1]. Allerdings sind zwischenzeitlich in den §§ 312 i ff. BGB allgemeine Pflichten im elektronischen Rechtsverkehr normiert[2].

3.6 Datenverwaltung, z.B. Profiling und Cloud-Dienste

Sparkassen erheben und verarbeiten eine Vielzahl vertraulicher Kundendaten. Insoweit unterliegen sie den strengen Anforderungen der Datenschutzgrundverordnung (DSGVO). Zu bedenken sind neben diversen organisatorischen Anforderungen vor allem die strengen Voraussetzungen an die Zulässigkeit der Datenverarbeitung und die weitreichenden Informationspflichten, die im Rahmen des Onboardings zu beachten sind. Daneben sind aber weitere Aspekte zu berücksichtigen. Das sogenannte Profiling ist durch die DSGVO besonders geregelt worden. Grundsätzlich bedeutet Profiling die automatisierte Erstellung von Profilen. Im Zusammenhang mit webbasierten Systemen handelt es sich dabei v. a. um die Erstellung von Nutzerprofilen auf der Grundlage automatisch erhobener personenbezogener Daten, unter Bewertung persönlicher Aspekte. Darüber sind Kunden aber zum einen besonders zu informieren, zum anderen gelten gem. Art. 22 DSGVO besondere Anforderungen an die Zulässigkeit einer solchen Datenverarbeitung. Profiling ist demnach unzulässig, soweit eine ausschließlich automatisch erfolgende Verarbeitung personenbezogener Daten erfolgt und diese Verarbeitung rechtliche oder ähnliche Wirkung für den Betroffenen entfaltet. Zu berücksichtigen ist, dass gemäß Art. 22 Abs.1 DSGVO die »ausschließlich« auf der Grundlage erfolgenden Verarbeitung personenbezogener Daten verboten wird:

»Mit der Regelung des Art. 22 soll die ungeprüfte Unterwerfung des Individuums unter die Entscheidung der Maschine verhindert werden … Menschen sollen nicht zum »bloßen Objekt« von Entscheidungen des Computers werden …, sondern ein informationelles »Recht auf faires Verfahren« haben …«[3].

---

1 RL-EU 2015/2366; umgesetzt in BRD durch das Gesetz zur Umsetzung der Zweiten Zahlungsdienstrichtlinie
2 MüKoBGB/Wendehorst, 8. Aufl. 2019, BGB § 312i Rn. 6
3 BeckOK DatenschutzR/von Lewinski, 27. Ed. 1. 2. 2019, DS-GVO Art. 22 Rn. 2

Daneben regelt Art. 22 Abs. 2 DSGVO, wann das Profiling doch zulässig ist. Dies etwa dann, soweit es für den Abschluss oder die Erfüllung eines Vertrags zwischen der betroffenen Person und dem Verantwortlichen erforderlich ist. Gemeint sind damit Fälle, in denen der Abschluss oder die Erfüllung des Vertrages dem Willen des Betroffenen entsprechen und er deshalb gerade keine Verletzung seiner Rechte und Interessen in der vollautomatisierten Verarbeitung sieht. Es gelten zudem besondere Rechte und Pflichten, die zu beachten sind. Dazu gehören etwa ein Anfechtungsrecht, ein Recht auf Darlegung des eigenen Standpunktes sowie das Recht auf Beteiligung einer natürlichen Person an der Entscheidungsfindung[1].

3.7 Nutzung von Cloud-Diensten

Fraglich ist, ob Sparkassen Cloud-Dienste nutzen dürfen, um Daten zu speichern oder bestimmte Pflichten (etwa Aufbewahrungspflichten) zu erfüllen. Denn der Einsatz von Cloud-Computing durch Sparkassen kann im Einzelfall eine Auslagerung beinhalten, die für die Durchführung von Finanzdienstleistungen oder sonstigen institutstypischen Dienstleistungen wesentlich im Sinne von § 25b KWG ist[2].

Der isolierte Bezug von Software ist in der Regel als sonstiger Fremdbezug einzustufen und stellt daher keine Auslagerung dar. Dies gilt jedoch nicht für Software, die zur Identifizierung, Beurteilung, Steuerung, Überwachung und Kommunikation der Risiken eingesetzt wird oder die für die Durchführung von institutsspezifischen Aufgaben von wesentlicher Bedeutung ist. Im Falle des Einsatzes derartiger Software sind Unterstützungsleistungen als Auslagerung einzustufen. Ferner gilt der Betrieb der Software durch einen externen Dritten als Auslagerung. Da im Cloud-Computing Software regelmäßig als cloudbasierter Dienst betrieben wird, ist davon auszugehen, dass dies als Auslagerung im Sinne des § 25b KWG zu qualifizieren ist. Insoweit hat die Qualifikation der Inanspruchnahme externer Dienstleistungen durch MaRisk Weiterungen und die Neufassung der MaRisk 2017 eine wesentliche Verschärfung erfahren:

»*§ 25b wie auch die Auslagerungsregelungen der MaRisk sind grundsätzlich nur auf die sich aus dem KWG ergebenden gesetzlichen Pflichten anwendbar. Die Anforderungen an die Auslagerungen bei Wertpapierhandelsunternehmen sind durch § 33 Abs. 2 WpHG geregelt, der explizit auf § 25b KWG Bezug nimmt.*«[3].

---

1 BeckOK DatenschutzR/von Lewinski, 27. Ed. 1.2.2019, DS-GVO Art. 22 Rn. 42a
2 Boos/Fischer/Schulte-Mattler/Wolfgarten, 5. Aufl. 2016, KWG § 25b Rn. 1
3 Boos/Fischer/Schulte-Mattler/Wolfgarten, 5. Aufl. 2016, KWG § 25b Rn. 16

Während unter alter Gesetzeslage eine Auslagerung von Geschäftsbereichen lediglich dann vorlag, wenn ein Institut ein Auslagerungsunternehmen damit beauftragte, auf Dauer oder zumindest auf längere Zeit eine für die Geschäftstätigkeit des Instituts wesentliche Tätigkeit oder Funktion (Dienstleistung) wahrzunehmen, entfällt unter dem Regime der MaRisk 2017 das Tatbestandsmerkmal der Wesentlichkeit bei der Frage, ob es sich im Cloudcomputing um eine Auslagerung handelt oder nicht. Dementsprechend ist die Nutzung von Cloud-Diensten durch Sparkassen zu bewerten und ggf. ein Auslagerungsprozess aufzusetzen[1].

3.8 Onboarding und Onlinestrecke

Im Bereich der Wertpapierdienstleistungen hat sich das sogenannte Onboarding[2] entwickelt. Das Kunden-Onboarding unterliegt weit reichenden rechtlichen Anforderungen. Maßgeblich wäre für Sparkassen zu differenzieren, welche Art der Wertpapierdienstleistung angeboten wird. Denn während Sparkassenkunden meist auf der Suche nach möglichst individuellen Antworten und Lösungen für ihre Anliegen sind, wollen digitale Anbieter regelmäßig IT-Lösungen, bei denen die Registrierung und der Abschluss schnell erledigt werden. Gerade die Pflicht zur Aushändigung einer Geeignetheitserklärung gem. §§ 64 ff. WpHG ist damit kaum zu vereinbaren. Auch die Frage, wie eine Transaktion ausgelöst wird, berührt wieder die Eingangsfrage, welche Dienstleistungen ein Unternehmen eigentlich anbietet. Wird die Ordererteilung außerhalb des Systems des Robo Advisors, dem sich eine vermögensverwaltende Sparkasse eventuell bedient, abgewickelt und wirkt dieser auch nicht final auf die Anlageentscheidung des Kunden ein, ergeben sich zahlreiche weitere Rechtsprobleme.

3.9 Geldwäschegesetz und Onboarding

Zur Verhinderung von Geldwäsche und Terrorismusfinanzierung müssen alle Verpflichteten, so auch Sparkassen über ein wirksames Risikomanagement verfügen, d.h. eine Risikoanalyse durchführen, diese dokumentieren und entsprechende interne Sicherungsmaßnahmen ergreifen. Eine Übersicht geeigneter Maßnahmen findet sich in § 6 GwG[3].

---

1 Boos/Fischer/Schulte-Mattler/Wolfgarten, 5. Aufl. 2016, KWG § 25b Rn. 31
2 Wikipedia: Onboarding (aus dem amerikanisch-englischen *onboarding*, dieses gekürzt aus *taking on board*, wörtlich für »das An-Bord-Nehmen«) ist ein Begriff aus dem Personalmanagement. Er bezeichnet das Einstellen (oder die Personalbeschaffung) und die Aufnahme neuer Mitarbeiter durch ein Unternehmen und vor allem alle Maßnahmen, welche die Eingliederung (Integration) fördern.
3 Herzog/Figura, 3. Aufl. 2018, GwG § 10 Rn. 5

Zur Identifikation natürlicher Personen können die üblichen Ausweisdokumente herangezogen werden. Danach soll die Überprüfung der Identität durch angemessene Prüfung der vorgelegten Dokumente »vor Ort erfolgen« oder mittels eines Verfahrens, das zur geldwäscherechtlichen Überprüfung der Identität geeignet ist. Dazu gehören auch das Videoidentifizierungsverfahren sowie das Post-Ident-Verfahren, wie vorstehend bereits dargelegt. Für die erforderliche audiovisuelle Kommunikation sind nur Ende-zu-Ende verschlüsselte Videochats zulässig. Dienste wie Skype sind damit nicht geeignet, die Identifizierung zu ermöglichen. Vor dem Hintergrund dieser Anforderungen gibt es mittlerweile mehrere Anbieter, die die Videoidentifizierung im Wege einer Auslagerung übernehmen. Dabei sind die Vorgaben des § 17 GWG zu beachten[1].

3.10 Beispiel: Robo-Advice

Sogenannte Robos werden in der Regel als Intermediäre beratend, verwaltend oder auch nur vermittelnd für ihre Kunden tätig. Welcher Erlaubnis Robo-Advice bedarf, ist im Einzelfall genau zu prüfen. Entscheidend für die Frage der Erlaubnispflicht sind zum einen die Anlageprodukte, die ein Unternehmen anbietet, zum anderen die Tätigkeit, die es für seine Kunden erbringt.

Nach der zentralen Vorschrift des § 32 KWG bedarf, wer zu Finanzinstrumenten berät oder diese vermittelt, der Erlaubnis der BaFin. § 2 Abs. 6 Satz 1 Nr. 8 KWG schafft von diesem strengen Grundsatz eine spezielle Bereichsausnahme für Unternehmen, die sich auf die Anlagevermittlung und Anlageberatung beschränken und darüber hinaus keine anderen Finanzdienstleistungen oder Bankgeschäfte betreiben.[2] Obwohl diese Unternehmen materiell die Voraussetzungen erfüllen, um als Finanzdienstleistungsinstitute nach § 1 Abs. 1a KWG eingestuft zu werden, sollen sie gleichwohl nicht als Institute im Sinne des KWG gelten und damit insbesondere auch nicht dem Erlaubnisvorbehalt nach § 32 Abs. 1 KWG unterliegen.

Grundsätzlich fällt die anlagebezogene Tätigkeit von Robo Advisern regelmäßig unter die Anlage- bzw. Abschlussvermittlung, die Anlageberatung und/oder die Finanzportfolioverwaltung. Jede dieser Tätigkeiten ist voneinander abzugrenzen, da unterschiedliche Erlaubnisse einzuholen und unterschiedliche Vorgaben einzuhalten sind. Mit der Erlaubnis für die Finanzanlagenvermittlung gemäß § 34f GewO darf lediglich die Anlagevermittlung und Anlageberatung geleistet werden, Abschlussvermittlung und Finanzportfolioverwaltung hingegen sind den Unternehmen vorbehalten, die die dafür erforderliche Erlaubnis der BaFin nach § 32 KWG besitzen:

---

1 Herzog/Figura, 3. Aufl. 2018, GwG § 17 Rn. 2
2 Boos/Fischer/Schulte-Mattler/Schäfer, 5. Aufl. 2016, KWG § 2 Rn. 80–81

»*Da Kreditinstitute vorwiegend mit fremden Geldern arbeiten, treffen Schwierigkeiten bei ihnen auf einen viel größeren Gläubigerkreis, als wenn ein anderes Wirtschaftsunternehmen illiquide wird*«.[1].

3.11 Schlussbemerkung

Es stellt sich heute schon die Frage, welche technischen Neuerungen und welche regulatorischen Anforderungen die Zukunft bringen wird – und welche rechtlichen Szenarien daraus entstehen. Die vorstehenden Ausführungen konnten anhand einiger Beispiele und rechtlicher Ausführungen lediglich einen fragmentarischen Anriss geben.

Literaturverzeichnis
Boos/Fischer/Schulte-Mattler (2016): KWG, CRR-VO – Kommentar zu Kreditwesengesetz, CRR-VO und Ausführungsvorschriften, München: Verlag C.H.Beck
  Herzog/Figura (2018): Geldwäschegesetz (GwG), München: Verlag C.H.Beck
  Lewinski (2019): Beck-Online-Kommentar »Datenschutzrecht«, München: Verlag C.H.Beck
  Münchener Kommentar zum BGB (2019), München: Verlag C.H.Beck

---

1 Boos/Fischer/Schulte-Mattler/Fischer/Müller, 5. Aufl. 2016, KWG § 32 Rn. 5

4 Strategische Ausrichtung der Sparkassen in der Digitalisierung und der Weg der operativen Umsetzung

Siegfried Knoche (Sparkassenverband Bayern), Laura Linzmeier (Sparkassen Consulting GmbH) und Tobias Sterr (Sparkassenakademie Bayern)

4.1 Management Summary

Viele Sparkassen können auf eine lange und durchaus erfolgreiche Vergangenheit zurückblicken. Ebenso lange waren sie in vielen Segmenten Marktführer. Diese Position wird durch die anhaltende Niedrigzinsphase, steigende regulatorische Anforderungen sowie neue internationale Wettbewerber aus dem Non- und Nearbank-Bereich enorm unter Druck gesetzt. Dadurch wird das Geschäftsmodell in Teilen in Frage gestellt und eine durchaus düstere Zukunft prognostiziert. Verschärft wird dieser Trend durch den digitalen Wandel.

Mobiles performantes Internet und Smartphone sind heute in den meisten privaten Haushalten sowie Unternehmen im Dauereinsatz. Für die Kunden ergibt sich dadurch eine neue Erlebniswelt. Für fast alle Lebenslagen gibt es digitale Helfer, angebotene Lösungen sind einfach und können intuitiv verstanden und genutzt werden und fast täglich gibt es neue Angebote, die auf der neuesten Technologie aufbauen und das Leben erleichtern sollen. Aufbauend auf dieser privaten digitalen Erlebniswelt wächst auch die Erwartungshaltung an Finanzdienstleistungsanbieter, solche kundenfokussierten und einfachen Lösungen möglichst kostengünstig bereitzustellen. Das gelingt den Marktteilnehmern unterschiedlich gut. Für Sparkassen bedeutet Digitalisierung aber nicht nur die Bereitstellung eines wettbewerbsfähigen Online-Angebotes, sondern im Wesentlichen einen Kulturwandel in der Führung und bei allen Mitarbeitern sowie eine interne prozessuale und technologische Organisation, die eine konsequente Kundenfokussierung lebt und fördert.

Großen internationalen Unternehmen wie Google, Amazon und Co. gelingt diese Kundenfokussierung und Erfüllung der Kundenerwartungen bereits heute schon sehr gut und macht sie zunehmend zu ernstzunehmenden Wettbewerbern – und zwar nicht nur im Bereich von Payment, sondern auch im Bereich der klassischen Finanzdienstleistungen. Daher ist es für Sparkassen zwingend notwendig, adäquate Lösungen zu schaffen und ein Ökosystem für alle Fragen und Bedürfnisse rund um das Thema Finanzen zu schaffen. Die Sparkassen haben dazu die besten Voraussetzungen, denn sie genießen ein sehr hohes Vertrauen und sind als Finanzgruppe gut aufgestellt und mit allen Branchen bestens vernetzt.

Dazu ist es jedoch notwendig, dass die Sparkassen die Digitalisierung als Chance sehen und sich aktiv mit einer hohen Umsetzungsgeschwindigkeit den wesentlichen Herausforderungen in den drei Dimensionen Kunde, Mitarbeiter und Betrieb stellen. Diese Handlungsfelder sind bekannt und beschrieben. Das Zielbild ist unter dem Begriff »Multikanal« klar definiert und die notwendigen Instrumentarien zur individuellen Analyse und Umsetzung werden zentral bereitgestellt. Die meisten Sparkassen haben sich in der Umsetzung dieser Herausforderungen bereits auf den Weg gemacht, jedoch bedarf es einer fokussierteren und schnelleren Abarbeitung der Handlungsfelder durch eine eindeutige Zieldefinition sowie dem Setzen von konkreten messbaren Zielen für alle drei Dimensionen. Ein wesentlicher Erfolgsfaktor ist dabei die vernetzte Bearbeitung der verschiedenen Handlungsfelder mit den Verantwortlichen aller Disziplinen, was gleichzeitig eine neue Form der Zusammenarbeit innerhalb der Sparkasse schafft.

Auch wenn der Begriff »Umsetzung der Digitalisierung« suggeriert, dass es sich um eine einmalige Angelegenheit handelt, so ist die Digitalisierung und deren Implementierung innerhalb der Sparkasse keine Einzelmaßnahme oder ein Projekt, sondern eine dauerhafte und auf unbestimmte Zeit angelegte Entwicklung der gesamten Sparkasse. Dementsprechend betrifft sie auch nicht nur einzelne Mitarbeiter, sondern alle Mitarbeiter einer Sparkasse in unterschiedlicher Detailtiefe – unabhängig von der Hierarchie sowie dem Aufgaben- und Verantwortungsbereich.

Der nachfolgende Beitrag beschreibt nicht nur die Herausforderungen der Digitalisierung aufgrund von Kundenerwartungen und Wettbewerbsaktivitäten an die Sparkasse, sondern soll auch ein Vorgehensmodell für die individuelle Umsetzung in Sparkassen sein – fokussiert sich dabei aber auf die beiden Dimensionen Kunde und Mitarbeiter, da die Betriebsperspektive in anderen Beiträgen beschrieben wird.

4.2 Digitalisierung und die Auswirkungen auf Sparkassen

4.2.1 Definition Digitalisierung

Der Begriff »digital« oder »Digitalisierung« wird erst seit der Erfindung des Computers und deren digitale Rechenleistung mit dem Binärsystem 1 und 0 in den späten 1930er- bzw. frühen 1940er-Jahren verwendet. Von Digitalisierung in der heutigen Form spricht man eigentlich erst seit dem Jahr 2011 im Kontext des Begriffs »Industrie 4.0«. Digitalisierung vereint quasi alle vorherigen drei industriellen Revolutionen (mechanische Produktion, Massenproduktion und Prozessoptimierung sowie Erfindung des Mikroprozessors) und beschreibt den zunehmenden Grad der Automatisierung. Synonym für bzw. im Kontext des Begriffs Digitalisierung werden weitere Begriffe wie Big Data, Internet of things, Robotik oder Künstliche Intelligenz verwendet.[1]

Bei der Recherche in öffentlich zugänglichen Quellen findet man vielfältige Definitionen mit Blick auf die Digitalisierung in der Finanzdienstleistungsbranche. Der Begriff der Digitalisierung hat oftmals mehrere Bedeutungen. Er kann die digitale Umwandlung und Darstellung bzw. Durchführung von Information und Kommunikation oder die digitale Modifikation von Instrumenten, Geräten und Fahrzeugen beinhalten bzw. die digitale Wende. Im letzteren Kontext werden nicht zuletzt »Informationszeitalter« und »Computerisierung« als Synonyme genannt.[2] Der Begriff Digitalisierung bezeichnet auch allgemein die Veränderungen von Prozessen, Objekten und Ereignissen, die bei einer zunehmenden Nutzung digitaler Geräte erfolgt. Im Weiteren – und heute meist üblichen – Sinn steht der Begriff insgesamt für den Wandel hin zu digitalen Prozessen mittels Informations- und Kommunikationstechnik.[3]

Als wesentliche Meilensteine der Digitalisierung in der nahen Vergangenheit sind die öffentliche und private Nutzung des Internets und die Verfügbarkeit und Nutzung von preislich erschwinglichen sowie leistungsfähigen Computern für den privaten Gebrauch zu sehen. Einen erneuten exponentiellen Schub gab es mit dem Aufkommen der Smartphones und der damit verbundenen mobilen Nutzung des Internets vor ca. zehn bis 15 Jahren.

Trotz der vielen unterschiedlichen Beschreibungen und Definitionen von Digitalisierung sind mit Blick auf Sparkassen Begriffe wie »digitale Umwandlung« und »Darstellung von Informationen, Veränderungen von Prozesse und Ereignissen, flächendeckende private und berufliche Nutzung und stetiger Wandel« von Bedeutung. Denn daraus lassen sich mit dem klaren Kundenfokus des Geschäftsmodells Sparkasse die drei wesentliche Handlungsfelder »Kunde«, »Mitarbeiter« und »Betrieb« für Sparkassen ableiten. Dies sind auch die derzeit in der Sparkassen-Finanzgruppe verwendeten und akzeptierten Ordnungskriterien, wenngleich eine trennscharfe Zuordnung aller Aktivitäten nicht immer möglich ist. Trotzdem werden diese drei Dimensionen auch im Beitrag als Struktur verwendet und alle Darstellungen unter diesen drei Perspektiven beleuchtet.

---

1 Vgl.: https://www.wiwo.de/erfolg/beruf/studie-digitalisierung-und-arbeitsplaetze-welche-jobs-betroffen-sind/12724850-2.html, (Aufruf: 1.8.2019)
2 Vgl.: Arbeitgeberverband des privaten Bankgewerbes. Die Entwicklung der Anzahl der Beschäftigten im Kreditgewerbe von 2003 bis 2017. (Quelle: https://bankenverband.de/statistik/banken-deutschland/beschaeftigte/, Aufruf: 1.8.2019)
3 Vgl. »Seit wann gibt es Digitalisierung«; https://www.wfb-bremen.de/de/page/stories/digitalisierung-industrie40/seit-wann-gibt-es-die-digitalisierung-geschichte-teil-eins und https://www.wfb-bremen.de/de/page/stories/digitalisierung-industrie40/geschichte-der-digitalisierung-teil-zwei; abgerufen am 3.8.2019.

4.2.2 Sparkassen im Spannungsfeld von Niedrigzinsen, Regulatorik und Digitalisierung

Die Sparkassen stehen aktuell vor drei zentralen Herausforderungen, die einen enormen Druck auf das Geschäftsmodell Sparkasse ausüben:
- die anhaltende Niedrigzinsphase,
- die stetig wachsenden regulatorischen Anforderungen
- sowie die Digitalisierung.

Die Wurzeln des Geschäftsmodells von Banken – und somit auch der Sparkassen – liegen vereinfacht dargestellt in der Hereinnahme von Kundengeldern, der Ausleihe von Geld und beides gegen Zinsen mit entsprechender Differenz als Lohn für die Bearbeitung. Über Jahrhunderte galt, dass der Ausleihzins höher ist als der Einlagenzins. Dieses Modell hat sich in den letzten Jahren gedreht bis hin zu dem Phänomen, dass über Vermittlerplattformen schon Kredite angeboten werden, bei denen der Kreditnehmer einen positiven Darlehenszins erhält.

Die Niedrigzinsphase lässt aber nicht nur die Zinserträge deutlich schrumpfen. Insbesondere im Privatkundengeschäft ist die Ertragslage aufgrund der hohen Bedeutung der Passivverträge kritisch und zwingt die Banken und Sparkassen aufgrund der parallel stetig steigenden Kosten zunehmend zu ungeliebten Maßnahmen wie die Kündigung von langfristigen Sparprodukten oder Berechnung von Verwahrentgelten. Gleichzeitig gerät das bislang von Sparkassen dominierte Mittelstandsgeschäft in den Fokus anderer in- und ausländischer Banken. Zusätzlich drängen sich neue Player wie BigTechs, FinTechs[1] und Non-Banks immer stärker in den Markt und erhöhen zusätzlich den Druck auf das Geschäftsmodell und eine bisher sichere Einnahmequelle.

Digitalisierung und Verbraucherschutz, Wettbewerbssteigerung und Sicherheit im Zahlungsverkehr sind aktuell ebenfalls korrelierende Begrifflichkeiten, die ihren Niederschlag in der Regulatorik findet[2]. Die Umsetzung der Zahlungsdiensterichtlinie PSD 2 (Payment Service Directive 2) erfordert von den Sparkassen im Kundengeschäft enorme Aufwände. Die Erfüllung solcher regulatorischen Anforderungen ist eine weitere entscheidende Herausforderung für Banken und Sparkassen. Steigende Kapitalanforderungen im Zuge der Eigenmittelverordnung CRR, in Häufigkeit und Umfang zunehmende Sonderprüfungen nach § 44 KWG, verschärfte Anforderungen an das Risikomanagement oder intensive Geschäftsmodellanalysen seitens der BaFin sind nur einige Beispiele für den steigenden Druck durch die Regulatorik.

---

1 Digitalisierung in Online Wirtschaftslexikon: https://wirtschaftslexikon.gabler.de/definition/digitalisierung-54195; abgerufen am 3.8.2019.
2 Vgl. Digitalisierung in Wikipedia: https://de.wikipedia.org/wiki/Digitalisierung; abgerufen am 3.8.2019

Dass die Digitalisierung unsere Gesellschaft und das Arbeitsleben verändert, ist nichts Neues mehr, denn sowohl im privaten als auch beruflichen Alltag hat die Digitalisierung Einzug gehalten. Musik und Filme werden heute gestreamt, Urlaube abends auf der Couch über ein Reisportal online gebucht und der Einkauf für den täglichen Bedarf in der Mittagspause nebenbei online geordert und abends zum festgelegten Zeitpunkt direkt bis vor die Wohnungstür geliefert.

Vorstände, die sich heute noch die Frage stellen, ob und wie sich die Digitalisierung und damit Technologien wie Künstliche Intelligenz (KI), Clouddienste, Internet of Things (IoT) oder der Mobile-Hype auf das Geschäftsmodell von Banken und Sparkasse auswirken, stecken in einer Zeitfalle fest. Schon vor mehr als einem Jahrzehnt haben sich diese Entwicklungen bereits abgezeichnet. Trotzdem hielten viele Entscheidungsträger an der Hoffnung fest, das Internet und alles was damit zu tun hat, sei nur eine vorübergehende Modeerscheinung. Für seine Aussage »banking is necessary, banks are not« wurde Bill Gates im Jahre 1994 von vielen Bankern nur belächelt. Bis zur Boykottierung seiner Produkte erstreckten sich die Strafmaßnahmen. Wie wenig hilf- und erfolgreich dieser Widerstand mit Blick auf die tägliche Arbeitswelt war, hat die Erfolgsgeschichte von Microsoft gezeigt. Der Beginn der vierten industriellen Revolution ist mit der Digitalisierung schon längst eingeläutet. Datenökonomie und die Vernetzung unterschiedlichster Informationen sind neue wesentliche Produktionsfaktoren geworden.

Den privaten Alltag vieler Menschen dominieren digitale Technologien und wecken damit eine entsprechende Erwartungshaltung sowohl an die Bankdienstleistungen als auch an die Berufswelt. Viele deutsche Unternehmen haben Aufholbedarf und auch weiterhin geht es in vielen Fällen nur schleppend mit der digitalen Transformation voran – das gilt insbesondere für den traditionellen Bankensektor. Banken und Sparkassen sind in der Reaktion auf digitale Einflüsse nicht unbedingt Spitzenreiter. Primus in der Digitalisierung ist und bleibt die Telekommunikationsbranche und selbst Konsumgüter und Unterhaltung haben in den letzten Jahren im Zuge der Digitalisierung enorm aufgeholt[1]. Trotz langanhaltender vermeintlicher Orientierungslosigkeit sind die neuen Möglichkeiten und Chancen, die mit der Digitalisierung einhergehen, innerhalb der Branche erkannt und werden sukzessive genutzt. Ebenso die Notwendigkeit für teilweise radikale Veränderungs- und Anpassungsprozesse, da eine »Weiter-so-Mentalität« nicht mehr zukunftsfähig ist.

---

1 Der Begriff »FinTech« wird teilweise sehr heterogen verwendet und kommt in unterschiedlichem Kontext zum Einsatz. FinTech(s) wird im vorliegenden Beitrag als Synonym für Unternehmen (meist Start-Ups) verwendet, die innovative Finanzdienstleistungsprodukte herstellen. Für weitere Information siehe u. a. auch: https://de.wikipedia.org/wiki/Finanztechnologie; abgerufen am 4.8.2019.

4.2.3 Auswirkungen der Digitalisierung ...

Die vorherigen drei industriellen Revolutionen brachten jeweils für sich gesehen grundlegende Veränderungen mit sich. Diese waren aber überwiegend Veränderungen im Produktionsablauf und der Mensch war primär in Bezug auf seine Arbeit davon betroffen. Erst sekundär und zeitlich versetzt hatte dies Auswirkungen auf sein Privatleben und seine persönlichen Bedürfnisse. Ebenfalls waren die Zeiträume zwischen den einzelnen Revolutionen lang und die eigentlichen Veränderungen bzw. Neuerungen vollzogen sich teilweise über mehrere Jahre oder Jahrzehnte.

Im Zusammenhang mit der Digitalisierung spricht man hingegen durchaus von einem disruptiven[1] Wandel, der sehr schnell zu tiefgreifenden gesellschaftlichen, sozialen und politischen Veränderungen geführt und teilweise bisherige Technologien, Prozesse oder Geschäftsmodelle vollständig innerhalb kürzester Zeit komplett verdrängt hat. Lapidar spricht man zwar von einer Umwandlung von analogen zu digitalen Informationen und Daten. Dies führte aber bei den meisten Menschen zu enormen Veränderungen im Privatleben und dem Arbeitsalltag, in ihrem Verhalten und Erleben sowie in der Politik, der Wirtschaft, der Rechtsprechung und unserer Gesellschaft.

Symptomatisch für die Digitalisierung – und das ist u. a. auch der disruptive Charakter – ist die enorme Geschwindigkeit, mit der sich Veränderungen ergeben und Daten bzw. Informationen exponentiell wachsen. Allein in einer Minute verarbeitet Google zum Beispiel 3,8 Millionen Suchanfragen, loggen sich eine Million Nutzer in ihren Facebook Account ein oder es werden 4,5 Millionen YouTube-Videos angeschaut. Ebenfalls werden 188 Millionen E-Mails per Internet verschickt, ergänzt noch um 41,6 Millionen Nachrichten via Facebook-Messenger und WhatsApp und 18,1 Millionen Textnachrichten.[2]

Diese Zahlen sprechen eigentlich schon für sich und zeigen, welche Ausmaße die Digitalisierung mittlerweile angenommen hat. Ebenso beeindruckend ist aber das Wachstum in den letzten Jahren. Vor sechs Jahren waren es nur knapp 2 Mio. Suchanfragen bei Google und die Snaps beliefen sich auf »nur« 104 000 pro Minute.

In der Konsequenz heißt dies für die Sparkassen-Finanzgruppe einerseits eine deutlich höhere Veränderungsgeschwindigkeit als bisher und eine permanente Marktbeobachtung, um neue Trends frühzeitig erkennen und in das eigene Kundenangebot und Geschäftsmodell integrieren zu können.

---

1 Vgl. https://www.bundesbank.de/de/aufgaben/unbarer-zahlungsverkehr/psd2/psd2-775434; abgerufen am 29.8.2019.
2 Vgl. http://www.di-i.org/studien/?tx_news_pi1%5Bnews%5D=12&tx_news_pi1%5Bcontroller%5D=News&tx_news_pi1%5Baction% 5D=detail&cHash=bc596ce232fdeb645eece20b8888aa64; abgerufen am 29.8.2019.

4.2.3.1 ... auf den Menschen als Kunde und Mitarbeiter der Sparkasse

In seinem Alltag nimmt der Mensch verschiedene Rollen ein, die in unterschiedlicher Weise von der Digitalisierung betroffen und geprägt sind. Wesentliche Rollen für eine Sparkasse sind die Rollen »Kunde« und Mitarbeiter«.

Wie schon dargestellt, nutzt der Mensch als Sparkassenkunde zunehmend Online-Angebote in seinem privaten Umfeld. Spotify und Netflix für Musik und Videos anstatt CDs und klassisches Fernsehen. Instant Messaging und Video-Kommunikationsdienste wie WhatsApp und FaceTime überwinden räumliche und zeitliche Distanzen und haben die klassischen Wege längst abgelöst. 66 Prozent der Deutschen sind mittlerweile Online-Shopper und kaufen damit jährlich Waren im Wert von durchschnittlich 1 400 Euro.[1] Egal welche Funktion oder Lebenssituation betrachtet wird, alle haben eine Gemeinsamkeit: Sie lösen ein Problem oder einen Wunsch in einem bestimmten Lebensbereich und bei der Entwicklung wird das Kundenbedürfnis in den Mittelpunkt gestellt, so dass der Mensch sie mit Hilfe der digitalen Technik einfach und intuitiv bedienen kann. Convenience ist der treibende Faktor und die Menschen nehmen dann sogar Risiken (z.B. Datenschutz) in Kauf, wenn die Lösungen die eigene Bequemlichkeit fördern.

So wie sich das private Verhalten durch digitale Lösungen im Alltag ändert, so ändert sich auch die Art und Weise, wie der Mensch seine Bankgeschäfte tätigen will, nämlich zunehmend online. Damit verschiebt sich auch gleichzeitig die Kanalgewichtung weg von der physischen Präsenz in der Filiale vor Ort hin zu den verschiedenen Online-Kanälen und erhöht den Kostendruck auf die Sparkassen zur Aufrechterhaltung eines attraktiven und verzahnten Multikanalangebotes. Veränderungen der Filialstrukturen sind dabei unausweichlich.

Die digitale private Erlebniswelt und das Verhalten haben ebenfalls eine klare Wechselwirkung auf die Erwartungshaltung vieler Menschen an ihren Finanzdienstleister und ermöglicht nicht nur neue digitale Leistungsangebote, sondern macht diese auch in immer kürzeren Entwicklungszyklen notwendig. Verstärkt wird dieser Druck einerseits durch die Vielfalt an neuen Funktionalitäten, welche die Digitalisierung im Privaten bieten und somit auch von Finanzdienstleistungen respektive Services erwartet werden, und andererseits durch attraktive Angebote nicht nur vom direkten Wettbewerbsumfeld der Finanzdienstleister, sondern zunehmend auch durch Non- und Near-Banks.

Die Mitarbeiter der Sparkassen haben in Bezug auf die Digitalisierung zwei Schlüsselfunktionen: Sie sind Adressat und Mitwirkende zugleich. Einerseits

---

1 Der Begriff Disruption ist abgeleitet aus dem englischen Begriff »Disruption«, der sich wiederum herleitet von dem lateinischen Verb »disrumpere«, welches zerreißen, zerbrechen, zerschlagen bedeutet. Als Disruption wird eine (Zer-)Störung, ein Umbruch, eine Unordnung oder Unterbrechung verstanden. Im Kontext von Digitalisierung (und damit eng verbundenen Technologien) versteht man unter Disruption Innovationen, die bestehende Technologien Produkte oder Dienstleistungen vollständig oder in großen Teilen verdrängen und ersetzen.

hat der technologische Wandel einen direkten Einfluss auf die Arbeitswelt aller Mitarbeiter – unabhängig ob Kundenberater, Servicekraft oder Stabsmitarbeiter. Auf der anderen Seite ist die Vermittlung digitaler Kompetenzen zur Erbringung hochqualitativer Beratungsleistungen ein unbedingtes Muss für jede Sparkasse. Denn die Mitarbeiter müssen nicht nur überzeugt werden, den digitalen Wandel des Arbeitsalltags anzunehmen, sondern müssen primär in die Lage versetzt werden, das gesamte mediale Angebot ihren Kunden näherzubringen, wenn auch je nach Aufgabengebiet in der Sparkasse in unterschiedlicher Detailtiefe. Die eigene Nutzung und Kenntnis des digitalen Leistungsangebots durch jeden Mitarbeiter ist dabei Pflicht, denn nur die Kenntnis und Nutzung gewährleisten einen aktiven Verkauf desselbigen – jeder Mitarbeiter ist Markenbotschafter.

Aber allein die Vorgabe und der individuelle Wille der Mitarbeiter reichen nicht aus. Denn was nutzen diese, wenn der Arbeitsalltag des Mitarbeiters beispielsweise im Kreditgeschäft durch interne Anweisungen oder mangels vorhandener digitaler Prozesse heute noch von Papier dominiert wird, obwohl der Kunde die notwendigen Dokumente digital einreicht. Eine aktive Beratung und Überzeugung unserer Kunden von dem bereits vorhandenen vielfältigen digitalen Leistungsangebot ist nur möglich, wenn auch die technischen Infrastrukturvoraussetzungen wie WLAN, mobile Endgeräte und Arbeitsplatzrechner bereitgestellt werden. Leider unterscheidet sich der technologische Digitalisierungsgrad unserer Mitarbeiter im privaten Umfeld noch deutlich von der beruflichen Erlebniswelt.

Die Digitalisierung der Arbeitswelt erlaubt heute bereits neue Formen der Zusammenarbeit und der Führung. So können beispielsweise mit agilen Arbeitsmethoden interdisziplinär schnell Lösungsansätze in deutlich schnelleren Zyklen als heute erarbeitet oder die Attraktivität des Arbeitgebers deutlich durch die Möglichkeit von Homeoffice gesteigert werden. Insgesamt hat Digitalisierung damit einen erheblichen Einfluss auf die Unternehmenskultur.

Erfahrungen in der Umsetzungsberatung zeigen aber auch das teilweise schizophrene Phänomen, dass Sparkassen-Mitarbeiter zwei unterschiedliche Rollen in einer Person einnehmen können. Damit ist gemeint, dass sie im Privatleben sehr wohl digital agieren (z.B. intensive Social-Media-Nutzung und Online-Konsum), jedoch am Arbeitsplatz analoge Arbeitsweisen bevorzugen und sich teilweise digitalen internen Prozessen verweigern oder das Online-Leistungsangebot ihrer Sparkasse gar nicht oder nur sehr verhalten nutzen. Diesen Konflikt gilt es ebenfalls schnell aufzulösen und am sogenannten Mindset der betreffenden Mitarbeiter zu arbeiten – dazu mehr im Kapitel 4.6.2.

4.2.3.2 … auf den Betrieb und die Prozesse der Sparkassen

Um sowohl die Erwartungen des Kunden an eine moderne, innovative und digitale Sparkasse zu erfüllen und die Kundenbindung zu festigen bzw. zu erhöhen sowie gleichzeitig die Mitarbeiter in die Lage zu versetzen, digital zu denken, zu handeln und zu beraten, sind sowohl in der S-Finanzgruppe als auch in jeder einzelnen Sparkasse die technischen und organisatorischen Voraussetzungen zu schaffen.

Für die Mehrheit der Kunden ist der Umgang mit Computer und mobilen Endgeräten wie Smartphones und Tablets mittlerweile zum Standard geworden und er erwartet natürlich auch den Einsatz moderner Technologie in der Interaktion mit seiner Sparkasse und in der Filiale vor Ort. Dementsprechend müssen die Sparkassen in die Technologie investieren – und zwar nicht nur einmalig, sondern je nach Nutzungsgebiet laufend. Bei einigen Sparkassen hat sich diesbezüglich ein Investitionsstau aufgebaut, weil die technologische Digitalisierung in der Sparkasse nicht zwangsläufig zu einem positiven Effekt in der GuV beitragen wird, sondern eine Investition in die Zukunft und Überlebensfähigkeit der Sparkasse darstellt, ohne einen zeitnahen Return of Investment.

Die steigenden Nutzerquoten im Online-Banking haben zur Konsequenz, dass nicht nur das Online-Leistungsportfolio stetig erweitert werden muss, sondern die Anzahl der Filialbesuche stark rückläufig ist. Damit gilt es den Spagat zwischen einem klaren Bekenntnis zum Multikanal und der daraus resultierenden Frage, welche Auswirkungen sich daraus auf das Standortnetz ergeben, zu meistern.

Je nach Kundenstatus und Produktverfügbarkeit liegen heute bei Online-Bestellungen über Amazon die Lieferzeiten zwischen wenigen Tagen und wenigen Stunden. Geprägt von einem solchen Kundenerlebnis zeigt der Sparkassenkunden natürlich wenig Verständnis, wenn er auf die Bewilligung bzw. Auszahlung seines Darlehens teilweise mehrere Wochen warten muss. Postlaufzeiten von zwei Tagen zzgl. zwei Tagen Bearbeitungszeit galten früher branchenunabhängig als üblich in der Kundenkommunikation. Neben dem, dass immer seltener Briefe geschrieben werden, sind diese Reaktionszeiten in Zeiten von Mail-, Text- und Voice-Nachrichten antiquiert. Je nach genutztem Kommunikationsweg erwartet ein Kunde heute Reaktionen in Echtzeit via Text- und Videochats. Prozessverschlankung und -optimierung in Kombination mit der Akzeptanz und Adaption von definierten Standards und zentral bereitgestellten Lösungen und Funktionen sind die Schlüsselfaktoren und Anforderungen der Digitalisierung an die Sparkassen.

Wie bereits mehrfach erwähnt, korreliert die Digitalisierung sehr stark mit dem Begriff »Geschwindigkeit«. Dass eine durch Gremien und komplexen Entscheidungswegen geprägte Organisation wie die S-Finanzgruppe damit vor besondere Herausforderungen gestellt wird, hat sowohl die Vergangenheit gezeigt bzw. verdeutlicht auch die Gegenwart. Dazu wurden und werden unterschiedliche Anstrengungen der Optimierung unternommen, die bereits Wirkung zeigen (z.B. Verkürzung von Releasezyklen oder deutlich kürzere Entscheidungswege). Ein weiteres Merkmal der Digitalisierung sind agile und vernetzte Arbeitsformen mit einer gewissen Fehlertoleranz, die es ermöglichen, innerhalb weniger Monate aus einer Idee ein Produkt zu erstellen, welches auch bei Markteinführung noch eine Innovation darstellt. In Kombination mit einem exponentiellen Technologiewachstum sind in einem solchen Marktumfeld lange Projektlaufzeiten, Arbeiten im Wasserfallmodell mit Null-Fehler-Toleranz, Produktentwicklungszeiten und langen Releasezyklen für die Wettbewerbsfähigkeit nicht gerade förderlich.

Erfolg am Markt definiert sich heute nicht mehr (allein) über die Größe. Kunden sind es im Zeitalter der Digitalisierung gewohnt, stetig neue innovative Produkte präsentiert zu bekommen. Dass die S-Finanzgruppe durchaus Innovator sein kann, hat die bereits vor Jahren entwickelte und mehrfach ausgezeichnete S-App gezeigt. Um aber auch zukünftig als Innovator wahrgenommen zu werden, bedarf es einer guten Kenntnis des Technologiemarktes, dem Erkennen von Trends inner- und außerhalb der Finanzbranche und das Identifizieren der Erfolgsfaktoren. Über alle Branchen hinweg werden dazu heutzutage sogenannte Hubs[1] als Ideenschmiede oder Prototypisierung von neuen Produkten gegründet. Innerhalb der S-Finanzgruppe gibt es dazu neben dem S-Hub noch weitere Hubs von Dienstleistern und Sparkassen.

Die bereits realisierten technologischen und organisatorischen Ansätze zur Reaktion auf die Einflüsse aus der Digitalisierung für die S-Finanzgruppe sind erfolgversprechend. Nichtsdestotrotz müssen aber noch weitere Maßnahmen innerhalb der gesamten Finanzgruppe durch alle Beteiligten ergriffen werden, um mit der hohen (technologischen) Veränderungsgeschwindigkeit mithalten zu können, die »neuen« Kundenbedürfnisse zu befriedigen und dem Anspruch des Marktführers gerecht zu werden. Gleichzeitig bedarf es einer höheren Bereitschaft jeder einzelnen Sparkasse, die zentralen Lösungen individuell zum Einsatz zu bringen und damit den Mehrwert für die Kunden zu realisieren.

4.2.3.3 ... auf die Regulatorik

Vor welchen Herausforderungen Sparkassen – unabhängig von der Größe, aber mit stetig steigender Belastung für kleinere Sparkassen – durch die Regulatorik gestellt werden, wurde bereits im Kapitel 4.2.2 kurz angesprochen. Deren Umsetzung fordert die IT der Sparkassen, denn nur ein adäquates und hochleistungsfähiges Berichtswesen mit qualitativ guter Datenbasis und hoch performanten Analyse-Systemen erfüllt die stetig steigenden Anforderungen der Aufsicht. Die Digitalisierung und Bereitstellung der notwendigen Daten erleichtert zwar die Erfüllung aufsichtsrechtlicher Anforderungen, verschlingt aber Jahr für Jahr enorme Budgetmittel, die für die Weiterentwicklung von digitalen kundenspezifischen Leistungen nicht mehr zur Verfügung stehen.

Die jederzeitige Verfügbarkeit, der Austausch und die Verarbeitung von Daten sind Hauptmerkmale der Digitalisierung. Zur Gewährleistung der Persönlichkeitsrechte wurde mit dem Gesetzeswerk der Datenschutzgrundverordnung (DSGVO) ein umfangreiches Regelwerk geschaffen, welches enorme fachliche und monetäre Aufwände zur Umsetzung und Einhaltung in den Sparkassen nach sich zieht und Kapazitäten bindet, obwohl der Grund für die Regu-

---

1 Information: https://t3n.de/news/1-minute-internet-1151664/; abgerufen am 3.8.2019.

latorik nicht in den Aktivitäten der Banken und Finanzdienstleister liegt, sondern die schwarzen Schafe in anderen Branchen zu suchen sind.

Bargeld rückt zunehmend in den Hintergrund, digitales Bezahlen wird immer einfacher und der Geldtransfer findet fast ausschließlich nur noch digital statt. Verständlicherweise gilt es hierbei höchstmögliche Sicherheit zu gewährleisten. Das erfordert aber nicht nur hohe Investitionen in die Sicherheitsmedien, sondern zieht auch beispielsweise neue Gesetzgebungen zur Regulierung von Zahlungsdiensten bzw. -dienstleistern (Payment Service Directive 2; PSD2) nach sich. Gleichzeitig bietet die Öffnung der Kundenschnittstelle Chancen und Risiken durch Datenzu- und -abflüsse für jede Sparkasse.

Ebenfalls erfordert die Digitalisierung eine stetig steigende Dokumentationspflicht der Sparkassen, um den jederzeitigen Nachweis des Kundenwillens abbilden zu können.

Digitalisierung und die entsprechende gesetzliche Regulierung verursacht also nicht nur hohe Kosten, sondern stellt die Sparkassen permanent vor die Herausforderungen, den Spagat zwischen Kundenwünschen nach einfachen, bequemen, kundenfreundlichen Anwendungen und Prozessen und der Einhaltung bzw. Umsetzung der regulatorischen Anforderungen digital abzubilden und somit zu meistern.

Abschließend lässt sich festhalten, dass Digitalisierung und die Auswirkungen auf Sparkassen mehr sind als nur der Einsatz neuer Technologien. Digitalisierung ist mit einem Kulturwandel gleichzusetzen. Nur wenn es gelingt, die vorstehend genannten Handlungsfelder aus der Digitalisierung mit Blick auf die Kundenbedürfnisse und -erwartungen innerhalb der S-Finanzgruppe und in jeder Sparkasse optimal mit einem absoluten Kundenfokus aufeinander abzustimmen und damit ein größtmögliches Kundenerlebnis zu erzeugen, dann hat Digitalisierung einen Nutzen für den Kunden und somit auch für die Sparkasse und wird nicht um ihrer selbst willen umgesetzt. Dass Digitalisierung und die hohe Veränderungsgeschwindigkeit in der Technologie nicht mit einem Projekt »abzuarbeiten«, sondern ein zu organisierender, kontinuierlicher Verbesserungs- und Weiterentwicklungsprozess sind, sollte sich jedem mittlerweile erschlossen haben.

4.3 Digitalisierung des Bankenmarktes – sind FinTechs oder Internetriesen die eigentliche Gefahr für Sparkassen?

Mit den Herausforderungen der Digitalisierung haben alle Banken in Deutschland zu kämpfen, unabhängig welcher der drei Säulen des deutschen Bankensystems sie angehören. Der Weg zur Bankfiliale für die Erledigung von Finanzgeschäften wird vom Kunden immer seltener eingeschlagen und die Kunden – egal welcher Alters- oder Einkommensschicht sie angehören – möchten ihre Bankgeschäfte schnell, bequem und bei möglichst hoher Transparenz kostengünstig erledigen. Gleichzeitig steigen die Erwartungen der Kunden an das Kommunikations- und Vertriebskanalangebot. Der Einsatz der unterschiedlichen digitalen technischen Möglichkeiten in den Kanälen und Lösungsangebote für Kunden differenziert zwar einerseits die Wettbewerber, erleichtert aber gleichzeitig auch die Vergleichbarkeit. In der Umsetzungsgeschwindigkeit haben die Direktbanken und Vergleichsportale manchmal einen kleinen Vorsprung, der aber nicht maßgeblich mit Blick auf die Tragfähigkeit des Geschäftsmodells des klassischen Bankings ist. Der entscheidende Faktor ist und bleibt aber die Erfüllung der Kundenwünsche und somit eine möglichst dauerhafte Kundenbindung. Daher ist die bedeutungsvollere Frage, wer die Kundenbindung bedroht – sind es die direkten Wettbewerber des deutschen Bankenmarktes oder sind es doch eher die FinTechs oder GAFAs[1].

Mit dem Durchbruch der Smartphones und damit einhergehenden mobilen Nutzung des Internets begann die eigentliche Zeit der FinTechs. Lange Zeit galten sie als die größte jemals dagewesene Bedrohung für die tradierte Bankenbranche, da diese Anbieter[2] oftmals ohne Banklizenz Nischen im Markt oder Prozesse von etablierten Bankdienstleistungen besetzten. Befürchtungen, dass Banken und Sparkassen ihre Rolle als Finanzintermediäre zukünftig komplett überflüssig werden und Maschinen oder digitale Lösungen von FinTechs die Wertschöpfungsketten und bestehende Preismechanismen komplett aushebeln, haben sich bislang nicht bewahrheitet. Jedoch hat die Bedeutung in den letzten Jahren deutlich zugenommen.

In der Regel fokussieren sich FinTechs mit ihrem technologischen Spezial-Knowhow auf einzelne Prozessschritte in der Wertschöpfungskette von Sparkassen und optimieren diese in der Art für den Kunden, dass damit der größtmögliche Kundennutzen entsteht. Damit wächst die Bereitschaft der Kunden, zukünftig ausschließlich diese Leistung anstatt der bisherigen Bankleistung zu nutzen. Entscheidende Einflussfaktoren sind dabei für den Kunden die einfache, bequeme und schnelle Nutzung. Eventuelle Risiken werden dabei oftmals außer Acht gelassen – solange, bis der Schadensfall eintritt. Ein unrühmliches Beispiel dafür ist der Anbieter n26 und die Kundenbeschwerden wegen schlechter Erreichbarkeit.[3]

Auch wenn die Sparkassen nicht müde werden, ihre Kundenorientierung in den Vordergrund aller Aktivitäten und Lösungen zu stellen, so steht für Sparkassen aus Sicht des in sie gesetzten Vertrauens oftmals berechtigter Weise die Rechtssicherheit und technische Sicherheit im Vordergrund.

---

1 Vgl. https://einzelhandel.de/presse/aktuellemeldungen/12164-hde-online-monitor-2019-generation-60-plus-entdeckt-den-online-handel; abgerufen am 4.8.2019.
2 Der Begriff »Hub« wird abgeleitet vom englischen Begriff »hub« und bedeutet technisch betrachtet ein Knotenpunkt. Übersetzt lässt sich ein Hub als zentraler Ort, an dem Verbindungen zusammenlaufen verwenden. Übertragen auf die Aktivitäten der S-Finanzgruppe ist dies eine zentrale Stelle, an der Innovationsentwicklung betrieben wird – dem sogenannten S-Hub. Vgl. dazu auch: https://www.datacenter-insider.de/was-ist-ein-hub-a-800872/ und https://sparkassen-hub.com/; beides abgerufen am 4.8.2019.
3 Der Begriff »GAFA« steht als Abkürzung für die vier derzeit marktbeherrschenden westlichen Internetriesen Google, Amazon, Facebook und Apple.

Nach der anfänglichen Phase des Gegeneinanders und der vermeintlichen Konkurrenzsituation leben wir derzeit in einer Phase der gleichberechtigten Koexistenz, denn beide haben ihre Vorteile erkannt. Die FinTechs haben den Vorteil, dass sie oftmals unter time-to-market Gesichtspunkten mit Hilfe ihrer hohen Digitalkompetenz schnell qualitativ hochwertige Lösungen bereitstellen können, allerdings fehlt ihnen noch häufig der Kundenzugang zum Erreichen einer kritischen Masse, um aus der Lösung auch ein langfristig ertragreiches Geschäftsmodell zu kreieren. Auch wenn die S-Finanzgruppe nicht immer über diese Digitalkompetenz verfügt, so kann sie auf eine große Kundenbasis sowie langjährige Kundenbeziehungen inklusive persönlicher Nähe, hoher Beratungskompetenz sowie gut funktionierende Supportstrukturen zurückgreifen. Beide Aspekte vereint helfen, die Kundenwünsche auf breiter Basis zu erfüllen. Mit dieser Motivation verfolgt die S-Finanzgruppe mitunter das Ziel, aktiv Kooperationen mit FinTechs zu suchen und diese mit den Kernkompetenzen der Organisation im S-Hub zu verknüpfen. Erste gemeinsam entwickelte Produkte sind bereits erfolgreich im Einsatz.

Die eigentliche Bedrohung für das Geschäftsmodell der Sparkassen sind die Internetriesen, auch als GAFAs bezeichnet, die in den Bankenmarkt streben. Der Befürchtungen gegenüber den FinTechs haben sich schnell beruhigt, die Bedrohung der GAFAs ist jedoch ein ernstzunehmendes Szenario. Während FinTechs zwar gute und attraktive Leistungen anbieten, so fehlt diesen meisten die Kundenmasse. Diesen Nachteil haben die GAFAs nicht, denn die großen digitalen Giganten zählen zu den kundenreichsten Unternehmen weltweit. Mit eigenen Angeboten von Finanzdienstleistungen würden sie in den direkten Wettbewerb zu Banken und Versicherungen treten und könnten sich als relevanter Anbieter positionieren.

Tabelle: Potenzielle Abschlüsse von Finanzprodukten bei Amazon[1]

Diese Produkte würden Befragte bei Amazon und Co. abschließen	
Kredit	13,9%
Tagesgeld	13,8%
Girokonto	13,7%
Versicherung	13,6%
Aktiendepot	11,9%
Bausparen	9,5%

1 Quelle: YouGov Studie »Internetriesen drängen in den Bankenmarkt« aus dem Jahr 2018; www.yougov.de

Natürlich ist die Frage berechtigt, ob der deutsche Kunde überhaupt dazu bereit ist, seine Bankgeschäfte bei den GAFAs zu tätigen. Die YouGov-Studie aus dem Jahr 2018 gibt jedoch Anlass zu solchen Befürchtungen, denn auf die Frage an über 4 000 Studienteilnehmer, ob diese sich grundsätzlich vorstellen könnten, Finanz- und Versicherungsprodukte bei den GAFAs abzuschließen, antwortete jeder Fünfte mit einem »Ja«. Und bei näherer Betrachtung der Befragten, die sich vorstellen könnten ein Girokonto bei einem der Internetriesen zu führen, wird in der gleichen Studie deutlich, dass sie aufgrund des hohen Cross-Selling-Potenzials durchaus zur für Sparkassen interessanten Zielgruppe gehören. Beruhigend mag zwar noch die Tatsache sein, dass bei diesen Menschen auch gleichzeitig ein hohes Vertrauen in Banken und Sparkassen besteht, aber gleichzeitig ist das Vertrauen in PayPal einige Prozentpunkte höher.

Mit zunehmender Online-Affinität und Vernetzung der Kunden steigt auch gleichzeitig die Bedeutung digitaler Kanäle und digitalen Kundenbeziehung im Internet. Hier stoßen die Sparkassen auf die großen weltweit agierenden Player, die ebenfalls beste Beziehungen digital zu ihren Kunden pflegen. Manifestiert wird diese gute Beziehung zwischen Kunden und GAFAs durch das innovative Handeln der GAFAs wie ein FinTech sowie der mittlerweile aufgebauten Seriosität als gestandenes Technologieunternehmen. Unter diesen Vorzeichen darf nicht mehr die Frage nach am »Ob«, sondern nach dem »Wann« gestellt werden, nämlich wann und mit welchen Leistungen die GAFAs in den Finanzdienstleistungsmarkt intensiv einsteigen. Erst Versuche wurden schon unternommen, indem zum Beispiel Amazon den Händlern in England auf seiner Plattform Betriebsmittelkredite anbot.

An dieser Stelle soll nicht die Antwort gegeben werden, wie die Sparkassen-Finanzgruppe oder das einzelne Institut sich für dieses Drohszenario strategisch und operativ aufstellen sollten. Es soll aber einerseits aufzeigen, dass durchaus Chancen in dem Markteintritt der GAFAs liegen. Denn kurz- und mittelfristig werden sie nur einzelne Bausteine von Finanzdienstleistungen anbieten, weshalb Kooperationen durchaus zielführend und mehrwertstiftend für die S-Finanzgruppe sind. Andererseits zeigt es aber eindeutig die Notwendigkeit zu einer hohen Veränderungs- und Weiterentwicklungsbereitschaft innerhalb der S-Finanzgruppe auf.

4.4 Exkurs: Kundenerwartungen und Kundenverhalten im Kontext der Digitalisierung

Wie schon mehrfach betont, gilt es den Kunden mit seinen Wünschen und Erwartungen in den Mittelpunkt der Geschäftstätigkeit zu stellen und stets vom Kunden aus zu denken. Die Herausforderung für Sparkassen in Bezug auf die Kundenwünsche ist die Heterogenität der Kunden, gerade in Bezug auf deren Einstellung und Wünschen aus den Möglichkeiten der Digitalisierung. Zur Orientierung ist es für Sparkassen sicher sinnvoll, sich mit denjenigen Kunden zu beschäftigen, die mit der Digitalisierung aufgewachsen sind und für die die Nutzung von Internet, Smartphone und Tablet heute ein fester Bestandteil ihres Lebens und Handelns ist. Wer kann also Fragen zur Zukunft und den digitalen Veränderungen besser beantworten als die »Millennials«.[1] Für sie ist Digitalisierung einerseits kein Fremdwort, sie sind vertraut mit den gängigen Technologien und andererseits sind sie in einem Alter, in dem sie aktiv eine sehr große Palette an Finanzprodukten nutzen und nachfragen.

Charakteristisch für die Mitglieder der Generation Y ist beispielsweise, dass ihr Alltag durch das Internet geprägt wird. So sind sie beispielsweise 353 Minuten täglich im Internet und fast 50% der 16- bis 34-Jährigen kommunizieren überwiegend digital anstatt persönlich.[2]

Eine Vergleichsstudie des Marktforschungsinstituts Censuswide bestätigt mit Zahlen von fast 80% für die Nutzung des Online-Bankings für alltägliche Geschäfte dieses Online-Verhalten. Viele Sparkassen definieren sich heute immer noch sehr stark durch die räumliche Nähe, die Präsenz vor Ort sowie über hohe Kompetenz ihrer Mitarbeiter in allen Fragen rund um Finanzdienstleistungen. Ein Image der lokalen Präsenz, geprägt von Markenqualität, welches von den Kunden durchaus geschätzt wird und sich in hohen Werten des den Sparkassen entgegengebrachten Vertrauens ausdrückt.

Wie aber will die Sparkasse zukünftig dieses Vertrauen und die Kundenbindung halten und täglich unter Beweis stellen, wenn der Kunde gar nicht mehr oder nur noch äußerst selten in die Filiale kommt, wenn der Kunde seine Geschäfte nur noch online via S-App oder Internet-Filiale tätigt, seine Zahlungen in Echtzeit und P2P durchführt oder seine Bankgeschäfte zukünftig per Sprache und Chatbot erledigt?

Daher ist es umso wichtiger, die Kundenwünsche zu kennen, zu verstehen, individuelle Lösungen anzubieten und damit die Kundenbindung zu erhöhen sowie Erträge zu generieren. Genau darauf zielte die Trendstudie »Casual Banking« der Star Finanz GmbH ab – zu erfahren, welche Wünsche die heutigen und zukünftigen Generationen haben. Mit Blick auf die drei Perspektiven Kunde, Mitarbeiter und Betrieb erfahren die Sparkassen in der Studie eine Bestätigung der bereits im Einsatz oder in Umsetzung befindlichen Lösungen, die einfach, intuitiv zu bedienen sein müssen, dass möglichst alle Leistungen und Services online jederzeit über alle Kanäle verfügbar sind, Sicherheit im Banking ein absolutes Muss ist, dass Transparenz über alle Finanzprodukte unabhängig vom Anbieter möglich sein muss und die Sparkassen in Bezug auf Interfaces wie Sprache, Video und Biometrie immer auf dem aktuellsten Stand sein muss. Bei aller Digitalisierung der Bankgeschäfte und der Interaktion besteht aber gleichzeitig der Wunsch nach persönlicher Beratung, Ansprache und An-

---

1   Als »Millennials« oder auch »Generation Y« werden Menschen bezeichnet, die zwischen den frühen 1980er- und späten 1990er-Jahren geboren sind.
2   Vgl. Trendstudie Casual Banking, Star-Finanz, 2019, S. 4.

gebote auf Augenhöhe sowie angepasst auf die persönliche Lebenssituation. Hinzu kommt der persönliche Wunsch nach größtmöglicher Zeit- und Kostenersparnis in Kombination mit sozialer Verantwortung und lokalem Wertesystem im Kontext der Bankgeschäfte. Ein weiteres Ergebnis der Trendstudie ist, dass zunehmend die Interaktion sowie Finanzentscheidungen auf emotionale Erlebnisse aufbauen und der Finanzpartner intuitiv und situativ je nach Lebenssituation und Ereignis gewählt wird. Das hat maßgeblichen Einfluss darauf, wie und wo sich die Sparkasse mit ihrem Leistungsportfolio in der Verbindung zum Kunden zukünftig positioniert und welcher Partner sie sich dabei bedient, um das bestmögliche Kundenerlebnis zu erzeugen.

Wie bereits ausgeführt, bringen die Kunden – und vor allem die Millennials – bereits in vielen digitalen Produkten und Services wie z.B. Cloud-Diensten oder mobilen Payment-Lösungen den GAFAs ein hohes Vertrauen entgegen und nutzen deren Services im Alltag. Jetzt schließt sich auch wieder der Kreis zu den vorherigen Ausführungen, denn hier bietet sich für Sparkassen die Chance, durch die Zusammenarbeit mit FinTechs diese Kundenbedürfnisse gemeinsam zu erfüllen.

Die Kombination aus einem attraktiven digitalen Leistungsangebot zu fairen Preisen, einem sozialen und lokalen Engagement und Einbeziehung lokaler Partner für die relevanten Lebenssituationen ermöglichen den Sparkassen ein Ökosystem aufzubauen und den Kunden vom internationalen Wettbewerb, der primär nur an den Daten jedes Menschen interessiert ist, abzuschotten und diese Daten selbst zu nutzen, um die Attraktivität der Sparkassen langfristig aufrecht zu erhalten und zu steigern. Dabei muss ein solches Ökosystem nicht immer in der Verantwortung der Sparkasse liegen, sondern die Sparkasse kann mit ihren Leistungen auch Partner in anderen (lokalen) Ökosystemen sein.

4.5 Strategisches Zielbild zur Digitalisierung und der Weg einer Sparkasse zur individuellen Digitalisierung

Die Digitalisierungsstrategie muss Bestandteil der Gesamtstrategie sein und sich an denselben Dimensionen ausrichten: Leitbild und qualitative sowie quantitative Ziele, zentrale Elemente des Geschäftsmodells, Management- und Organisationsperspektive, Prozesse, Daten und IT. Es gilt, wichtige Fragen zu beantworten: Solche, wie man Wettbewerbern wie FinTechs und Unternehmen wie Amazon, die zunehmend auch Finanzdienstleistungen anbieten werden, begegnen will. Dies sind aber keine Fragen, die sich jede einzelne Sparkasse stellen muss. Wie reagiert man auf ein Kundenverhalten, das sich kontinuierlich verändert, ist jedoch eine Frage, die sich jede Sparkasse selbst stellen muss. Denn die Antworten definieren den Handlungsrahmen und das Leistungsangebot, welches sie im Zeitalter der Digitalisierung offerieren will. Dazu müssen beispielsweise die Services auf die zunehmende Nutzung von Mobile Devices zugeschnitten sein. Die Kunden erwarten zugleich die Möglichkeit, vieles selbstständig zu erledigen, wollen aber weiterhin auch einen erstklassigen persönlichen Service vorzufinden.

Oftmals wird sowohl innerhalb der S-Finanzgruppe als auch von Experten bemängelt, dass es in den einzelnen Sparkassen an einer echten Digitalstrategie und daraus abgeleiteten Ergebnisansprüchen sowie konkreten Umsetzungsmaßnahmen mangelt – und damit an einem geradlinigen Weg in Richtung einer zukunftsfähigen digitalen Sparkasse mit einem langfristig tragfähigen Geschäftsmodell.

Dieser Kritik kann jedoch widerlegt werden, denn die S-Finanzgruppe hat bereits in 2016 mit der »Digitalen Agenda« einen strategischen Rahmen sowie einen Weg im digitalen Transformationsprozess aufgezeigt, der jeder einzelnen Sparkasse Orientierung in der hausspezifischen Umsetzung digitaler Handlungserfordernisse gibt.

Ausgangspunkt der Digitalen Agenda ist das Selbstverständnis der Sparkassen, für ihre Kunden der zentrale Ansprechpartner für alle Finanzdienstleistungen zu sein – und zwar in Kombination mit persönlicher und regionaler Nähe mit qualifizierten Mitarbeitern als wesentliche Differenzierungsmerkmale zu den Online-Wettbewerbern. Durch ein leistungsgerechtes digitales Portfolio mit konsequent an den Kundenbedürfnissen ausgerichteten Lösungen soll zukünftig die Kundenzufriedenheit und damit die Kundenbindung nachhaltig gesteigert werden. Dabei muss es dem Kunden selbst überlassen sein, welchen Kanal bzw. Kontaktpunkt er in welcher Lebenssituation wählt. Mit dieser Ausrichtung kommt klar zu Ausdruck, dass die S-Finanzgruppe weiterhin die Sparkassen-DNA in sich trägt. Dieses Selbstverständnis müssen Sparkassen in das digitale Zeitalter transferieren und sich zum Multikanalanbieter, aber nicht zu einem reinen Online-Finanzdienstleister, entwickeln. Daraus abgeleitet werden Anforderungen an den Ausbau des digitalen Leistungsportfolios für Privat- und Firmenkunden definiert. Die S-Finanzgruppe hat mit dieser eindeutigen Kundenfokussierung ein klares Ambitionsniveau verbunden. Im Kontext der marktführenden Treiber der Digitalisierung in der Finanzdienstleistungsbranche will sie mindestens »Fast Follower« und in ausgewählten Themen durchaus auch Vorreiter sein. In Konkurrenz zu klassischen Wettbewerbern gilt der Anspruch, regelmäßig Vorreiter zu sein. Der Erfolg der Sparkassen-App hat schon vor Jahren bewiesen, dass dieser Anspruch auch erfüllt werden kann.

Ein hohes Ambitionsniveau wird aber nicht nur für die Dimension Kunde definiert. Ein laufender Veränderungsprozess über eine stetige Weiterentwicklung der digitalen Mitarbeiterkompetenzen ist ebenso notwendig wie auch die Modernisierung der Arbeitsplätze und -bedingungen auf die Anforderungen der Digitalisierung, um in Zeiten von zunehmendem Fachkräftemangel als attraktiver Arbeitgeber wahrgenommen zu werden. Dies steigert sowohl die Bindung qualifizierter Mitarbeiter als auch eine sichere Nachfolgeplanung.

Die Aktivitäten zur Digitalisierung bedürfen jedoch auch einer ausgewogenen betriebswirtschaftlichen Effizienz. Ein kontinuierlicher Anpassungsprozess muss auch betrieblich leistbar sein. Nach innen gerichtet heißt das, die Chancen, die sich im Rahmen der Digitalisierung und digitaler Technologien zur Kostensenkung, Rationalisierung, Optimierung und Automation ergeben, konsequent zu nutzen.

Die bereits beschriebene Notwendigkeit, zukünftig konkurrenzfähige Angebote schneller zu entwickeln, bereitzustellen, laufend zu verbessern und in möglichst allen Sparkassen einzusetzen ist ebenso Bestandteil der Digitalen Agenda wie auch konkrete Aussagen dazu, wie zukünftig Innovationen aus der S-Finanzgruppe heraus entwickelt werden sollen oder die Bereitstellung von Instrumenten zur individuellen Standortbestimmung des Digitalisierungsgrades jeder Sparkasse.

4.5.1 Moderne Sparkasse im Kontext der Digitalisierung – Zielbild Digitalisierung

Im Rahmen ihres Strategieprozesses sollte sich jede Sparkasse zunächst intensiv damit auseinandersetzen, wie sie sich in den Dimensionen Kunde, Mitarbeiter und Betrieb positionieren möchte. Durch die Formulierung eines strategischen Zielbilds wird eine klare Vision zur zukünftigen Ausrichtung geschaffen, um die institutsspezifischen Potenziale der Digitalisierung gezielt auszuschöpfen. Die Vision und das strategische Zielbild geben dem Management und allen Mitarbeitern der Sparkasse Orientierung und bilden einen nachvollziehbaren Rahmen zur Ableitung von wesentlichen Entscheidungen im digitalen Transformationsprozess.

Im Findungsprozess zum strategischen Zielbild sind im Wesentlichen zwei Ausprägungen zu differenzieren, an denen die Sparkasse ihr individuelles Ambitionsniveau ausrichten kann – nennen wir sie den »Digital Leader« und den »Fast Follower«.

Trifft die Sparkasse die Entscheidung, sich als »Digital Leader« in der S-Finanzgruppe und in ihrem Wettbewerbsumfeld zu positionieren, muss sie das Selbstverständnis in sich tragen, Treiber und Promotor der zentralen Innovationsprozesse zu sein. Ein wesentliches Element, das diese Ausrichtung prägt, ist die aktive Mitgestaltung in der Entwicklung innovativer Produkte und Leistungen und weiterer thematisch spezialisierten Initiativen für die Sparkassen-Finanzgruppe. Dafür bietet der S-HUB als zentrales Innovationshub der Finanzgruppe aktiv eine Vernetzung und Synchronisation der Digitalisierungsinitiativen, mit dem Ziel einer pragmatischen Zusammenarbeit an konkreten Themenstellungen. Diese Initiativen sollen in ihrer Zielsetzung komplementär gestaltet sein und wenige Redundanzen erzeugen. Wichtig hierbei ist die Sicherstellung der Transparenz über die Aktivitäten in der gesamten Finanzgruppe und eine intelligente Kopplung der einzelnen Initiativen. Die Evidenzstelle als zentrale Innovations- und Kommunikationsplattform schafft gemeinsam mit dem S-HUB Transparenz über die jeweiligen Aktivitäten in der Gesamtorganisation. Projektbezogen bezieht der S-HUB unter Steuerung der

Star Finanz und der Finanz Informatik neben den interessierten Sparkassen den DSGV und wesentliche Dienstleister der Sparkassen-Finanzgruppe in seine Tätigkeiten ein.

Neben dem aktiven Vorantreiben innovativer Lösungen stellt der Digital Leader den Mitarbeitern und Kunden eine moderne und zeitgemäße Infrastruktur in Form innovativer Hard- und Software und digitale Möglichkeiten zur Kommunikation, Interaktion und Kollaboration zur Verfügung. Die Vorteile fortgeschrittener Technik zur Standardisierung und Automatisierung werden dabei konsequent genutzt und damit eine positive Außenwirkung als fortschrittlicher Finanzdienstleister erzielt. Dabei muss der Digital Leader sich dem Anspruch stellen, neue Produkte, Services und Prozesse zeitnah zu testen und konsequent einzuführen. Dabei wird insbesondere der Blickwinkel des Kunden in Bezug auf die Nutzererfahrung eingenommen. Der Digital Leader trifft somit bewusst Investitionsentscheidungen in Bezug auf finanzielle und personelle Ressourcen in relevanter Höhe – auch ohne den Anspruch einer direkten monetären Ergebniswirkung oder RoI-Rechnung, um das angestrebte Image zu realisieren.

Der »Fast Follower« hingegen setzt auf das umfassend zentral bereitgestellte Lösungsangebot auf und verfolgt das Ziel, im Sinne eines »Plug & Play-Ansatzes« fertige innovative Produkte und Leistungen mit einer hohen Umsetzungsgeschwindigkeit zeitnah nach Bereitstellung zu implementieren. Dabei findet auch eine jeweilige Kosten- und Nutzenbewertung statt, um das bestehende Leistungsportfolio gezielt mit den digitalen Lösungen zu ergänzen, primär mit dem Fokus der Ergebnissicherung und -steigerung sowie Steigerung der Kundenzufriedenheit.

Das Finden und Formulieren der Vision und des strategischen Zielbilds muss dabei auf Ebene des Gesamtvorstands erfolgen. Im Rahmen des jährlichen Strategieprozesses sollten auf Basis umfassender Analysen zur digitalen Ausgangslage der Sparkasse die hausspezifischen Handlungsfelder zum Schließen der Lücke zwischen Ist- und (kurz- bis mittelfristigem) Zielzustand beschrieben und in die Geschäftsstrategie überführt werden.

Zur Umsetzung der strategischen Ziele müssen die Handlungsfelder mit konkreten Maßnahmen unterlegt und hinsichtlich verfügbarer Ressourcen (finanzielle und personelle Mittel, verfügbare technische Lösungen, etc.) und Kosten-/Nutzenbewertung priorisiert werden.

Die notwendigen Maßnahmen zur Umsetzung der strategischen Ziele sollten in einen Bebauungsplan überführt werden, inklusive einer konkreten Zeitplanung und der Festlegung von klaren Verantwortlichkeiten. Dieser ist mit den weiteren vorhandenen Teilstrategien der Sparkasse (z.B. IT-Strategie) zwingend zu verzahnen.

Um eine Identifikation mit den strategischen Zielen sicherzustellen, ist zur Standortbestimmung und im Rahmen der Ableitung und Priorisierung der Maßnahmen zur Überführung in den Bebauungsplan die Führungs- und Fachebene der Sparkasse einzubeziehen.

Im Transformationsprozess ist das uneingeschränkte und nachhaltige Commitment des Gesamtvorstands und der Führungsebene auf die formulierte Vision zur digitalen Ausrichtung erfolgskritisch. Das Senden konsistenter, auf das strategische Zielbild ausgerichteter Botschaften im Rahmen der Kommunikation an die Mitarbeiter sowie die Träger und Kunden der Sparkasse ist ein wesentlicher Erfolgsfaktor für einen erfolgreichen Transformationsprozess und das Realisieren der Effekte aus der Digitalisierung.

4.5.2 Umsetzung der Digitalisierung in Sparkassen – Vorgehensmodell und zentrale Instrumente in der S-Finanzgruppe

Spätestens mit Beginn des jährlichen Planungszyklus wird in jeder Sparkasse mit Blick auf die Maßnahmenplanung für das Folgejahr die Frage nach dem individuellen Digitalisierungsgrad zu beantworten sein, um die notwendigen Maßnahmen und Aktivitäten zur Umsetzung der Digitalisierung festzulegen.

Die Digitalisierung und die umzusetzenden Maßnahmen erstrecken sich sowohl über die drei Dimensionen Kunde, Mitarbeiter und Betrieb[1] und ist abhängig von dem individuellen und sich laufend verändernden Zielbild von den bisher umgesetzten Maßnahmen sowie geschäftspolitischen Entscheidung.

Trotz des Vorhandenseins der Digitalen Agenda, die aber nur einen groben Orientierungsrahmen für die Digitalisierung der Sparkassen gibt, wurde in den letzten Jahren immer wieder die Frage bzw. der Wunsch nach einer sogenannten »Mustersparkasse« laut, in der so detailliert wie möglich beschrieben ist, wie sich die Sparkasse im Kontext der Digitalisierung aufzustellen hat, welche Lösungen und Leistungen sie anbieten sollte, welche internen Maßnahmen sie umgesetzt haben sollte und wie sie ihre Mitarbeiter fit für die Digitalisierung machen kann. Diese Lücke wird im Zuge des DSGV-Projektes Digitale Agenda 2.0 zukünftig geschlossen.

Aber auch ohne die konkrete Beschreibung, wie die idealtypische Sparkasse sich in der Digitalisierung über die Dimensionen hinweg aufstellt, gibt es für Sparkasse die Möglichkeit einer Standortbestimmung. Dies sind im Wesentlichen die »Digitalen Mindeststandards« sowie der »Digitalisierungskompass«.

In der S-Finanzgruppe wird eine Vielzahl digitaler Lösungen für alle Dimensionen bereitgestellt. Jede Sparkasse ist ein rechtlich selbständiges Unternehmen unter dem großen Dach der Marke Sparkasse und entscheidet überwiegend individuell über den Einsatz jeder Lösung im eigenen Institut. Wie sinnvoll und z.T. hinderlich das ist, soll an dieser Stelle nicht bewertet werden. In den Digitalen Mindeststandards wurden für die Masse dieser Lösungen Messgrößen definiert, die normalerweise von Sparkassen jeder Sparkasse erreicht werden

---

1 Die Dimension Betrieb wird in der S-Finanzgruppe auch manchmal als »Prozesse« oder »Sparkasse« bezeichnet.

kann. In dem dreimal im Jahr erscheinenden Report erhält jede Sparkasse die Information, wo sie im Vergleich zum Durchschnitt der Gruppe steht. Der Mindeststandard definiert sich dabei aus dem Durchschnitt des jeweils errechneten Digitalisierungsgrades aller am Reporting teilnehmenden Sparkassen. Damit wird auch die Fortentwicklung berücksichtigt, die das Digitalisierungsniveau sukzessive anhebt.

Im Abgleich der individuellen Position in den Werten aus den Digitalen Mindeststandards kann die Sparkasse festlegen, in welchen Handlungsfeldern sie sich weiterentwickeln will. In Ergänzung zu der quantitativen Ist-Analyse haben die Sparkassen noch die Möglichkeit einer qualitativen Standortbestimmung mittels des Digitalisierungskompasses, da mittels Fragen ebenfalls der Status Quo im Abgleich zu den Lösungsmöglichkeiten in den drei Dimensionen erhoben wird und so der Handlungsbedarf erarbeitet wird. Zum erarbeiteten Handlungsbedarf erfolgt eine Verlinkung auf mögliche Lösungsansätze. Siehe zum Vorgehen auch Abbildung 1.

Digitalisierung hat und wird die Arbeitswelt der Mitarbeiter jeder Sparkasse verändert bzw. weiter deutlich verändern. Services werden sukzessive vom Kunden eigenständig digital genutzt oder gar automatisiert bearbeitet, aber für eine auch weiterhin vom Kunden nachgefragte qualitativ hochwertige Beratung sind zukünftig digitale Kompetenzen unabdingbar. Speziell zur Erhebung des Status Quo in der Dimension der Mitarbeiter steht noch der »Digitalisierungsindex« zur Verfügung, auf dem aufbauend dann die Maßnahmen für alle Mitarbeiter unabhängig der Hierarchieebene aufgebaut werden können. Mehr dazu in Kapitel 4.6.2.

Getreu dem Spruch »Miss es oder vergiss es« sollte jede zur Umsetzung anstehende Maßnahme entweder so detailliert beschrieben sein, dass am Ende kontrolliert werden kann, ob das Ziel erreicht wurde oder aber – sofern möglich – mit einem eindeutig messbaren quantitativen Zielwert hinterlegt werden. Mit Blick auf die Digitalisierung und das individuelle Ambitionsniveau sollte jede Sparkasse für die Maßnahmen der Handlungsfelder in den drei Dimensionen einzelne Zielwerte definieren. Als Maßstab sollten entweder zentrale oder regional festgelegte Werte adaptiert oder eigene Werte festgelegt werden.

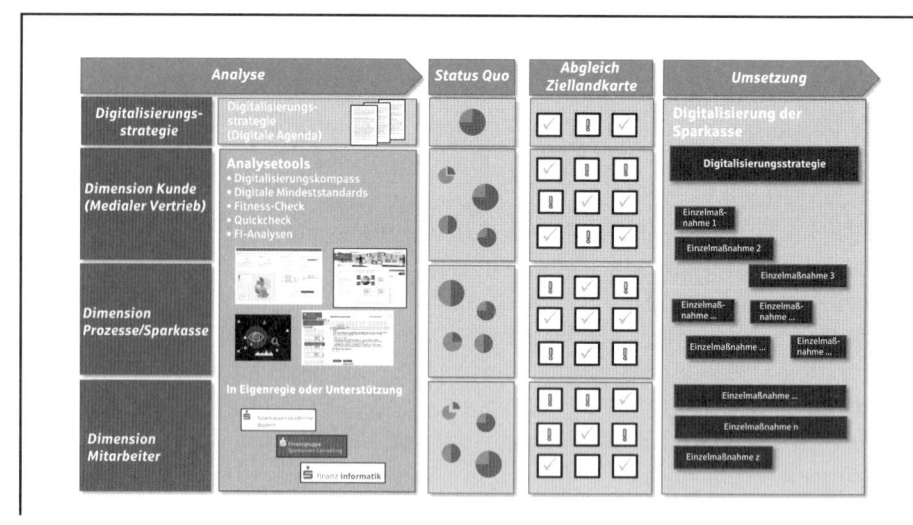

Abb. 1: Grobprozess von der Analyse/Bestandaufnahme über den Abgleich mit den bestehenden Möglichkeiten (Ziellandkarte) bis zur Definition der Handlungsfelder und deren Umsetzung

In den drei Dimensionen gibt es jeweils ein umfangreiches Portfolio an Leistungen, welche die Sparkassen grundsätzlich im Einsatz oder aber in einer definierten Nutzungsintensität haben sollten. Dieses Zielbild kann gegen den individuellen Umsetzungsstand abgeglichen werden. Hierbei ist es wichtig, Sparkassen-individuelle Entscheidungen für oder gegen den Einsatz zu überprüfen, ob die in der Vergangenheit getroffene Entscheidung noch tragfähig ist oder ob diese evtl. revidiert werden muss und sich damit automatisch eine Umsetzungsmaßnahme ergibt. Sofern eine Leistung sich im Einsatz befindet gilt es in Abgleich zwischen Ist- und Zielwert festzulegen, ob Maßnahmen zur Intensivierung getroffen werden müssen. Zum beschriebenen Vorgehen siehe dazu die Abbildung 2.

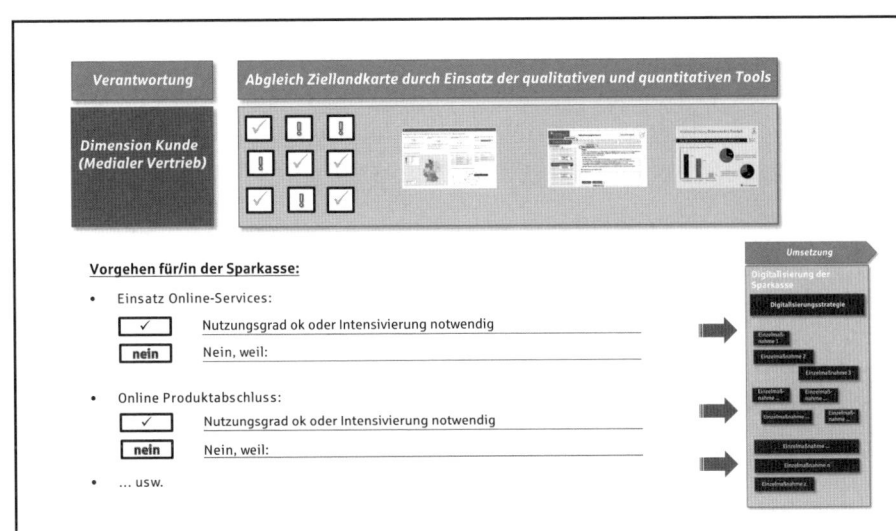

4.5 Strategisches Zielbild zur Digitalisierung und der Weg einer Sparkasse zur individuellen Digitalisierung

Abb. 2: Detailprozess des individuellen Abgleichs von Status quo mit der Ziellandkarte und Definition der individuellen Handlungsfelder für die anschließende Maßnahmenumsetzung

Über den Abgleich von Ist-Situation mit dem Zielbild erhält die Sparkasse für jede Dimension einen Überblick, welche Handlungsfelder bestehen. Für die Schließung der Lücken sind Maßnahmen festzulegen. Diese Festlegung, welche Maßnahmen zu ergreifen sind, sollte aber nicht durch einzelne für jede Dimension unterschiedliche Verantwortliche innerhalb einer Sparkasse erfolgen. Idealerweise wird eine verantwortungsbereichsübergreifende Gesamtübersicht erstellt, um ein gemeinsames Verständnis für die anschließende Umsetzung zu erzeugen, weil einerseits einzelne Maßnahmen miteinander vernetzt oder zeitlich voneinander abhängig sind und andererseits eine Abstimmung mit allen weiteren in der Sparkasse geplanten Maßnahmen/Projekten erfolgen muss. Eine Priorisierung sollte aufgrund der Bedeutung des Themas Digitalisierung dazu in Abstimmung mit dem Vorstand stattfinden.

Dass es in der gesamten S-Finanzgruppe viele gute digitale Lösungen, Best-Practices sowie Unterstützungsangebote gibt, die eine Sparkasse in der Umsetzung der Digitalisierung unterstützen, steht außer Frage. Das Problem war allerdings, dass zum Zeitpunkt der Erarbeitung der Digitalen Agenda der Überblick darüber gefehlt hat, weshalb man mit der sogenannten Evidenzstelle eine webbasierte Informationsplattform geschaffen hat, die den Sparkassen einen Komplettüberblick über die vorhandenen digitalen Lösungen der S-Finanzgruppe inklusive der Dienstleister gibt. Sie gibt aber nicht nur eine Übersicht, sondern ist gleichzeitig die Plattform, um Ideengeber, Investoren und Umsetzer zusammenzubringen.

Die beschriebene Vorgehensweise zur Analyse und Definition der eigenen Handlungsfelder über die drei Dimensionen der Digitalisierung kann in jeder Sparkasse entweder in Eigenregie oder aber mit Begleitung des zuständigen Regionalverbandes oder eines Dienstleisters bzw. einer Beratungseinheit erfolgen.

Die zentralen Bausteine »Digitalisierungskompass« und »Digitale Mindeststandards« wurde grundsätzlich so konzipiert, dass jede Sparkasse bei Nutzung beider Tools eine qualitative Bestandaufnahme durchführen kann und gleichzeitig durch die Digitalen Mindeststandards die wesentlichen quantitativen Informationen erhält, wie der eigene Digitalisierungsgrad ist. Die große Herausforderung ist jedoch die Verknüpfung der jeweiligen Informationen und die Ableitung der einzelnen Handlungsfelder.

Daher empfiehlt es sich diese Analyse in die Verantwortung eines Koordinators zu legen und einen (externen) Moderator zu wählen. Ebenfalls hat es sich als äußerst erfolgreich erwiesen, die Analyse sowie spätere Festlegung der Handlungsfelder sowie Maßnahmen zur Umsetzung nicht alleinig durch den Koordinator vorzunehmen, sondern die Verantwortlichen der verschiedenen Bereiche wie Markt, Vertriebsmanagement, Medialer Vertrieb, Personal, Organisation, etc. eng einzubinden. Erfolgsfaktor ist dabei, dass sowohl ein verantwortungsbereichsübergreifendes Verständnis für Digitalisierung und die Handlungsfelder im Gesamthaus erzeugt wird und die anschließende Maßnahmenfestlegung vernetzt erfolgt.

4.6 Umsetzung der Digitalisierung in den drei Dimensionen Kunde, Mitarbeiter und Sparkasse

Die Ausführungen haben gezeigt, dass das Meistern der Vielzahl an Herausforderungen im Digitalisierungszeitalter weit mehr bedarf als das Umwandeln von analogen Werten in digitale Formate und eine reine Modernisierung veralteter Technik. Eine klar formulierte Vision zum strategischen Zielbild zur digitalen Sparkasse und ein konsequentes Commitment im Management und auf Mitarbeiterebene sind für den Erfolg im digitalen Transformationsprozess wesentlich. Darüber hinaus lässt sich festhalten, dass Digitalisierung kein statisches Ziel ist, vielmehr bedarf sie eines kontinuierlichen Prozesses zur Sicherstellung einer zeitnahen und schnellen Trenderkennung und -bewertung und der Reaktion auf Veränderungsnotwendigkeiten.

Die meisten Sparkassen scheitern erfahrungsgemäß nicht an mangelnder Erkenntnis in Bezug auf die Notwendigkeit und die Chancen der Digitalisierung. Um den Weg zur digitalen Sparkasse der Zukunft erfolgreich zu beschreiten, sind die hausspezifischen Stellhebel und Maßnahmen zur Umsetzung aus der Strategie abzuleiten. Diese müssen dabei hinreichend konkret beschrieben und in Bezug auf eine realisierbare, schnelle und wirkungsvolle Umsetzung priorisiert, zeitlich und ressourcenorientiert geplant und in einen Bebauungsplan überführt werden. Dieser muss sicherstellen, dass die einzelnen Maßnahmen nicht ausschließlich an der reinen Innensicht der Sparkasse mit dem Ziel der

Optimierung interner Abläufe, sondern gezielt am Bedarf ihrer Mitarbeiter und nicht zuletzt des Endkunden ausgerichtet sind.

Die nachfolgenden Kapitel sollen innerhalb der drei Dimensionen *Kunde, Mitarbeiter* und B*etrieb* wesentliche Handlungsvorschläge beschreiben, die aus heutiger Sicht und mit den heute verfügbaren Lösungen zur Bewältigung der beschriebenen Herausforderungen beitragen können. Dabei besteht keinerlei Anspruch auf Vollständigkeit. Der Fokus dieses Beitrags liegt auf den Dimensionen *Kunde* und *Mitarbeiter,* denn diese bilden den Kern des Geschäftserfolgs der Sparkasse und sind wesentliche Faktoren für den Erfolg oder Misserfolg im digitalen Transformationsprozess.

Darüber hinaus werden noch weitere Produktions- und Prozessoptimierungsansätze durch Technologie- und Partneroptionen und neue digitale Leistungen für Betrieb und Privat- und Firmenkundenvertrieb der Sparkasse im Rahmen des DSGV-Projektes zur Digitalen Agenda 2.0 erarbeitet.

Die Dimension *Betrieb* wird in dem nachfolgenden Beitrag »*Digitalisierung und deren Einflussfaktoren im Betrieb der Sparkasse*« ausführlich behandelt. Auf diese Ausführungen wird daher in diesem Beitrag verwiesen.

4.6.1 Dimension Kunde

In der Geschäftsstrategie der Sparkassen-Finanzgruppe ist das Ziel der Marktführerschaft in allen relevanten privaten und gewerblichen Kundensegmenten verankert. Um dieses Ziel zu erreichen und sich als dieser in der Kundenwahrnehmung zu positionieren, muss der Kunde im Zentrum allen Handelns stehen. Eine stringente kundenzentrierte Ausrichtung hat zur Folge, alle Abläufe ohne direkten Kundenmehrwert konsequent auf den Prüfstand zu stellen. Einen direkten Einfluss auf die Realisierung der Marktführerschaft hat auch die Ausrichtung hin zum qualitätsführenden Finanzdienstleister. Durch die Sicherstellung einer exzellenten Beratungsqualität im Zeitalter der Digitalisierung kann die Steigerung des Marktanteils, die Sicherung der Erträge sowie die Stärkung der Kundenbindung und nicht zuletzt der Ausbau des Images als moderner und innovativer Finanzdienstleister gezielt gefördert werden.

Die kanalunabhängige Nähe zum Kunden ist einer der wichtigsten Eckpfeiler der Sparkassen-Identität. Gemäß einer Studie zu den Kundenpräferenzen bevorzugt die Hälfte der deutschen Kunden digitale Kanäle, wobei 41 Prozent Onlinebanking präferieren und für 8 Prozent Mobile-Banking an erster Stelle steht. Letzteres ist bei einer jüngeren Zielgruppe naturgemäß beliebter: Bei den 18- bis 34-Jährigen liegt die Mobile-Präferenz doppelt so hoch, nämlich bei 16 Prozent.[1]

Für die Kunden der inländischen Finanzdienstleister nehmen jedoch auch die individuelle Beratung und der persönliche Kontakt einen hohen Stellen-

---

[1] Vgl. zeb.digital pulse check 3.0

wert ein. Insbesondere bei komplexen Anliegen, beispielsweise bei der Existenzgründung, dem Wohnungsbau, im Rahmen von Wertpapiergeschäften oder der Sicherung der Altersvorsorge hat der persönliche Kontakt zu einem Berater auch perspektivisch noch eine hohe Bedeutung.

In diesem hybriden Kundenverhalten liegen das Alleinstellungsmerkmal und damit die Chance der Sparkassen, sich als regionale Kreditinstitute im Marktumfeld zu positionieren. Ziel muss es sein, ein ausgewogenes Gleichgewicht zwischen Online und Mobile Banking, automatisierten Services, qualifizierter und persönlicher Beratung und eines modernen und funktionalen Standortnetzes zu erreichen.

4.6.1.1 Mit der Multikanalfähigkeit als Reaktion auf hybrides Kundenverhalten zur nachhaltigen Kundenbindung

Die Wege zur Sparkasse sind bereits heute vielfältig: Die Internet-Filiale, die Sparkassen-App, Telefon und Chat im Kunden-Service-Center, aber auch der klassische Filialbesuch stehen dem Kunden zur Verfügung und werden situativ und im ständigen Wechsel genutzt. Die Bedienung der Kundenbedürfnisse auf allen Kanälen spielt eine zentrale Rolle, denn Kundenwünsche müssen auch außerhalb der Filialen und der bereits etablierten Selbstbedienungsbereiche erfüllt werden.

Die Vertriebsstrategien der Zukunft für Privat- und Firmenkunden zeichnen den Weg deutlich vor. Gerade in den digitalen Kanälen stehen oft noch Servicethemen im Fokus. Bedarfserkennung, Beratung und aktiver Produktverkauf werden erst allmählich im Multikanal verankert und finden zu großen Teilen nach wie vor im stationären Vertrieb statt.

Es gibt private Kunden, die aufgrund von räumlichen Distanzen den stationären Vertrieb nicht nutzen können. Für online-affine Kunden hat die Schnelligkeit und Convenience in der Abwicklung der Finanzgeschäfte einen zentralen Stellenwert. Die Leistungserstellung im Segment der Geschäftskunden kann in der notwendigen Qualität oft nicht effizient dargestellt werden. Um diese Zielgruppen auch in Zukunft zu erreichen, die Kontaktdurchdringung zu steigern und eine kostengünstige Produktion zu realisieren, sollten die Vertriebskanäle ausgebaut und um das Digitale BeratungsCenter[1] und das BusinessCenter[2] erweitert werden. In diesen Kanälen sollte die Kundenverantwortung für die beschriebenen Zielgruppen angesiedelt sein.

Ein stetiger Ausbau der Multikanalleistungen und die aktive Nutzung zeitgemäßer Kommunikationskanäle wie Instant Messaging und Social Networks in der Kundenkommunikation und Information müssen auf die unterschiedlichen Präferenzen zur Interaktion der Privat- und Firmenkunden mit der Sparkasse abgestimmt sein. Dies kann durch die regelmäßige Ermittlung der Kanal-

---

1 Vgl. Deutscher Sparkassen und Giroverband, Vertriebsstrategie der Zukunft Privatkunden
2 Vgl. Deutscher Sparkassen und Giroverband, Vertriebsstrategie der Zukunft Firmenkunden

präferenzen, beispielsweise durch die Ermittlung der Multikanalaffinität und der tatsächlichen Kanalnutzung der Kunden, erfolgen. Eine Variante zur Bestimmung der Multikanalaffinität ist die Scorecard der Finanz Informatik. Durch die Anwendung verschiedener Parameter, wie beispielsweise der Nutzung von Online-Produkten und Anbieter, der Nutzung der Sparkassen-App oder der Anzahl belegloser Überweisungen, wird mittels Scoring-Verfahren eine Multikanalaffinität des Kunden indiziert. Zur Ermittlung der tatsächlichen Kanalnutzung können auf Basis einer Multikanal-Analyse die Geschäftsvorfälle der aktiven Kunden innerhalb eines repräsentativen Zeitraums erhoben werden. Die ermittelten Geschäftsvorfälle werden nach verschiedenen Aspekten beleuchtet: u. a. Alter und Segmente der Kunden, Vertriebskanäle, Zeitstempel, Frequenz der Filialen, Produktivität je Mitarbeiterkapazität sowohl für Beratungen als auch für Serviceleistungen. Für jeden auftretenden Geschäftsvorfall wird eine Zuordnung zum Vertriebskanal (Internet-Filiale, App, Software, SB, stationär, Telefon) sowie der durchführenden Instanz (z.B. mitarbeitergestützt) vorgenommen. Das Ergebnis ist die Transparenz über die Vertriebskanalnutzung der Kunden. Eine konsequente Umsetzung dieser Erkenntnisse in der Segmentierung, der Ansprache und Zuordnung der Kunden auf die medialen und stationären Vertriebseinheiten kann damit sichergestellt werden.

Durch ein Angebot einfacher, direkter und innovativer Kontaktmöglichkeiten und durch die Nutzung technischer Lösungen kann eine Interaktion in seinem präferierten Kanal des Kunden sichergestellt werden. Die Nutzung von mitarbeiterbedienten Text-Chats, einer automatisierten Beantwortung von Kundenanfragen mittels Chat-Bot, der aktiven Nutzung des elektronischen Postfachs und der Abdeckung eingehender Anrufe innerhalb von Randzeiten durch die Einbindung externer Dienstleister kann die Erreichbarkeit der Sparkasse über gängige Kontaktwege und -zeiten hinaus gewährleisten.

Aufgrund der verstärkten Nutzung digitaler Kanäle und der daraus resultierenden steigenden Distanz der Kunden zu seiner Sparkasse gewinnt eine nachhaltige Kundenbindung und -pflege und die Sicherstellung der Kundenzufriedenheit enorm an Relevanz. Hierfür sollten systematisch After-Sales-Prozesse eingesetzt werden. Diese können automatisiert an definierten Standard-Anlässen wie beispielsweise ein Produktabschluss oder über einen IDV-Select erzeugt werden. Auch die Wahrscheinlichkeit einer Abwanderung der Kunden kann frühzeitig identifiziert werden. Eine Identifikation der Kündigungswahrscheinlichkeit kann beispielsweise über die Kundenbindungsanalyse der Finanz Informatik erfolgen, ein Prozess zur Kündigungsprävention muss hierfür beschrieben sein.

Zusätzlich sollten die relevanten Bindungsfaktoren regelmäßig über Kundenbefragungen ermittelt und erforderliche Maßnahmen daraus abgeleitet werden.

4.6.1.2 Mit einem multikanalen Produktangebot und dem Ökosystem zur Marktführerschaft

Das veränderte Wettbewerbsumfeld und insbesondere die Möglichkeiten der Digitalisierung führen zu einer erhöhten Innovationsgeschwindigkeit und einer schnelleren Markteinführung von Produkten. Um dieser Schnelligkeit Rechnung zu tragen und das Produktangebot auf den tatsächlichen Kundenbedarf auszurichten, werden diese zunehmend gemeinsam mit dem Kunden (beispielsweise unter Einbeziehung einer ausgewählten Zielgruppe) entwickelt und getestet. Ein Beispiel hierfür zeigt sich in der Software-Branche: Der Kundenbedarf wird mit einer ersten minimal funktionsfähigen Iteration eines Produkts mit geringem Aufwand gedeckt, um frühzeitig handlungsrelevantes Feedback zu erhalten und in den Markt zu treten. Ziel ist es, eine Implementierung von Produkten ohne tatsächliche Kundenrelevanz zu vermeiden. Die gewonnenen Informationen über die Kundenwünsche sollen auch dazu beitragen, den Kapitaleinsatz auf das absatzfähigste Produkt zu lenken. Ein früher Markteintritt und der rasche Aufbau einer großen Nutzerbasis sind wesentliche Erfolgsfaktoren.

In Abhängigkeit technischer Möglichkeiten müssen die angebotenen Produkte und Services für den Kunden kanalübergreifend zur Verfügung stehen. Dabei müssen alle Vertriebskanäle der Sparkasse in einer kooperativen Beziehung zu einander stehen und ein situativer Wechsel der Kanäle für den Kunden muss gewährleistet sein.

Der Einsatz der Produkte in den einzelnen Kanälen der Sparkasse ist zu optimieren und konsequent auf die Bedürfnisse der Kunden auszurichten. Im standardisierten Mengengeschäft sollte das Produktangebot grundsätzlich auf eine Standardproduktpalette beschränkt sein. Eine Konzentration auf Mengenprodukte, wie beispielsweise den Konsumentenkredit, das Girokonto, der Kreditkarte über die Internet-Filiale oder Payment-Lösungen im Ausbau des multikanalen Produktangebots hat mit Blick auf den Aufwand in der Pflege und Ausgestaltung der Produkte im Verhältnis zum Ertragspotenzial den größten Stellhebel. Bei aller Effizienz- und Ergebnisorientierung muss aber trotzdem weiterhin der Kundenbedarf stringent im Zentrum allen Handels stehen.

Mit der Internet-Filiale und der Sparkassen-App verfügen die Sparkassen über Online-Kontaktpunkte, die von den Kunden regelmäßig zur Abwicklung ihrer Bankgeschäfte und den Kontakt zur Sparkasse genutzt werden. Dabei besteht der Anspruch, auch in den Entwicklungen der Plattformökonomie die direkte Kundenschnittstelle zu halten und auszubauen und nicht auf den Status eines reinen Infrastrukturdienstleisters etwa für die Angebote von FinTechs zurückzufallen.[1] Zur Ergebnisstabilisierung und Sicherung der Marktpositionierung sollte daher die Erweiterung des vorhandenen Produktspektrums um digi-

---

1 Vgl. BaFin Perspektiven »Digitalisierung«, Ausgabe 1, 2019.

tale Produkte im Rahmen des Ökosystems systematisch geprüft werden. Das Girokonto wird in eine digitale Plattform eingebettet und zum Ökosystem ausgebaut. Die Plattform Sparkasse steht dabei nicht nur den Kunden der Sparkasse, sondern auch Nichtkunden zur Verfügung. Das Ökosystem bietet dabei ein regionales, aber auch ein überregionales Angebot außerhalb des klassischen Kerngeschäfts der Sparkasse und trägt somit sowohl zur Kundenbindung als auch zur Realisierung der Marktführerschaft bei.

Das Produkt- und Leistungsspektrum sollte die Sparkasse in den einzelnen Segmenten anhand des wirtschaftlichen Potenzials, den Kundenpräferenzen und den segmentspezifischen Effizienzanforderungen differenziert vermarkten. Dies sichert einerseits die optimale Erfüllung der Kundenanforderungen und stellt andererseits die Wirtschaftlichkeit des Vertriebs insbesondere im Mengengeschäft sicher.

Eine aktive und innovative Vermarktung der Produkte über die unterschiedlichen Kanäle der Sparkasse stellt die breite Nutzung über alle Kundengruppen hinweg sicher und etabliert damit bestehende und neue Produkte am Markt.

Die Steuerung der Vertriebsaktivitäten in Bezug auf beispielsweise Kontaktfrequenz, Kontaktwege und Gesprächsdauern und eine aktive Lenkung der Kunden in die unterschiedlichen Kanäle sind die Grundlage für mehr Effizienz und Erfolg im Vertrieb. Die Basis für die Steuerung der Kundenkontakte und der Beratungsleistung sind neben klassischen Ansätzen wie Betreuungsintensität und gezielten Anlässen aus der Geschäftsbeziehung aus dem Datenbestand der Sparkasse abgeleitete Indikationen für den Beratungsbedarf des Kunden und die für den Kunden ermittelte Kanalpräferenz. Hierfür können Instrumente, wie Data-Analytics zum Einsatz kommen.

Die Nutzung der verschiedenen Kanäle (stationär, digital, online, mobile) stellt in ihrer Intensität den Gradmesser des Umsetzungserfolgs der Sparkasse dar.

Der Fokus der Sparkasse muss dabei auf der konsequenten Implementierung und dem konsequenten Ausbau der digitalen Kanäle auf Basis der Lösungen aus der Sparkassen-Finanzgruppe liegen. Dabei muss es Anspruch der Sparkasse es sein, die Einführung von neuen digitalen Angeboten frühzeitig zu begleiten und in den Markt zu bringen. Kundenzentrierte, einfache und schnelle Prozesse sind elementare Erfolgsfaktoren im heutigen Marktumfeld. Usability und Prozess-Design haben damit eine deutlich höhere Bedeutung für den Geschäftserfolg.

4.6.2 Dimension Mitarbeiter

Ein wesentlicher, wenn nicht sogar der wesentliche Faktor für den Erfolg einer Sparkasse in unserer digitalen Welt ist der Mitarbeiter. Seine Haltung bzw. Mindset gegenüber der Digitalisierung ist entscheidend für die Umsetzung der Digitalisierungsstrategie einer Sparkasse, sowohl extern in Richtung Kunde, als auch intern, wenn es um Prozesse und Effizienzsteigerungen geht. Hier zeigt sich jedoch derzeit in Sparkassen noch ein sehr heterogenes Bild.

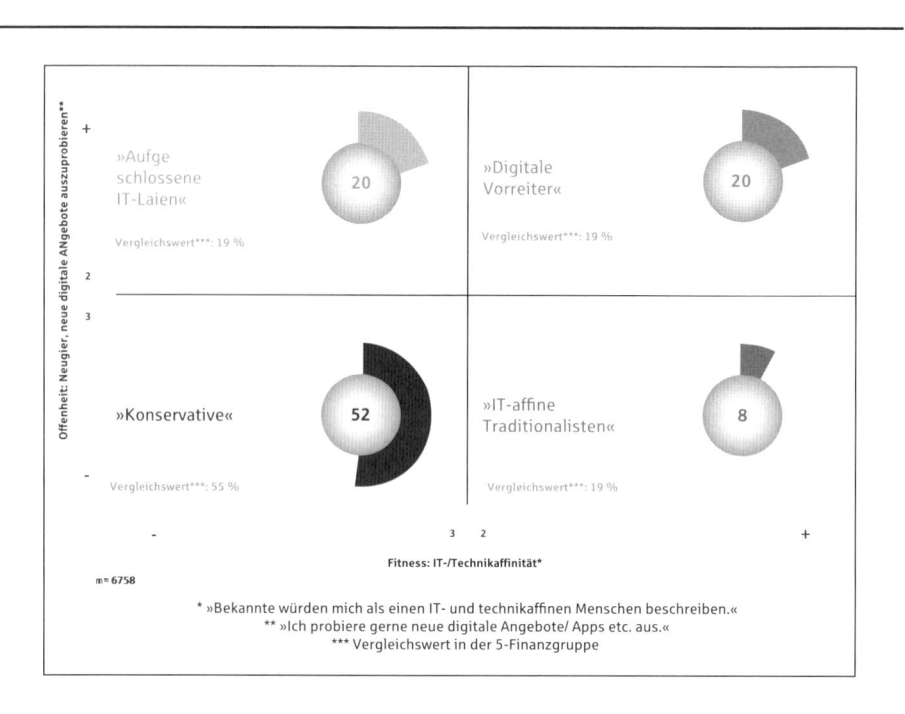

Abb. 3: Anteil Haltung von Sparkassenmitarbeitern ggü. der Digitalisierung [1]

Die Abbildung 3 aus dem Digitalisierungsindex, einer repräsentativen Befragung einer bundesweiten Vergleichsgruppe von Sparkassen, zeigt deutlich auf, wo die Handlungsfelder in Sparkassen liegen. Man kann gut erkennen, dass der Anteil der Kolleginnen und Kollegen, die der Digitalisierung mit einer konservativen Haltung begegnen, bei 52 % liegt – Tendenz glücklicherweise sinkend.

Wirft man einen tieferen Blick auf die einzelnen Mitarbeitertypen, so ist erkennbar, dass es das primäre Ziel aller Personalentwicklungsmaßnahmen sein muss, den Anteil der »digital Konservativen« massiv zu verringern und die Kollegen bei der Digitalisierung fit für den täglichen Umgang mit den Lösungen und Instrumenten der Digitalisierung zu machen. Die Entwicklungsgeschwindigkeit und die Innovationsfrequenz werden über die nächsten Jahre immer weiter zunehmen. Es braucht daher einerseits die Bereitschaft bei den Mitarbeitern, sich auf diese, sich permanent verändernde Welt, einzulassen und andererseits auf Seiten der Sparkasse als Arbeitgeber, entsprechend agile Vorgehensweisen zur Implementierung, sowohl technisch als auch in der Personalentwicklung.

---

1 Vgl. Deutscher Sparkassen- und Giroverband, Digitalisierungsindex im Rahmen des Rolloutleitfadens »Auswirkungen der Digitalisierung auf Arbeitswelt und Mitarbeiter«.

Bei der »Digitalisierung« der Mitarbeiter handelt es sich also schwerpunktmäßig einen Changeprozess, der die Sparkassen über die kommenden Jahre permanent beschäftigen wird. Um die innere Haltung von Mitarbeitern zu beeinflussen, gibt es grundsätzlich zwei Möglichkeiten – entweder durch (sanften) Druck oder Überzeugungsarbeit.

Druck würde in diesem Fall bedeuten, dass beispielsweise die kostenlose Kontoführung beim Mitarbeiter an die Nutzung von Onlinebanking gekoppelt ist. Dieses Modell haben viele Sparkassen bereits umgesetzt. Der Erfolg ist in Zahlen tatsächlich messbar. Allerdings bestehen berechtigte Zweifel, dass diese Art der Einflussnahme nachhaltig die Einstellung des Mitarbeiters beeinflusst. Der Weg der Überzeugungsarbeit ist zwar der deutliche aufwändigere, aber natürlich der langfristig effektivere Weg. Er verlangt viel Aufklärungsarbeit und systematischen Wissensaufbau.

Den Mitarbeitern muss die Angst genommen werden, dass digitale Lösungen die Arbeitsplätze – zumindest mittelfristig – komplett ersetzen werden. Seit jeher hat sich das Arbeitsumfeld in Sparkassen mit der Einführung neuer Technologien, Produkte und Prozesse gewandelt und es ist unbestritten, dass sich die Veränderungsgeschwindigkeit deutlich erhöht hat und in einigen Leistungsbereichen weniger Mitarbeiter benötigt werden, weil der Kunden beispielsweise nicht wie früher mit seiner Überweisung an den Schalter kommt, sondern diese online selbst durchführt. Dafür werden aber neue Qualifikationen benötigt, um dem Kunden zu erläutern, wie er das digitale Angebot einfacher nutzen kann. Gleichzeitig zeigen viele Studien, dass der Kunde trotz digitaler Erlebniswelt weiterhin bei wichtigen und langfristigen Finanzentscheidungen wie Immobilienfinanzierungen oder Vermögensplanung auf das fachliche Know-how des Beraters setzen will, aber gleichzeitig auch dabei den Einsatz digitaler Tools erwartet. Den Mitarbeitern muss die Chance vermittelt werden, welche sich durch die Digitalisierung am Arbeitsplatz und in den Kundenlösungen ergibt. Mit dem Aufbau digitaler Kompetenz lernt er auch gleichzeitig die Vorteile der Digitalisierung für das Privatleben kennen, denn auch dort hat, wie bereits mehrfach beschrieben, die Digitalisierung massiv Einzug gehalten und wird sich laufend weiterentwickeln.

Der in Abbildung 4 dargestellte Musterprozess hat sich bereits mehrfach in Sparkassen bewährt und gliedert sich in sechs einzelne Bausteine.

Analyse	Planungsworkshop	Kick-Off	Digitaler Führerschein »Digital Fit«	Bildungsmaßnahmen	Nachhaltigkeit
• Umfrage: Digitalisierungsindex • Analyse der Digitalisierungsgrade der Mitarbeiter	• Zielgruppengerechtes Design aller Maßnahmen auf Basis der Digitalisierungsstrategie der Sparkasse und der Befragungsergebnisse	• Auftaktveranstaltung	• Online-Training aller Mitarbeiter • Schaffung von »Digitalisierungsbewusstsein«	• Verschiedene, individuell konzipierte Maßnahmen je nach Zielgruppe	• Einsatz von Multiplikatoren/ Digitaltrainern • Permanente Aktualisierung des Wissens aller Mitarbeiter durch geeignete Maßnahmen

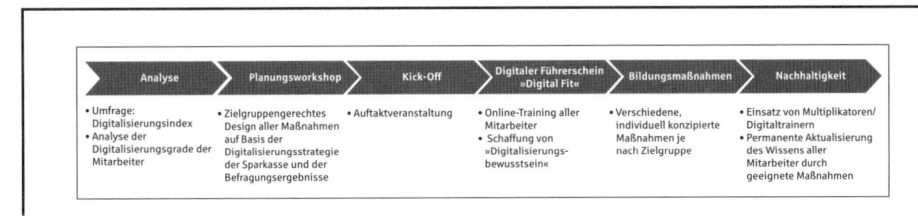

Abb. 4: Musterprozess für einen nachhaltigen Wissensaufbau in der Digitalisierung

4.6.2.1 Analyse

Im Rahmen der Analyse empfiehlt es sich als Ausgangsbasis mittels einer Mitarbeiterbefragung den IST-Stand zu erheben, um eine fundierte Aussage zu bekommen, in welchen Mitarbeitergruppen der größte Hebel zur Haltungsänderung liegt. Hierzu eignet sich der oben zitierte Digitalisierungsindex. Wie die Abbildung 5 zeigt, liefert er detaillierte Analyseergebnisse für bestimmte Altersgruppen oder Aufgabengebiete.

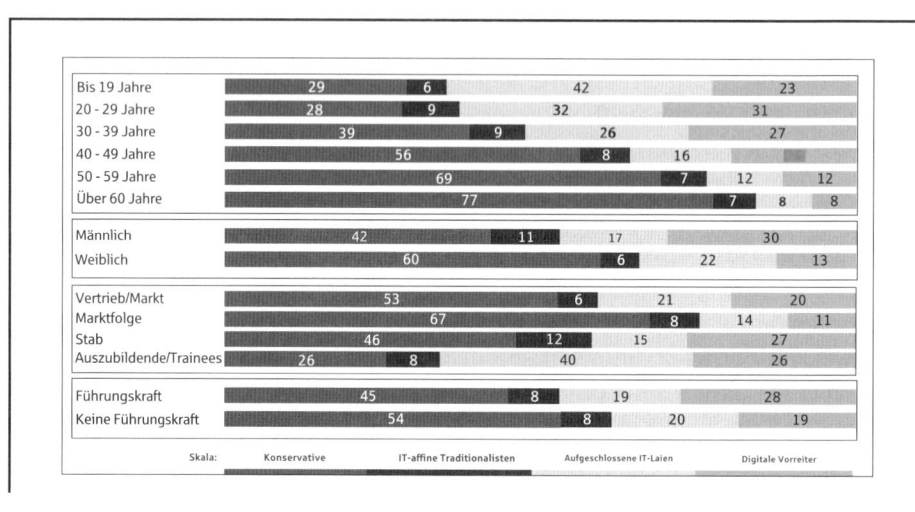

	Konservative	IT-affine Traditionalisten	Aufgeschlossene IT-Laien	Digitale Vorreiter
Bis 19 Jahre	29	6	42	23
20 - 29 Jahre	28	9	32	31
30 - 39 Jahre	39	9	26	27
40 - 49 Jahre	56	8	16	
50 - 59 Jahre	69	7	12	12
Über 60 Jahre	77	7	8	8
Männlich	42	11	17	30
Weiblich	60	6	22	13
Vertrieb/Markt	53	6	21	20
Marktfolge	67	8	14	11
Stab	46	12	15	27
Auszubildende/Trainees	26	8	40	26
Führungskraft	45	8	19	28
Keine Führungskraft	54	8	20	19

Abb. 5: Digitalisierungsgrad von Sparkassenmitarbeitern [1]

Diese Auswertung liefert die Detaillierung der vorhergehenden Darstellung hinsichtlich Mitarbeitertypen. Betrachtet man die Diagramme genauer, so lässt sich erkennen, dass der Anteil der »Digitalen Vorreiter« bei der Gruppe der Führungskräfte und in den Stabsbereichen am höchsten ist. Dieses Potential lässt sich nutzen, beispielsweise durch Einbindung dieser Kollegen als Multiplikatoren. Hier ist ein wesentlicher Teil der Überzeugungsarbeit bereits geleistet. Im Umkehrschluss lässt sich erkennen, dass sich im Bereich der Marktfolge und im Bereich des Vertriebs der größte Anteil an digital konservativen Kollegen befindet. Hier gilt es mit gezielten Maßnahmen anzusetzen.

Grundsätzlich nehmen die Führungskräfte eine zentrale Rolle bei der Umsetzung der Digitalisierung in einer Sparkasse ein, denn sie haben eine nicht zu unterschätzende Vorbildfunktion und gleichzeitig sind sie Multiplikatoren und Coaches. Es obliegt der Führungskraft, mit positivem Beispiel voranzugehen,

---

[1] Vgl. Deutscher Sparkassen und Giroverband, Digitalisierungsindex im Rahmen des Rolloutleitfadens »Auswirkungen der Digitalisierung auf Arbeitswelt und Mitarbeiter«.

oder drastischer an einem Beispiel formuliert: Eine Führungskraft kann nicht erwarten, dass ihre Mitarbeiter die digitalen Tools der Sparkasse im Kundendialog nutzen, sie selbst aber mit Papier und Bleistift agiert. Dies gilt für alle Führungsebenen gleichermaßen. Authentizität ist hier das Stichwort. Allerdings wäre es fatal zu unterstellen, dass jede Führungskraft gleichermaßen digital affin ist, bzw. über entsprechendes Know-how verfügt.

4.6.2.2 Planungsworkshop

Auf Basis der Analyseergebnisse gilt es nun unter Berücksichtigung der Digitalisierungsstrategie die passenden Weiterbildungs- und Coachingmaßnahmen zu definieren. Hierbei hat sich herausgestellt, dass es hilfreich ist, für jede Zielgruppe die Frage zu erörtern, was ein Mitarbeiter in einem definierten Aufgabengebiet im Sinne der Digitalisierung nach einer gewissen Zeitspanne anders machen soll als heute und welche technische Infrastruktur er dafür nutzen soll. Dazu ist es erforderlich, dass die Digitalisierungsstrategie in ein klares und detailliertes Zielbild, bis auf Produkt- und Prozessebene, übersetzt wurde. Die entsprechenden Kompetenzprofile müssen definiert und den einzelnen Stellenbeschreibungen zugeordnet sein. Auf Basis dieser Informationen lassen sich die einzelnen Zielgruppen relativ einfach identifizieren und entsprechenden Bildungsmaßnahmen zuordnen. Auf Basis des zur Verfügung stehenden Budgets gilt es, zu entscheiden, ob ein Multiplikatorenkonzept ein sinnvoller Weg ist oder ob alle Mitarbeiter direkt, ohne Multiplikatoren, geschult werden. Am Ende eines jeden Planungsworkshops in der Sparkasse ist klar, welcher Mitarbeiter zu welchem Zeitpunkt welche Bildungsmaßnahmen besuchen wird und was die konkreten Inhalte sein werden.

4.6.2.3 Kick-Off

Um das Thema Digitalisierung in eine Sparkasse zu bringen hat sich vielfach der Rahmen eines »Digitalisierungsevents« bewährt. In einem großen Plenum erläutert der Vorstand die Zielsetzung und die wesentlichen Eckpunkte der Digitalisierung. Das digitale Zielbild der Sparkasse sowie die Erwartungshaltung an Führungskräfte und Mitarbeiter werden klar kommuniziert. Die Mitarbeiter haben dann die Gelegenheit in einer Art Messe, die wesentlichen, in der Strategie als solche definierten, digitalen Tools und Lösungen live zu erleben und selbst auszuprobieren. Im Rahmen dieser Veranstaltung werden auch die für die Sparkasse und alle Mitarbeiter definierten Bildungsmaßnahmen bereits konkret mit Zeitplan und Zielgruppen vorgestellt.

4.6.2.4 Digitaler Führerschein

Als »Digitaler Führerschein« werden in der Sparkassenwelt E-Learning Produkte bezeichnet, die dem Mitarbeiter die Möglichkeit bieten, zeit- und ortsunabhängig sein digitales Wissen zu erweitern und zu überprüfen. Die Sinnhaftigkeit des Einsatzes in einer Sparkasse hängt vom jeweiligen Digitalisierungsgrad ab. Gut geeignet sind derartige Werkzeuge um eine vergleichbare Wissensbasis beim Mitarbeiter herzustellen, um dann weitere Bildungsmaßnahmen darauf aufbauend anzugehen. Solche Lernsettings versuchen zumeist auch die digitale Lebenswirklichkeit des Mitarbeiters aufzugreifen und so den Bogen zur digitalen Arbeitswelt zu spannen. Dies ist in jedem Fall zu empfehlen, denn der weitaus größte Teil der Mitarbeiter wird – wie bereits mehrfach dargestellt – in seinem privaten Umfeld zumindest Teile der relevanten Technologien bereits nutzen und so den Wissenstransfer in die Berufswelt leichter bewerkstelligen.

Ein »Digitaler Führerschein« allein reicht aber nicht aus, um das Mindset des Mitarbeiters nachhaltig zu beeinflussen. Dafür sind weitere Maßnahmen erforderlich, denn das erworbene Wissen aus Online-Tools hat erfahrungsgemäß eine relativ kurze Halbwertszeit.

4.6.2.4 Bildungsmaßnahmen

Wie bereits beim »Digitalen Führerschein« erwähnt, reicht ein derartiges Online-Tool nicht aus, um die Haltung des Mitarbeiters hinsichtlich Digitalisierung nachhaltig positiv zu verändern. In der Praxis haben sich, bei aller Digitalisierung, Präsenzmaßnahmen als am effektivsten erwiesen (siehe Abbildung 6). Hierbei gilt es, wiederum auf Basis des digitalen Zielbilds, zu entscheiden, welche Zielgruppen sich sinnvoll bündeln lassen und welche Maßnahme dann jeweils geeignet ist. Schulungen für bestimmte Zielgruppen finden eventuell durch externe Experten statt. Viel häufiger setzt man in der Praxis, allein schon aus Kostengründen, auf ein Multiplikatorenkonzept. Diese »Digitalisierungscoaches« sind zusätzlich beim Punkt »Nachhaltigkeit« ein erheblicher Mehrwert, dann die Schulungsteilnehmer können auch im Nachgang der Schulungsmaßnahme Fragen an diese Kollegen richten.

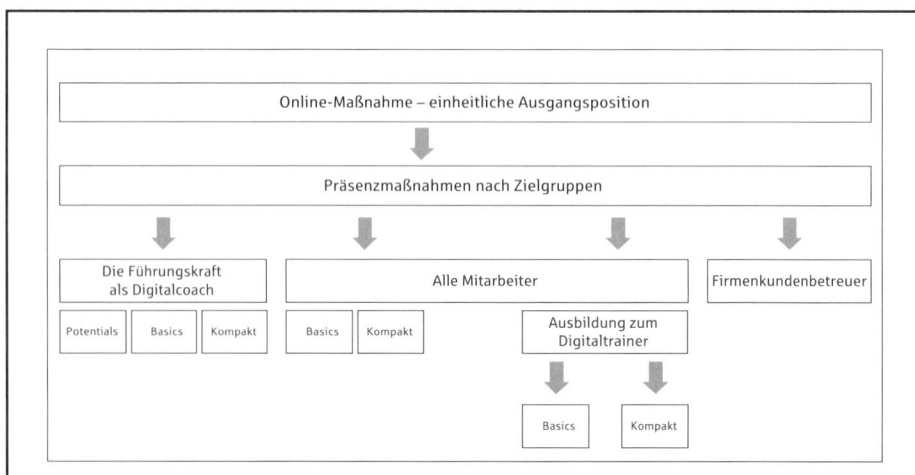

Abb. 6: Bildungsmaßnahmen für Führungskräfte und Mitarbeiter

In diesem Zusammenhang ist erneut ein genauerer Blick auf die Führungskräfte wichtig. Wie bereits erwähnt, sollte man nicht bei jeder Führungskraft, aufgrund ihrer Rolle, automatisch hohe digitale Affinität und entsprechendes Know-how unterstellen. In der Praxis kann eine Führungskraft ihre diesbezügliche Führungsaufgabe und Vorbildfunktion nur wahrnehmen, wenn sie über zumindest grundlegendes digitales Know-how des verantworteten Aufgabenbereichs verfügt und durch Nutzung aktiv vorlebt. Hier hat sich in der Praxis als zieldienlich herausgestellt, den Führungskräften ein Lernsetting anzubieten, bei dem sie »unter sich« sind und frei von Hierarchien lernen können. Deswegen wurden in obiger Bildungsarchitektur für die Zielgruppe bewusst spezifische Maßnahmen entwickelt.

4.6.2.5 Nachhaltigkeit

Jede einmalige Maßnahme entfaltet natürlich eine gewisse Wirkung. Wie bestimmt jeder aus unserer Schulzeit weiß, verpufft einmal erworbenes Wissen sehr schnell. Zudem veraltet Wissen, insbesondere im Kontext der Digitalisierung, ungleich schneller als früher. Daher ist es absolut essentiell, sich bereits bei der Konzeption der Schulungsmaßnahmen Gedanken zu machen, wie das einmal erworbene Wissen immer aktuell gehalten werden kann, beispielsweise durch Veränderungen im Zuge von IT-Releases oder bei der Einführung komplementärer Lösungen zum heutigen Leistungsangebot.

Dazu gibt es in vielen Sparkassen auf sogenannte »Digital Scouts«, »Digitalisierungsmultiplikatoren«, »Digitalisierungsbeauftragte«, »Digitalisierungscoaches«, etc. Unabhängig von der jeweiligen Bezeichnung für diese Rolle ist es essentiell, die Rolle klar zu definieren und zu institutionalisieren. Im Sinne der klassischen Betriebswirtschaftslehre wären die Themen Aufgabe bzw. Maßnahmen, Fach- und Methodenkompetenz und Verantwortung in Bezug auf die Rolle als Multiplikator zu betrachten.

Bei der Betrachtung und digitalen Umsetzung der Dimension Mitarbeiter ist der Aufbau der digitalen Kompetenz und des digitalen Know-hows nur eine Seite der Medaille. Sie hat auch eine betriebswirtschaftliche Seite. Die digitale Mitarbeiterfitness steht und fällt mit der technischen Ausstattung des Arbeitsplatzes. In der Umsetzung zeigt sich heute innerhalb der S-Finanzgruppe ein sehr heterogenes Bild – sowohl von Sparkasse zu Sparkasse als auch oftmals innerhalb der einzelnen Sparkassen in den unterschiedlichen Abteilungen. Im Wesentlichen muss aber die strategische Positionierung und Erwartung an die Mitarbeiter, in Bezug auf die Digitalisierung, mit der technischen Ausstattung übereinstimmen. Sollte beispielsweise die Zielsetzung und Erwartung sein, dass ein Mitarbeiter in der Filiale einem Kunden die Vorteile und Funktionsweise der S-App erläutern kann, so sind allein zentrale Schulungsmaßnahmen dafür nicht ausreichend. Den Mitarbeitern muss dann auch die dafür notwendige Infrastruktur (mobile Endgeräte, mobile Datennutzung) dauerhaft zur Verfügung gestellt werden.

Eine Musterlösung kann und soll an dieser Stelle nicht geliefert werden, denn bei der hausindividuellen Umsetzung spielen viele Faktoren eine Rolle und werden oftmals unterschiedlich gewichtet. Neben einer Kosten-Nutzen-Betrachtung für oder gegen einzelne Komponenten des digitalen Arbeitsplatzes, sollte auf alle Fälle berücksichtigt werden, dass es sich dabei um eine Investition in die Zukunftsfähigkeit einer Sparkasse handelt. Letztlich ergibt sich daraus, wie attraktiv die Sparkasse für die heutigen Mitarbeiter sowie kommende Generationen als Arbeitgeber ist.

4.6.3 Dimension Betrieb

Wie bereits dargestellt, fokussiert sich dieser Beitrag auf die Dimensionen *Kunde* und *Mitarbeiter*. Eine ausführliche Behandlung der Dimension *Betrieb* erfolgt im Beitrag »*Digitalisierung und deren Einflussfaktoren im Betrieb der Sparkasse*«. Die nachfolgenden Ausführungen sollen jedoch einen ersten Ausblick darauf geben, welche Handlungsnotwendigkeiten sich aus den beschriebenen Herausforderungen der Digitalisierung und einer kundenzentrierten Ausrichtung der Sparkasse ergeben.

4.6.3.1 *Aufbauorganisatorische Anpassungserfordernisse*

Um eine ganzheitliche Koordination aller Aktivitäten im Themenfeld Digitalisierung sicherzustellen, sollte jede Sparkasse eine zentrale Stelle benennen. Diese sollte als Querschnittsaufgabe im Institut verankert sein, da sie alle Markt-, Marktfolge- und Stabsbereiche einer Sparkasse betrifft. Um die Neutralität in der Priorisierung und Bewertung von Innovationen zu wahren, sollte diese Koordinationsfunktion idealerweise nicht in der operativen Verantwortung für eines der Themenfelder Kunde, Mitarbeiter und Betrieb stehen. Gleichzeitig dient sie als interne Evidenzstelle der Sparkasse für alle Themen rund um die digitale Transformation. Sie übernimmt die Aufgabe, die Linienverantwortlichen fachlich zu beraten und berichtet dem Vorstand regelmäßig über den Fortschritt im digitalen Transformationsprozess.

Im Ausbau der Vertriebskanäle der Sparkasse und dem Aufbau eines Digitalen Beratungs-Centers und Business-Centers, die im Kapitel 6.1 näher beschrieben sind, ergeben sich Erfordernisse zur Anpassung der Aufbauorganisation der Sparkasse.

Zur Stärkung und Aufwertung des medialen Vertriebs empfiehlt sich regelmäßig eine Bündelung aller nicht-stationären Kundenkanäle in einer Organisationseinheit. Daraus ergibt sich, dass das Kunden-Service-Center, das Digitale Beratungs-Center und das Business-Center unter einem Dach direkt unter dem Vorstand anzusiedeln sind. Das Vertriebsmanagement übernimmt dabei die zentrale Steuerung der vertrieblichen Aktivitäten in den medialen Kanälen. Bei der Umsetzung dieser Ansiedlungsvariante ist eine kooperative Zusammenarbeit der digitalen und stationären Markteinheiten sicherzustellen.

Ein weiterer Effekt von Standardisierung und Digitalisierung ist die Automation interner Prozesse und daraus folgend die Reduktion notwendiger manueller Aktivitäten von Mitarbeitern oder Kunden. Infolgedessen sind die Effekte auf den perspektivischen Kapazitätsbedarf in der Leistungserstellung der Sparkasse systematisch zu bewerten. Beispielsweise im Bereich der Marktfolgeeinheiten können automatisierte Prozesse und eine daraus resultierende Reduktion von Kapazitäten eine Zusammenlegung der Marktfolge Aktiv und Passiv zur Folge haben. Ein Erreichen unterkritischer Größen einzelner Bereiche der Sparkasse muss also kontinuierlich überprüft und Maßnahmen daraus abgeleitet werden.

4.6.3.2 Quantitative und qualitative Überprüfung des Standortnetzes

Zur Wahrung der Sparkassen-DNA wird der stationäre Vertrieb auch in Zukunft eine zentrale Rolle im Multikanalauftritt der Sparkassen haben. Die Effekte aus der Digitalisierung und des demografischen Wandels haben dabei einen erheblichen Einfluss auf die Standorte der Sparkasse. Bereits heute ersetzen Internet-Filiale, SB-Technologien oder das Kunden-Service-Center Teile der bislang stationär abgewickelten Serviceleistungen. Diese Entwicklung wird sich fortsetzen, eine logische Konsequenz ist die Konsolidierung der Standorte. Diese muss mit einer durchdachten Strategie verfolgt werden, die die verbleibenden Standorte konsequent an den Kundenerwartungen hinsichtlich Lage, Ausstattung und auch Integration in die multikanale Customer Journey ausrichtet.

Damit die Filiale auch weiterhin als Alleinstellungsmerkmal der Sparkassen positiv zur Auswahl des Finanzdienstleisters beiträgt, müssen die Anpassungserfordernisse auf die Anzahl und Ausstattung der Standorte laufend bewertet werden. Das bedeutet unter anderem die flächendeckende Bereitstellung von Breitband-Internetzugängen, eine Modernisierung des Point of Sales und die Bereitstellung von digitalen Technologien und mobilen Endgeräten zur Ausspielung von Inhalten in Richtung Mitarbeiter und Kunden der Sparkasse. Pen-Pads beispielsweise ersetzen die physische Unterschrift und Eliminieren die Notwendigkeit der papierhaften Bereitstellung von Kundenunterlagen.

4.6.3.3 Standardisierung, Digitalisierung und Automatisierung der Prozesswelt

Zielsetzung der Sparkasse muss es sein, einen möglichst hohen Standardisierungs- und Digitalisierungsgrad der internen und externen Prozesse zu erreichen. Dabei müssen die Lösungen der Sparkassen-Finanzgruppe, wie beispielsweise standardisierte PPS-Prozesse[1], umfassend genutzt werden. Durch PPS und die Standardprozesse kann ein initiativer Beitrag zu Reduktion von Komplexität der Produkt- und Prozessvarianten geleistet werden. Darüber hinaus erhöht die einheitliche Nutzung von erprobten, qualitativ hochwertigen

---

1 PPS bedeutet ProzessPlus für Sparkassen.

und schnellen Prozessen den Kundenservice – und ermöglicht gleichzeitig eine Kostensenkung. Der Investitionsbedarf in Entwicklung und Technik für die einzelnen Prozesse ist bei deren Umsetzung transparent zu machen. Ebenso ist der Effizienzgewinn im Vergleich zum bisherigen Vorgehen darzustellen.

Mittelfristig sollte eine umfassende Abbildung aller Vertriebsprozesse kanalübergreifend über OSPlus_neo erreicht werden. Darüber hinaus soll auch eine Verlagerung der Bearbeitung von Services auf den Kunden insbesondere über die medialen Prozesse erreicht werden. Es ist dabei das Ziel einer Steigerung der vertriebsaktiven Zeit durch Reduzierung der Komplexität im Vertrieb und Konzentration auf eine fallabschließende Bearbeitung der Standardfälle über OSPlus_neo im Markt. Sonderfälle werden über Serviceaufträge zentral bearbeitet.[1]

Für interne Geschäftsprozesse wird im Rahmen der Möglichkeiten der Sparkassen-Finanzgruppe die Digitalisierung bzw. Automatisierung von Prozessen angestrebt, um auch hier Effizienzpotenziale zu heben. Um die Prozesse nachhaltig und ohne relevante Individualisierungen umzusetzen, müssen die Mitarbeiter in angemessener Form informiert und geschult werden.

4.6.3.4 Hebung von Potenzialen in Rahmen der Industrialisierung

Die Marktentwicklungen zeigen, dass sich die Sparkasse zur Realisierung der Marktführerschaft konsequent auf ihr Kerngeschäft, also den Vertrieb von Finanzdienstleistungsprodukten, konzentrieren muss.

Das bedeutet, dass die Auslagerungsangebote der Dienstleister der Sparkassen-Finanzgruppe im Rahmen der Make-or-Buy-Entscheidung mit dem klaren Fokus auf die betriebswirtschaftlichen Effekte geprüft werden müssen. Mit Ausnahme der Schnittstellenfunktionen sollen nach Auslagerung der definierten Leistungsbestandteile keine eigenen Ressourcen mehr vorgehalten werden. Die Nutzung von Auslagerungsangeboten ermöglicht das Heben von Effizienzpotenzialen. Zusätzlich wird dadurch die Qualität in den Prozessen positiv beeinflusst. Die Auslagerungsoptionen müssen dabei jeweils nach den geltenden Vorschriften bewertet und entschieden werden.

4.7 Erfolgsfaktoren für die Digitalisierung in Sparkassen

Die vorigen Ausführungen zeigen Lösungsansätze und Handlungsvorschläge zur aktiven Gestaltung der Digitalisierung der Sparkasse auf. Um die digitale Transformation erfolgreich zu meistern, sind einige Erfolgsfaktoren jedoch wesentlich. Zum einen bedarf es eines einheitlichen Verständnisses zur Digitalisierung – von der Managementebene über alle weiteren Ebenen der Sparkasse hinweg. Handlungsnotwendigkeiten, Chancen, Nutzen und Mehr-

---

1 Vgl. Deutscher Sparkassen- und Giroverband, Modell P 2.0.

werte müssen hinreichend transparent und kommuniziert sein. In Bezug auf mögliche Risiken und Restriktionen bedarf es einer Sensibilisierung, sowohl der Mitarbeiter als auch der Kunden.

Eine klare Vision zur strategischen Zielausrichtung und ein klares Commitment darauf muss vorhanden und kontinuierlich Bestandteil der internen und externen Kommunikation sein.

Die Aktivitäten im Rahmen des digitalen Transformationsprozesses müssen auf die Mittel- bis Langfristplanung abgestimmt sein. Ein Bebauungsplan, beispielsweise zum IT-Umbau und zur Ausstattung der betrieblichen Infrastruktur zum Schließen der Lücke zwischen Ist- und Sollzustand, sollte hinreichend konkret beschrieben, realisierbar und verbindlich sein. Damit soll Aktionismus vermieden werden, denn das Sicherstellen von Nachhaltigkeit und eine Verpflichtung auf Maßnahmen zur Realisierung von Effekten aus der Digitalisierung haben obersten Stellenwert.

Nicht zuletzt ein frühzeitiges Einbinden der relevanten Stakeholder der Sparkasse trägt wesentlich zum ganzheitlichen Umsetzungserfolg in der digitalen Transformation bei.

4.8 Ausblick

Kunden erwarten Dank technologischer Entwicklungen immer stärker, Services rund um die Uhr und an jedem Ort in Anspruch nehmen zu können. Eine saubere Integration aller digitalen Kundenkanäle für ein nahtloses Zusammenspiel ist daher bereits heute Voraussetzung für Sparkassen, um eine gelungene Customer Experience sicherzustellen.

Um Kunden aber einen echten Mehrwert anbieten zu können, werden neben dem bedarfsgerechten Service- und Leistungsangebot auch Themen wie Vertrauen und Empathie in der Kundenbeziehung wieder von zunehmend größerer Bedeutung. So gilt es, das gesamte Service- und Leistungsangebot auf allen digitalen Kanälen an den Kundenerwartungen auszurichten und technologische Neuerungen auch zur Verbesserung des persönlichen Kundenkontakts zu nutzen.

Die meisten Banken bieten nach wie vor vornehmlich Kernprodukte wie Kredite, Konten oder Wertpapiere, manchmal auch Versicherungen an. Und dies, obwohl längst feststeht, dass Banken nicht mehr nur ihre Produkte an den Kunden bringen können, sondern im Zuge der Digitalisierung auch banknahe bzw. bankferne Produkte und Services anbieten können und müssen, um den Kunden ganzheitlich zu binden und seine Erwartungen zu erfüllen.

Allerdings hat der Kunde häufig nicht das Gefühl, alles aus einer Hand zu bekommen, weil jedes Produkt von einem anderen Anbieter betreut wird. Im schlechtesten Fall hat er für jede Leistung einen anderen Anbieter oder – im Falle digitaler Lösungen – benötigt er unterschiedliche Logins und muss seine Daten mehrfach hinterlegen.

Der erste Schritt auf dem Weg zum digitalen Ökosystem gemäß plattformökonomischen Ansatz ist also, konsequent im Sinne des Kunden umzudenken, weg vom alten, produktzentrierten Ansatz hin zu einer Denkweise, die den Kunden und seine Lebenssituation in den Mittelpunkt stellt und ihm sowohl die eigenen als auch potenzielle Drittlösungen wie aus einer Hand anzubieten.

Sparkassen bringen gute Voraussetzungen mit, um im digitalen Zeitalter mit Plattformansätzen erfolgreich zu sein, den sie verfügen nicht nur über eine große Kundenbasis und einen großen Pool an Daten, um Kunden gezielt und individuell anzusprechen, sondern genießen hohes Vertrauen der Kunden, insbesondere im Umgang mit Daten und beim Thema Sicherheit und haben eine hohe Alltagsrelevanz.

Heutige international tätige Plattformanbieter verfügen wie schon in Kapitel 4.3 dargestellt, bereits – im Vergleich zu den Sparkassen – über eine sehr gute Usability, eine leistungsfähige Plattform-Infrastruktur und vor allem über eine exzellente Datenqualität, die als wesentliche Grundlage für die intelligente und an den individuellen Bedürfnissen des Nutzers ausgerichtete Vernetzung von Produkten und Services dienen. Zudem zeigen sie auf, wie sich durch vielfältige, miteinander kombinierbare und am Alltag des Nutzers ausgerichtete Services hoher Kundennutzen erzeugen lässt. Ihre Plattformen wachsen und ihre Kundenbasis ist bereits gigantisch.

Für die Sparkassen-Finanzgruppe stellt sich daher die Frage, welche Strategie angesichts der scheinbar übermächtigen Konkurrenz verfolgt werden sollte. Überlässt man das Feld anderen Akteuren, droht die Gefahr, als Bank zu einem reinen Produktlieferanten (Service Provider) zu werden und steigendem Druck auf die Margen ausgesetzt zu sein. Gleichzeitig stehen die Sparkassen vor der Herausforderung, eine Vielzahl an regulatorischen Vorgaben erfüllen zu müssen, was in der Praxis häufig zu Lasten digitaler, marktorientierter Produkte geht. Innovation und Regulatorik müssen in Einklang gebracht werden, was ein Hemmnis für die Entwicklungsgeschwindigkeit und das Nutzererlebnis darstellen kann. Das bloße Einsetzen möglicher Technologien ist nicht zielführend, wenn es nicht einer digitalen Strategie folgt, die auf die gesamte Geschäftsstrategie und das Geschäftsmodell einzahlt.

Daher hat sich die S-Finanzgruppe folgerichtig für zwei Stoßrichtungen entschieden. Einerseits für den Aufbau eines eigenen Ökosystems, in dem Sparkassen aufgrund ihrer Verbundstrukturen traditionell stark sind oder relevante Chancen sehen. Zusätzlich zu den eigenen Dienstleistungen aus der Finanzgruppe lassen sich Services von Partnern und Drittanbietern integrieren, um ein umfassendes, einfach nutzbares Kundenerlebnis zu schaffen. Dazu müssen starke Partner gewonnen werden, die mit den zusätzlichen Services in Verbindung gebracht werden. Ziel ist es, die Plattform als relevante Anlaufstelle bei den Nutzern zu etablieren. Die Sparkassen-Finanzgruppe als Betreiber der Plattform hat dabei den größten Nutzen, indem sie die Kontrolle über die Kundendaten behält.

Mit der Internet-Filiale sowie den S-Apps verfügen die Sparkassen über qualitativ hochwertige und hochfrequentierte Online-Kontaktpunkte auf Basis des Girokontos. Diese beiden Kontaktpunkte werden von Kunden teilweise mehrmals täglich aufgerufen, um sich zu informieren, Services zu nutzen oder Bankgeschäfte zu tätigen. Die Weiterentwicklung hin zu einem Ökosystem hat bereits mit dem Ausbau der Internet-Filiale zur Finanzplattform begonnen. Die Bereitstellung der Multibankenfähigkeit – erst lesend, jetzt schreibend – war der Anfang und in weiteren Schritten wie beispielsweise der Funktion eines persönlichen Finanzmanagements (Personal Finance Management; PFM) werden die Kernbankleistungen sukzessive erweitert. Parallel erfolgen Payment sowie Near- und Non-Banking Leistungen, abgedeckt durch eigene Dienstleister oder in Kooperation.

Und auch Nicht-Girokontokunden sollen Lust auf »mehr« bekommen. Multibankfähige Produkte spielen dabei eine wesentliche Rolle. Wichtig ist, dass das Angebot so aufgebaut ist, dass der Nicht-Kunde bereit ist, sich so schnell wie möglich zu registrieren bzw. anzumelden. Es besteht zudem der Anspruch, dass auch für eine Person ohne Sparkassen-Girokonto »echter« Mehrwert durch das Leistungsangebot der Plattform generiert werden muss.

Gleichzeitig ist es das Ziel auf anderen branchenfremden Plattformen bzw. fremden Ökosystemen wertschöpfend stattzufinden, indem wir als Anbieter von Leistungen und Services auftreten. Sparkassen können auf diese Weise ihre Kundenbasis erweitern. Zugleich sinkt allerdings der Einfluss auf die Kundenschnittstelle, weil wichtige Kundeninformationen beim Plattformbetreiber verbleiben und das Risiko der Austauschbarkeit ist relativ hoch.

Wie bereits dargestellt, sind Big Data und Künstliche Intelligenz Themen der Digitalisierung. Natürlich beschäftigt sich auch die S-Finanzgruppe intensiv mit diesen Themen, denn mit beiden Begriffen verbindet sich die berechtigte Hoffnung, den Nutzen der Digitalisierung sowohl für Kunden als auch für Sparkassen deutlich zu steigern.

Die Sparkassen verfügen bei mehr als 50 Mio. Kunden in Deutschland über einen der größten Datensätze. Datenanalysen (Data Analytics) werden mittels Big Data und Künstlicher Intelligenz bald schneller, einfacher und vor allem vernetzter möglich sein. Damit erhöht sich deutlich die Geschwindigkeit, mit der sich Kundenanfragen und Aufträge bearbeiten lassen. Gleichzeitig bieten Sie die Chance, Prozesse zu optimieren und die bestehenden Wertschöpfungsketten unter Effizienzgesichtspunkten zu optimieren und Kundenbedürfnisse sowie Verhaltensmuster besser zu verstehen. In der Konsequenz daraus ergibt sich die Möglichkeit, bestehende Services und Mehrwerte sowie Beratungen noch personalisierter je nach Situation und Kanal zur richtigen Zeit bedarfsgerecht anzubieten zu können.

Ein weiteres Einsatzgebiet für Künstliche Intelligenz im Banking wird die Cybersicherheit sein, denn sie ermöglicht nicht nur die Verarbeitung, sondern vor allen Dingen die Vernetzung von sehr großen Datenmengen und gibt frühzeitig Informationen über potenzielle Schadensfälle. Bots und Voice Services sind bereits in ersten Sparkassen im Einsatz. Mit Hilfe der Künstlichen Intelligenz bietet sich die Möglichkeit, zukünftig noch stärker diese Möglichkeiten im Kundenkontakt auf Basis von selbstlernenden Funktionen einzusetzen. Damit werden dann nicht nur Standardthemen im Kundendialog zu bearbeiten sein, sondern sukzessive auch komplexe Beratungssituationen abgebildet werden können.

Die Entwicklungen der Finanzplattform zu einem Ökosystem oder der Einsatz von Data Analytics und erste Schritte in der Nutzung Künstlicher Intelligenz zeigen, dass die Sparkassen-Finanzgruppe sich nicht nur den unterschiedlichen Herausforderungen zentral sowie dezentral auf Einzelinstitutsebene mit den notwendigen Maßnahmen stellt, sondern die Digitalisierung als Chance und Möglichkeit zur Erweiterung des heutigen Geschäftsmodells sieht. Die laufenden Maßnahmen sowie die gesamte Planung sind dabei auf den Kunden und seine Bedürfnisse fokussiert, denn die Kundenzufriedenheit und Erfüllung seiner Erwartungen entscheiden maßgeblich über die Dauer und Intensität der Kundenbeziehung zu seiner Sparkasse.

Digitalisierung ist dabei nicht das Zielbild für die Sparkassen, sondern Digitalisierung ist ein wesentlicher Baustein und Treiber im Veränderungsprozess. Einem Prozess, der nicht mit einer einmaligen Aktivität oder einem Projekt abzuschließen ist, sondern eine Daueraufgabe für die Finanzgruppe und jede einzelne Sparkasse ist.

5 Digitalisierung und deren Einflussfaktoren im Betrieb der Sparkasse

Thomas Hämmerl und Marcel Kaletta, Sparkassen Consulting GmbH

5.1 Management Summary

Das Phänomen *Digitalisierung* ist in aller Munde: Sowohl im privaten, als auch beruflichen und wissenschaftlichen Umfeld dominiert die Digitalisierung vielfältige Diskussionen. Ein Leben ohne Smartphone, Apps und permanente Verfügbarkeit sämtlicher Services ist für viele Menschen gar nicht mehr vorstellbar. Darüber hinaus sollen Digitalisierung und Industrie 4.0 unsere Arbeitswelt zunehmend verändern. Mit neuen Technologien und immer weiter automatisierten Prozessen sollen sich unsere Wirtschaft und unser Leben grundlegend wandeln. So sollen beispielsweise selbstfahrende Autos im Alltag oder gedankengesteuerte Wearables schon bald keine Zukunftsmusik mehr sein. Vermutlich werden Angestellte in der Arbeitswelt von morgen Berufe ausüben, die es heute noch gar nicht in der Form gibt. Dabei dringt die Digitalisierung immer stärker in Tätigkeitsbereiche vor, die bislang dem Menschen vorbehalten schienen.[1] In diesem gesamtgesellschaftlichen Zusammenhang sorgen immer wieder Studien wie von Frey und Osborne aus dem Jahr 2013 (publiziert als Frey und Osborne 2017) dafür, dass aus der Digitalisierung ein Schreckgespenst und eine Angstdiskussion wird.

Anhand von Experteneinschätzungen und beruflichen Tätigkeitsstrukturen haben die beiden Autoren die digitalisierungsgetriebene Automatisierbarkeit von Berufen in den USA untersucht. Als Ergebnis schätzen sie, dass etwa 47 % der Beschäftigten der USA in Berufen arbeiten, die mit einer hohen Wahrscheinlichkeit (größer 70 %) in den nächsten zehn bis 20 Jahren digitalisiert und automatisiert werden können.[2] Auch weitere Studien, welche die gleiche Methodik auf zusätzliche Länder – wie Deutschland – anwenden, kamen zu ähnlichen Ergebnissen.[3] Demgegenüber existiert jedoch eine vergleichbare Anzahl an Autoren, welche basierend auf anderen Studien argumentieren, dass die Anzahl digitalisierbarer Tätigkeiten vollkommen überschätzt wird.[4] So kommen diese zu deutlich niedrigeren, moderateren Einschätzungen als Frey/Osborne. Beispielsweise identifizieren Arntz et al. (2016, 2017) sowohl für die Vereinigten Staaten,

---

[1] Vgl. beispielsweise Ernst & Young (2019); Boston Consulting Group (2017); PwC Strategy& (2014); McKinsey & Company (2013); Roland Berger Strategy Consultant (2014); Arntz/Gregory/Zierahn (2018).
[2] Vgl. Frey/Osborne (2013); Frey/Osborne (2017).
[3] Vgl. beispielsweise Bonin/Gregory/Zierahn (2015); Brzeski/Burk (2015); Pajarinen/Rouvinen (2014); Bowles (2014).
[4] Vgl. beispielsweise Autor (2015), S. 5.

als auch für den Durchschnitt von 21 OECD-Länder[1], lediglich für 9 Prozent aller Berufsstellen ein hohes »Digitalisierungsrisiko«. Die der Studie zugrunde liegende Untersuchung ähnelt zwar dem Grundaufbau von Frey/Osborne, berücksichtigt jedoch obendrein die unterschiedlichen Arbeitsschritte verschiedener Berufsfelder und deren Automatisierbarkeit.[2] Insgesamt prognostiziert ein Großteil aktueller wissenschaftlicher Literatur zu diesem Themengebiet, stets sehr starke Veränderungen sowohl für Unternehmen, als auch Privatpersonen und die gesamte Gesellschaft.[3] Hinsichtlich einer vor- oder nachteilhaften Wirkungsrichtung der Digitalisierung sind sich die Autoren dabei jedoch nicht einig. So gibt es auf der einen Seite positive Erwartungshaltungen, welche die Digitalisierung und damit verbundene Automatisierungspotenziale als Chance mit hohem Produktivitätswachstum und starken Wohlfahrtssteigerungen durch fortlaufende technologische Veränderungen verbinden. Andererseits werden negative Beschäftigungseffekte erwartet, da der Mensch zunehmend durch Maschinen ersetzt werden könnte und somit die menschliche Arbeitsleistung potenziell nicht mehr notwendig sein könnte.[4] So wird die Diskussion der Vor- und Nachteile der Digitalisierung in Bezug auf die unternehmerische oder gesamtgesellschaftliche Ebene sehr heterogen geführt, ohne eine klare Tendenz in die eine oder andere Richtung ausmachen zu können. Einig scheinen sich die verschiedenen Experten lediglich darüber zu sein, dass die Digitalisierung einen wesentlichen Einfluss auf die Prozesse sowie Arbeitsabläufe von Unternehmen haben wird und somit für die Zukunft ein tiefgreifender Wandel zu erwarten ist.[5]

Anspruch und Wirklichkeit liegen hierbei jedoch häufig noch weit auseinander. Studien, welche den tatsächlich stattfindenden sowie erwarteten Einsatz von einfachen Technologien (Industrie 1.0 / 2.0), computergestützten Technologien (Industrie 3.0) sowie digital vernetzten Technologien (Industrie 4.0) untersuchen, spiegeln ein verhaltenes Bild der digitalen Realität in Deutschland wider. Einerseits scheint branchen- und betriebsübergreifend zwar bereits etwa die Hälfte der befragten Unternehmen Technologien der sogenannten 4. Generation[6] zu nutzen oder diese zum zentralen Bestandteil ihres Geschäftsmodells zu machen. Andererseits hat sich die andere Hälfte der befragten Unternehmen entweder noch gar nicht mit der Nutzung beschäftigt oder tut dies gerade erst. Unabhängig davon zeigt sich insgesamt, dass der Anteil moderner Arbeitsmit-

---

1   OECD: Organisation for Economic Co-operation and Development.
2   Vgl. Geiger/Prettner/Schwarzer (2018), S. 60; Frey/Osborne (2013); Frey/Osborne (2017); Bonin/Gregory/Zierahn (2015); Arntz/Gregory/Zierahn (2016); Arntz/Gregory/Zierahn (2017).
3   Siehe beispielsweise Brynjolfsson/McAfee (2014); Ford (2015); Kaplan (2015); Tegmark (2017).
4   Vgl. Geiger/Prettner/Schwarzer (2018), S. 59.
5   Vgl. beispielsweise Kreutzer (2017); Kagermann (2015).
6   Selbststeuernde oder IT-integrierte Technologien (bei diesen Arbeitsmitteln übernimmt die Technik Arbeitsprozesse weitestgehend selbstständig und automatisch). Vgl. Arntz/Gregory/Zierahn (2018), S. 17.

tel an den gesamten im Unternehmen eingesetzten Arbeitsmitteln vergleichsweise gering ausfällt. Weniger als 10% der Produktions- bzw. Büro- und Kommunikationsmittel in den Unternehmen seien der Kategorie 4.0 zuordenbar. Auch bezogen auf einen Entwicklungshorizont von fünf Jahren sei nur mit geringfügigen Zuwächsen zu rechnen.[1]

Doch was bedeutet die Digitalisierung nun wirklich und welche Auswirkungen hat sie insbesondere auf Sparkassen? Diese Fragestellung möchten wir in diesem Beitrag adressieren und uns insbesondere mit dem betrieblichen Bereich einer Sparkasse beschäftigen. In unseren regelmäßigen Strategie- und Umsetzungsprojekten ist es im Rahmen unserer Verantwortungen bei der Sparkassen Consulting GmbH als zentrale Unternehmensberatung der Sparkassen-Finanzgruppe stets unser Ziel, den Sparkassen durch Kombination einer fundierten theoretischen Kenntnis der Thematik sowie einem praxiserprobtem Erfahrungsschatz bestmögliche Ergebnisse zu liefern. Diesen Anspruch möchten wir auch mit diesem Beitrag umsetzen. So möchten wir den Einfluss der Digitalisierung sowie die damit verbundenen Herausforderungen für eine Sparkasse im Folgenden sowohl aus dem Blickwinkel zentraler theoretischer Grundlagen, als auch unserer in vielfältigen Projekten gesammelten Erfahrungen betrachten. Als Exkurs möchten wir zudem kurz auf aktuell laufende strategische Projekte der Sparkassen-Finanzgruppe eingehen, welche nach unserer Erwartung einen positiven Beitrag zur innerbetrieblichen Digitalisierung einer Sparkasse beitragen können. Auf dieser Grundlage werden wir ein ganzheitliches Vorgehensmodell zur erfolgreichen Umsetzung der digitalen Transformation einer Sparkasse vorstellen und die wesentlichen Einfluss- sowie Erfolgsfaktoren skizzieren. Abschließend erfolgt ein Ausblick, um einen Ansatz für die Aktivitäten im eigenen Betrieb zu liefern.

Unserer Ansicht nach beginnt modernes Arbeiten im Kopf: Dieser Beitrag richtet sich daher insbesondere an Verantwortliche und Umsetzer in Sparkassen, die den Takt des Wandels selbst vorgeben möchten und am Ende nicht von der Veränderung überholt werden wollen. Dies geht nur, wenn allen Beteiligten rechtzeitig klar wird, wie das Spiel läuft. Wir sind davon überzeugt, dass ein geordneter Übergang erfolgreich organisiert werden kann, wenn rechtzeitig mit der Umsetzung begonnen wird.

5.2 Was bedeutet die Digitalisierung für eine Sparkasse im Betrieb?

Der Begriff der Digitalisierung wird im allgemeinen Sprachgebrauch häufig nicht eindeutig verwendet. Insbesondere in populär-wissenschaftlichen Ausarbeitungen wird dieser sowohl für die Beschreibung bestimmter Technologien,

---

1 Vgl. beispielsweise Arntz/Gregory/Zierahn (2018), S. 19ff; Hammermann/Stettes (2015); Schlund/Hämmerle/Strölin (2014).

als auch deren Auswirkungen auf Privatpersonen, Unternehmen oder die Gesellschaft genutzt. Zum einen werden auf diese Weise Technologien wie das mobile Internet, das Internet of Things, künstliche Intelligenz, Cloud-Computing, Robotics, Blockchain oder Plattform-Angebote unter dem Begriff der Digitalisierung subsumiert. Zum anderen sind mit Digitalisierung Entwicklungen wie die Shared Economy, eine zunehmende Automatisierung, eine zunehmende Vernetztheit, starkes Wachstum des E-Commerce, Big Data und voranschreitende Data Analytics oder sogar die zunehmende Individualisierung der Gesellschaft gemeint. Diese Aufzählung, die keinerlei Anspruch auf Vollständigkeit erhebt, zeigt bereits die starke Diversität bei dem allgemeinen Begriffsverständnis der Digitalisierung. Eine eindeutige Unterscheidung innerhalb der genannten Bedeutungshorizonte fällt darüber hinaus grundsätzlich schwer. So ließe sich beispielsweise diskutieren, ob dem Phänomen der Plattform-Ökonomie nun eher eine neue Technologie zugrunde liegt oder eine Kombination anderer Technologien und sie damit eine Auswirkung der Digitalisierung ist.[1]

Versuche die Digitalisierung in inhaltliche Zusammenhänge zu strukturieren führen beispielsweise zu Ansätzen, wie der Einteilung in Industrie 1.0 bis 4.0. In diesem Zusammenhang wird die technologische Entwicklung entlang eines zunehmenden Automatisierungs- und Digitalisierungsgrades in verschiedene Technologiestufen eingeteilt. Hierbei werden manuell gesteuerte und nicht IT-gestützte Technologien der Generation 1.0 und 2.0 zugeordnet. Dies bedeutet, dass der Mensch bei diesen Arbeitsmitteln im hohen Maße selbst tätig ist. Unter der Generation 3.0 werden Technologien, die indirekt gesteuert oder IT-gestützt sind, subsumiert. Dabei übernimmt die Technik bereits einen Großteil der Arbeit und der Mensch ist grundsätzlich nur noch indirekt tätig. Selbststeuernde oder IT-integrierte Technologien werden letztlich als 4.0 Technologien eingeordnet. Die Technik übernimmt hierbei Arbeitsprozesse weitestgehend selbstständig und automatisch. Insgesamt erfolgt jedoch auch bei dieser Kategorisierung keine trennscharf Begriffsabgrenzung der Digitalisierung. Die Grenzen zur Einordnung der Technologien in einzelne Technologiestufen sind grundsätzlich fließend und die Kriterien mehr oder weniger klar definiert, womit sie im Wesentlichen einer subjektiven Bewertung unterliegen.[2]

Zusammengefasst lässt sich festhalten, dass der Begriff der Digitalisierung verschiedene Dimensionen umfassen kann. Digitalisierung kann einzelne Technologien meinen oder Auswirkungen dieser Technologien beschreiben und zusätzlich unterschiedliche Grade aufweisen. Hierbei ist eine trennscharfe Differenzierung sowohl innerhalb einer einzelnen Dimension, als auch übergreifend nicht immer möglich. In diesem Beitrag wollen wir uns jedoch nicht konkret mit einzelnen Technologien und deren Eigenschaften auseinanderset-

---

1 Vgl. Bhalla/Dyrchs/Strack (2017); McKinsey & Company (2013); Ernst & Young (2018); Deloitte (2019); PricewaterhouseCoopers (2019).
2 Vgl. Arntz/Gregory/Zierahn (2018), S. 17; Roland Berger Strategy Consultant (2014); PwC Strategy& (2014).

zen. Zur Darstellung der Einflussfaktoren von Digitalisierung auf den Betrieb einer Sparkasse werden wir uns vielmehr im Wesentlichen auf die beiden letztgenannten Dimensionen fokussieren. Abgeleitet aus den vorangestellten Ausführungen unterteilen wir die Digitalisierung in vier verschiedene Auswirkungsgrade.

Unser erster Auswirkungsgrad bezieht sich auf die Daten einer Sparkasse. Die Digitalisierung ermöglicht zunächst eine Umwandlung analoger Daten in digitale Informationen. Das meint einerseits die Erfassung von Datenbeständen und neu erzeugten analogen Daten. Andererseits kann dies auch bedeuten, dass Daten ausschließlich digital erstellt oder bereitgestellt werden. Dies trägt dazu bei, dass einzelne Prozesse immer weiter fragmentiert und arbeitsteilig ausgeführt werden können. Aus diesem Grund umfasst unser zweiter Auswirkungsgrad der Digitalisierung die Prozesse einer Sparkasse. Eine zunehmende Anzahl digitaler Informationen bietet immer mehr Ansatzpunkte einzelne Prozessschritte oder komplette Prozesse computergestützt abzubilden. Auf diese Weise können manuelle Prozesse zunehmend durch workflowgestützte Vorgehensweisen abgelöst werden. Somit entwickeln sich die Prozesse Schritt für Schritt von manuellen Tätigkeiten über halb-automatisierte Verfahren hin zu digital vollautomatisierten Abläufen. Als weiteren Auswirkungsgrad der Digitalisierung betrachten wir den Menschen. Die Gewohnheiten und Verhaltensweisen der handelnden Personen werden bzw. müssen sich nachgelagert den Veränderungen der Arbeitsabläufe anpassen. Als maximalen Auswirkungsgrad betrachten wir die gesamte oder anteilige Veränderung des Geschäftsmodells einer Sparkasse. Die vollständige Veränderung der Arbeitsabläufe sowie die daraus resultierende Veränderung der Verhaltensweisen und damit Anforderungen der Menschen kann dazu führen, dass sich die Wertschöpfungskette nicht nur prozessual, sondern auch inhaltlich an den neuen Rahmenbedingungen ausrichtet.[1]

---

1 Vgl. Kreutzer (2017); Kagermann (2015); Kühni/Suri/Rumo (2018); Eichhorst et al., S. 386 (2016).

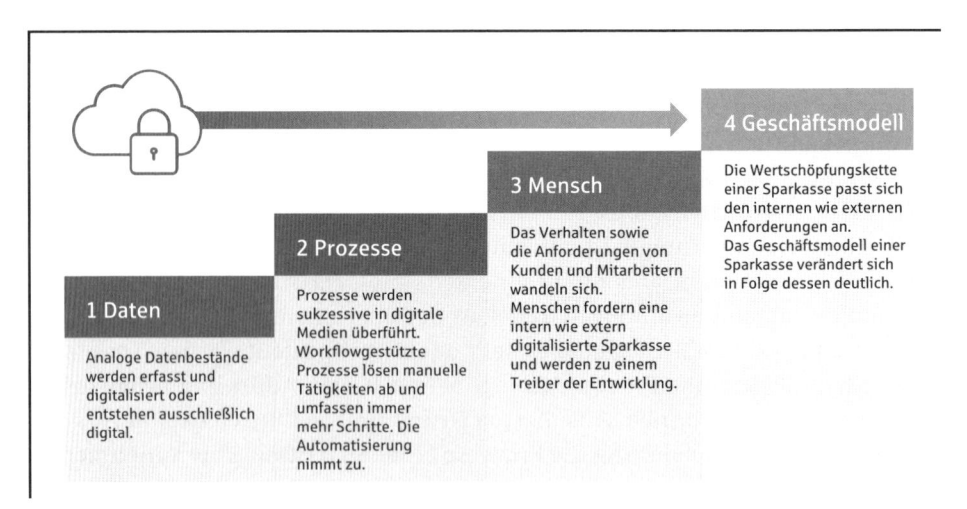

1 Daten
Analoge Datenbestände werden erfasst und digitalisiert oder entstehen ausschließlich digital.

2 Prozesse
Prozesse werden sukzessive in digitale Medien überführt. Workflowgestützte Prozesse lösen manuelle Tätigkeiten ab und umfassen immer mehr Schritte. Die Automatisierung nimmt zu.

3 Mensch
Das Verhalten sowie die Anforderungen von Kunden und Mitarbeitern wandeln sich. Menschen fordern eine intern wie extern digitalisierte Sparkasse und werden zu einem Treiber der Entwicklung.

4 Geschäftsmodell
Die Wertschöpfungskette einer Sparkasse passt sich den internen wie externen Anforderungen an. Das Geschäftsmodell einer Sparkasse verändert sich in Folge dessen deutlich.

Abb. 1: Auswirkungsgrade der Digitalisierung im Betrieb einer Sparkasse

Insgesamt bilden die aufgezeigten Auswirkungsgrade somit einen Strukturierungsansatz der Einflussfaktoren der Digitalisierung auf den Betrieb einer Sparkasse. So ermöglichen sie es einzelne betriebliche Digitalisierungsansätze stringent anhand des Einflusses, welchen Sie auf den Betrieb einer Sparkasse haben, einer der aufgezeigten Stufen zuzuordnen. Dabei bauen die von uns unterschiedenen Auswirkungsgrade konsequent aufeinander auf. Dies bedeutet einerseits, dass für das Erreichen einer nächsten Stufe zwingend alle Merkmale der vorgenannten Stufen erfüllt sein müssen. Andererseits lässt sich dadurch abschätzen, welche weiteren Implikationen in dem betrachteten Themengebiet durch eine fortlaufende Digitalisierung potenziell möglich sind. Dabei ist darauf hinzuweisen, dass innerhalb einer Sparkasse aufgrund verschiedener Digitalisierungsansätze durchaus verschiedene Auswirkungsgrade gleichzeitig und in unterschiedlicher Intensität beobachtet werden können.

Bevor wir nun im Folgenden die Herausforderungen für die betrieblichen Bereiche einer Sparkasse skizzieren, welche sich aus dem Einfluss der Digitalisierung in Form unterschiedlicher Auswirkungsgrade ergeben können, möchten wir zunächst eingrenzen, was wir unter *Betrieb* verstehen. Wir stellen immer wieder fest, dass auch hier im Allgemeinen kein einheitliches Begriffsverständnis vorliegt. Ist Betrieb alles, was nicht Vertrieb ist? Was bedeutet Vertrieb in diesem Zusammenhang? Wie ordnen sich Bereichsabgrenzungen wie Markt, Marktfolge und Stab in die Begriffsdimension Betrieb ein?

Letztlich zielt die Fragestellung, was der Betrieb einer Sparkasse ist, auf deren Organisationsform ab. Mit der Unterscheidung in Aufbau- und Ablauforganisation haben sich hierbei zwei zentrale Strukturierungsansätze etabliert. So könnte die Eingrenzung, worum es sich beim Betrieb handelt, entweder anhand des Aufbaus oder des Ablaufs bzw. der gelebten Prozesse einer Sparkasse erfolgen. Da wir mit der Formulierung der verschiedenen Auswirkungsgrade der Digitalisierung bereits auf Prozesse abgestellt haben, entscheiden wir uns an dieser Stelle ebenfalls für die Prozesssicht. Zur Kategorisierung von Prozessen lassen sich die verschiedensten Kriterien heranziehen. Einen der bekanntesten Strukturierungsansätze, welcher in der Folge eine zentrale Grundlage für die vielfältigsten Weiterentwicklungen war, hat Michael E. Porter mit seinem Wertkettenmodell geliefert. In diesem wird lediglich anhand des Marktbezugs zwischen Primär- und Sekundärprozessen unterschieden. Dabei sind die Primärprozesse unmittelbar an der Wertschöpfung beteiligt und auf die Erstellung sowie den Absatz der Produkte gerichtet, weshalb sie auch als Marktprozesse bezeichnet werden. Die Sekundärprozesse dienen in diesem Zusammenhang der Sicherstellung der Betriebsbereitschaft des Unternehmens. Diese grobe Differenzierung soll für uns an dieser Stelle reichen, um den Betrieb einer Sparkasse einzugrenzen – eine weitere Differenzierung anhand jüngerer Prozessmodelle scheint uns nicht zielführend. Somit verstehen wir im Folgenden alle Prozesse als Betrieb einer Sparkasse, welche einerseits zur Sicherstellung der Betriebsbereitschaft notwendig sind und damit andererseits nicht unmittelbar an der Wertschöpfungskette im Kontakt mit dem Kunden stehen. Als konkretes Abgrenzungskriterium kann hierfür auf den § 1 des KWG[1] abgestellt werden, in welchem abschließend sämtliche Bankgeschäfte aufgeführt sind. Dementsprechend zählen wir alle Prozesse, welche auf die Erstellung sowie den Absatz der dort genannten Bankgeschäfte gerichtet sind, nicht als betriebliche Prozesse einer Sparkasse.[2] Eine ähnliche Differenzierung findet sich zudem auch in der PPS[3]-Prozesslandkarte in Form von Kundenprozessen sowie Steuerungs- und Unterstützungsprozessen wieder.

5.3 Digitale Transformation: Besondere Herausforderung für Sparkasse und Mitarbeiter

Ausgehend von den bisherigen Ausführungen sowie unserer Erfahrung aus Strategie- und Umsetzungsprojekten in Sparkassen haben wir vier zentrale Herausforderungen für den Betrieb einer Sparkasse identifiziert, welche sich aus der Digitalisierung ergeben können: Automatisierung, Organisation, Transformation sowie Mensch und Kultur. Warum gerade dies besondere Herausforderungen der digitalen Transformation sind, beschreiben wir in diesem Kapitel. Auf dieser Basis soll es später erleichtert werden konkrete Handlungsansätze für die innerbetriebliche Digitalisierung zu entwickeln und Impulse für eine erfolgreiche Umsetzung zu geben.

---

1 Vgl. § 1 KWG.
2 Vgl. Vahs/Schäfer-Kunz (2012), S. 244–282; Vahs (2012), S. 51 ff., 238 ff.; Porter (2000), S. 63 ff.; Rüegg-Stürm (2002), S. 68 ff.; § 1 KWG; Hartmann-Wendels/Pfingsten/Weber (2010), S. 2–45, 349 f.; Vahs/Schäfer-Kunz (2012), S. 243 ff..
3 ProzessPlus für Sparkassen.

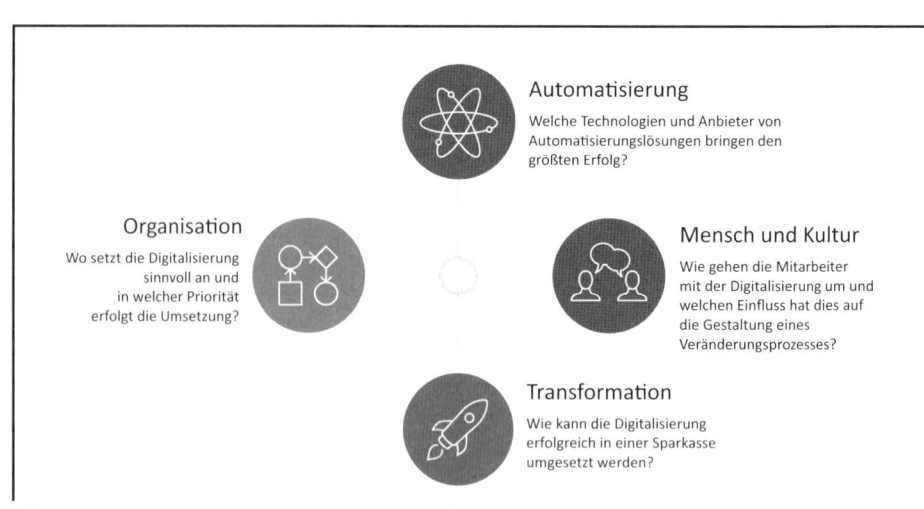

Abb. 2: Vier zentrale Herausforderungen der Digitalisierung

5.3.1 Herausforderung Automatisierung

»*Sparen Sie zehn Schritte am Tag für zwölftausend Mitarbeiter. Damit erhalten Sie 50 Meilen an überflüssiger Handarbeit und vergeudeter Energie, die eingespart werden können.*« (Henry Ford)

Inzwischen ist die Automatisierung wieder ein Thema, mit welchem sich aktuelle wissenschaftliche Arbeiten sowie die einschlägige Literatur intensiver auseinandersetzen, um ihren Einfluss auf einzelne Arbeitsabläufe, ganze Prozesse oder den Menschen im Speziellen bzw. die Gesellschaft insgesamt zu analysieren.[1] Dabei ist die Automatisierung an sich gar kein wirklich neuartiges Phänomen. Vielmehr handelt es sich in Abhängigkeit von den jeweils aktuellen technologischen Veränderungen auf gesellschaftlicher und betrieblicher Ebene durchaus um ein regelmäßig wiederkehrendes Thema – insbesondere in Bezug auf die Diskussion der Auswirkungen und Chancen. So hat beispielsweise bereits Adam Smith in seinem betriebswirtschaftlichen Fundamentalwerk *An Inquiry into the Nature and Causes of the Wealth of Nations* aus dem Jahr 1776 vergleichbare Fragen angestoßen.[2] Speziell über die Automatisierung in Form der technologischen Unterstützung von Arbeitsabläufen wurde spätestens ab den Fünfzigerjahren diskutiert.[3] Allerdings stellt beispielsweise die quantitative Bewertung des Nutzens der Automatisierung anhand von Kennzahlen zu Beschäf-

---

[1] Vgl. beispielsweise Geiger/Prettner/Schwarzer (2018); Bonin/Gregory/Zierahn (2015).
[2] Siehe beispielsweise Smith (1776); Hagemann (1995); Hagemann (2008); Humphrey (2004); Prettner/Geiger/Schwarzer (2018); Rifkin (1995).
[3] Vgl. Autor (2015), S. 3 f..

tigungseffekten oder Prozessgrößen wie Kosten und Prozessqualität unverändert auch heute noch eine große Herausforderung und somit den Kern intensiver Diskussionen dar. Wir haben diesbezüglich bereits in dem ersten Teil im Rahmen der dortigen Ausführung kurz dargelegt, zu welch deutlichen Unterschieden beispielsweise Studien zur Analyse der Beschäftigungseffekte führen können. Darüber hinaus werden diese Diskussionen aktuell durch neuartige und immer komplexer werdende Technologien, wie der künstlichen Intelligenz, vorangetrieben.[1] Hintergrund dessen ist unter anderem, dass die Automatisierung heutzutage durch rasant voranschreitende technologische Neuerungen vorangetrieben wird, wie es sie in früheren Zeit nicht in dieser Form bzw. dieser Geschwindigkeit nicht gegeben hat. So umfasst die Automatisierung beispielsweise nicht mehr nur Industrieroboter – wie zunächst ab den Fünfzigerjahren – sondern auch Aspekte, wie Künstliche Intelligenz, 3D-Drucker, Robotics, Online-Plattformen und Ähnliches.[2] Wie zuvor bereits dargelegt, ergeben sich des Weiteren in Verbindung mit der zunehmenden Digitalisierung immer mehr Ansatzpunkte für Automatisierungsvorhaben. Somit ist die Digitalisierung nicht nur Promoter der Automatisierung, sondern ermöglicht erstmals bzw. immer stärker auch die Möglichkeit zur Automatisierung von nicht-mechanischen Tätigkeits- und Prozessabläufen, womit diese auch unternehmensübergreifend einsetzbar werden.[3] Auf diese Weise erobert die Automatisierung rasant nicht mehr nur Produktionslinien oder sonstige produzierende Prozesse, sondern Robotics, künstliche Intelligenz und Machine Learning zeigen in der letzten Zeit auch verstärkt Einfluss auf die internen Bereiche und dort Beschäftigten von Unternehmen. Insgesamt gilt es somit einerseits zu prüfen, in welchen internen Bereiche größere Vorteile durch automatisierte Prozesse möglich wären. Andererseits besteht die Herausforderung darin, ob des stets zunehmenden Angebots sowie der komplexer – und damit für viele Mitarbeiter nicht mehr nachvollziehbaren – Lösungen verschiedenster Anbieter, den Überblick über die relevanten Automatisierungsvarianten zu behalten.

Grundsätzlich hängt das Automatisierungspotenzial von Prozessen von deren Komplexität ab.[4] So bieten insbesondere wiederkehrende Routineaufgaben ein hohes Potenzial zur Automatisierung. Mit zunehmender Digitalisierung und Reife von Technologien besteht jedoch die Möglichkeit auch Tätigkeiten mit höheren Qualifikationsanforderungen sukzessive zu automatisieren.[5]

---

1 Siehe beispielsweise Wicksell (1906); Hicks (1973); Samuelson (1988); Geiger/Prettner/Schwarzer (2018), S. 70; Bonin/Gregory/Zierahn (2015), S. i; Seamans/Raj (2018), S. 5 f..
2 Vgl. Geiger/Prettner/Schwarzer (2018), S. 60, 70; Kreutzer, R. (2017); Kagermann (2015); Kühni/Suri/Rumo (2018); Eichhorst et al., S. 397 f.. (2016).
3 Vgl. Kreutzer (2017); Kagermann (2015); Kühni/Suri/Rumo (2018); Eichhorst et al., S. 386 (2016).
4 Vgl. Geiger/Prettner/Schwarzer (2018), S. 69.
5 Vgl. Geiger/Prettner/Schwarzer (2018), S. 62–63; Brynjolfsson/McAfee (2014); Acemoglu/Restrepo (2017).

Insgesamt halten wir folgende zentralen Herausforderungen für Sparkassen in diesem Themenkomplex fest:
- Nutzeneffekte durch den Einsatz von Automatisierung sind nicht immer quantifizierbar. Eine Einsatzentscheidung muss teilweise als Investition für die Sicherung der zukünftigen Wettbewerbsfähigkeit betrachtet werden. Es ist nicht immer sofort ein direkter GuV-wirksamer Return-on-Invest ausweisbar.
- Das Lösungsangebot von Automatisierungsmöglichkeiten nimmt permanent zu. Hierbei einen strukturierten Überblick zu behalten fällt vielen Mitarbeitern schwer. Außerdem erschweren die zunehmende Anzahl sowie ansteigende Komplexität der Lösungen die Bewertung, ob eine Automatisierung der individuell betrachteten Themenbereiche wirklich sinnvoll ist und welche Abhängigkeiten bestehen.
- Die Auswahl der automatisierbaren Prozesse mit dem größten Ergebnisbeitrag und eine davon abgeleitete priorisierte Umsetzungsreihenfolge fällt regelmäßig schwer. Zudem können die Umsetzer nicht immer eine übergreifende Bewertung auf Gesamthausebene erarbeiten, sondern fokussieren sich auf einzelne Themenbereiche.

5.3.2 Herausforderung Organisation

»Wenn Sie einen Scheißprozess digitalisieren, dann haben Sie einen scheiß digitalen Prozess.« (Thorsten Dirks)

In Kapitel 5.2 haben wir bereits herausgearbeitet, dass wir uns in diesem Beitrag als wesentliches Ordnungskriterium auf die Ablauforganisation einer Sparkasse konzentrieren wollen. Selbstverständlich können die nachfolgend dargestellten Inhalte auch Einfluss auf die Aufbauorganisation einer Sparkasse haben, welche im Folgenden jedoch zunächst etwas vernachlässigt werden. Wie bereits zuvor angedeutet, hat die Digitalisierung – insbesondere in Form der digitalgetriebenen Automatisierung – im Wesentlichen einen großen Einfluss auf Prozesse bzw. Prozessschritte. Dem Namen nach kann ein Prozess (entstanden aus dem lateinischen Begriff processus) als »Fortschritt« oder »Fortgang« definiert werden. Er umfasst dabei im jeweiligen unternehmerischen Kontext den zeitlich logischen Zusammenhang von Aktivitäten zur Erreichung eines definierten Ziels bzw. Prozessergebnisses. Ein einzelner Prozess ist dabei durch einen definierten Start bzw. Input und ein definiertes Ende bzw. Output charakterisiert. Als Form der Ablauforganisation eines Unternehmens lassen sich die Prozessaktivitäten durch Mitarbeiter ausführen, sodass ein Prozess oder einzelne Prozessschritte arbeitsteilig umgesetzt werden können. Im Gegensatz zu Projekten und Projektaktivitäten handelt es sich hierbei somit um regelmäßig ablaufende Vorgänge. Insbesondere in Form einer zunehmenden Unterstützung von IT-Systemen bei der Prozessausführung lassen sich Prozesstätigkeiten nicht mehr nur manuell, sondern auch teil- oder vollautomatisiert durchführen. Grundlage dessen ist insbesondere die Verarbeitung digitaler Informationen.[1]

Auf diese Weise sind die Digitalisierung und damit verbundene technologische Neuerungen zentrale Treiber der zunehmenden Automatisierung sowohl von einzelnen Prozesstätigkeiten, als auch gesamten Geschäftsprozessen auf Basis von Algorithmen in Form von Anwendungsprogrammen. In diesem Zusammenhang lässt sich die computergestützte Ausführung von Prozessen bzw. Prozessschritten als Workflow definieren. Dieser setzt sich zum einen aus dem auszuführenden Geschäftsprozess und zum anderen aus einer Spezifikation des automatisierten Ablaufs zusammen. So kann ein Geschäftsprozess nach dem »Zero Touch«-Prinzip ohne manuelle Eingriffe teil- oder vollautomatisiert durch eine Software gesteuert bzw. bearbeitet werden.[2] Die Digitalisierung zielt insgesamt somit unter anderem darauf ab, als Ergebnis der Standardisierung von Geschäftsprozessen und der Konsolidierung[3] von IT-Systemen, einen möglichst effizienten Prozessablauf zu ermöglichen. Dies kann sich beispielsweise in Form einer Steigerung des Prozesserfolgs oder der Prozessqualität ausdrücken. Als Bemessungsgrundlagen hierfür können Kennzahlen wie die Fehlerquote, die Prozesskosten oder die Durchlaufzeit herangezogen werden. Im Rahmen der digitalgetriebenen Automatisierung wird der Prozesserfolg dabei im Wesentlichen durch die Vermeidung von Fehlern aufgrund weniger manueller Prozesseingriffe und der sichereren Reproduzierbarkeit der Prozesse mit vorhersehbarem Ergebnis erhöht. Analog der im vorherigen Kapitel beschriebenen Merkmale der Automatisierung sind wesentliche Indikatoren, welche die Automatisierbarkeit eines Geschäftsprozesses signalisieren, unter anderem die Durchführung repetitiver und gleichartiger Tätigkeiten, eine erhöhte Fehleranfälligkeit im Prozessverlauf, eine erhöhte Komplexität des Gesamtsystems sowie der Bedarf einer geringeren Durchlaufgeschwindigkeit. Insgesamt lassen sich Prozesse anhand verschiedener Kriterien klassifizieren. So lassen sich beispielsweise anhand der Planbarkeit Routine-, Regel- und Ad-hoc-Prozesse unterscheiden. Weiterhin könnte anhand der Komplexität in Haupt- und Teilprozesse unterschieden werden. Die jeweilige Einordnung eines Prozesses kann wiederum unterschiedliche Implikationen zur Ableitung von Digitalisierungsmaßnahmen ergeben. So bieten beispielsweise – wie bereits zuvor erwähnt – zu-

---

1 Vgl. Gadatsch (2015), S. 3 ff.; Abolhassan/Kellermann (2016), S. 9, 41, 65 ff.; Gadatsch (2017), S. 1 ff.; 12 ff., 23 f.; Schwarz/Neumann/Teich (2018), S. 22, 32; Vahs/Schäfer-Kunz (2012), S. 249.
2 Vgl. Gadatsch (2015), S. 5 ff., 39; Abolhassan/Kellermann (2016), S. 9 ff., 41, 65 ff.; Gadatsch (2017), S. 11 ff., 80, 133.
3 Die Konsolidierung umfasst die Zusammenführung und Vereinheitlichung bestimmter Aspekte der IT-Systemlandschaft von Unternehmen, wie zum Beispiel die Server oder Datenbestände. Vgl. Abolhassan/Kellermann (2016), S. 12, 43 ff.; 61 ff.; Schwarz/Neumann/Teich (2018), S. 5.

nächst Routineprozesse höhere Digitalisierungs- und Automatisierungspotenziale.[1]

Um Prozesse dabei möglichst erfolgreich zu digitalisieren und automatisieren, sollten diese zunächst standardisiert und die Prozesskomplexität reduziert werden. Durch die Vereinheitlichung gleichartiger Tätigkeiten und Abläufe sowie der Orientierung an Standards auf Hardware-, Software- oder Prozessebene, können Einsparpotenziale generiert werden. Letztere werden beispielsweise im Bereich der Kosten und dem vorzuhaltenden Mitarbeiter-Knowhow und Qualifikationsniveau freigesetzt.[2] Somit sind die Identifikation bzw. Gestaltung von digitalisierbaren Prozessen eine der wesentlichen Herausforderungen für Unternehmen. Neben der Prozessdigitalisierung kommt dabei der Prozessoptimierung, beispielsweise in Form der Identifikation und Umsetzung von Standardisierungspotenzialen, eine zentrale Bedeutung zu.[3] Darüber hinaus kann aus der zuvor beschriebenen zunehmenden Vernetztheit und Integriertheit digitaler Lösungen ein Spannungsfeld zu diesem Bestreben des Prozessmanagements, Prozesse zu standardisieren und auf diese Weise zu optimieren, entstehen. Letztlich besteht die Herausforderung darin, die Komplexität bei den Prozessen durch Standardisierung und Optimierung soweit zu reduzieren, dass auch in einem größeren Gesamtzusammenhang und einer vollständigen Integration insgesamt weniger komplexe Lösungsmodelle entstehen. In diesem Zusammenhang hat sich eine Vielzahl unterschiedlicher Prozessmanagementkonzepte und -verfahren entwickelt, welche die Prozessorganisation und / oder -optimierung beabsichtigen. Diese sollen an dieser Stelle jedoch nicht weiter ausgeführt werden, stattdessen sei auf die entsprechende Literatur verwiesen.[4]

Neben der Kategorisierung nach angewendeten Prozessmanagementkonzepten oder -verfahren, können hinsichtlich der Prozessoptimierung zudem die radikalen von den nicht radikalen und inkrementellen Ansätzen unterschieden werden. Während die nicht radikalen Ansätze die Optimierung einzelner Prozessschritte umfassen, kann es darüber hinaus notwendig sein, bestehende Strukturen radikal und somit vollständig in ihrer Gesamtheit beginnend bei der strategischen Ausrichtung bis hin zur IT-Unterstützung zu überdenken und neu zu organisieren.[5] In einer weiteren Ausbaustufe werden insbesondere die nicht radikalen Ansätze iterativ und somit nicht nur zur einmaligen Prozessoptimierung, sondern im Rahmen eines kontinuierlichen Anpassungsprozesses

---

1 Vgl. Gadatsch (2015), S. 9–10; Abolhassan/Kellermann (2016), S. 9 ff.; 18 ff.; 41 ff., 65 ff.; Schwarz/Neumann/Teich (2018), S. 47, 119, 126 f.; Gadatsch (2017), S. 3 ff., 11 ff., 39, 133 ff.; Hirzel (2013), S. 10; Fischermanns (2013), S. 20ff; Füermann/Dammasch (2012).
2 Vgl. Abolhassan/Kellermann (2016), S. 9 ff., 32 ff., 43 ff., 66.
3 Vgl. Gadatsch (2015), S. 7 f.; Gadatsch (2017), S. 1–2, 19–21, 41–42, 52; Koch (2015), S. 48, 104, 253–254; Hirzel (2013), S. 5, 142; Schwarz/Neumann/Teich (2018), S. 1, 11, 21, 32.
4 Vgl. zum Beispiel Fischermanns (2013), S. 54 ff.; Toutenburg/Knöfel (2008).
5 Vgl. Gadatsch (2015), S. 7 f., 14, 27 f.; Abolhassan/Kellermann (2016), S. 36 f., 47 f., 65 ff.; Gadatsch (2017), S. 32 ff., 80; Koch (2015), S. 48, 115 ff.; Schwarz/Neumann/Teich (2018), S. 11, 32, 126.

angewandt. Zu Beginn der Prozessoptimierung gilt es, anhand einer Prozessanalyse die bestehenden Schwachstellen zu identifizieren, um davon ausgehend passende Optimierungsmaßnahmen ableiten zu können.[1]

Insgesamt halten wir folgende zentralen Herausforderungen für Sparkassen in diesem Themenkomplex fest:
- Trotz Unterstützungshilfen, wie der PPS-Prozesslandkarte, fällt die Kategorisierung der Prozesse unter dem Aspekt der Digitalisierungsmöglichkeiten unverändert schwer. Dementsprechend ist häufig die konkrete Identifikation einzelner digitalisierbarer Prozesse nicht möglich.
- Vor der Digitalisierung sollte die Prozessstandardisierung und -optimierung erfolgen. Dies erfolgt jedoch nicht immer konsequent und bis ins letzte Detail. Häufig genießt die Funktionsfähigkeit eines Ablaufes eine höhere Bedeutung, als die Optimalität dessen – beispielsweise im Rahmen von Projekten zur Einführung neuer Software.
- Teilweise ist eine mangelnde Radikalität bei der Prozessoptimierung festzustellen. So werden Prozesse zwar innerhalb fest definierter Rahmenbedingungen grundsätzlich optimiert und laufen unter diesen Umständen permanent besser – allerdings kommt es selten zu wirklich radikalen Prozessveränderungen.

5.3.3 Herausforderung Mensch und Kultur

»Wer in exponentiellen Zeiten seine Leistung nur schrittweise verbessert, fällt exponentiell zurück.« (Curt Carlson)

Ausgehend von den bisher skizzierten Auswirkungen der Digitalisierung ist auch eine deutliche Veränderung für die Mitarbeiterinnen und Mitarbeiter in Unternehmen zu erwarten. Hierbei ist beispielsweise davon auszugehen, dass neue Aufgaben nicht nur andere, sondern auch höhere Qualifikationen der Beschäftigten erfordern, als diese zurzeit aufweisen. Auf diese Weise wird der aus der Digitalisierung resultierende Strukturwandel voraussichtlich eine Anpassung der Fähigkeiten und des Qualifikationsniveaus der Beschäftigten erfordern, um mit den neuen Tätigkeitsfeldern und Arbeitsweisen angemessen umgehen zu können.[2] Um solche tiefgreifenden Veränderungsprozesse erfolgreich umzusetzen und mögliche Widerstände bei der Belegschaft zu reduzieren, können sich Unternehmen den verschiedensten Methoden des Change Managements bzw. der Organisationsentwicklung bedienen. Hierbei liegen vielfältigste Erfahrungswerte und methodische Ansätze für Veränderungen jeglicher Art vor, welche auch auf die Umsetzung der Digitalisierung angewendet werden

---

1 Vgl. Osterhage (2012), S. 105 ff.; Schwarz/Neumann/Teich (2018), S. 47, 124, 130; Gadatsch (2015), S. 12 f.; Abolhassan/Kellermann (2016), S. 37; Gadatsch (2017), S. 25 ff., 32 ff., 80 ff.; Koch (2015), S. 64; Hirzel (2013), S. 147; Schwarz/Neumann/Teich (2018), S. 35.
2 Vgl. Geiger/Prettner/Schwarzer (2018), S. 69–70; Eichhorst et al., S. 386 ff. (2016).

können. Wir wollen uns in diesem Beitrag jedoch im Wesentlichen auf Einflussfaktoren und Herausforderungen fokussieren, welche mittelbar oder unmittelbar mit der Digitalisierung im Zusammenhang stehen, weshalb wir an dieser Stelle auf eine detaillierte Ausführung möglicher Verfahren und Vorgehensweisen verzichten. Es sei hiermit auf die entsprechende Fachliteratur verweisen. Dies soll jedoch nicht die hohe Relevanz dieses Einflussgebietes abschwächen, weshalb wir in der Folgenden Grafik zumindest einen Auszug der notwendigen Rahmenbedingungen und möglichen Hindernisse bei der Umsetzung der Digitalisierung aus Sicht des Change Managements bzw. der Organisationsentwicklung darstellen wollen.[1]

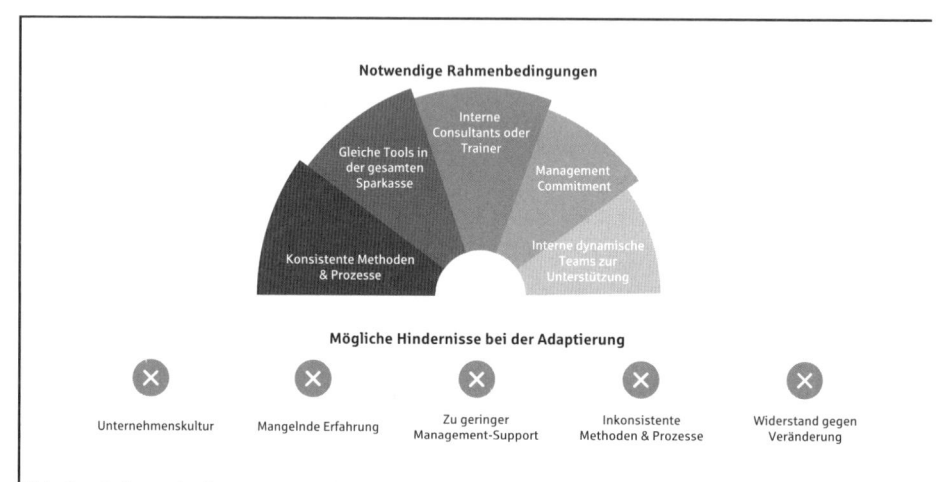

Abb. 3: Rahmenbedingungen und Hindernisse bei der Umsetzung der Digitalisierung

Da die Unternehmenskultur jedoch häufig noch unterschätzt und in der praktischen Umsetzung daher kaum bis gar nicht adressiert wird, möchten wir hierauf noch kurz näher eingehen. So hat sich die Kultur in der Literatur sowie wissenschaftlichen Diskussion insbesondere in den letzten Jahren und Jahrzehnten als eine wesentliche Voraussetzung für die erfolgreiche Umsetzung von Veränderungen herausgestellt. Die Unternehmenskultur kann dabei sowohl positiv unterstützend, als auch negativ boykottierend wirken. In dem Rahmen der Kulturdiskussion hat unverändert das Kulturebenen-Modell nach Schein eine hohe Bedeutung. Zwar kam es seither zu zahlreichen Weiterentwicklungen und zusätzlichen Betrachtungsperspektiven, allerdings soll uns das Modell nach Schein für diesen Beitrag vollkommen ausreichen. So unter-

---

1 Siehe hierzu beispielsweise Vahs/Schäfer-Kunz (2012), S. 281 ff.; Albach/Meffer/Pinkwart/Reichwald (2015); Becker/Labucay (2012); Doppler et al. (2014); Fluri/Deck (2018); Vahs/Weiand (2013); Kühni/Suri/Rumo (2018).

scheidet Edgar Schein im Rahmen dieses Modells drei Ebenen der Sichtbarkeit kultureller Phänomene, welche die Grundlagen für das Verständnis und die Wirkung der Unternehmenskultur sein können. Als oberste Ebene gelten die sogenannten Artefakte, wie Sprache oder Umgangsformen. Diese sind zwar leicht beobachtbar, sofern die betrachtete Kultur nicht bekannt ist jedoch interpretationsbedürftig. Demgegenüber ist die mittlere Ebene, welche als Normen und Werte bezeichnet wird, nur noch teilweise beobachtbar und schon größtenteils unbewusst. Hierzu zählen ungeschriebene Verhaltensregeln oder Handlungsmaxime. Die unterste Ebene bilden die Grundannahmen, welche unsichtbar sowie unbewusst und daher schwer zu identifizieren sind. Hierbei handelt es sich um die grundlegenden Annahmen, Überzeugungen oder Weltanschauungen innerhalb eines Kulturkreises. In der Regel haben diese sich über Jahre hinweg innerhalb des Unternehmens entwickelt und werden daher regelmäßig als selbstverständlich wahrgenommen. Somit bilden diese Grundannahmen einen Kulturkern, welcher die beiden höheren Ebenen der Unternehmenskultur deutlich prägt.[1]

In diesem Zusammenhang steht die Unternehmenskultur mit der Digitalisierung gleich doppelt unter Druck. Einerseits tragen Modelle, wie das von Schein skizierte, zu einem wachsenden Verständnis sowie einer sukzessiv steigenden Akzeptanz der Unternehmenskultur als einen wesentlichen Erfolgsfaktor für die praktische Umsetzung von Veränderungen auf, weshalb sie zunehmend aktiv im Fokus der Entscheider und deren Anpassungsbemühungen steht. Andererseits wirkt die Digitalisierung, wie zuvor dargestellt, nicht ausschließlich nur auf Unternehmen oder innerhalb dessen, sondern beeinflusst auch aktiv die Gewohnheiten und Verhaltensweisen von Privatpersonen sowie der gesamten Gesellschaft. Auf diese Weise wirkt die Digitalisierung, auch ohne aktive Änderungen im Unternehmen, direkt auf das zuvor skizzierte Fundament der Grundannahmen einer Unternehmenskultur ein. Somit kann nicht nur ein Anpassungsdruck auf die Unternehmenskultur seitens der Entscheider bzw. Umsetzungsvorhaben der Digitalisierung entstehen, sondern andersherum auch ein Anpassungsdruck ausgehend von der Unternehmenskultur auf die Organisation. Sofern die Veränderungen gleichgerichtet sind, können sie sich positiv unterstützen und zu einer erfolgreichen Umsetzung der Digitalisierung beitragen – andernfalls kann es zu Dysfunktionalitäten kommen.[2]

Welchen Einfluss die Digitalisierung letztlich auf die Unternehmenskultur von Sparkassen haben wird, lässt sich heute noch nicht wirklich abschätzen. Einerseits bestehen die beschriebenen gegenseitigen Abhängigkeiten der Veränderungen mit gegebenenfalls unterschiedlichen Wirkungsrichtungen ausgehend von der Digitalisierung. Andererseits ist eine Unternehmenskultur auf-

---

[1] Vgl. Vahs, D./Brem, A. (2015), S. 193 ff.; Schein, E. H. (1984), S. 3 ff.; Becker (2013), S. 153 f.; Steinmann, H./Schreyögg, G./Koch, J. (2013), S. 712 ff.
[2] Vgl. Vahs/Brem (2015); Vahs, D. (2012), S. 143 f.

grund ihres dargestellten Charakters retrospektiv einfacher zu beurteilen, als jeweils auf den konkreten Gegenwartszeitraum oder gar die Zukunft bezogen. Allerdings können aus Analogieschlüssen gegebenenfalls spannende Denkanstöße abgeleitet werden. So hat beispielsweise der Sparkassen Innovation Hub mittels einer Trendstudie versucht zu ermitteln, welche kulturellen Anforderungen die Generation Y an zukünftige Banklösungen stellt. Diese Anforderungen könnten gegebenenfalls in dieser oder ähnlicher Form Einzug in die Grundannahmen einer Unternehmenskultur finden und damit den Anspruch zukünftiger Angestellter an das Institut definieren. So handelt es sich bei den kulturellen Forderungen, welche in der Trendstudie als Ergebnis zusammengefasst wurden, beispielsweise um eine zunehmende Individualität, größere Schnelligkeit, mehr Flexibilität, erhöhte Transparenz oder eine gesteigerte Einfachheit durch Modularisierung, Personalisierung und Automatisierung. Die Trendstudie fasst diese und weitere Forderungen unter dem Begriff Casual Banking zusammen. Vielleicht steht dem schon bald aus innerbetrieblicher Sicht betrachtet eine Casual Organization gegenüber.[1]

Insgesamt halten wir folgende zentralen Herausforderungen für Sparkassen in diesem Themenkomplex fest:

- Aus heutiger Sicht fällt das Erkennen des zukünftigen Qualifikationsbedarfs der Mitarbeiterinnen und Mitarbeiter schwer. Aus diesem Grund liegt eine zentrale Herausforderung in der Neu- und Umqualifizierung der Mitarbeiterinnen und Mitarbeiter, um diese für die Zukunft fit zu halten.
- Das aktive Leben von Methoden des Change Managements bzw. der Organisationsentwicklung zur positiven Mitnahme der Mitarbeiterinnen und Mitarbeiter erfolgt nur selten.
- Aufgrund der doppelten Betroffenheit der Unternehmenskultur durch die Digitalisierung besteht die Anforderung einer aktiven Moderation zwischen diesen beiden Kräften, um sie im besten Fall in eine gemeinsame Richtung zu lenken.

5.3.4 Herausforderung Transformation

»*Die größte Gefahr in Zeiten des Umbruchs ist nicht der Umbruch selbst, es ist das Handeln mit der Logik von gestern.*« (Peter Drucker)

Abschließend entsteht, vor dem Hintergrund der zuvor aufgeführten Einflussfaktoren und Herausforderungen der Digitalisierung, die zentrale Anforderung diese erfolgreich umzusetzen. Wie beschrieben kann diese Transformation von der Optimierung einzelner kleiner Prozessschritte bis hin zur vollständigen Veränderung von Geschäftsmodell oder Unternehmenskultur alles umfassen. Zur erfolgreichen Bewältigung dieser Anforderungen und zur

---

1 Vgl. Sparkassen Innovation Hub (2019).

Umsetzung der verschiedensten Themenstellungen sind Projekte daher kaum noch aus dem Unternehmensalltag wegzudenken. In diesem Zusammenhang hat sich eine Vielzahl an unterschiedlichen Begriffsdefinitionen entwickelt. So definiert beispielsweise der fünfte Teil der Normenreihe DIN 69901 und die Norm ISO 21500 ein Projekt prinzipiell als ein Vorhaben, welches durch die Einmaligkeit der Bedingungen in ihrer Gesamtheit gekennzeichnet ist. Diese umfassen dabei grundsätzlich sowohl die Zielvorgabe als auch zeitliche, finanzielle und personelle Größen. Zur Organisation und Umsetzung von Projekten erfolgt regelmäßig eine Strukturierung nach unterschiedlichsten Kriterien. So kann beispielsweise anhand der Größe und des Umfangs eine Unterteilung in Projektportfolios, Projekte, Maßnahmen oder Vorhaben erfolgen. Um komplexe Projekte systematisch und zielorientiert durchzuführen, werden weithin Methoden des Projektmanagements genutzt. Hierbei liegen wiederum bereits vielfältigste Erfahrungswerte und methodische Ansätze jeglicher Art vor, welche auch auf die Umsetzung der Digitalisierung angewendet werden können, ohne jedoch mittelbar oder unmittelbar mit der Digitalisierung im Zusammenhang zu stehen. Aus diesem Grund verzichten wir an dieser Stelle wie zuvor auf eine detaillierte Ausführung möglicher Verfahren und Vorgehensweisen und verweisen hiermit auf die entsprechende Fachliteratur. Insgesamt sind aktuell allerdings vermehrte Bemühungen zur Modernisierung des Projektmanagements, beispielsweise durch Einführung und Ausbreitung agiler Methoden, zu beobachten.[1]

Wie zuvor dargestellt liegt jedoch eine besondere Herausforderung der Digitalisierung in der damit verbundenen zunehmenden Vernetztheit und Integriertheit. Aus diesem Grund entstehen vielfältige Spannungsfelder hinsichtlich der aufgeführten grundlegenden Prämissen des Projektmanagements. So kann beispielsweise ein Widerspruch zu dem Bestreben entstehen, Projekte als möglichst inhaltlich abgrenzbare Vorhaben mit klaren Zielen umsetzen. Je vernetzter einzelne Lösungen miteinander sind, desto schwieriger wird die klare inhaltliche Abgrenzung von einzelnen Themengebieten und geltender Wirkungszusammenhänge. Mit zunehmender Digitalisierung werden bei der Umsetzung neuer Lösungen somit zunehmend größere Themenkomplexe zu berücksichtigen sein. Ein weiteres Spannungsfeld ist die definitionsgemäße zeitliche Befristung eines Projektes im Gegensatz zu der Dauerhaftigkeit der Digitalisierung mit einer unverändert weiter zunehmenden Veränderungsgeschwindigkeit. Als Beispiel kann hierfür ein Projekt zur Einführung irgendeiner neuen Software herangezogen werden. So ist im Allgemeinen zu beobachten, dass die Anpassungs- und Updatezyklen von Software immer kürzer werden. Wie ist in dem Zusammenhang beispielsweise mit Aktualisierungen

---

1 Vgl. DIN ISO 21500:2016-02, DIN 69901-5; Burghardt (2013), S. 10 ff.; Pfetzing/Rohde (2009), S. 38, Wieczorrek/Mertens (2011), S. 9 ff., 27 f. 55 f., 335 f.; Oestereich/Weiss/Lehmann (2014), S. 31 ff.

der Software im Rahmen der Projektlaufzeit umzugehen? Wird im Rahmen des ursprünglich definierten Projektauftrags nur dann der bereits veraltete Softwarestand umgesetzt? Gehört die Umsetzung der Aktualisierung also noch zum Projekt oder ist dies ein Folgeauftrag im Rahmen der regelmäßigen Linientätigkeit oder sogar wiederum ein eigenes Projekt? Wann ist das definierte Projektende erreicht, wenn im Rahmen des Projektes immer wieder neue Aktualisierungen umgesetzt werden? Müssen sich Projektlaufzeiten zukünftig an diesen Updatezyklen orientieren und können sie dies überhaupt? Diese Fragestellungen führen uns darüber hinaus zu einem weiteren Spannungsfeld. So kann es zu einem Widerspruch zwischen der definierten Einmaligkeit eines Projektes und den regelmäßig widerkehrenden Umsetzungsanforderungen der Digitalisierung kommen.

Insgesamt halten wir folgende zentralen Herausforderungen für Sparkassen in diesem Themenkomplex fest:

- Die zunehmende Vernetztheit und Integriertheit als Resultat der Digitalisierung wird in den Projekten häufig nur unzureichend berücksichtigt. Regelmäßig beziehen sich einzelne Projekte nur auf beschränkte Themengebiete, ohne einen gesamtheitlichen Zusammenhang herzustellen.
- Durch die an Bedeutung gewinnende Anforderung einer integrierten Betrachtungsweise fällt die inhaltliche und zeitliche Abgrenzung und Definition von Projekten zunehmend schwerer.
- Die Auswahl des jeweils bestmöglichen Umsetzungsansatzes aus dem breiten Portfolio der Projektmanagementkonzepte und -methoden wird zunehmend herausfordernder.
- Die Auswahl der richtigen Projektbeteiligten für das richtige Projekt ist aufgrund zunehmend breiter werdender Betroffenheitsauswirkungen der Projektumsetzungen in Bezug auf verfügbare Kapazitäten und notwendige Qualitäten schwierig.

5.4 Auszug aktueller Rahmenbedingungen und Entwicklungen in der S-Finanzgruppe

5.4.1 Exkurs: Betriebsstrategie der Zukunft (BdZ)

Die Betriebsstrategie der Zukunft zielt darauf ab, die nachhaltige Wirtschaftlichkeit der Sparkassen angesichts der Herausforderungen aus Niedrigzins, Digitalisierung sowie weiterer veränderter Rahmenbedingungen mit vorliegenden Lösungen zu stärken. Dabei sollen mit der BdZ aller zentralen Initiativen der Sparkassen-Finanzgruppe vernetzt werden. Teil des Zielbildes ist eine effiziente und optimierte Zusammenarbeit im Verbund, wobei eine gemeinsam definierte Standard-Arbeitsteiligkeit hierbei unterstützen soll. So soll die BdZ nicht nur mögliche Optimierungspotenziale in den Leistungsbereichen der Sparkasse (Marktfolge und Stab bis hin zum Markt durch eine Verzahnung über die Vertriebsstrategie der Zukunft) identifizieren, sondern sie soll die gesamte Wertschöpfungskette im Verbund mit dem Ziel einer effizienteren Zusammenarbeit im Verbund (u. a. Finanz Informatik, Dienstleister, Landesbanken, Verbände, etc.) betrachten.

Das Leitbild zur Betriebsstrategie der Zukunft soll aufbauend auf der Geschäftsstrategie der Sparkassen einen »strategischen Rahmen« für den künftigen Betrieb der Sparkassen geben. Hierfür wurden verschiedene Prämissen definiert. So soll die Zukunftsfähigkeit des Geschäftsmodells der Sparkasse gestärkt und deren unveränderte Selbstständigkeit gefördert werden. Dabei soll Wachstum weiterhin ermöglicht sowie Digitalisierungschancen für Kunden und Sparkassen genutzt werden. Des Weiteren soll die Prozess-Standardisierung und -Automatisierung umfassend vorangetrieben werden. In diesem Rahmen sollen die Kundenanforderungen aus Sicht des Kunden einfach und aus Sparkassensicht schlang erfüllt werden. Auch soll versucht werden regulatorische Anforderungen möglichst effizient umzusetzen. Insgesamt zielt die Betriebsstrategie der Zukunft auf die gesamte Wertschöpfungskette im Verbund ab, womit der derzeitige Verwaltungsaufwand der Sparkassen signifikant gesenkt werden soll. Zusammengefasst soll damit unverändert gelten, dass Sparkassen selbstständige Unternehmen und in der Region verankert bleiben sowie ihren öffentlichen Auftrag wahrnehmen. Innerhalb dieser Richtschur wurden eindeutige Prioritäten definiert, welche eine wirksame Vorgehensweise verankern sollen:

- In einem ersten Schritt sollen alle nicht wertschöpfenden Prozessschritte bzw. Aufgaben weggelassen und die übrigen – soweit dies machbar ist – durch gemeinsame Standards beschrieben werden
- In einem zweiten Schritt sollen alle automatisierbaren Tätigkeiten automatisiert werden.
- In einem dritten Schritt sollen für alle Tätigkeiten, die eine Sparkasse nicht zwingend selbst erbringen muss, standardisierte Auslagerungspakete von Dienstleistern aus der Finanzgruppe angeboten und in Teilen neu entwickelt werden.

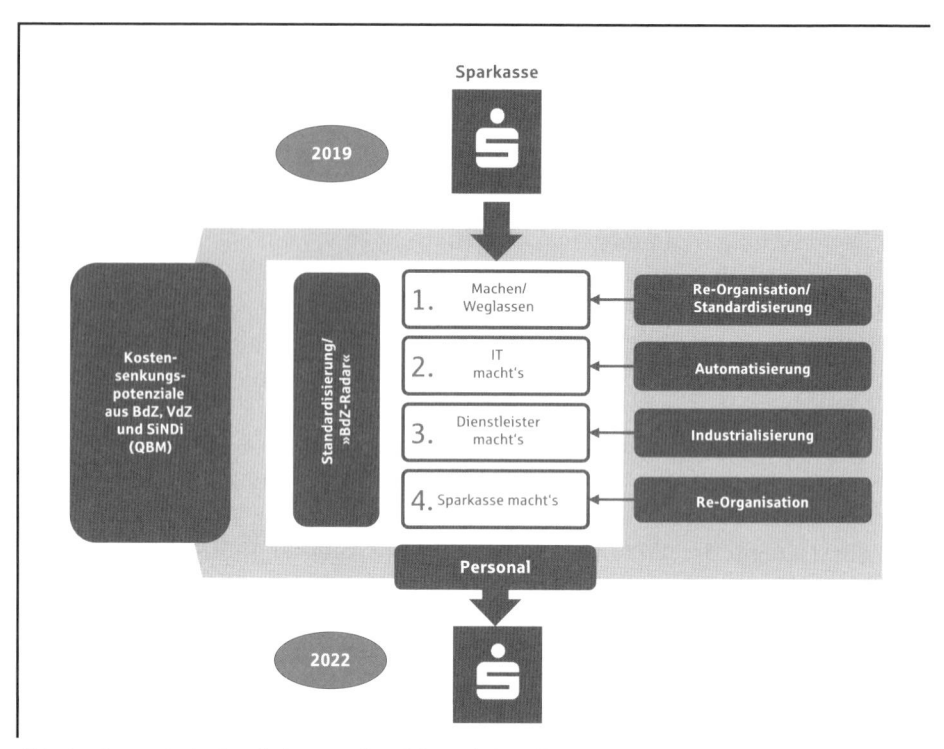

Abb. 4: Strategische Bearbeitungsreihenfolge BdZ (Quelle: Vgl. DSGV)

In der Konsequenz wird in verschiedenen Bereichen der Sparkasse für die effiziente Nutzung der Angebote aus dem Verbund (zweiter und dritter Schritt) eine Re-Organisation, insbesondere der Marktfolge und Stabsbereiche, erforderlich sein.

Fazit
Die Betriebsstrategie der Zukunft zielt insbesondere auf die Umsetzung und Handhabung der ersten beiden Auswirkungsgrade der zuvor definierten Einflussstufen der Digitalisierung an. Die Auswirkungen auf Menschen und Kultur wurden dabei in einer der Tiefenbohrungen berücksichtigt. Eine Anpassung des Geschäftsmodells steht jedoch auch in der BdZ nicht zur Diskussion, womit die vierte Auswirkungsstufe nicht betrachtet wird. Insgesamt lassen sich jedoch viele Handlungsansätze zum Umgang mit den zuvor bereits angesprochenen Herausforderungen der Digitalisierung erkennen. Grundlage dessen sollen im Wesentlichen eine voranschreitende Prozess-Standardisierung und -Automatisierung sein, weshalb die Maßnahmenvorschläge im Kern dem zweiten Auswirkungsgrad zugeordnet werden können. Im Fokus steht hierbei insbesondere, den Sparkassen einen Handlungsrahmen und Umsetzungsansätze aufzuzeigen. Auf diese Weise kann die BdZ bei aktiver Umsetzung als Orientierung und möglicher Wegweiser auf dem Digitalisierungspfad einer Sparkasse dienen.

5.4.2 Exkurs: Bürokommunikationsstrategie der Finanz Informatik

Im Rahmen der neuen Strategie zur Bürokommunikation der Finanz Informatik wurde die Ablösung von Lotus Notes angekündigt. Seither beschäftigen sich Sparkassen intensiv mit der Ablösung dieser Datenbanken und der Migration bestehender Inhalte sowie Funktionen in neue Anwendungen. Doch im Laufe der Umsetzung zeigt sich immer mehr: Die eine Software, in welche Alles einfach überführt werden kann, gibt es schlicht nicht. Vielmehr ergibt sich, dass für jede spezielle Anforderung ein individuelles Lösungsangebot notwendig wird. Häufig ist für Sparkassen vor diesem Hintergrund noch gar nicht abschließend klar, welche Lösung am Ende für welche Anforderung genutzt werden soll.

ICM, *Office_neo*, *PPS_neo*, *workflow_neo*, *On: Teamrooms* und Co. zielen alle darauf ab, die Art und Weise der Kommunikation sowie des Arbeitens in der Sparkassen-Finanzgruppe deutlich zu verändern. Diese Aufzählung könnte noch beliebig um weitere Anwendungen ergänzt werden, eins steht jedoch zurzeit fest: Teilweise fehlt den Sparkassen Klarheit und Transparenz über ihre eigenen Anforderungen und die gewünschten Lösungen. Hilfestellungen wie die TOP50-Anwendungsliste sowie Einführungsbegleitungen durch die Finanz Informatik oder Dienstleister bieten hierbei Orientierung und Unterstützung für die inhaltliche Abgrenzung und technische Einführung. Allerdings stellt sich immer mehr heraus, dass die zentrale Herausforderung bei der Umsetzung der Bürokommunikationsstrategie nicht unbedingt in der Technik liegt.

Was bedeutet Bürokommunikation überhaupt für eine Sparkasse und was soll sie zukünftig können? Warum kommt das Thema gerade jetzt und am besten alles auf einmal? Bürokommunikation sollte als permanenter Anspruch zur effizienteren Gestaltung der innerbetrieblichen Arbeitswelten und -prozesse durch Einsatz neuer Informations- und Kommunikationstechnologien in einer Sparkasse platziert werden sowie eine hohe strategische Aufmerksamkeit genießen. So könnten lange Zeit propagierte Visionen wie das papierlose Büro aufgrund neuer Technologien endlich in greifbare Nähe rücken. Doch wie arbeitet es sich beispielsweise so ganz ohne Papier und was bedeutet das für den einzelnen Mitarbeiter? Im Rahmen der Durchführung unserer vielfältigen Transformationsprojekte und speziell bei der Umsetzung von einzelnen Bausteinen der Bürokommunikation, wie beispielsweise der ICM-Einführung, finden wir regelmäßig ähnliche Ausgangssituationen vor: Die erste große Herausforderung besteht in der inhaltlichen und fachlichen Bewertung der einzelnen Funktionen sowie daraus abgeleitet einer klaren Ziel- und Anforderungsdefinition an zukünftige Anwendungen.

Sofern dieser Schritt auf Managementebene erfolgreich absolviert wurde, stockt die Umsetzung als nächstes in den Projekt- oder Arbeitsteams. Hier begegnen uns häufig Aussagen wie »*das haben wir immer schon so gemacht*«, »*die Revision will das so*«, »*das ist aufsichtsrechtlich so gefordert*«, »*das hat der Vorstand mal so beschlossen*« oder »*uns hat damals niemand gefragt*«. Häufig sind die wahren Entscheidungsgründe für bisheriges Vorgehen aber gar nicht mehr im Detail bekannt oder sind aufgrund neuer technischer Möglichkeiten überholt. Ein kurzes Beispiel aus ICM-Einführungsprojekten verdeutlicht diese Notwendigkeit: Privat verwendet nahezu jeder Angestellte einer Sparkasse die Suchmaschine Google oder ähnliche Anbieter. Das ICM verfügt über eine ganz ähnliche Suchfunktion, welche vollindiziert die gesamte Anwendung durchsucht. Im Rahmen der Festlegung der Informationsstruktur der sparkasseneigenen Intranets wird jedoch häufig auf tief gestaffelte Ebenen bestanden – so wie sie eben bisher auch umgesetzt waren.

Insgesamt ist es daher besonders wichtig im Rahmen der Projektarbeit ein tiefgehendes Verständnis der neuen Chancen zu schaffen und insbesondere die damit einhergehende kulturelle Anpassung an neue Arbeits- und Denkweisen anzustoßen. Am Ende ist das Projektteam zwar vollends von den neuen Lösungen überzeugt, aber die Mitarbeiterinnen und Mitarbeiter, die letztlich mit der neuen Anwendung arbeiten sollen, werden – wenn überhaupt – nur kurz geschult und ansonsten mit langen Leitfäden auf mögliche Rückfragen zur Bedienung vorbereitet. Darüberhinausgehende Rückfragen sind nicht erwünscht, ein Review zur Aufnahme möglicher Verbesserungsvorschläge durch die Anwender erfolgt selten – die nächste Umsetzung einer neuen Anwendung steht schließlich schon vor der Tür oder wurde parallel bereits gestartet.

Dabei sind gerade die Anwender einer neuen Software die entscheidenden Erfolgstreiber. Das Umsetzungskonzept kann noch so gut sein – es wird nur wirklich erfolgreich werden, wenn es von den Nutzern stringent gelebt wird. Hierbei stoßen die Anwender nun jedoch auf die gleichen Fragen und Herausforderungen wie das Projektteam zuvor. Anders als das Projektteam haben sie jedoch oft kein Forum zum gemeinsamen Austausch und können ihre Bedürfnisse nur selten offen kommunizieren. Der Arbeitsalltag erfordert direkt das reibungslose Funktionieren. Was häufig vergessen wird: Auch bei den Anwendern braucht Veränderung Zeit! Auch bei den Anwendern bedeutet die neue Software ein Umdenken der bisher gelebten Arbeitsprozesse und -inhalte. Die Erkenntnis möglicher Nutzenvorteile durch eine neue Software kommt so häufig erst sehr spät und bis dahin bilden sich passiver bis aktiver Widerstand.

Fazit

Bürokommunikation bedarf neben der strategischen Klarheit und dem technischen Knowhow über alle Ebenen hinweg vor allem eines kulturellen Wandels, um die gewünschte Veränderung der Informations- und Arbeitsweise erfolgreich zu gestalten! Aus diesem Grund zahlt die Bürokommunikation bereits eher auf den dritten Auswirkungsgrad ein. Die Digitalisierung von Daten und die darauf aufbauende Prozessoptimierung sowie zunehmende -automatisierung werden in diesem Zusammenhang zwar auch betrachtet, sind aber eher zentrale Voraussetzungen für die weitere Umsetzung, denn konkreter Bearbeitungsfokus.

5.4.3 Exkurs: ProzessPlus (PPS) für Sparkassen

Aktuell herrscht eine hohe Vielfalt individueller Ausprägungen sowie ein großer Variantenreichtum bei Prozessen und technischen Einstellungen innerhalb der Sparkassen-Finanzgruppe. Dies lässt die Kosten für die Beherrschbarkeit deutlich steigen. Aus diesem Grund sollen Prozess-Standards dabei helfen, die Komplexität zu reduzieren. Durch die Verbändeinitiative ProzessPlus (PPS) erhalten Sparkassen in diesem Rahmen ein Angebot, sich an den Standards der Sparkassen-Finanzgruppe auszurichten und besser zu nutzen. ProzessPlus ist nicht nur aus Sicht der reinen »Prozessoptimierung« als einzelner PPS-Prozess zu sehen. ProzessPlus verfolgt den Anspruch, künftig möglichst viele Standards zu nutzen, die zentral erarbeitet und gepflegt werden. Hierfür produzieren verschiedene überregionale Produktionsteams unter anderem PPS-Prozesse, die auf die vorhandene Technik abgestimmt sind sowie die bundeseinheitliche »PPS-Prozesslandkarte«. Diese unterstützt den Organisator in der Sparkasse und wird künftig zum Dreh- und Angelpunkt für das Prozessmanagement.

Fazit
Die Umsetzung von PPS-Prozessen zielt ebenfalls eher auf Veränderungen des dritten Auswirkungsgrads ab. Dabei verfolgt PPS aktuell primär nicht unbedingt die Schaffung von vollständig optimierten Prozessen, sondern soll eher die Grundlagen für einheitlich verwendete Standards bilden. Diese bilden wiederum notwendige Voraussetzungen für eine weiterführende Automatisierung und Arbeitsteilung innerhalb der Sparkassen-Finanzgruppe. Die Orientierung hieran fördert darüber hinaus die Möglichkeiten einer Sparkasse zukünftig schnell und einfach an Prozess-Weiterentwicklungen zu partizipieren.

5.5 Digitale Transformation innerbetrieblicher Prozesse

5.5.1 Vorgehensmodell zur erfolgreichen Umsetzung der digitalen Transformation

Abgeleitet aus den bisherigen Darstellungen ergibt sich die Notwendigkeit ein gesamtheitliches Vorgehensmodell zur erfolgreichen Umsetzung der digitalen Transformation in einer Sparkasse zu implementieren, bei denen die skizzierten Einflussfaktoren und besonderen Herausforderungen Berücksichtigung finden. Dabei sollte der Ansatz einerseits möglichst allgemeingültig sein, um für alle Dimensionen der Digitalisierung im Betrieb einer Sparkasse zu gelten. Andererseits sollte der Ansatz möglichst konkrete Implikationen für den praktischen Einsatz in Bezug auf ein betrachtetes Themengebiet liefern. Im Folgenden wollen wir vor diesem Hintergrund unter der Bezeichnung der *digitalen Transformation innerbetrieblicher Prozesse* ein Vorgehensmodell darstellen, welches aus den Bausteinen Analyse, Umsetzung der Technik, Optimierung der

Prozesse, regelmäßige Updates und Weiterentwicklungen sowie regelmäßige Schulungen und Reviews besteht. Grundlegendes Ziel dieses Ansatzes ist die permanente Optimierung innerbetrieblicher Prozesse durch eine konsequente Umsetzung einer zunehmenden Digitalisierung in der Sparkasse. Es handelt sich dabei grundsätzlich um ein Prozessmodell, wobei die einzelnen Phasen jeweils iterativ nacheinander durchgeführt werden können.

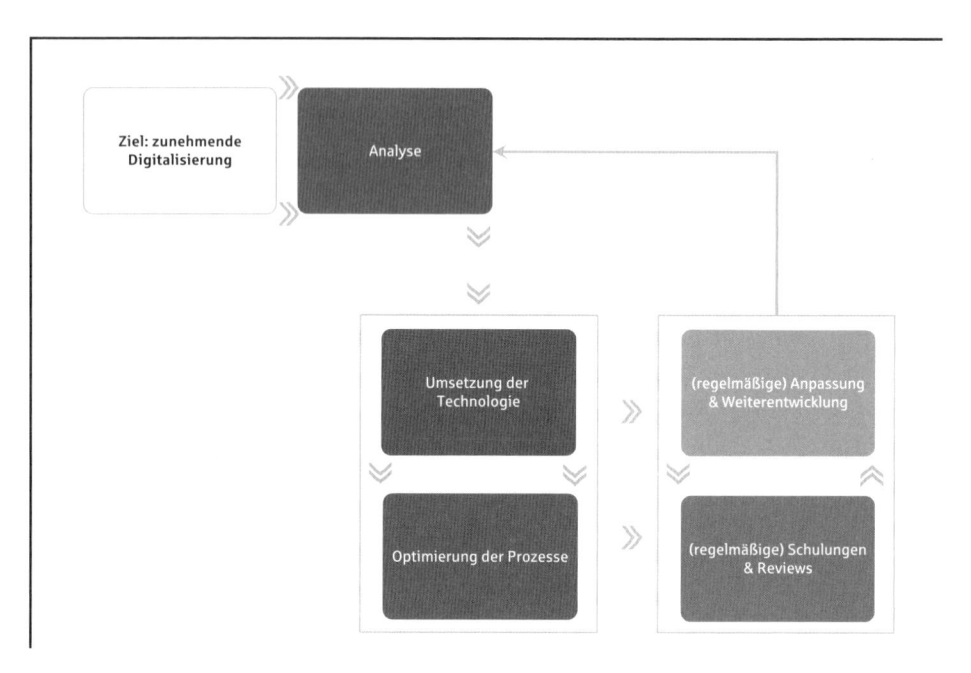

Abb. 5: Digitale Transformation innerbetrieblicher Prozesse

Die Analyse bildet hierbei stets den Ausgangspunkt der digitalen Transformation. Abhängig von den Analyseergebnissen erfolgt die Umsetzung der notwendigen Technologien. Hierbei gilt es zu berücksichtigen, dass diese nicht losgelöst von der prozessualen Optimierung erfolgen sollte. So sollte entweder die Technologie selbst eine Verbesserung der Abläufe darstellen oder zumindest die Chance der Implementierung genutzt werden, um Möglichkeiten der Prozessoptimierung zu bewerten und gegebenenfalls umzusetzen. Eine ungeprüfte Abbildung bestehender Arbeitsabläufe mittels neuer Technologien sollte somit jeweils vermieden werden. An diesen erstmaligen oder wiederholten Umsetzungsschritt schließen sich die regelmäßige Anpassung und Weiterentwicklung sowie regelmäßige Schulungen und Reviews an. Beide Module stehen in einem sich gegenseitig beeinflussenden Abhängigkeitsverhältnis. So kann die Anpassung einer einmal umgesetzten Lösung alleine beispielsweise aufgrund von technologischen Updates regelmäßig notwendig werden. Hierbei gilt wie bei der erstmaligen Umsetzung, dass diese grundsätzlich nicht ohne eine Überprüfung möglicher Optimierungs- oder Weiterentwicklungspotenziale erfolgen sollte. Außerdem können sich Weiterentwicklungspotenziale auf Basis einer zunehmenden Affinität bei der Nutzung der Technologie oder entsprechenden Anregungen der Anwender ergeben. Deshalb sollten die Mitarbeiterinnen und Mitarbeiter unabhängig vom Änderungsgrund (erstmalig oder regelmäßig) regelmäßig in den Anpassungsprozess mit einbezogen werden. So sollten diese einerseits nach jeglicher Anpassung geschult werden, um die Technologie effizient und effektiv einsetzen zu können. Andererseits sollten regelmäßige Reviews durchgeführt werden, um die Meinungen sowie Einstellungen der Mitarbeiterinnen und Mitarbeiter hinsichtlich der Technologie in die Anpassungen und Weiterentwicklungen mit einfließen lassen zu können. Gleichzeitig hat die Mitarbeiterbeteiligung einen positiven Einfluss auf die Akzeptanz der Veränderungen und trägt auf diese Weise zusätzlich zur erfolgreichen Umsetzung einer neuen Technologie bei. Insgesamt erfolgen diese Anpassungen und Weiterentwicklungen sowie Schulungen und Reviews typischerweise jedoch inhärent, das heißt innerhalb der im Einsatz befindlichen Technologie. Auf diese Weise kann zwar sichergestellt werden, dass diesbezüglich stets ein hoher Optimierungsgrad vorliegt mit dem die Mitarbeiterinnen und Mitarbeiter effektiv und effizient umgehen können. Allerdings sollte weiterführend regelmäßig wieder mit der ursprünglichen Analyse begonnen werden, um zu prüfen, ob sich mit der Zeit außerhalb der bestehenden Technologie möglicherweise bessere Lösungsansätze entwickelt haben. Auf diese Weise wird der gesamte Ablauf der digitalen Transformation erneut durchlaufen und es kann sichergestellt werden, dass die Digitalisierung entlang sämtlicher Auswirkungsgrade permanent zunimmt.

5.5.2 Einfluss- und Erfolgsfaktoren digitaler Transformation in einer Sparkasse

Zum weiterführenden Verständnis möchten wir zu den einzelnen Modulen der digitalen Transformation innerbetrieblicher Prozesse im Folgenden jeweils die aus unserer Sicht wesentlichen Einfluss- und Erfolgsfaktoren zusammenfassen.

5.5.2.1 Analyse

Im Rahmen der Analyse sollten sämtliche verfügbaren Digitalisierungslösungen betrachtet werden. Dies stellt bereits eine erste Herausforderung dar, weil sowohl die Anzahl von Lösungsmöglichkeiten, als auch Anbietern typischerweise sehr hoch ist. Zwar hat die Finanz Informatik für viele Themengebiete ein Basisangebot geschaffen, nichtsdestotrotz kann dieses einerseits nicht alles abdecken und andererseits existiert nebenher eine Vielzahl von Drittanbietern mit vergleichbaren Lösungsangeboten. Zur Bewertung, welche Technologie letztlich eingesetzt werden soll, sollten im Rahmen der Analyse nachvollziehbare Entscheidungskriterien festgelegt werden, anhand derer die unterschiedlichen Lösungen bewertet werden sollten. Hierbei ist es regelmäßig schwierig detaillierte quantitative Kennzahlen, beispielsweise zu Nutzenpotenzialen, zu erheben, weshalb in diesem Zusammenhang auch qualitative Kriterien herangezogen werden sollten. Im Optimalfall lassen sich diese Kriterien aus einem zukunftsgerichteten Leitbild und einer klaren Strategie ableiten. Die Bewertung ist trotz allem vielfach sehr subjektiv geprägt und hängt von den beteiligten Personen ab. Es zeigt sich, dass die unterschiedlichen Anspruchsgruppen regelmäßig sehr verschiedene Anforderungen an die Digitalisierung haben. Aus diesem Grund sollten bereits in der Analyse und Bewertung sämtliche, von der Umsetzung der Technologie möglicherweise betroffenen Einheiten, beteiligt werden, um ein gemeinsames Gesamtergebnis zu erhalten. Zum einem vor dem Hintergrund der zunehmenden Vernetztheit aufgrund der Digitalisierung und zum anderen aufgrund für die Umsetzung begrenzt verfügbarer Kapazitäten, sollten die Digitalisierungslösungen im besten Fall nicht ausschließlich einzeln betrachtet werden. Anhand der der Analyse- und Bewertungskriterien sollte übergeordnet eine Priorisierung abzuleiten sein, sodass im Ergebnis eine klare Übersicht darüber herrscht, welche digitale Lösung bestmöglich auf die gegebenen Kriterien einzahlt und in welcher Reihenfolge die einzelnen Lösungen gegebenenfalls umgesetzt werden sollten (eine gleichzeitige Umsetzung ist aufgrund der begrenzt zur Verfügung stehenden Mitarbeiterkapazitäten in der Regel nicht möglich).

5.5.2.2 Umsetzung der Technologie

Auch die nachfolgende Umsetzung der einzelnen Technologien sollte im besten Fall nicht losgelöst voneinander geschehen. So sollte regelmäßig ein übergreifendes Umsetzungscontrolling erfolgen, welches Abhängigkeiten und Synergiepotenziale überwacht. Beispielsweise können die Umsetzungen verschiedener digitaler Lösungen auf Basis gleicher technischer Grundparameter erfolgen. Andererseits kann es dazu kommen, dass verschiedene Lösungen entgegengesetzte Administrationen verlangen. Hierbei sollte dann aus Gesamtsicht eine Moderation der Lösungsfindung erfolgen. Des Weiteren sollten gleichartige Umsetzungsaufgaben möglichst in einem zeitlich zusammenhängen und engen Zeitrahmen erfolgen, um nicht Gefahr zu laufen während der Umsetzung immer wieder neuen Aktualisierungen der Technologie nachsteuern zu müssen. In diesem Zusammenhang empfiehlt es sich vor der Umsetzung eine vollumfängliche Konzeption zu erstellen und erst auf dieser Basis in die Administration einzusteigen. Selbst bei zwischenzeitlichen Anpassungen im Konzeptionszeitraum ist es in der Regel arbeitsökonomischer die Konzeption zu überarbeiten, als konkrete Administrationsschritte mehrfach wiederholen zu müssen. Insgesamt ergibt sich daraus, dass sich die zeitliche Planung der Umsetzung an den Updatezyklen der jeweiligen Digitallösung orientieren sollte.

5.5.2.3 Optimierung der Prozesse

Die Prozessoptimierung sollte sich grundsätzlich an den Standards der Sparkassen-Finanzgruppe ausrichten. Dies verspricht in der langfristigen Betrachtungsperspektive regelmäßig die größten Nutzenpotenziale und bietet gleichzeitig die Grundlage für eine einfachere Partizipation bei der Übernahme von möglichen Weiterentwicklungen auf dieser Ebene. Darüber hinaus sollten vermehrt und konsequenter Prozessmanagementmethoden und -verfahren in Sparkassen zum Einsatz kommen. Unabhängig davon, welcher der vielen Ansätze letztlich gewählt wird (Kaizen, kontinuierlicher Verbesserungsprozess, Balanced Scorecard etc.) sollten die Mitarbeiterinnen und Mitarbeiter insbesondere hinsichtlich deren Anwendung geschult und für die hohe Relevanz der tatsächlichen Nutzung sensibilisiert werden. Häufig fehlt es in diesem Zusammenhang an detaillierten quantitativen Kennzahlen, beispielsweise zur Prozessqualität oder -fehlerquote. Diese sollten sukzessive aufgebaut werden, um sie im Rahmen der Prozessoptimierung nutzen zu können, oder zumindest um qualitative Kennzahlen ergänzt werden. Aufgrund der zunehmenden Vernetztheit der Prozesse sollten letztlich auch im Rahmen der Prozessoptimierung sämtliche, von der Veränderung möglicherweise betroffenen Einheiten, beteiligt werden, um eine durchgängige Optimierung in alle Richtungen sicherstellen zu können.

5.5.2.4 (Regelmäßige) Anpassung und Weiterentwicklung

Für die regelmäßige Anpassung und Weiterentwicklung gelten grundsätzlich die gleichen Einfluss- und Erfolgsfaktoren wie bei der Prozessoptimierung im Allgemeinen. In diesem Zusammenhang ist jedoch von besonderer Bedeutung, dass die Optimierung wirklich regelmäßig stattfindet. Damit ist gemeint, dass klare Zeithorizonte für eine regelmäßige Auseinandersetzung mit der Thematik definiert sind und es nicht ausschließlich zu willkürlichen anlassgetriebenen Veränderungen kommt. Eine Orientierung an den Aktualisierungszyklen der Digitallösung kann dabei ein sinnvoller Zeitrahmen sein.

5.5.2.5 (Regelmäßige) Schulungen und Reviews

Von entscheidender Bedeutung in diesem Modul ist auch hier die Regelmäßigkeit der Durchführung. Auch hier sollten von Anfang an klare Zeithorizonte für die Durchführung von Schulungen und Reviews definiert werden, um diese nicht nur anlassbezogen einzuberufen. So kann sich ein regelmäßiger Schulungsbedarf auch unabhängig von Anpassungen oder Weiterentwicklungen allein dadurch ergeben, dass es im Laufe der Zeit zu Änderungen der Verantwortlichkeiten kommt oder Mitarbeiterinnen und Mitarbeiter manche Technologien nicht regelmäßig nutzen müssen. Grundsätzlich zeigt sich in diesem Zusammenhang, dass persönliche Schulungen meist nachhaltiger sind, als die reine Bereitstellung von Informationen über die Änderungen. Abhängig vom Schulungsumfang können hierfür auch kurze Webinare oder Videos zum Einsatz kommen, die den Mitarbeiterinnen und Mitarbeitern die Änderungen in aggregierter Form näherbringen. Mit den Reviews kann schließlich regelmäßig Input für mögliche Weiterentwicklungen direkt durch die Anwender für die Anwender gesammelt werden. Zur zeitlichen Optimierung können die Meinungen auch im Rahmen der Schulungen eingeholt werden.

5.6 Ausblick

Zusammengefasst lässt sich ein großer potenzieller Einfluss der Digitalisierung auf den Betrieb einer Sparkasse feststellen. In diesem können sowohl Chancen, als auch Risiken für eine Sparkasse liegen. Im Rahmen der Ausführungen dieses Beitrages haben wir uns insbesondere auf die digitale Transformation innerbetrieblicher Prozesse konzentriert. So wurden zunächst verschiedene Auswirkungsgrade der Digitalisierung hergeleitet, um die verschiedenen Dimensionen des Einflusses zu beschreiben. Darauf aufbauend wurden daraus resultierende wesentliche Herausforderungen für eine Sparkasse dargestellt. Als Exkurs wurden in diesem Zusammenhang aktuell laufende strategische Projekte der Sparkassen-Finanzgruppe aufgegriffen, welche nach unserer Erwartung einen positiven Beitrag zur innerbetrieblichen Digitalisierung einer Sparkasse beitragen können. Um unter diesen Rahmenbedingungen insgesamt zu einer erfolgreichen Bewältigung der digitalen Transformation beizutragen, haben wir darüber hinaus ein mögliches Vorgehensmodell beschrieben, bei dem die skizzierten Einflussfaktoren und besonderen Herausforderungen Berücksichtigung finden. In Form von drei Projektbeispielen wurden konkrete Handlungsansätze basierend auf diesem Vorgehensmodell dargestellt.

Insgesamt lässt sich auf diese Weise – entgegen der vielfältig negativ geprägten Diskussionen – aus unserer Sicht eine eher positive Entwicklungsperspektive für Sparkassen aufzeigen. Sofern die aufgeführten Rahmenbedingungen angemessen berücksichtigt werden, kann die Digitalisierung einen deutlichen Mehrwert für eine Sparkasse bedeuten und vielfältige Verbesserungspotenziale bereithalten. So bedeutet die Digitalisierung im betrieblichen Bereich insbesondere Chancen einer voranschreitenden Prozessoptimierung und -automatisierung, welche zu deutlich effizienteren Arbeitsabläufen führen kann. Darüber hinaus unterstützt sie die Möglichkeiten einer zunehmenden Arbeitsteilung und -spezialisierung innerhalb der Sparkassen-Finanzgruppe, da beispielsweise digitale und standardisierte Prozesse mit geringer Stückzahl einfacher ausgelagert werden können. Wesentliche Herausforderungen bei der Digitalisierung sind deren tatsächliche Umsetzung und die Mitnahme der Mitarbeiterinnen und Mitarbeiter auf diesem Weg. Doch die Ansichten zur häufig prognostizierten rein negativen Auswirkungen der Digitalisierung auf die Angestellten teilen wir nicht vollumfänglich. Insbesondere die Organisation der digitalisierungsgetriebenen Veränderung bedarf eines hohen Aufwands und sollte sich für die Mitarbeiterinnen und Mitarbeiter, die eine gewisse Offenheit für das Thema Digitalisierung sowie die notwendige Veränderungsbereitschaft mitbringen, daher im Wesentlichen nicht negativ auf diese auswirken. Des Weiteren ermöglicht die zunehmende Entlastung Freiräume zur Bearbeitung bisher vernachlässigter Aufgaben.

In diesem Zusammenhang haben wir jedoch explizit nur Implikationen für die Ablauforganisation und die erfolgreiche Optimierung in diesem Rahmen betrachtet. Mögliche Auswirkungen auf die Aufbauorganisation blieben dabei unberücksichtigt. Hieraus werden mit Sicherheit weiterführende Diskussionsansätze resultieren, die an anderer Stelle beantwortet werden müssen. So wäre eine mögliche Fragestellung, inwiefern die in diesem Beitrag verfolgte starke Orientierung an der Ablauforganisation optimal innerhalb der Aufbauorganisation einer Sparkasse berücksichtigt werden könnte. Eine sogar noch darüber hinausgehende Fragestellung wäre beispielsweise, welche Auswirkungen der zunehmende Einsatz agiler Methoden einerseits auf die Umsetzung von Digitalisierungsthemen und andererseits auf die Aufbauorganisation einer Sparkasse haben können. Ist ein agiles bzw. holokratisches Organisationsmodell in einer Sparkasse denkbar?

Grundsätzlich bleibt noch anzumerken, dass wir uns selbst in diesem Beitrag ausschließlich mit den Einflussfaktoren der Digitalisierung bis zum 3. Auswirkungsgrad beschäftigt haben. Die letzte Dimension der Digitalisierung, welche sich in Form der Veränderung des Geschäftsmodells ausdrückt, haben wir nur vernachlässigt betrachtet. Diskussionen in dieser Richtung sind grundsätzlich eher spekulativer Natur und daher schwer objektiv zu bewerten. Nichtsdestotrotz sollten diese nicht vollständig unberücksichtigt bleiben. So können sich die Erwartungen der Entscheider beispielsweise im Rahmen des Vorgehensmodells im Modul *Analyse* in den festgelegten Bewertungskriterien niederschlagen und damit direkten Einfluss auf die Digitalisierungsvorhaben der Sparkasse haben. Des Weiteren kann der Einsatz von Methoden wie dem Design Thinking im Rahmen der Prozessoptimierung auch zu Prozessinnovationen führen, welche möglicherweise einen direkten oder indirekten Einfluss auf das Geschäftsmodell Sparkasse entwickeln können.

Literaturverzeichnis
Abolhassan/Kellermann (2016), Effizienz durch Automatisierung. Wiesbaden: Springer Gabler.
Acemoglus, D./Restrepo, P. (2017), Low-skill and high-skill automation; in: NBER Working Paper, Nummer 24119.
Albach, H./Meffer, H./Pinkwart, A./Reichwald, R. (2015), Management of Permanent Change – New Challenges and Opportunities for Change Management, S. 3–22; in: Albach, H./Meffert, H./Pinkwart, A./Reichwald, R. (Hrsg.), Management of Permanent Change, Wiesbaden.
Arntz, M./ Gregory, T./Zierahn, U. (2016), The risk of automation for jobs in OECD countries: A comparative analysis; in: OECD Social, Employment and Migration Working Papers, Nummer 189.

Arntz, M./ Gregory, T./Zierahn, U. (2017), Revisiting the risk of automation; in: Economics Letters, Nummer 159, S. 157–160.

Arntz, M./ Gregory, T./Zierahn, U. (2018), Digitalisierung und die Zukunft der Arbeit: Makroökonomische Auswirkungen auf Beschäftigung, Arbeitslosigkeit und Löhne von morgen. Zentrum für Europäische Wirtschaftsforschung GmbH (ZEW), Mannheim.

Autor, D. H. (2015), Why are there still so many jobs? The history and future of workplace automation; in: The Journal of Economic Perspectives, Volume 29, Nummer 3, S. 3–30.

Becker, M./Labucay, I. (2012), Organisationsentwicklung – Konzepte, Methoden und Instrumente für ein modernes Change Management, Stuttgart.

Becker, M. (2013), Personalentwicklung: Bildung, Förderung und Organisationsentwicklung in Theorie und Praxis, 6., überarbeitete und aktualisierte Auflage.

Bhalla, V./Dyrchs, S./Strack, R. (2017), Twelve Forces that will radically change how Organizations work – The new new way of Working Series, Boston Consulting Group.

Online: https://www.bcg.com/de-de/publications/2017/people-organization-strategy-twelve-forces-radically-change-organizations-work.aspx (Abruf: 14.9.2019)

Bonin, H./Gregory, T./Zierahn, U. (2015), Endbericht Kurzexpertise Nr. 57: Übertragung der Studie von Frey/Osborne (2013) auf Deutschland, an das Bundesministerium für Arbeit und Soziales. Mannheim: Zentrum für Europäische Wirtschaftsforschung GmbH (ZEW).

Boston Consulting Group (2017), Twelve Forces That Will Radically Change How Organizations Work: The *New* New Way of Working Series.

Online: https://www.bcg.com/de-de/publications/2017/people-organization-strategy-twelve-forces-radically-change-organizations-work.aspx (Abruf: 10.9.2019)

Bowles, J. (2014), The computerization of European Jobs. Bruegel, Brüssel.

Brynjolffson, E./McAfee, A. (2014), The Second Machine Age: Work, Progress, and Prosperity in a Time of Brilliant Technologies. New York: W. W. Norton.

Brzeski, C./Burk, I. (2015), Die Roboter kommen; in: ING DiBa Economic Research. 30. April 2015.

Burghardt, M. (2013), Einführung in Projektmanagement – Definition, Planung, Kontrolle, Abschluss, 6., überarbeitete und erweiterte Auflage, Publicis Publishing, Erlangen.

Deloitte (2019), Deloitte Tech Trends 2019: Willkommen in der digitalen Zukunft.

Online: https://www2.deloitte.com/de/de/pages/technology/articles/tech-trends-2019.html# (Abruf: 14.9.2019)

DIN 69901-5 (2009), Projektmanagement – Projektmanagementsysteme – Teil 5: Begriffe.

DIN ISO 21500:2016-02 (2016), Leitlinien Projektmanagement (ISO 21500:2012).

Doppler, K./Fuhrmann, H./Lebbe-Waschke, B./Voigt, B. (2014), Unternehmenswandel gegen Widerstände – Change Management mit den Menschen, 3., aktualisierte und erweiterte Auflage, Frankfurt am Main.

Eichhorst, W./Hinte, H./Rinne, U./Tobsch, V. (2016), Digitalisierung und Arbeitsmarkt: Aktuelle Entwicklungen und sozialpolitische Herausforderungen; in: Journal of Social Policy Research, Band 62, Heft 4, S. 383–409.

Ernst & Young (2018), The upside of disruption: Megatrends shaping 2018 and beyond.

Ernst & Young (2019), Wie Deutschland morgen arbeitet – Trends und Risiken bis 2030.

Online: https://www.ey.com/de_de/digital/wie-deutschland-morgen-arbeitet-zukunft-der-arbeitswelt (Abruf: 10.9.2019)

Fischermanns, G. (2013), Praxishandbuch Prozessmanagement, 11. Auflage, Verlag Dr. Götz Schmidt, Wettenberg.

Fluri, J./Deck, K.-G. (2018), Automatisierte Kollaboration und Prozesse in der Softwareentwicklung – Wandel von Unternehmenskultur und Unternehmensstruktur, S. 259–283; in: Tokarski, K. O./Schellinger, J./Berchtold, P. (Hrsg.), Strategische Organisation – Aktuelle Grundfragen der Organisationsgestaltung, Wiesbaden.

Ford, M. (2015), The Rise of the Robots. London: Oneworld Publications.

Frey, C. B./Osborne, M. A. (2013), The future of employment: How Susceptible are Jobs to Computerisation? University of Oxford.

Frey, C. B./Osborne, M. A. (2017), The future of employment: How susceptible are jobs to computerisation? in: Technological Forecasting and Social Change, Volume 114, Issue C, S. 254–280.

Füermann, T./Dammasch, C. (2012), Prozessmanagement, 3. Auflage, Hanser Verlag, München.

Gadatsch, A. (2015), Geschäftsprozesse analysieren und optimieren. Wiesbaden: Springer Vieweg.

Gadatsch, A. (2017)
Grundkurs Geschäftsprozess-Management 8. vollständig überarbeitete Auflage. Wiesbaden: Springer Vieweg.

Geiger, N./Prettner, K./Schwarzer, J. A. (2018), Die Auswirkungen der Automatisierung auf Wachstum, Beschäftigung und Ungleichheit; in: Perspektiven der Wirtschaftspolitik, Band 19, Heft 2, S. 59–77.

Gesetz über das Kreditwesen (Kreditwesengesetz-KWG), Kreditwesengesetz in der Fassung der Bekanntmachung vom 9. September 1998 (BGBl. I S. 2776), das zuletzt durch Artikel 6 des Gesetzes vom 8. Juli 2019 (BGBl. I S. 1002) geändert worden ist.

Hagemann, H. (1995), Technological unemployment; in: Arestis, P./Marshall, M. G. (Hrsg.) The Political Economy of Full Employment. Aldershot: Edward Elgar, S. 36–53.

Hagemann, H. (2008), Capital, growth and production disequilibria: On the employment consequences of new technologies; in: Scazzieri, R./Sen, A. K./Zamagni, S. (Hrsg.), Markets, Money and Capital. Hicksian Economics for the 21st Century. Cambridge: Cambridge University Press, S. 346–366.

Hammermann, A./Stettes, O. (2015), Fachkräftesicherung im Zeichen der Digitalisierung: Empirische Evidenz auf Basis des IW-Personalpanels 2014, Institut der deutschen Wirtschaft, Köln.

Hartmann-Wendels, T./Pfingsten, A./Weber, M. (2010), Bankbetriebslehre, 5., überarbeitete Auflage, Heidelberg.

Hicks, J. (1973), Capital and Time. Oxford: Clarenden Press.

Hirzel, M. (2013), Prozessmanagement in der Praxis 3. überarbeitete und erweiterte Auflage. Wiesebaden: Gabler Verlag.

Humphrey, T. M. (2004), Ricardo versus Wicksell on job losses and technological change; in: Federal Reserve Bank of Rich-mond Economic Quarterly, Volume 90/4, S. 5–24.

Kagermann, H. (2015), Change Through Digitization – Value Creation in the Age of Industry 4.0, S. 23–48; in: Albach, H./Meffert, H./Pinkwart, A./Reichwald, R. (Hrsg.), Management of Permanent Change, Wiesbaden.

Kaplan, J. (2015), Humans Need Not Apply: A Guide to Wealth and Work in Age of Artificial Intelligence. New Ha-ven: Yale University Press.

Koch, S. (2015), Einführung in das Management von Geschäftsprozessen 2. Auflage 2015. Berlin, Heidelberg: Springer-Verlag.

Kreutzer, R. (2017), Treiber und Hintergründe der digitalen Transformation, S. 32–58; in: Rusnjak, A./Anzengruber, J./Werani, T./Jünger, M. (Hrsg.), Digitale Transformation von Geschäftsmodellen – Grundlagen, Instrumente und Best Practices, Wiesbaden.

Kühni, R./Suri, P./Rumo, E. J. (2018), Digitalisierung: Herausforderungen und Handlungsoptionen für den Vertrieb im B2B-Markt – Case-Study bei der Swisscom (Schweiz) AG und Schweizerische Post AG, S. 303–344; in: Tokarski, K. O./Schellinger, J./Berchtold, P. (Hrsg.), Strategische Organisation – Aktuelle Grundfragen der Organisationsgestaltung, Wiesbaden.

McKinsey & Company (2013), Disruptive technologies: Advances that will transform life, business, and the global economy. Online: https://www.mckinsey.com/~/media/McKinsey/Business%20Functions/McKinsey%20Digital/Our%20Insights/Disruptive%20technologies/MGI_Disruptive_technologies_Full_report_May2013.ashx (Abruf: 10.9.2019)

Oestereich, B./Weiss, C./Lehmann, O. F. (2014), APM – Agiles Projektmanagement, Erfolgreiches Timeboxing für IT-Projekte, unter Mitarbeit von Oliver F. Lehmann und Uwe Vigenschow, dpunkt.verlag.

Osterhage, W. W. (2012), Performance-Optimierung. Berlin, Heidelberg: Springer Vieweg.

Pajarinen, M./Rouvinen, P. (2014), Computerization Threatens One Third of Finnish Employment; in: ETLA Brief 22, 13 January 2014.

Pfetzing, K./Rohde, A. (2009), Ganzheitliches Projektmanagement, 3., bearbeitete Auflage, Götz Schmidt, Gießen.

Porter, M. E. (2000), Wettbewerbsvorteile (Competitive Advantage), Spitzenleistungen erreichen und behaupten, 6. Auflage, Frankfurt.

Prettner, K./Geiger, N./Schwarzer, J. (2018), Die wirtschaftlichen Folgen der Automatisierung; in: Spiel, C./Nech, R. (Hrsg.), Automatisierung: Wechselwirkung mit Kunst, Wissenschaft und Gesellschaft, Band 21 von Wissenschaft – Bildung – Politik. Wien: Böhlau.

PricewaterhouseCoopers (2019), Technology trends 2019 – The importance of trust. Part of PwC's 22nd Annual Global CEO Survey trends series.
Online: https://www.pwc.com/gx/en/ceo-survey/2019/Theme-assets/reports/technology-trends-report-2019.pdf (Abruf: 14.9.2019)

PwC Strategy& (2014) Industrie 4.0 – Chancen und Herausforderungen der vierten industriellen Revolution.
Online: https://www.strategyand.pwc.com/de/de/studie/industrie-4-0.pdf (Abruf: 10.9.2019)

Rifkin, J. (1995), Das Ende der Arbeit. Frankfurt am Main: Campus.

Roland Berger Strategy Consultant (2014), Industry 4.0 – The new industrial revolution: How Europe will succeed.
Online: https://www.rolandberger.com/en/Publications/Industry-4.0-%E2%80%93-the-new-industrial-revolution.html (Abruf: 10.9.2019)

Rüegg-Sturm, J. (2002), Das neue St. Galler Management-Modell, 2. Auflage, Bern et al.

Samuelson, P.A. (1988), Mathematical vindication of Ricardo on machinery; in: The Journal of Political Economy, Volume 96, Issue 2, S. 274–282.

Schein, E. H. (1984), Coming to a New Awareness of Organizational Culture, Sloan Management Review, 25:2, S. 3–16.

Schlund, S./Hämmerle, M./Strölin, T. (2014), Industrie 4.0 – Eine Revolution der Arbeitsgestaltung, Industrie 4.0 – Eine Revolution der Arbeitsgestaltung, Fraunhofer IAO.

Schwarz, L./Neumann, T./Teich, T. (2018), Geschäftsprozesse praxisorientiert modellieren. Berlin, Heidelberg: Springer-Verlag.

Seamans, R./Raj, A. (2018), AI, labor, productivity and the need for firm-level data; in: NBER Working Paper, Nummer 24239.

Smith, A. (1976), An Inquiry into the Nature and Causes of the Wealth of Nations, Band 2a-2b; in: Campbell, R. H./Skinner, A. S. (Hrsg.) (1976), The Glasgow Edition of the Works and Correspondence of Adam Smith. Oxford: Oxford University Press.

Sparkassen Innovation Hub (2019), Trendstudie – Zehn kulturelle Forderungen der Generation Y, Star Finanz GmbH, Hamburg.

Steinmann, H./Schreyögg, G./Koch, J. (2013), Management: Grundlagen der Unternehmensführung: Konzepte – Funktionen – Fallstudien, 7., vollständig überarbeitete Auflage, Wiesbaden.

Tegmark, M. (2017), Life 3.0: Being Human in The Age of Artificial Intelligence. London: Allen Lane.

Toutenburg, H./Knöfel, P. (2008), Methoden und Statistik für die Praxis, 2. Auflage, Springer-Verlag, Heidelberg.

Vahs, D. (2012), Organisation: Ein Lehr- und Managementbuch, 8. Auflage, Stuttgart.

Vahs, D./Schäfer-Kunz, J. (2012), Einführung in die Betriebswirtschaftslehre, 6., überarbeitete Auflage. Stuttgart: Schäffer-Poeschel.

Vahs, D./Weiand, A. (2013), Workbook Change Management, Methoden und Techniken, 2., überarbeitete Auflage, Stuttgart.

Vahs, D./Brem, A. (2015), Innovationsmanagement. Von der Idee zur erfolgreichen Vermarktung. 5. Auflage, Schäffer-Poeschel Verlag Stuttgart.

Wicksell, K. (1906), Lectures on Political Economy, Band 1. London 1934: Routledge & Kegan Paul.

Wieczorrek, H. W./Mertens, P. (2011), Management von IT-Projekten, Springer-Verlag Berlin Heidelberg, Berlin Heidelberg.

6 Sparkassen-DataAnalytics: Den Datenschatz der Sparkassen-Finanzgruppe heben

Christian Damaschke und Carsten Giebe, Sparkassen Rating und Risikosysteme GmbH (SR)

6.1 Auf zu neuen Ufern – warum in See stechen?

Das erste Kapitel befasst sich mit der Notwendigkeit sich auf neue Gegebenheiten einzustellen und sich der neuen technologischen Möglichkeiten zu bedienen. Denn bei Sparkassen besteht ein enormes Potenzial sowohl in der Nutzung der vorhandenen Daten als auch beim zunehmend digitalen Vertrieb ihrer Produkte. Organisationen und Menschen leben digital vernetzt und moderne Technologien können mit stetig wachsender Präzision menschliche Impulse verarbeiten. So haben Verbraucher beispielsweise die Möglichkeit, durch Dialoge mit digitalen Assistenten, wie z.B. Bots komplexe Sachverhalte zu lösen. Komplette Branchen sind zum Umdenken gezwungen. In der Automobilindustrie geht es z.B. mit dem autonomen Fahren stark voran. Computer sind bereits seit Jahren in der Lage, die menschliche Expertise in manchen Aufgabenfeldern deutlich zu übertreffen. Diese Fortschritte werden durch verschiedenste Möglichkeiten der Verarbeitung und der Auswertung von Daten forciert. In diesem Kontext sind die Schlagworte »Big Data« und »Künstliche Intelligenz (KI)« zunehmend bekannt. In den vergangenen Jahren haben verstärkt datengetriebene Ansätze und die Methoden des maschinellen Lernens (oder auch »Machine Learning«) Aufmerksamkeit erregt, doch dazu in Kapitel drei Näheres.

Der Megatrend Digitalisierung und die damit verbundene Nutzung der zusätzlichen Daten verändert die Bankenwelt rasant. Aktuell liegen Europas Banken bei der Verbreitung und der Entwicklung von digitalen Technologien noch hinter den USA und auch China zurück (vgl. Sigmund, 2019). Gründe dafür sind unter anderem in der Regulatorik zu suchen, da Verbraucher- und Datenschutz in Europa restriktiver gelebt werden, aber auch die Einstellung der Öffentlichkeit ist abwartender. Deutsche Banken und Sparkassen zählen zwar bei der Betreuung ihrer Kunden und der Benutzerfreundlichkeit zum europäischen Spitzenfeld, hinken aber bei der gezielten Auswertung der immer größer werdenden Datenmengen teilweise gegenüber der Konkurrenz hinterher (vgl. Oliver Wyman – Digital Banking Index, 2019). Das Extrahieren von Wissen aus diesen Daten kann dabei wertvolle Impulse für den Vertrieb und natürlich auch andere Geschäftsbereiche sowie Prozesse liefern. Insbesondere junge Kunden erwarten heute eine bedarfsgerechte Ansprache, eine hohe Verfügbarkeit der Services und Ergonomie der Anwendungen an den Kundenschnittstellen. Digitalisierungsmaßnahmen, verbunden mit einer klaren Datenstrategie für Analysezwecke sollten daher schnellstmöglich ganzheitlich umgesetzt werden. Laut Umfragen hat jedoch lediglich jedes dritte Kreditinstitut eine passende Digitalstrategie. Begründet wird dies zum Teil mit fehlendem Vertrauen in eigene Digital- und Führungsfähigkeiten oder dem Fehlen einer Vision, die für die Gestaltung ihrer digitalen Zukunft erforderlich wäre.

Sparkassen sind auf Kundenseite mehr denn je direkt mit einem sich stetig verändertem Kundenverhalten, breiterem Wissen und einem größeren technischen Verständnis konfrontiert. Bankkunden können sich heute mit wenigen Mausklicks oder Touchs intensiv über Anbieter, Produkte und Preise informieren. Und eben dieses veränderte Kundenverhalten führt bei Kunden auch zu neuen Erwartungen an ihre Sparkasse. Ein Perspektivwechsel auf die Sicht des Kunden ist also zwingend erforderlich (Brock, Bieberstein, 2015). Tatsächlich suchen immer weniger Kunden eine Geschäftsstelle auf, da sie Ihr Banking online oder durch Apps sicherstellen. Gleichzeitig drängen neue Player, so genannte FinTechs und große Tech-Konzerne – so genannte Big Techs – in den Markt (vgl. Gai et al., 2019). Einige FinTechs haben es sich auch zur Aufgabe gemacht, Banken und Sparkassen zusätzliche Leistungen anzubieten, deren eigene Produktion für Kreditinstitute selbst zu aufwendig und mit höheren Kosten verbunden wäre. Über diese Art strategischer Partnerschaften können dem Kunden Innovationen und der Bank beziehungsweise Sparkasse ein moderneres Image gegeben werden (vgl. Drummer et al., 2016).

Früher wusste der Kundenberater häufig genau, welche seiner Kunden welche Produkte abgeschlossen haben. Und vielleicht wusste er auch, wann die Familienmitglieder seiner Kunden Geburtstag hatten. Der Kundenberater verfügte über eine einheitliche Kundensicht und eine überschaubare Anzahl von Kunden. Dies ist bei den aktuellen Betreuungsschlüsseln gar nicht mehr möglich. Und unabhängig der Vielzahl der jeweils zugeordneten Kundenverbünde gibt es heutzutage viel mehr Kanäle auf denen Kunden kommunizieren. Diese Kommunikation muss widerspruchsfrei sein und bedarf einer klaren strategischen Grundausrichtung. Die Möglichkeiten dazu werden auch in Zukunft noch vielseitiger. Bei jeder Kommunikation zur Sparkasse teilt der Kunde neue Informationen mit, erhält wiederum zusätzliche oder reagiert auf Services bzw. Angebote. Dadurch besitzen Banken und Sparkassen mehr Daten über ihre Kunden als andere Branchen. Das Zitat »*Informationen über Geld sind beinahe genauso wichtig wie das Geld selbst.*« von Walter Wriston, dem ehemaligen CEO der Citibank aus dem Jahre 1984 trifft heutzutage mehr denn je den berühmten Nagel auf den Kopf. Und darin liegt eine sehr wertvolle Chance für die Sparkassen und für die Kunden selbst.

Der Fokus und der Gradmesser für zukünftigen Erfolg liegt deshalb an der Kundenschnittstelle, denn jeder möchte passend zu seinen Bedürfnissen und nicht »von der Stange« beraten werden. Datengetriebene Analysen können u. a. im Rahmen dessen wirksam sein, um Erkenntnisse über den Kunden zu gewinnen. Ein besseres Kundenverständnis, passgenaue Beratung sind unter den aktuellen Gegebenheiten daher zwingend notwendig, um langfristig Kundenzufriedenheit zu generieren. Wollen Sparkassen das sicherstellen, müssen sie genau wissen, wer ihre Kunden sind und was diese wollen. Im Optimalfall weiß die Sparkasse, weshalb sie mit dem Kunden in der Vergangenheit kommuniziert hat und kann dieses Wissen nutzen. Auf Basis dieses Wissens kann die Sparkasse authentisch darlegen, dass sie die Kundeninteressen und Kommunikationsvorlieben berücksichtigt. Bevorzugen Kunden elektronische Medien, dann sollte die Ansprache auch entsprechend erfolgen. Werden diese einfachen Prinzipien eingehalten, kann die Sparkasse nicht automatisch einen zufriedenen Kunden erwarten, aber sie kann Unzufriedenheit vermeiden, welche durch eine fehlgeleitete Ansprache schnell entstehen kann.

Halten wir also fest, wir erleben schon jetzt eine von Automatisierung und Digitalisierung geprägte Arbeits- und Lebenswelt. Diese umfasst als technische Revolution auch viele Bereiche der Sparkasse. Digitalisierung hat Priorität, um den Nachholbedarf bei den »Digital-Fähigkeiten« gewährleisten zu können und nicht den Anschluss zu verpassen. Zur Umsetzung ihrer Ambitionen sind Sparkassen also gut beraten, die notwendigen internen Voraussetzungen für die digitale Transformation zu schaffen. Heutige Bankdienstleistungen müssen wohlwollend auf Machbarkeit geprüft, anschließend in Prozesse und passende technische Architekturen eingebettet werden. Durch einen höheren Automatisierungsgrad können Kosten reduziert und weitere Datenquellen erschlossen werden. Entsprechend vielfältig sind die laufenden und geplanten Aktivitäten in der Sparkassen-Finanzgruppe, die sich mit neuen Prozessen und Tools auseinandersetzen. Exemplarisch sollen hier Chatbots, mobiles Bezahlen via Smartphone oder die Möglichkeiten von Data-Analytics genannt werden. Diese Veränderungen haben unmittelbare Auswirkungen auf die Tätigkeiten, die erforderlichen Kompetenzen und die entsprechenden Qualifizierungen der Mitarbeiter. Nicht zuletzt bedarf es aber auch einer entsprechenden Einstellung/Haltung, nicht nur die Risiken sondern auch die Vorteile und Chancen dieser Entwicklungen zu erkennen.

Das Ziel der datenbasierten Lösungen im Thema Sparkassen-DataAnalytics ist es, die Sparkassen mit mehr Kundeneinsichten und vertrieblichen Impulsen zu unterstützen. Ein besseres Kundenverständnis und ein Mehr an Automatisierung im Prozess soll einerseits eine höhere Kundenzufriedenheit und damit Bindung schaffen und anderseits die Kosten reduzieren. Hierbei gibt es klare und verbindliche Regeln für Zugriff und Verwendung der Kundendaten.

Auf der Grundlage des bereits vorhandenen Datenschatzes in der SFG unterstützt Sparkassen-DataAnalytics damit Sparkassen dabei, ihre Kunden zur richtigen Zeit, über den richtigen Kanal und mit dem richtigen Produkt ansprechen zu können und ermöglicht eine passgenaue Kundenberatung. Damit können Sparkassenkunden gezielt angesprochen und passgenau beraten werden.

Fazit: Banken und Sparkassen in Deutschland haben Nachholbedarf im Bereich der Digitalisierung. Wesentlicher Erfolgsfaktor ist die Weiterentwicklung der »Digital-Fähigkeiten« und zielgerichtet Nutzung der damit erworbenen Daten und Informationen.

6.2 Die See wird rauer – ein Blick nach Backbord und Steuerbord

Im zweiten Kapitel werden die Ursachen näher beleuchtet, die Sparkassen zum Handeln zwingen. In Deutschland herrscht traditionell ein umkämpfter Bankenmarkt. Allein im Jahr 2018 verringerte sich die Anzahl der Zweigstellen inländischer Kreditinstitute, Angaben der Bundesbank zufolge von ca. 30 000 auf 27 900. Und ein Ende scheint nicht in Sicht. »Ich kann mir durchaus vorstellen, *dass wir in den nächsten zehn Jahren 20 oder 25 Prozent weniger Geschäftsstellen haben*«, sagte der Präsident des Bundesverbands deutscher Banken Hans-Walter Peters unlängst. Die Anzahl der in inländischen Kreditinstituten Beschäftigten sank 2018 von knapp 600 000 auf etwas weniger als 565 000 Menschen (vgl. Bundesbank- Bankstellenentwicklung, 2018).

Wie im ersten Kapitel dargestellt, verändern sich im Zuge der Digitalisierung die Erwartungen der Kunden an die Customer Experience in vielen Branchen. Heute setzen große Technologieunternehmen Maßstäbe in puncto Schnelligkeit von Prozessen und Entscheidungen, reibungsloser Interaktion zwischen Dienstleister und Kunden. Oftmals profitieren Kunden von intuitiver Bedienbarkeit von Nutzeroberflächen sowie individualisierten beziehungsweise personalisierten Dienstleistungen oder Angeboten. Durch Kundenerfahrungen aus anderen Branchen sinkt bei vielen Bankkunden die Toleranz, wenn Sparkassen beispielsweise auf Anfragen oder Aufträge erst verspätet reagieren oder die Leistung nicht der Erwartung entspricht. Viele Kunden übertragen diese seit Jahren gemachten Referenzerlebnisse auf ihre Erwartungen gegenüber den Produkten und Dienstleistungen der Sparkassen. Laut der Studie »Big Data trifft auf künstliche Intelligenz« von der Bundesanstalt für Finanzdienstleistungsaufsicht (BaFin) könnten viele Finanzdienstleister verstärkt Big Data-Anwendungen nutzen. Damit wäre es möglich, diesen neuen Maßstäben und Kundenerwartungen gerecht zu werden, also eine verbesserte Kundenreise anzubieten. Doch hierbei gab es in der Vergangenheit immer wieder Hindernisse, die Unzufriedenheit mit den jeweiligen Ergebnissen erzeugt haben. Diese Hindernisse waren zum Beispiel eine suboptimale Bereitstellung von datengetriebenen Ergebnissen oder fehlendes Wissen bei der optimalen Interpretation dieser. Die Maßgabe sollten einfach interpretierbare Ergebnisse auf Basis einer möglichst hohen Anzahl an Daten sein. Das ist auch genau der Antritt in der Sparkassen-Finanzgruppe, denn die für Sparkassen-DataAnalytics erforderlichen Daten werden als wesentlicher Erfolgsfaktor gesehen. Auf Basis mathematisch-statistischer Modelle wurden innovative Methoden und Lösungen entwickelt, welche in Kapitel drei näher erläutert werden. Damit können Sparkassen, wie eingangs bereits erwähnt, ihre Kunden besser verstehen, gezielt ansprechen, besser beraten und somit unter dem Strich zufriedener machen. Genaue Analysen der Customer Journey sind die Grundlage für einen kundenorientierteren passgenauen Service. Jeder einzelne Kontaktpunkt bietet Sparkassen die Chance, die Customer Experience positiv zu nutzen (vgl. Bafin-Studie, 2018).

Im Zentrum der Sparkassen-DataAnalytics Aktivitäten in der Sparkassen-Finanzgruppe steht stets der Kunde. Durch ein am Kundenbedarf und Kundenverhalten orientiertem Produkt- und Dienstleistungsangebot wird der Kundennutzen erhöht. Einhergehend damit sind die gesteigerte Kundenzufriedenheit sowie eine nachhaltige Kundenbindung erstrebenswert. Die zügige Einholung von Datenschutzerklärungen von den Kunden ist ein wesentlicher Schlüssel. Die Einhaltung des Datenschutzes wird stets gewährleistet. Da im Kontext von Sparkassen-DataAnalytics bei der Anwendung von Modellen personenbezogene Daten verarbeitet werden, ist für die vollständige Analyse der Kundendaten eine Einwilligungserklärung der Kunden notwendig. Liegt eine negierte Einwilligungserklärung des Kunden vor, wird grundsätzlich keine Analyse der Daten durchgeführt. Durch die zielgerichtete Nutzung der Daten wird das Angebot an Finanzprodukten und Dienstleistungen verbessert und damit ein echter Mehrwert für den Kunden geschaffen. Ein weiterer großer Erfolgsfaktor ist die intensive Pflege der eigenen Datenqualität als ein zentrales und strategisches Ziel im Verbund. Die Erreichung der Datenqualität wird zentral getrieben und technisch unterstützt. Letztlich obliegt sie aber stets dezentraler Verantwortung und kann ohne ein erfolgreiches Mitwirken der Sparkassen nicht sichergestellt werden.

Durch die enge Verzahnung mit der Vertriebsstrategie der Zukunft, initiiert durch den Deutschen Sparkassen- und Giroverband, lässt sich Sparkassen-DataAnalytics somit auch in der Praxis in bestehende Lösungen sehr gut integrieren. Eine geeignete Segmentierung der Kunden und die hohe Treffsicherheit bei den Bedürfnissen der Kunden passt sehr gut zum Markenkontext. Die Attribute »Menschen verstehen, Zukunft denken, Leben besser gestalten« werden durch die Sparkassen-DataAnalytics aufgegriffen. Das durch Data Analytics generierte Wissen ermöglicht es somit tatsächlich Kunden besser zu verstehen. Im zukünftigen Beratungsansatz wird Sparkassen-DataAnalytics also verstärkt auf Bedürfnisfelder, Betreuungssegmente und Qualifizierungsvorgehen einzahlen. Denn der Kundenberater muss in der Lage sein, auf Interaktionen im Beratungsvorgehen in Echtzeit reagieren zu können. Im Vertriebs-Beratungskreislauf soll Sparkassen-DataAnalytics in allen Stufen wichtige Impulse liefern und mehr Kundenkontakte bzw. mehr zielgerichtete vertriebliche Anlässe sicherstellen. Durch mehr Kundenkontakte, mehr Abschlüsse und somit letztlich mehr Ertrag, unterstützt Sparkassen-DataAnalytics die Vertriebsmobilisierung und Vertriebsintensivierung. Dabei wird abhängig vom Produkt oder Service ein optimaler Mix der verschiedenen Kanäle angestrebt.

Halten wir also fest, Sparkassen unterhalten im Moment noch knapp ein Drittel aller Filialen in Deutschland. Die Ertragslage der Sparkassen ist kritisch. Sie sind daher gezwungen am meisten abzubauen. Klassische Maßnahmen wie Kostensparprogramme z.B. durch Filialschließungen, Abfindungsangebote für Mitarbeiter sind nicht mehr ausreichend, um auf die aktuellen Herausforderungen adäquat reagieren zu können. Das erzeugt enormen Kostendruck und zwingt die Institute, interne Abläufe und Geschäftsmodelle zu überdenken und auf ein neues Level zu heben. Bewährte vergangenheitsbezogene Erfolgsfaktoren verlieren ihre Gültigkeit. Somit weist die Ergebnisentwicklung der Sparkassen den Weg zur Intensivierung der aktiven Marktbearbeitung. Viele Sparkassen sind längst dabei, ihre Kundensegmente und Priorisierungslogik ihrer Ansprachemöglichkeiten datenbasiert zu überprüfen. Ein möglichst effizienter Ressourcenverbrauch in der Kundenansprache unterstützt eine positive Ergebnisentwicklung kostenseitig. Die hierfür nötigen hohen Kontaktintensitäten und Abschlussquoten setzen die Identifikation geeigneter Kunden voraus. Dabei hat die Multikanal-Kommunikation eine zentrale Bedeutung. Denn die Kunden der Sparkasse werden analog dem normalen Alltagsleben ihren favorisierten Kommunikationskanal nutzen. Sparkassen-DataAnalytics kann hierfür ein wertvoller Erfolgsfaktor sein.

Fazit: Die Anzahl der Zweigstellen sinkt dramatisch. Prognosen zufolge könnte in den nächsten Jahren jede vierte Geschäftsstelle geschlossen werden. Daher sind Sparkassen gezwungen ihre Marktbearbeitung über alle Kanäle zu optimieren. Datenbasierte Lösungen werden hierbei zunehmend besser unterstützen.

6.3 Den Datenschatz der Sparkassen-Finanzgruppe heben

Im folgenden Kapitel werden die Möglichkeiten dargestellt, welche sich für Institute der Sparkassenfinanzgruppe im Rahmen eines zentralen Angebotes mit Sparkassen-DataAnalytics ergeben. Unter dem Stichwort Data Analytics wird das wissenschaftliche Vorgehen verstanden, große Mengen an Daten aus unterschiedlichen Datenquellen zu beziehen, um darauf so genannte Algorithmen anzuwenden. Diese Algorithmen erlernen Zusammenhänge in den Daten und ermöglichen dadurch Prognosen, um Business-Entscheidungen zu unterstützen. Beispielsweise können Algorithmen erkennen, welche Kunden für bestimmte Produkte affin sind.

Wie funktioniert Sparkassen-DataAnalytics am Beispiel einer Selektion für eine Kampagne? Im Schaubild (Abbildung 1) ganz links ist das Zeitfenster vor einer Kampagne beschrieben. Die zu klärenden Fragen sind, welche Kunden gehören zu einer Zielgruppe? Über welche Kanäle sollen die Kunden angesprochen werden? Wie wähle ich die Selektionskriterien, um eine gewisse Stichgröße zu erhalten? Etabliert haben sich über Jahre so genannte Expertenselektionen, die auf Basis von bankfachlichem Expertenwissen getroffen wurden. In dem in der Mitte des Schaubildes dargestellten Beispiel wurde nach den Kriterien Alter (18–35) und Einkommen (1 000–10 000 €) selektiert. Da keine Unterscheidung nach Affinitäten stattfindet, wären alle selektierten Kunden anzusprechen.

Wie funktioniert Sparkassen-DataAnalytics?
Expertenselektion versus Sparkassen-DataAnalytics

Vor der Kampagne
- Welche Kunden?
- Über welche Kanäle?
- Welche Selektion?

1. Expertenselektion
- Auswahl auf Basis von Expertenwissen
- Ansprache aller Kunden, da nicht nach Affinität unterschieden wird

2. Sparkassen-DataAnalytics
- Optimale Selektion durch statistische Methoden
- Anhand von Abschlusswahrscheinlichkeiten werden Kunden sortiert

Einkommen 0–1 000 €   Einkommen 1 000–10 000 €
Alter 18–35
Alter 35–75

1%   Abschlusswahrscheinlichkeit   90%

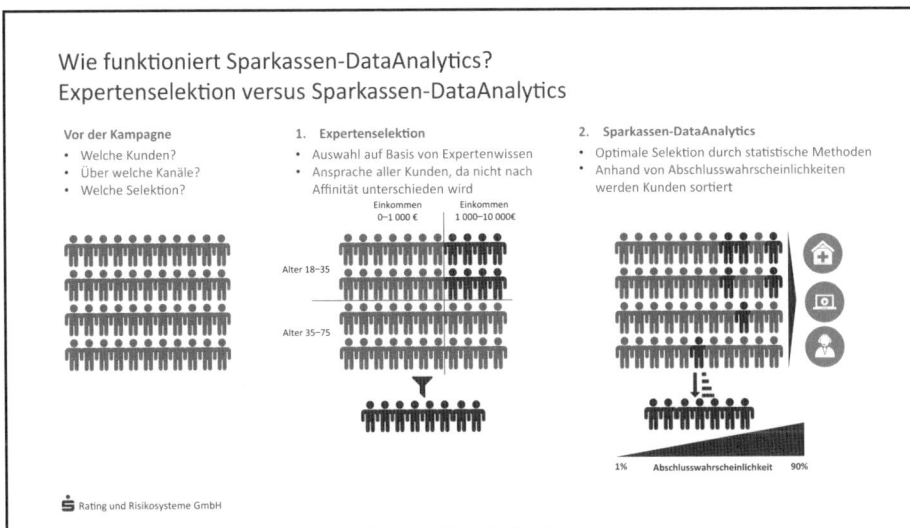

Rating und Risikosysteme GmbH

Abb. 1: Expertenselektion versus Sparkassen-DataAnalytics

Und diese Herangehensweise hatte über viele Jahre ihre Berechtigung. Doch aufgrund der in den ersten beiden Kapiteln beschriebenen Gegebenheiten nutzen Experten verstärkt Sparkassen-DataAnalytics. Beim Ansatz von Sparkassen-DataAnalytics erfolgen die Selektionen aufgrund statistischer Verfahren. Durch diese Möglichkeit werden Kunden in den Fokus gerückt, die mitunter in einer Expertenselektion nicht auftauchen würden. Anhand der prognostizierten Abschlusswahrscheinlichkeiten können Sparkassenkunden nach der prozentual höchsten Affinität sortiert werden. Es gibt diverse Beispiele, in denen Sparkassen-DataAnalytics Expertenselektionen in Bezug auf die tatsächlich erfolgten Abschlüsse übertroffen haben. Auch wenn es eine Schnittmenge zwischen den Kunden aus der Expertenselektionen und Sparkassen-DataAnalytics gibt, standen meist etwa 30 Prozent gänzlich andere Kunden für die Ansprache zur Verfügung und im direkten Vergleich wurden höhere Abschlussraten verbucht. Somit kann die Kundenansprache deutlich zielgerichteter erfolgen. Wie in den bisherigen Kapiteln herausgearbeitet, müssen Sparkassen neue Ideen entwickeln, um wettbewerbsfähig und effizienter als bisher zu sein. Darauf aufbauend können Kampagnen höhere Trefferquoten aufweisen und somit den Ertrag steigern. Eine weitere Chance die Sparkassen-DataAnalytics ermöglicht, ist etwaigen Kundenschwund zu prognostizieren. So werden Indizien für eine potenzielle Kündigung seitens des Kunden vom Algorithmus vorhergesagt.

Wie im Schaubild (Abbildung 2) dargestellt hat der im linken Bereich dargestellte Sparkassenkunde über verschiedene Kanäle Berührungspunkte oder so genannte Touchpoints, zu seiner Sparkasse. Die Sparkasse ist im Schaubild in der Mitte dargestellt. Mit diesen Werkzeugen wird ein zukunftsfähiger multikanaler Ansatz sichergestellt. Im Optimalfall profitiert der Sparkassenkunde schon heute von einer Vollumfänglichen so genannten 360°- Kommunikation.

Die durch die Geschäftsbeziehung vorhandenen Kundendaten werden im Rahmen seiner Customer Journey bei der Sparkasse erfasst und gespeichert. Bei Kontoeröffnungen, Vertragsabschlüssen oder Serviceanfragen werden zum Beispiel Vertragsdaten historisiert. Das gleiche geschieht bei Anbietern außerhalb der Sparkasse in Form von externen Daten, im Schaubild oben rechts dargestellt. Aufgrund der zunehmenden Digitalisierung erfolgt die Produktion dieser Daten mit einer großen Dynamisierung. Das heißt die Menge der Daten wird größer und mit einer zunehmenden Geschwindigkeit erzeugt. Sparkassen-DataAnalytics, im rechten Bildbereich dargestellt, extrahiert zielgerichtet die relevanten Informationen aus den Daten.

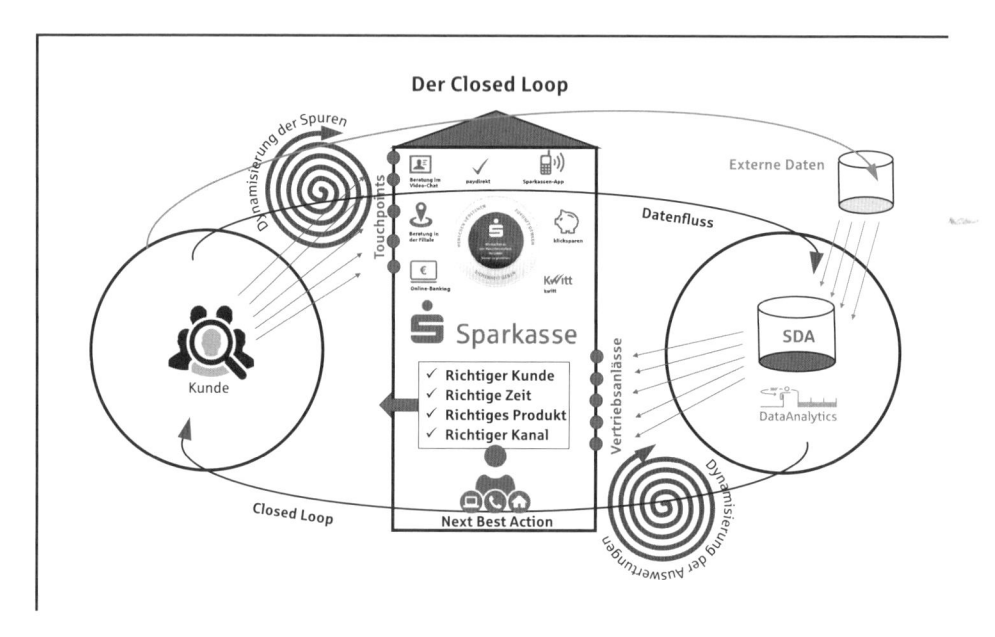

Abb. 2: Kreislauf »Closed Loop«

Das Ziel, aus diesen Daten beispielsweise vertriebsrelevante Anlässe zu generieren, kann durch die perspektivische Anreicherung von externen Daten sogar noch weiter ausgebaut werden. Dabei stehen Ende 2019 knapp fünfzig Prognosemodelle in der produktiven Anwendung für die Sparkassen bereit. Über das Kernbanksystem OSPlus werden den Sparkassen verschiedene Vertriebsanlässe zur Verfügung gestellt. Unter dem Feature »Next Best Action« kann der Berater erkennen, für welches Produkt der vor ihm sitzende Kunde besonders affin ist. Damit besteht die Möglichkeit über viele verschiedene Kanäle mit dem Kunden zu interagieren, zum Beispiel persönlich, über Telefon oder per E-Mail. Aufgrund der Anpassungsfähigkeit der eingesetzten Modelle ist eine Dynamisierung der Auswertungsgeschwindigkeit zu verzeichnen. Dabei werden Erkenntnisse, zum Beispiel eine erfolgreiche Kampagne oder ein erfolgreich prognostizierter Produktabschluss wieder in den Kreislauf zurückgegeben. Die Rede ist von einem geschlossenen Kreislauf, dem so genannten »Closed Loop«.

Mit maschinellem Lernen wird das künstliche Generieren von Wissen aus Erfahrungswerten beschrieben. Hierbei lernt ein System aus Ereignissen in Daten. Nach Beendigung einer Lernphase werden Muster und Gesetzmäßigkeiten erkannt (vgl. Hammerström, 2018). Methoden des maschinellen Lernens stehen im Gegensatz zu einfacheren Anwendungen vor der Herausforderung, dass sie für die Anwender zum Teil unverständlich sind. Sie gelten teilweise als so genannte »Black Boxes«. Das bedeutet, dass Anwender nicht direkt erfahren, wie das Fällen von bestimmten Entscheidungen durch einen Algorithmus vollzogen wurde. Einhergehend mit dem immer umfangreicheren Einsatz von maschinellem Lernen steigen auch die ethischen und rechtlichen Anforderungen an den Einsatz von Big Data Analytics. Die aktuelle Forschungsarbeit auf dem Gebiet des maschinellen Lernens befasst sich neben dem Datenschutz, besonders mit der Verständlichkeit und der Datensouveränität. Mit Datensouveränität wird die Entscheidungsbefugnis beschrieben, die der Eigentümer der Daten besitzt. Hiermit kann er steuern, entscheiden und kontrollieren, was mit seinen Daten geschieht, wer sie erhält und wie eine Nutzung aussieht.

Bei der Entwicklung von Sparkassen-DataAnalytics gilt ein grundsätzliches Prinzip. Zuerst wird eine Business-Fragestellung (z.B. die Suche nach den affinsten Kunden für ein bestimmtes Produkt) in einen Machine-Learning-Kontext übersetzt. Ähnlich wie bei der Expertenselektion, testet der Algorithmus unterschiedliche Selektionsregeln (z.B. das Alter <30) und legt fest welche Regeln am besten für die Prognose geeignet sind. Wir unterscheiden beim Machine-Learning in zwei Phasen, der Trainings- und der Testphase. In der ersten Phase wird das Modell mit Trainingsdaten auf einen vorgegebenen Algorithmus antrainiert. Dieses Modell hat anhand von sehr großen Datenmengen gelernt, Details zu identifizieren, die notwendig sind um eine Gruppierung der Daten herbeizuführen. Als Beispiel für eine Gruppierung können Kunden genannt werden, die als potenzielle Käufer oder Nichtkäufer für ein bestimmtes Produkt gelten. In Bruchteilen von Sekunden wird vom Modell ein Profil erstellt, was letztlich anderen Profilen gegenübergestellt werden kann. In der zweiten Phase wird mit Testdaten überprüft, ob das Modell mit einer hinreichend guten Prognosegüte auch unbekannte Kunden richtig einsortieren kann. Das Auseinanderliegen zwischen dem erwarteten und dem geschätzten Ergebnis bestimmt Modellanpassungen, hierbei spricht man vom »Lernen« der Modelle. Im Gegensatz zur Expertenselektion agiert das Machine-Learning Modell jedoch objektiv und erfasst komplexere Zusammenhänge, die mitunter für Experten im Ergebnis überraschend und unerwartet sind. Doch allein die Maschine wird auch in Zukunft nicht zum Erfolg führen. Denn die Interpretation und der Feinschliff der Ergebnisse müssen bankfachlich ebenso einer genauen Prüfung unterzogen werden. Auch führen erst die richtigen Fragen zu sinnvollen Antworten auf den Daten.

Bei der Auswahl der optimalen Methodik ist die Herausforderung, sich den diversen fachlichen Anforderungen zu stellen. Dazu zählen auch die Interpretierbarkeit, denn die Prognosewerte müssen klar verständlich sein. Eine Homogenität ist deshalb notwendig, da die Produktkategorien für die Prognosen generell so geschnitten sein müssen, dass sie über möglichst alle Sparkassen verwendbar sind. Nach sorgfältigen Abwägungen in der Methodik wurde sich für den Klassifikationsansatz der so genannten Entscheidungsbäume entschieden (»Gradient Boosted Trees«). Entscheidungsbäume entstehen aus einer Abfolge von binären Entscheidungen, die als Baum dargestellt sind. Dieser Ansatz selektiert anhand von verschiedenen Variablen so, dass am Ende eine möglichst homogene Klasse von Personen bleibt, die das gewünschte Merkmal aufweisen.

Das abgebildete Schaubild (Abbildung 3) soll beispielhaft die Idee der Affinität für einen Produktabschluss Baufinanzierung verdeutlichen. Entscheidungsbäume helfen, zu verstehen wie die abhängige Variable (hier Produktabschluss Baufinanzierung) mit den so genannten unabhängigen Variablen (hier Alter und Wohnstatus) zusammenhängen. In dem dargestellten Schaubild wird für die Kunden mit der ID-Nummer eins, zwei und vier eine Wahrscheinlichkeit für den Abschluss einer Baufinanzierung innerhalb der nächsten sechs Monate aufgestellt.

Datenbeispiel Entscheidungsbaum

ID-Nr.	Alter (Knoten 1)	Wohnstatus (Knoten 2)	Produktabschluss Baufinanzierung (innerhalb der nächsten 6 Monate) wahrscheinlich?
1	19	Miete	Ja
2	23	Sonstiges	Ja
3	36	Eigentum	Nein
4	43	Miete	Ja
5	57	Miete	Nein

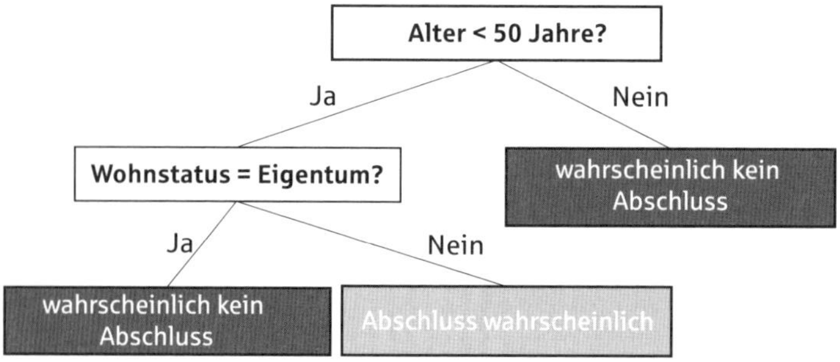

Alter < 50 Jahre?
- Ja → Wohnstatus = Eigentum?
  - Ja → wahrscheinlich kein Abschluss
  - Nein → Abschluss wahrscheinlich
- Nein → wahrscheinlich kein Abschluss

Abb. 3: Entscheidungsbaum

Wir halten also fest, dem Kundenberater und in den weiteren vertrieblichen Kanälen sollen durch Sparkassen-DataAnalytics künftig immer die möglichst richtigen Impulse an der richtigen Stelle im Vertriebskreislauf geliefert werden. Sparkassen-DataAnalytics liefert Anlässe und wird ganzheitlich, segment- und gesprächsartenspezifisch in den Beratungs- bzw. Vertriebskontext integriert. SDA soll in der Vertriebsvorbereitung und -durchführung unterstützend wirken. Doch dazu mehr im nächsten Kapitel.

Fazit: Sparkassen-DataAnalytics, unterstützt dabei Beratungszeit optimal zu nutzen, Kampagnen effizient auszuspielen und z.B. Kundenaffinitäten produktbezogen zu nutzen. Sparkassen-DataAnalytics, hilft den richtigen Kunde, zur richtigen Zeit, mit dem richtigen Produkt auf dem richtigen Kanal anzusprechen.

6.4 Hart am Wind – alle Mann an Bord!

Dieses Kapitel zeigt Ihnen Möglichkeiten wie »Mensch« und »Maschine« am besten in der Sparkassenwelt harmonieren. Das definierte Ziel ‚Entwicklung eines digitalen Leitbildes für Mitarbeiter in Sparkassen' ist ein allgegenwärtiges. Der Schlüssel dazu liegt neben Führungsfähigkeiten vor allem auf den so genannten »Digitalisierungsfähigkeiten«. Beschäftigen wir uns mit letzterem, denn ein Einsatz von Sparkassen-DataAnalytics zahlt vollständig auf die Digitalisierungsfähigkeiten ein. Digitalisierung bedeutet für Sparkassenkunden Zeitersparnis, Flexibilität, Vereinfachung der Kommunikation, schnelle Rückmeldungen und die Regelung des Anliegens. Unter diesen Prämissen ist gemäß den neuen technischen Gegebenheiten der Begriff der ‚Kundenorientierung der Mitarbeiter' zu aktualisieren. Die Erarbeitung der erforderlichen Kompetenzen und Qualifizierungen für Mitarbeiter in einem digitalisierten Arbeitsumfeld ist auch für den Einsatz von Sparkassen-DataAnalytics unabdingbar.

Jeder Berater, der eine bankfachliche Aus- oder Weiterbildung genossen hat, ist mit den Grundsätzen der Kundenberatung vertraut. In diesen heißt es, der Kunde muss **objektiv** beraten werden. Durch Sparkassen-DataAnalytics können genau die Produkte angeboten werden, für die der Kunde affin ist und aufgrund datenbasierter Analysen einen Bedarf hat. Der Kunde muss **umfassend** beraten werden. Durch die Produktableitungen von Sparkassen-DataAnalytics besteht die Möglichkeit alle Produkte anzubieten, für die der Kunde affin ist und die er noch nicht abgeschlossen hat. Der Kund muss **individuell** beraten werden. Die Beratung des Kunden wird also durch Sparkassen-DataAnalytics weiter gestärkt. Zu guter Letzt muss der Kunde **aktiv** beraten werden. Durch Sparkassen-DataAnalytics und die Next Best Action kann der Kunde aktiv beraten werden. Nach wie vor gilt es also, die Bedürfnisse der Kunden zu erkennen und mit einer passenden Lösung reagieren zu können. Damit ist die Verzahnung von Beratungserfahrung mit neuen technischen Möglichkeiten zweifelsohne gegeben und der Vorteil für den Kunden ist offensichtlich.

> **Grundsätze der Kundenberatung und *Sparkassen-DataAnalytics***
>
> - Der Kunde muss **objektiv** beraten werden ✓
>
>   *Durch Sparkassen-DataAnalytics können genau die Produkte angeboten werden, für die der Kunde affin ist und datenbasiert einen Bedarf hat.*
>
> - Der Kunde muss **umfassend** beraten werden ✓
>
>   *Durch die Produktableitungen von Sparkassen-DataAnalytics besteht die Möglichkeit alle Produkte anzubieten, für die der Kunde affin ist und die er noch nicht abgeschlossen hat.*
>
> - Der Kunde muss **individuell** beraten werden ✓
>
>   *Durch Sparkassen-DataAnalytics ist ein hohes Maß für eine individuelle Beratung gegeben.*
>
> - Der Kunde muss **aktiv** beraten werden ✓
>
>   *Durch Sparkassen-DataAnalytics und die Next Best Action kann der Kunde proaktiv beraten werden.*

Abb. 4: Grundsätze der Kundenberatung und SDA

Für Sparkassen bleiben die Erfolgsfaktoren Nutzen der regionalen Chancen sowie dem Bearbeiten des Marktes vor Ort. Auch wenn die Anzahl der Geschäftsstellen rückläufig ist, so bleiben Filialen ein wertvoller Vertriebsweg für Sparkassen. Sparkassenkunden nehmen die Digitalisierung als zusätzliches Angebot wahr. Aus diesem Grund ist der stationäre Vertriebskanal weiterhin von Bedeutung. Die Bequemlichkeit des Online Bankings angereichert um die persönliche Beratung in der Geschäftsstelle der Sparkasse ist heute ein zentraler Kundenwunsch. Auch für die Markenbotschaft der Sparkassen haben Filialen nach wie vor eine hohe Relevanz. Die Herausforderung besteht für Sparkassen darin, Bankdienstleistungen individueller, smarter und damit attraktiver werden zu lassen. Durch die Verwendung neuester Technologien und digitaler Services wird dieses Gesamtbild schnell erreicht. Ein bedeutender Faktor ist und bleibt jedoch der Mensch. Auch heute ist das Erfolgsgeheimnis nach wie vor eine sehr hohe Kundenorientierung, jedoch verzahnt mit einem Wissen über den stetigen technologischen Wandel. Umfragen von Bankkunden in Deutschland haben ergeben, dass sich ein nur kleiner Teil vom Kundenservice deutscher Banken sehr gut verstanden fühlt. Für zwei Drittel der befragten Kunden sollten sich Kreditinstitute zur absoluten Priorität machen, ihre Bestandskunden deutlich besser zu verstehen (vgl. Leichsenring, 2019).

Wenn man einen Blick hinter die Kulissen werfen mag ergibt sich folgendes Bild. Sparkassen-DataAnalytics wird aus einer kreativen und agilen Gruppe heraus betrieben und in einem erprobten, stabilen und standardisierten Regelbetrieb in der Fläche genutzt. Den Kern dieser Innovationsumgebung bildet eine zentrale SR-Analytics Einheit mit hoher Fachexpertise im Herzen von Berlin. Diese besteht neben Experten aus dem Start-up, E-Commerce- oder Bankenbereich, aus mehreren jungen promovierten Wissenschaftlern aus den Gebieten der Mathematik und Physik. Somit erzeugt das Zusammenwirken von Businesswissen und in der Forschung erlangtem Wissen große Synergien und hat viele positive Auswirkungen, zum Beispiel in der Kommunikation oder den erzielten Arbeitsergebnissen. Dabei besteht der Anspruch sich permanent weiterzuentwickeln. Die Einheit treibt gemeinsam der FI und dem DSV die Zusammenarbeit im Verbund voran, initiiert und pilotiert verbundweite Data-Analytics Projekte. Unter der Maßgabe einer Operationalisierung sollen neben dem bereits erreichten Reifegrad auch perspektivisch analytische Verfahren und Modelle in Zusammenarbeit mit weiteren Mitgliedern der Sparkassen-Finanzgruppe, zum Beispiel Verbundpartner erarbeitet werden. Dabei ist die Maxime eine optimale und DSGVO-konforme Nutzung des Datenschatzes der Sparkasse-Finanzgruppe. Die hier enthaltenen Datensätze von 50 Millionen Kunden sind vielleicht Deutschlands wertvollster Datenschatz in der Bankenlandschaft. Nutzen wir diesen gemeinsam, werden wir einen großen Beitrag zur Wettbewerbsfähigkeit jeder einzelnen Sparkasse leisten und stärken gleichzeitig den Verbund.

Zum Leistungsangebot per FI-Release 19.1 gibt es zirka fünfzig vertriebliche Anwendungsfälle für den Privatkunden- und den Firmenkundenbereich. Ziel der Anwendungsfälle ist die Identifizierung von Produktabschluss-Affinitäten von Privat- und Firmenkunden zur Ansprache für die jeweiligen Produkte. Eine entsprechende Einführungs- und Kommunikationsunterstützung, die unter anderem mit einem ausgewählten Kreis an Sparkassen für die Praxis erprobt wurde, ist für Sparkassen unabdingbar. Deshalb unterstützen die Experten von Sparkassen-DataAnalytics Sparkassen im Rahmen der Vertriebsvorbereitung mit einer Potenzial- und Bedürfnisermittlung. Erfahrungswerte zeigen, dass das Zusammenspiel von technologischer Innovation und fachlicher Expertise eine positive Wirkung auf den Vertriebserfolg haben kann. So sind spezifische, individuelle fachliche Nachschärfungen in Sparkassen-DataAnalytics Selektionen sehr wertvoll. Neben der Erarbeitung von Konzeptionen und Tools ist die Akzeptanz in den Sparkassen insbesondere bei Vertriebsführungskräften und Vertriebsberatern entscheidend für den Erfolg. Die Abstimmung der identifizierten Potenziale mit den vorhandenen Mitarbeiterkapazitäten sichert ein effizientes Vorgehen im vertrieblichen Prozess.

Halten wir also fest, für Mitarbeiter in Sparkassen bedeutet der Digitalisierungsprozess eine schrittweise Veränderung ihrer gesamten bisher bekannten Arbeitswelt (vgl. Giebe, 2019). Als zwei wesentliche Entwicklungsströme wirkt zum einen die Digitalisierung nach außen im Rahmen des sich verändernden Mitarbeiter-Kunden-Kontakts. Und zum anderen die Digitalisierung nach innen mit neuen internen Prozessen und Kommunikationswegen innerhalb der Sparkasse. Durch eine erfolgreiche Verknüpfung zwischen den klassischen Attituden eines Beraters und den Chancen der Digitalisierung, wie zum Beispiel dem Einsatz von Sparkassen-DataAnalytics kann somit ein echter Wettbewerbsvorteil generiert werden.

Fazit: Der Vorteil ist die Kombination von Data Analytics und der Regionalität und dem Berater vor Ort. Wenn alle an einem Strang ziehen, haben Sparkassen eine echte Chance.

6.5 Aus dem Krähennest betrachtet

Das Kapitel befasst sich mit der Vision von Sparkassen-DataAnalytics. Das Zitat »*Im Geschäftsleben und insbesondere die IT-Branche gibt es keine unverrückbaren Ergebnisse, keine klar definierbaren Anfänge und Endpunkte. Sondern nur Entwicklungen, alles bewegt sich wie ein Fluss ständig weiter*« von Steve Jobs, dem ehemaligen CEO von Apple beschreibt die Schnelllebigkeit und den stetigen Wandel. Daher besteht auch die Vision, Sparkassen-DataAnalytics kontinuierlich weiterzuentwickeln. So sollen Anwendungsfälle über den gesamten Vertriebsprozess zentral in Echtzeit und systemintegriert bereitgestellt werden. Daten sollen hierbei vollumfänglich über alle relevanten Kundenkontakte, Kanäle und Anwendungen intensiv gesammelt werden. In der Sparkassen-DataAnalytics Innovationsumgebung werden noch schlankere und flexiblere Abläufe etabliert. Somit wird unter dem Stichwort »Time-to-Market« der schnelle Aufbau von Prototypen, dem Testen von Modellen und Verfahren im Verbund ermöglicht. Ein Analytics Marktplatz wird aufgebaut, der die verbundübergreifende Zusammenarbeit und den Know-how Transfer fördert.

Im Regelbetrieb werden Analytics-Modelle, -Verfahren und -Tools in nahezu allen operativen Geschäfts- und Entscheidungsprozessen vollständig integriert sein. Dies soll für die Sparkassen-Finanzgruppe standardisiert erfolgen, um die Komplexität und die Kosten gering zu halten. Der Zugriff auf die erforderlichen Daten wird dabei schnell, unbürokratisch und kostengünstig erfolgen. Für die Innovationsumgebung sowie dem Regelbetrieb steht eine moderne und funktionale Data Analytics Infrastruktur zur Verfügung, die die multikanale Aufstellung der Sparkassen-Finanzgruppe unterstützt. Hierbei sollten möglichst standardisierte Werkzeuge genutzt werden. Bei der Einbindung von analytischen Verfahren und Modellen in die operativen Systeme wird die persönliche Interaktion zwischen Mensch und Maschine jederzeit berücksichtigt. Für den Maschinenraum werden Data Scientists und Analytics-Experten sukzessive aufgebaut und weiterentwickelt. Diese Spezialisten betreiben Data Analytics auf einem hohen Niveau und Kollegen aus der Produktbetreuung Sparkassen-DataAnalytics stellen den Know-how Transfer in der Gruppe sicher. Analytische Kompetenzen sind durch zentral organisierte Aus- und Weiterbildungen in der Sparkassen-Finanzgruppe vorhanden und werden kontinuierlich weiter ausgebaut.

Das Vertrauen in analytische Verfahren und Technologien wird in der gesamten Gruppe durch transparente Kommunikation und stetige Hinterfragung der bestmöglichen Umsetzung gestärkt. Der Nutzen und Mehrwert von Sparkassen-DataAnalytics ist bei Kunden und Mitarbeitern der Sparkassen-Finanzgruppe bekannt, wird verstanden und gelebt. Analytische Verfahren und Anwendungen sind, bewusst oder unbewusst, integraler Bestandteil der täglichen Arbeit in allen Unternehmen der Sparkassen-Finanzgruppe und werden zunehmend in der DNA verankert. Der Faktor Mensch bleibt stets relevant, das heißt der Mensch trifft auch weiterhin die Entscheidungen und trägt die Verantwortung. Dabei lässt er sich wohlwollend von Automatismen unterstützen, um erfolgreich zu sein.

Insgesamt 3 Milliarden Euro will der der Bund bis 2025 für die Umsetzung der KI-Strategie zur Verfügung stellen. Big Data und Künstliche Intelligenz führen einen imposanten Wandel herbei (vgl. Burkert et al., 2019). Bei direktem Kundenkontakt kann der Einsatz von Sparkassen-DataAnalytics für einen nachhaltigen Wettbewerbsvorteil sorgen. Denn dadurch können veränderte Kundenerwartungen besser erfüllt werden. Eine große Rolle spielt hierbei eine geräuschlose Interaktion zwischen Sparkassen und ihren Kunden. Ein in der Sparkasse-Finanzgruppe aufgebauter, gemeinsamer Datenpool mit internen und externen Daten unterschiedlicher Formate und Strukturen wird nach verbindlichen Regeln genutzt und steht Sparkassen vollumfänglich zur Verfügung. Durch diese Möglichkeiten können Sparkassenkunden von persönlich auf sie zugeschnittenen Services profitieren.

Aufgrund der zunehmenden Dynamik beim Fabrizieren und bei den Auswertungsmöglichkeiten von Daten lassen sich erfolgreiche Umsetzungen rasant verbreiten. Sparkassen-DataAnalytics fördert neue Erkenntnisse zu Tage und unterstützt die Entscheidung durch datengestützte Verifizierung, die nicht selten in Prozess- und Produktinnovationen münden. Dabei wäre der Sparkassenkunde nicht nur Verbraucher, sondern auch Datenlieferant zugleich. Denn zum einen kann der Sparkassenkunde von einem individualisierten und bedarfsgerechten Angebot profitieren. Zum anderen könnten sich Anbieter auch auf die Zahlungsbereitschaft des Sparkassenkunden beziehen und die theoretisch auch die maximale Preisbereitschaft ihrer Kunden ermitteln. Daher gilt es das in die Sparkassen gesetzte Vertrauen nach wie vor zu bestätigen und dafür Sorge zu tragen, dass mit diesem vermeintlichen Spannungsfeld sehr gewissenhaft umgegangen wird.

Wir halten fest, Sparkassen sitzen auf einem der wertvollsten Datenschätze inklusive langjähriger Historie (vgl. Manager Magazin, 2015). Daher kann und wird Sparkassen-DataAnalytics die Wettbewerbsfähigkeit der Sparkassen steigern. Zudem wird Data Analytics zunehmend zur Reduktion von Kosten und operationellen Risiken eingesetzt. Ausgehend vom Vertrieb ist die Idee, perspektivisch auch alle anderen Geschäftsfelder der Sparkassen-Finanzgruppe mit Sparkassen-Data Analytics unterstützen zu können. Denn dadurch könnten diverse Betriebsprozesse optimiert und automatisiert werden.

Daher unser Appell an alle Sparkassen, die davon bislang noch nicht profitieren. Nutzen Sie ebenfalls die Expertise aus der Sparkassen-Finanzgruppe in datengetriebenem Vorgehen: »Klar zum Segel setzen«!

Fazit: Digitalisierung muss einfach sein. Sparkassen-DataAnalytics ist Erfolgstreiber eines tiefgreifenden Wandels. Vertrauen ist digital!

Literaturverzeichnis

Big Data trifft auf künstliche Intelligenz – Herausforderungen und Implikationen für Aufsicht und Regulierung von Finanzdienstleistungen (2018), Bundesanstalt für Finanzdienstleistungsaufsicht

Brock, H., & Bieberstein, I. (2015). Multi-und Omnichannel-Management in Banken und Sparkassen. Gabler, Wiesbaden

Burkert, U., Dürkop, U., Intelmann, J., Kater, U., Lips, C., Michels, J., Traud, G., Wesselmann, C., Zimmermann, G., Künstliche Intelligenz – Wachstumstreiber der deutschen Volkswirtschaft?, Standpunkt der Chefvolkswirte (2019), DSGV

Drummer, D., Jerenz, A., Siebelt, P., & Thaten, M. (2016). FinTech – Challenges and Opportunities How digitization is transforming the financial sector. McKinsey & Company
http://www.mckinsey.com/industries/financial-services/our-insights/fintech-challenges-and-opportunities

Gai, K., Qiu, M., & Sun, X. (2018). A survey on FinTech. Journal of Network and Computer Applications, 103, 262–273.

Giebe, C. (2019). The Chief Digital Officer–Savior for the Digitalization in German Banks? Journal of Economic Development, Environment and People, 8(3), 6–15.

Hammerström, L. (2018). Organizational Design of Big Data and Analytics Teams. European Journal of Social Science Education and Research, 5(3), 132–149.

Hess, T., Matt, C., Benlian, A., & Wiesböck, F. (2016). Options for formulating a digital transformation strategy. MIS Quarterly Executive, 15(2).

Bankstellenentwicklung im Jahr 2018 https://www.bundesbank.de/de/presse/pressenotizen/bankstellenentwicklung-im-jahr-2018–800730

Leichsenring, H., (2019), Deutsche Banken verlieren bei Digitalisierung an Boden
https://www.der-bank-blog.de/deutsche-banken-digitalisierung-2/studien/digitalisierung-finanzdienstleistung/37653961/

Leichsenring, H., (2019), Von Neobanken und BigTechs lernen
https://www.der-bank-blog.de/neobanken-bigtechs-lernen/studien/digitalisierung-finanzdienstleistung/37653972/

Leichsenring, H., (2017), Erneuter Stellenabbau in Banken und Sparkassen
https://www.der-bank-blog.de/erneuter-stellenabbau-banken/trends/28641/

Leichsenring, H., (2019), Was 2019 für die Sparkassen-Finanzgruppe wichtig wird
https://www.der-bank-blog.de/sparkassen-finanzgruppe-2019/retail-banking/39221/

Banken entdecken ihren Daten-Schatz (2015), Manager Magazin
https://www.manager-magazin.de/digitales/it/banken-wollen-kuenftig-die-daten-ihrer-kunden-nutzen-a-1066490.html

Sigmund, T. (2019), Europa kann es besser, Verlag Herder

7 IT als strategische Ressource der Finanzwirtschaft

Dr. Markus Bock, Finanz Informatik

7.1 Einleitung

Nach der industriellen Revolution im 19. Jahrhundert, der elektrotechnisch-chemischen Revolution Anfang des 20. Jahrhunderts und dem als dritte industrielle Revolution bezeichneten Einzug der Digitaltechnik und Robotik in Produktion und Verwaltung Anfang der 1970er-Jahre verändert die Digitalisierung als vierte industrielle Revolution in der Geschichte westeuropäischer Ökonomie derzeit das gesellschaftliche und wirtschaftliche Gefüge grundlegend. Die Automatisierung von Abläufen, die Vernetzung von Systemen, die Verbreitung digitaler Endgeräte, das Wachstum an Daten sowie die Möglichkeiten, große Datenmengen performant zu verarbeiten und zu speichern, eröffnen neue Wege der Kommunikation, der Interaktion, der Organisation und auch der Wissensvermittlung. Die Informationstechnologie (IT) ist dabei eine strategische Ressource, die entsprechend gesteuert werden muss.

Das gilt auch für die Sparkassen-Finanzgruppe, die die Digitalisierung als Chance begreift, um sich zu verändern, ihr Geschäftsmodell weiterzuentwickeln und dabei den Kern – die Nähe zum Kunden – zu wahren. Als Innovationstreiber trägt deren zentraler IT-Dienstleister dazu bei, dass Digitalisierung für die Sparkassenkunden auch Nutzen stiftet und dem Erfolg der Sparkassen im Markt dient. Der IT-Dienstleister fördert die Agilität sowie Interoperabilität im Verbund und schafft die technischen Voraussetzungen, mit denen die Sparkassen in Deutschland in einer durch IT-Plattformen geprägten Ökonomie ihre führende Rolle als vertrauenswürdiger Finanzpartner behaupten können. Dazu setzt er modernste IT-Technologien ein, um das Arbeiten in den Instituten und im Verbund intelligent, effizient und regulationskonform zu gestalten. Denn Digitalisierung in der Sparkassen-Finanzgruppe steht immer im Kontext der Berücksichtigung aller strategischen Herausforderungen im Banking. Zu diesen gehören neben der Digitalisierung auch die voraussichtlich sehr lange anhaltende Niedrigzinsphase und die Regulierung auf nationaler und internationaler Ebene.

7.2 Strategische Herausforderungen im Banking

Der digitale Wandel in der Gesellschaft, der Wirtschaft und damit auch bei Finanzgeschäften, ein durch Niedrigzinsen bedingter Erlös- und Kostendruck der Institute sowie eine steigende Anzahl regulatorischer Anforderungen kennzeichnen das Spannungsfeld der strategischen Herausforderungen im Banking. Die IT gewinnt bei der Lösung aller drei strategischen Herausforderungen weiter an Bedeutung. Damit ist sie insbesondere auch für Sparkassen einer der wichtigsten Wettbewerbsfaktoren.

Als strategische Ressource der Finanzwirtschaft bereitet die IT den Sparkassen den Weg, Kundenorientierung neu zu definieren. Sie verzahnt beispielsweise die stationären und medialen Wege zu den, in den und zwischen den Instituten. Kunden können so auf einfache Weise die digitalen Services ihres Instituts nutzen. Sie erhalten aber auch auf gleiche Weise Zugang zu den kompetenten Beratungsleistungen ihres Finanzpartners. Diese Leistungen beziehen in der Sparkassen-Finanzgruppe nicht nur die gesamte Bandbreite der Produkte und Services des eigenen Instituts ein, sondern auch die Finanzangebote der Verbundpartner, etwa aus Bausparkassen oder Versicherungen. Die IT eröffnet diesen Zugang auch in der digitalen Welt. Dieses umfassende Angebot in Verbindung mit einer hohen Beratungsqualität ermöglicht es den Sparkassen, durch ein aktives, am Multikanal ausgerichtetes Beziehungsmanagement ihre Wettbewerbsvorteile und ihren vertrieblichen Erfolg in der digitalisierten Welt zu wahren.

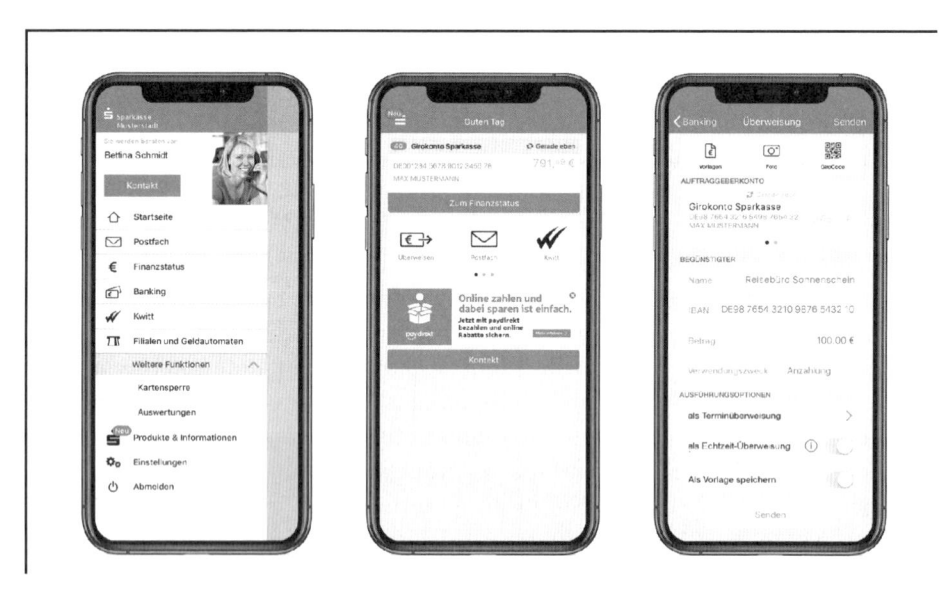

Abb.1: Ansichten aus der erfolgreichen S-App-IT eröffnet den Zugang zu Sparkassen in der digitalen Welt[1].

Die IT unterstützt die Digitalisierung im Kontext aller Herausforderungen der Institute. Sie berücksichtigt, dass die Erträge der Institute in Folge der aktu-

1 Bildquelle: StarFinanz

ellen Zinssituation sinken und dass die Regulierung zum einen immer mehr Eigenkapital fordert und zum anderen steigende Kosten verursacht. Moderne IT-Technologien verhelfen den Instituten dazu, ihre Ertrags- und Kostensituation zu verbessern. Auf der Ertragsseite avanciert die IT zum unverzichtbaren Generator bei der Entwicklung neuer Produkte und Services für die Kunden. Sie ist zudem der Ursprung von Innovationen. Obwohl sie selbst signifikante Kosten verursacht, birgt sie ein erhebliches Potenzial in Bezug auf die Optimierung der Kostenstrukturen. Prozesseffizienz, -standardisierung und -automation in den Instituten sowie Skaleneffekte im Verbund der Sparkassen-Finanzgruppe sind wichtige Zielgrößen für jedes IT-Projekt.

Eine weitere Rahmenbedingung für die Umsetzung von IT-Projekten ist das Erfüllen der unverändert hohen Regulierungsvorgaben durch nationale und europäische Bankenaufsichten. Die Erfüllung regulatorischer Vorgaben wie zum Beispiel der Grundsätze für die effektive Aggregation von Risikodaten und die Risikoberichterstattung (BCBS 239), der analytischen Kreditdatensätze (Analytical Credit Datasets – kurz: AnaCredit) und der Mindestanforderungen an das Risikomanagement (MaRisk) erfordert eine wesentlich stärkere fachliche und technische Integration von Daten und Prozessen, als es bisher seitens der Aufsicht gefordert war. Insbesondere kleine und mittlere Institute benötigen eine weitgehend automatisierte und damit digitale Unterstützung für eine ressourcenschonende Abwicklung dieser Anforderungen. Mit wachsender Durchdringung der Geschäftsprozesse durch die IT nehmen dabei auch die Ansprüche zu, die die IT-Systeme selbst erfüllen müssen. Datenschutz, Informationssicherheit und auch die Banksteuerung stehen immer häufiger im Fokus der Aufsicht. Eine zentrale, an den regulatorischen Anforderungen ausgerichtete IT sichert den Instituten der Sparkassen-Finanzgruppe eine größtmögliche Effizienz bei der Umsetzung regulatorischer Vorgaben.

Als strategische Ressource der Finanzwirtschaft treibt die IT nicht nur den digitalen Wandel in den Finanzinstituten an. Sie berücksichtigt auch die Herausforderungen des Erlös- und Kostendrucks in den Instituten und unterstützt die Einhaltung der hohen Regulierungsvorgaben. Das gilt sowohl für die direkten IT-Kosten, als auch für die Digitalisierung von Geschäftsprozessen, um diese zu beschleunigen und nachhaltig zu verbessern. Die IT eröffnet aber durch Zentralisierung auch Skaleneffekte im Verbund. So erhalten die Institute der Sparkassen-Finanzgruppe beispielsweise durch eine moderne Banksteuerung in Zukunft Mittel an die Hand, ihre Kosten zu steuern, Ertragspotenziale zu identifizieren sowie Risiken rechtzeitig zu erkennen und zu vermeiden.

7.3 Bedeutung der Digitalisierung

Digitale Lösungen verändern in gravierender Weise und in kürzester Zeit die Art zu leben, zu lernen und zu arbeiten. Entsprechende Lösungen im Sinne der Kunden zu entwickeln, erfordert neue Ansätze und Fähigkeiten in der IT. Die IT eröffnet der Finanzwirtschaft vielfältige Chancen. Um diese zu nutzen, müssen sich etablierte Finanzdienstleister auf die Spielregeln der digitalen Welt einlassen. Dazu gehört, dass die Finanzwirtschaft sich der Plattformökonomie öffnet und in dieser als vertrauenswürdiger und attraktiver Partner für alle finanziellen Fragen (Allfinanz) fungiert.

7.3.1 Betriebswirtschaftliche Bedeutung der Digitalisierung

Durch die Digitalisierung ändert sich die Rolle der IT in der Sparkassen-Finanzgruppe grundlegend. Sie hat sich von einer reinen Hilfsfunktion hin zu einer strategisch hochgradig relevanten Ressource entwickelt. Diese muss auf der einen Seite professionell gesteuert werden. Auf der anderen Seite unterstützt die IT aber auch wichtige Aufgaben der Steuerung und des Managements anderer Ressourcen.

Die IT übernimmt nicht nur die Automatisierung und Steuerung von Prozessen, sondern ist auch die Basis für neue mehrwertstiftende Lösungen. Ein Beispiel für mehrwertorientierte Services könnte die Überprüfung des vom Kunden verwendeten Endgerätes während einer Onlinebanking-Session auf einen eventuell problematischen Virenbefall mit automatischer Kontensperre im Verdachtsfall sein. Solche Services erfordern Strukturen im Institut oder der Institutsgruppe, die Kundenbedarfe identifizieren und neue Lösungsansätze kreieren. Um entsprechende Lösungen zum Beispiel als Cloud-Angebot bedarfsgerecht zu entwickeln, rückt die IT näher an den Kunden heran und damit in eine Domäne herein, die früher ausschließlich den Instituten vorbehalten war. Institutsseitig erfordert die strategische Ressource IT auf übergeordneter Ebene neue Entscheidungen wie die Festlegung beziehungsweise Anpassung der Personal-/Sachkostenrelation. Fragen, ob Filialen zu SB-Stellen gewandelt werden oder bestimmte Services in ländlichen Gebieten nur noch per Videoberatung möglich sind, werden erst durch die neuen technologischen Möglichkeiten virulent.

Durch Digitalprojekte wird der Wandel in den Instituten gestaltet. Ziel dabei ist es vielfach, die IT intelligent einzusetzen, um andere Ressourcen zu steuern oder zu managen. IT kann beispielsweise dazu beitragen, die Qualität von Prozessen kontinuierlich zu verbessern, indem diese gemessen werden. Erkennt die IT etwa, dass Kunden in der Internet-Filiale mehrfach am gleichen Prozessschritt scheitern und den Prozess abbrechen, kann dieser Prozessschritt gezielt überprüft und verbessert werden. Die IT bietet aber auch neue Möglichkeiten der Effizienzbetrachtungen in den Instituten und wird damit zum zentralen Instrument zur Planung und auch Allokation von Ressourcen. Aufwendige statistische Berechnungen und Vergleiche werden heute und in Zukunft schnell und einfach durchgeführt. Das Erkennen von Mustern und Parallelen für Branchenwerte, Risikoindikatoren, Absatzmärkte etc. erlauben dabei einen weiten Blick über die eigenen Institutsgrenzen hinaus und auch Projektionen in die Zukunft.

Eingängige Visualisierungen machen dabei Inhalte transparent und anschaulich.

Damit strategische Entscheidungen auf betriebliche Ebene ihren vollen Nutzen entfalten können, müssen die Menschen in die digitalisierte Arbeitswelt von morgen mitgenommen werden. Nicht selten begegnen insbesondere ältere Mitarbeiter den digitalen Technologien mit Vorurteilen, Ängsten und Bedenken. Schulungen, Positivbeispiele und die Begleitung durch Multiplikatoren sind probate Mittel, um in den Instituten eine breite Akzeptanz für den notwendigen Wandel zu erzeugen. So werden die kulturellen Voraussetzungen geschaffen, unter denen große Digitalprojekte gelingen.

7.3.2 Plattformökonomie

Die auch als BigTechs bezeichneten Internet-Konzerne wie Amazon, Apple, Google, Microsoft verändern mit ihren Plattformen das wirtschaftliche Gefüge grundlegend. Sie dominieren Märkte und auch die Erwartungshaltung der Verbraucher an die Angebote ihrer Sparkasse oder Bank. Die Benchmark für etablierte Institute setzen heute und in Zukunft nicht mehr nur die Angebote anderer Institute. BigTechs investieren derzeit massiv in Banking-Plattformen und setzen dabei neue Standards. Sie nutzen ihre breite Erfahrung in der Plattformökonomie dazu, um ihren Kunden weitere Mehrwerte zu bieten, die diese noch enger binden. Dabei attackieren sie die etablierten Institute in bestimmten Segmenten wie dem Zahlungsverkehr. Die Wege und Schnittstellen zum Eintritt in den Markt für Finanzdienstleistungen stehen den Internet-Konzernen durch die zweite Zahlungsdiensterichtlinie (Payment Services Directive 2 – PSD 2) offen. Ihrerseits schotten sie jedoch ihre bislang nicht regulierten Ökosysteme weitgehend ab. Sie steuern den Zugang zu ihren Plattformen nach eigenen Regeln, wie etwa bei der Near Field Communications (NFC)-Schnittstelle im iPhone oder den Banking-Skills für Amazon Alexa geschehen. Ihre App-Stores fungieren darüber hinaus als Gatekeeper der Endgeräte. Die hohe vertikale Marktdurchdringung der BigTechs macht eine Zusammenarbeit mit diesen für klassische Banken und Finanzdienstleister zwar attraktiv – aber nur zu fairen Bedingungen.

Sparkassen und Banken haben im Wettbewerb heute immer noch die Vorteile bei sich. Wenn sie es verstehen, ihre traditionelle Stärke in die Plattformökonomie zu übertragen und es schaffen, in den digitalen Kanälen im Sinne ihrer Kunden einen Mehrwert zu bieten, werden sie ihre führende Stellung im Finanzwesen beibehalten können. Um das zu erreichen, ist es hilfreich, die Big-Tech-Plattformen zu analysieren. Es gilt zu erkennen, was deren Attraktivität ausmacht, welche Potenziale sie für Kooperationen und die eigene Reichweitenverstärkung bieten und wo ihre Schwächen beziehungsweise Grenzen liegen.

Die Chance der etablierten Finanzdienstleister liegt in der hohen Sensibilität, die das Thema »Finanzen« bei Verbrauchern hat. Die Wahl des geeigneten

Finanzpartners setzt auch bei den jüngeren Generationen Sicherheit, Vertrauen und Transparenz voraus[1]. Hier liegt die große Schwäche vieler global agierender Plattformanbieter. Mit jedem Datenskandal schwindet das Vertrauen der Verbraucher, den Internetkonzernen ihre sensiblen Finanzdaten zu übertragen. Die überwiegende Mehrheit der deutschen Kunden bleibt ihrem Finanzpartner treu, wenn sie erkennt, dass dieser in der digitalen Realität angekommen ist. Dazu gehört, dass der Finanzpartner in dem Kanal Internet mehr sieht, als nur eine technische Plattform für das Online-Banking oder einen Werbekanal. Beim Aufbau eines attraktiven Angebotes können etablierte Institute aus einem wesentlich breiteren Spektrum der Möglichkeiten schöpfen, als die BigTechs. Finanzinstitute bieten beispielsweise aus einer Hand ein umfassendes Portfolio an Finanzdienstleistungen an, das weit über Zahlungsverkehrsdienste und Kredite hinausgeht. Zudem genießen sie durch die konsequente Einhaltung hoher Datenschutz- und Datensicherheitsstandards das uneingeschränkte Vertrauen vieler Kunden. Insbesondere für Sparkassen ist ein weiterer Erfolgsfaktor, dass Finanzdienstleistungen für sie keine unpersönliche Angelegenheit sind. Vielmehr gehört für sie das Angebot einer persönlichen Unterstützung oder Beratung zum integralen Bestandteil ihres digitalen Portfolios.

Um die Chancen der Plattformökonomie zu ergreifen, müssen die etablierten Institute die aktuellen technologischen Möglichkeiten nutzen und neue Wege gehen. Neue Technologien und Geschwindigkeiten fördern dabei nicht nur Innovationen, sondern bieten auch Lösungsansätze für bisher nicht lösbare Herausforderungen.

7.3.3 Veränderungsfähigkeit am Beispiel Allfinanz

Die Sparkassen-Finanzgruppe hat es sich unter anderem zum Ziel gesetzt, die Chancen der Plattformökonomie zu nutzen. Ein Ansatz dabei ist es, über eine vertrauenswürdige, digitale und zentrale Finanzplattform den Kunden ein gesamtheitliches Personal Finance Management (PFM) zur Verfügung zu stellen. Über dieses können die Kunden ihre finanziellen Angelegenheiten überblicken, überwachen und steuern, wobei sie der Berater auf Wunsch auch unterstützt. Dabei sind durch die heutigen technischen Möglichkeiten Hürden überwindbar, die die Finanzwirtschaft über Jahrzehnte hinderte. So konnte bis dato das bereits in den 1980er-Jahren erkannte hohe Synergiepotenzial einer engeren Zusammenarbeit zwischen den in Deutschland rechtlich eigenständig agierenden Finanzinstituten unterschiedlicher Branchen wie Banken, Bausparkassen und Versicherungen aufgrund technischer Hemmnisse, wie unterschiedlicher IT-Systeme und Datenbestände, nicht vollständig genutzt werden. Zwar wurden Kunden in den Sparkassen von einem Ansprechpartner in allen

---

[1] Quelle: Trendstudie »Casual Banking« (2019) des S-Hub in Zusammenarbeit mit Trendbüro, Professor Peter Wippermann

Finanzangelegenheiten beraten, doch die Berater mussten in den Instituten stets eine mangelnde IT-Integration kompensieren. Die technologiebedingten Reibungsverluste ließen die erwarteten Synergien im Vertrieb, die Stärkung der Kundenbindung und eine Verbreiterung des Kundenkreises nicht in ganzem Umfang eintreten.

Mit den heute zur Verfügung stehenden Technologien und Geschwindigkeiten werden solche Grenzen überwunden. Eine digitale Finanzplattform führt das Angebot unterschiedlicher Organisationen technisch zusammen und aggregiert dieses an der Kundenschnittstelle. Amazon und Ebay sind dafür klassische Beispiele aus dem Handel die zeigen, wie unterschiedliche Anbieter und auch Wettbewerber einen zentralen Kundenzugang nutzen, wenn dieser stark frequentiert wird. Betreiber einer leistungsfähigen und vertrauenswürdigen digitalen Finanzplattform können die dort aggregierten Informationen nutzen, um Marktvorteile zu erreichen. Sie sind dabei in der Lage, Kunden eine »gewisse« Exklusivität zu bieten, indem sie etwa die aus der Nutzung von Daten und Informationen generierten Mehrwerte nur auf der oder im Umfeld der digitalen Plattform zulassen. Solche Mehrwerte decken sich mit dem Grundgedanken des klassischen Allfinanzgedankens. Auf einer zukünftigen digitalen Finanzplattform erkennen leistungsfähige Algorithmen die Kundenbedürfnisse und generieren attraktive Cross-Selling-Angebote auf allen Kanälen. Kunden, die sich dann für eine Baufinanzierung interessieren oder diese abschließen, könnten über die Plattform incentivierte Angebote etwa für eine Bauherrenhaftpflicht, eine Wohngebäudeversicherung oder eine Rechtsschutzversicherung erhalten. Der Betreiber der digitalen Finanzplattform aggregiert dazu verschiedene Anbieter. Er kann die auf der Plattform generierten Daten im Sinne des Allfinanzansatzes nutzen, um beispielsweise auch über klassische Finanzangebote hinausgehende Zusatzleistungen zu vermitteln. Eigenheimkäufern könnte beispielsweise eine Übersicht an ortsansässigen Notaren angezeigt und vermittelt werden. Autokäufern könnte ein Fahrsicherheitstraining eines bevorzugten Anbieters empfohlen werden, das dann wiederum die ebenfalls vermittelte Versicherungspolice vergünstigt.

7.4 IT im Kontext der Digitalisierung

Die IT rückt im Kontext der Digitalisierung in ein neues Licht. Sie wirkt sich in einer Retailbank auf die gesamte Wertschöpfungskette aus. Sie unterstützt das Betriebsmodell und fordert dabei Antworten auf neue Fragen der Standardisierung. Dabei profitiert die Sparkassen-Finanzgruppe von ihren zentralisierten IT-Strukturen. Auf dieser Basis treibt sie die Digitalisierung aktiv voran und erschließt sich die Möglichkeiten der Plattformökonomie.

7.4.1 Bedeutung der IT in einer Retailbank

IT beeinflusst die gesamte Wertschöpfungskette in einer Retailbank. Das Produktportfolio und die Definition der Zielkunden sind davon genauso berührt wie das Kernbankensystem, das Back-Office, das Middle-Office sowie die Mitarbeiter.

Neue Absatzmärkte für innovative Produkte und Services werden durch die IT erschlossen. Die Internet-Filiale und die bereits über 20 Millionen Mal heruntergeladen und damit Deutschlands meistgenutzte Banking-App »Sparkasse« (S-App) stehen den Kunden zu jeder Zeit zur Verfügung. Schlanke Vertriebswege verändern die Stückkosten und eröffnen den Zugang zu Zielgruppen, die bisher nicht erreicht werden konnten. Insbesondere junge Zielgruppen der Generationen Y und Z stellen andere Anforderungen an das Produktdesign. Sie sind in einer unter anderem durch Apple geprägten Welt der User-Experience groß geworden und erwarten einfach gestaltete Produkte. Junge Menschen wollen den Nutzen eines Produktes direkt verstehen, sie intuitiv bedienen und mit wenigen Nutzerinteraktionen zum Abschluss kommen. Institute stellen ihrerseits neue Anforderungen an Produkte. Sie profitieren davon, wenn Cross-Selling-Potenziale durch Vergleiche zu Musterkunden automatisch erkannt und durch entsprechende digitale Angebote erschlossen werden. Die Musterkundenvergleiche unterstützen aber nicht nur den Vertriebserfolg, sondern stehen auch für die Finanzkonzepte und zur Wahrung aufsichtsrechtlicher Anforderungen zur Verfügung.

Die IT eröffnet aber nicht nur für die Betreuung digital-affiner Kunden neue Möglichkeiten. Sie optimiert auch die Beratung klassischer Filialkunden. Diese werden im Zuge des digitalen Wandels von modernen Beratungssituationen profitieren. In der Fläche versorgen Videoberatungslösungen und Chatsysteme die Kunden zu vereinbarten Zeiten mit Spezialisten-Wissen. Da die Online-Angebote und die Filiale auf einer einheitlichen Plattform laufen, können dabei Prozesse durchgängig gesteuert werden. Haben sich Kunden beispielsweise in der Internet-Filiale über eine Baufinanzierung informiert, kann die Beratung in der Filiale an der Stelle fortgeführt werden, an der ein Kunde den Prozess online unterbrochen hat.

Ohne ein modernes und performantes Kernbanksystem ist die Verarbeitung der großen Datenmengen nicht möglich. Allein im Jahr 2018 hat die Finanz Informatik (FI) als zentraler IT-Dienstleister der Sparkassen-Finanzgruppe den Service für ca. 120 Millionen Bankkonten übernommen und dabei ca. 125 Milliarden technischer Transaktionen durchgeführt. Der hohe Automatisierungsgrad und die durchgängigen, institutsübergreifenden Strukturen einer leistungsfähigen IT ermöglichen auch eine effiziente und sichere Zusammenarbeit im Verbund. Sie stellen zudem sicher, dass die sensiblen Daten der Kunden zu jeder Zeit geschützt und gesichert sind, was das Vertrauen der Kunden in ihre Sparkasse stärkt.

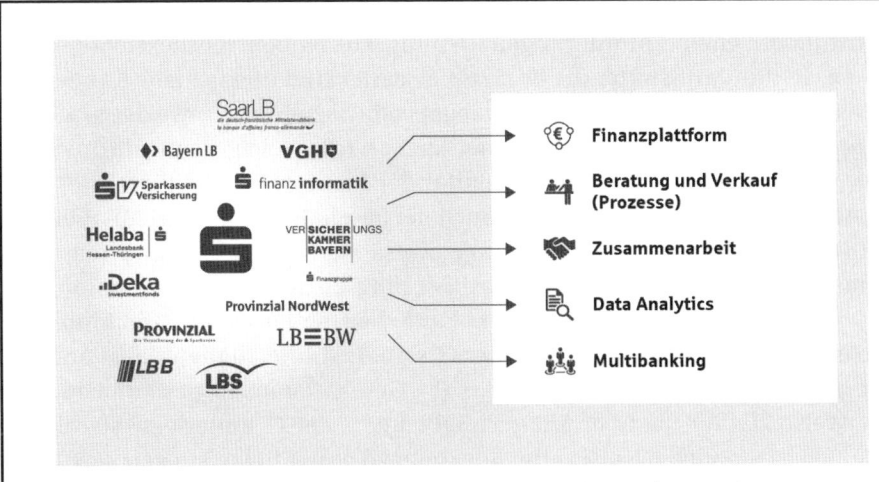

Abb. 2: Eine leistungsfähige IT schafft Synergien im Verbund der Sparkassen-Finanzgruppe

Eine leistungsfähige IT unterstützt auch das Back-Office und das Middle-Office in den Instituten. Automatisierte und standardisierte Prozesse entlasten die Mitarbeiter und führen zu einem höheren Anteil der fallabschließenden Bearbeitung im Markt. Mitarbeiter, die primär mit repetitiver Sachbearbeitung betraut waren, können durch den Einsatz geeigneter Tools mehrwertstiftende Aufgaben etwa im Qualitätsmanagement übernehmen. Qualitätsgesicherte und dokumentierte Prozesse und Verfahren tragen auch dazu bei, dass regulatorisch bedingte Belastung durch den intelligenten Einsatz von IT weitestgehend kompensiert wird.

Die strategische Relevanz der IT erfordert auch neue Fähigkeiten von Mitarbeitern. Eine ausgeprägte digitale Kompetenz der Mitarbeiter wirkt sich auf das gesamte Institut aus. Digitalkompetenz erwerben Mitarbeiter aus erster Hand, wenn sie beispielsweise selbst die digitalen Services der eigenen Sparkasse nutzen. Dann begegnen sie den digital-affinen Kunden auf Augenhöhe und werden auch zum Multiplikator für andere Mitarbeiter, bei denen die Affinität zum Digitalen weniger stark ausgeprägt ist. IT steht aber auch im Zentrum moderner Arbeitsformen und agile Arbeitsweisen (New Work). Mobile Working in der Beratung, Co-Working und auch kollaboratives Arbeiten im Institut und im Verbund erfordert ein entsprechendes Verständnis und die Bereitschaft der Mitarbeiter, für Kundengespräche den eigenen Schreibtisch zu verlassen.

7.4.2 Standardisierte Abbildung unterschiedlicher Betriebsmodelle

Die Relevanz der IT-Unterstützung von Instituten und Mitarbeitern steigt in erheblichem Maße mit der Passgenauigkeit der IT-Infrastruktur. Im Spannungsfeld der rückgängigen Erträge und der regulationsbedingten Aufwände verändern immer mehr Institute ihre IT-Strategie und nutzen Standards. Das reduziert

Aufwände, bietet weitreichende Synergien und darüber hinaus die Sicherheit, die regulatorischen Anforderungen IT-seitig konsequent berücksichtigen zu können. Je standardisierter die Prozesse gestaltet sind und je mehr Kunden sie nutzen, desto größer ist die Fixkostendegression beziehungsweise der Skaleneffekt bei Aufwänden. Maximale Kosteneffizienz wird erreicht, wenn alle Institute einen Standard nutzen. Die Heterogenität der Institute hinsichtlich ihrer Größen, der Hauptgeschäftsgebiete und auch der geschäftspolitischen Ausrichtung etwa hinsichtlich der Aktiv- beziehungsweise Passivlastigkeit sind relevante Einflussfaktoren, die bei der Standardisierung zu berücksichtigen sind. Ein sinnvoller und effizienter Kompromiss kann die standardisierte Abbildung unterschiedlicher Betriebsmodelle in der IT sein. Institute können dabei anhand einer geringen Anzahl an Parametern ihr Geschäftsmodell beschreiben. Auf diese Weise können sie über unterschiedliche, in der IT hinterlegte standardisierte Betriebsmodelle, Skaleneffekte erzielen. Diese Effekte steigen, je stärker diese Prozesse zentral erbracht und im Rahmen eines IT-Outsourcings von vielen Instituten genutzt werden.

7.4.3 Digitalisierung ist Kerngeschäft der IT-Dienstleister

Digitalisierung ist für die IT-Dienstleister nichts Neues, sondern seit jeher ihr Kerngeschäft. Bereits die Vorgänger der FI als auch der zentrale IT-Dienstleister selbst setzten von jeher neueste IT-Technologien und -Verfahren ein, um das Arbeiten in den Instituten und Verbundunternehmen so weit wie jeweils technisch möglich zu automatisieren. Den evolutionären Einzug der IT in die Fachabteilungen und Filialen haben sie begleitet und in vielen Fällen auch gestaltet. Dabei haben sie sich sukzessive ein bankfachliches Know-how angeeignet, um IT stets in den Dienst der Fachlichkeit zu stellen.

Auf diese Weise hat die FI für die Sparkassen-Finanzgruppe in enger Zusammenarbeit mit Verbänden und Instituten die Gesamtbanklösung One System Plus (OSPlus) Zug um Zug entwickelt und eingeführt. Damit hat sie auch das Arbeiten auf Basis digitaler Prozesse frühzeitig und konsequent etabliert. Dieser evolutionäre Prozess geht mit dem digitalen Wandel weiter, wenngleich sich dabei auch die Rolle der IT verändert. Diese wird auf Wunsch der Institute immer aktiver, um den veränderten Kundenbedürfnissen gerecht zu werden. Von den IT-Profis wird erwartet, dass sie die wichtigen Entwicklungen der digitalen Welt kennen, deren Relevanz für das Bankgeschäft antizipieren und darauf aufbauend neue Impulse in den Verbund tragen. Diesem Anspruch wird die FI als zentrale IT-Dienstleister der Sparkassen-Finanzgruppe gerecht, in dem sie die IT ganzheitlich für den Verbund weiterentwickelt und OSPlus zur digitalen Finanzplattform ausbaut.

Dabei sind auch Cloud Services für den Ausbau von OSPlus von besonderer Bedeutung. Sie ermöglichen eine flexible, bedarfsorientierte Nutzung und Abrechnung von IT-Infrastruktur- und Anwendungskomponenten. Basis dafür sind hochgradig standardisierte, kosteneffiziente und in der Regel virtualisierte technologische Plattformen. Eine hochsichere, in sich geschlossene Rechenzentrums- und Netzwerkinfrastruktur im Sinne einer Private Cloud gewährleistet dabei ein Höchstmaß an Datenschutz und Datensicherheit für die Sparkassen und deren Kunden. Aber auch Entwicklungen auf dem Public-Cloud-Markt können in Zukunft relevant werden. Die FI beobachtet diese Entwicklungen aufmerksam, insbesondere hinsichtlich der Erfüllung der regulatorisch geforderten Sicherheitsanforderungen, ihrer Kosten und der eingesetzten Technologien.

7.4.4 Zentralisierte IT ist Stärke der Sparkassen-Finanzgruppe

Dass die IT der Sparkassen-Finanzgruppe heute als strategische Ressource der Finanzwirtschaft fungiert, ist der mit Weitsicht erfolgten frühzeitigen Bündelung der IT bei einem zentralen IT-Dienstleister sowie der gemeinsamen Entwicklung von OSPlus zu verdanken. Die zentrale IT steht im Einklang mit der Geschäftspolitik und Strategie, die die Institute und Verbände festlegen. Die fachliche Weiterentwicklung von OSPlus, die die strategischen Themen der Sparkassen-Finanzgruppe berühren, erfolgt anhand der Anforderungen aus den Gremien des Deutschen Sparkassen und Giroverbands (DSGV) beziehungsweise der Sparkassen Rating- und Risikosysteme GmbH (SR). Die FI setzt die standardisierten Geschäftsprozesse anhand der bankfachlichen Vorgaben, Strategien beziehungsweise Modellorganisationen des DSGV um. Durch die enge Einbindung der Sparkassen, Regionalverbände, des DSGV und der Verbundpartner in den Planungs- und Beauftragungsprozess der FI ist eine Nutzerzentrierung und breite Akzeptanz des OSPlus-Leistungsangebots sichergestellt. Sparkassen und Regionalverbände sind in der FI-Governance beziehungsweise im Rahmen der Projektarbeit breit vertreten.

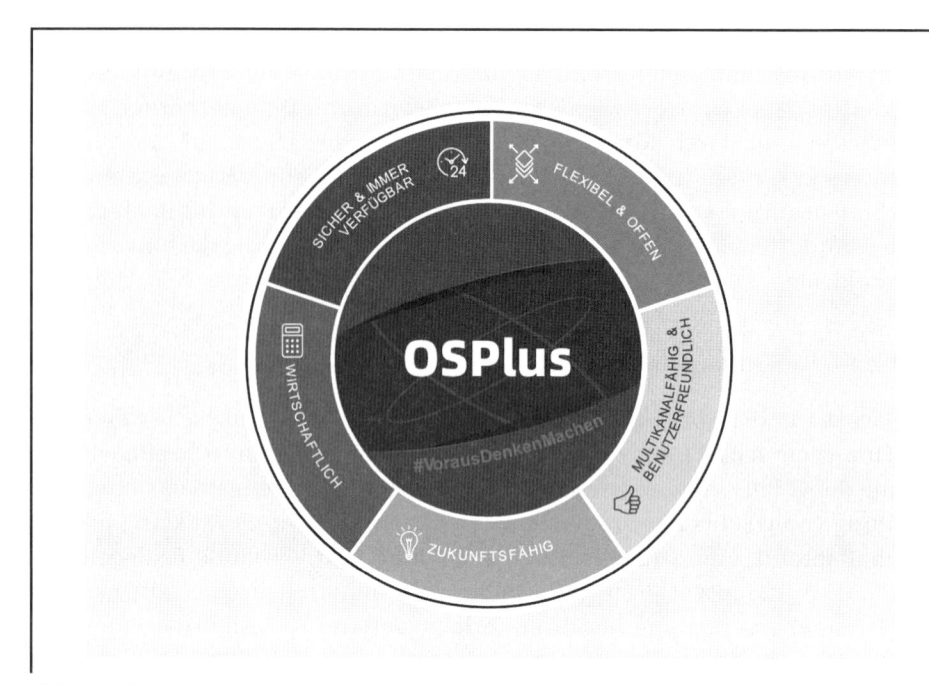

Abb. 3: Die kundenzentrierte Gesamtbanklösung OSPlus ist die Basis für die Digitalisierung in der Sparkassen-Finanzgruppe

Die einheitliche und zukunftsfähige Gesamtbanklösung OSPlus steht den Sparkassen seit 2011 zur Verfügung. Nach der Migration der Hamburger Sparkasse (Haspa) im Jahr 2019 ist OSPlus die zentrale Gesamtbanklösung für alle Sparkassen in Deutschland. Sie basiert auf einer modernen Architektur. Zentraler Bestandteil ist das leistungsfähige Kernbanksystem, das durch eine Vielzahl von Anwendungen rund um das Sparkassen- beziehungsweise Bankgeschäft komplettiert wird. Die Gesamtbanklösung unterstützt über das Vertriebsfrontend OSPlus_neo alle Phasen des Vertriebsprozesses den aktiven Verkauf von Sparkassen- und Verbundprodukten. Die leistungsfähigen Vertriebskomponenten des OSPlus ermöglichen die Kundenkommunikation ohne Medienbrüche und über alle Vertriebskanäle hinweg. Grundlage hierfür ist die integrierte Daten- und Informationsbasis, die alle relevanten Kunden- und Vertragsinformationen enthält. Die IT-Lösung zeichnet sich durch eine hohe Flexibilität und Integrationsfähigkeit aus. Die Schnittstellen der Anwendungsarchitektur erlauben es, Markt- und Verbundpartner über einen standardisierten und direkten Zugang zu integrieren.

OSPlus wird kontinuierlich weiterentwickelt und schafft Synergien, von denen alle Institute mit Blick auf die kommende digitale Finanzplattform profitieren. Alleine in 2018 wurden mehr als 300 Mio. Euro in das Gesamtbanksystem investiert. Ein wesentlicher Treiber war dabei die Positionierung von OSPlus als übergreifende, verbundweite digitale Finanzplattform sowie die tiefe Integration von Verbundpartnern, Landesbausparkassen und Landesbanken. Die zentrale IT-Leistungserbringung für die gesamte Sparkassen-Finanzgruppe bietet Skaleneffekte und Verbundvorteile. Ein wichtiger Faktor dabei ist die Standardisierung von Geschäftsprozessen und zentraler IT-Services. Valide Analysen belegen, dass Standardgeschäftsprozesse in Sparkassen insbesondere im Standardprivatkundenbereich zur betriebswirtschaftlichen Entlastung und zum Anstieg der Kundenzufriedenheit beitragen. Diese wurden unter Beteiligung der FI auf Basis eines wissenschaftlich fundierten Bewertungsschemas durchgeführt. Die Standardisierung von Prozessen gibt demnach dem Kunden die Sicherheit, dass sein Anliegen in einer abgesicherten Qualität und zu einem festgelegten Termin bearbeitet wird.[1]

Standardisierte Geschäftsprozesse in OSPlus_neo dienen in Sparkassen dazu, die Kunden effizient, einheitlich und auch regulationskonform zu beraten. Gleichzeitig können Kunden auf Basis dieser Prozesse bankfachliche Aufgaben und Serviceaufgaben in der Internet-Filiale oder mobil in der S-App erledigen. Standardisierte bankfachliche Geschäftsprozesse in OSPlus_neo helfen auch, Backoffice-Aufgaben in Sparkassen zu automatisieren und damit Kosten zu sparen. Standardisierte, zentrale IT-Services im Infrastrukturbereich entlasten die Sparkassen darüber hinaus von dezentralen IT-Aufgaben. Im Bereich der Banksteuerung sorgt die Umsetzung der Konzepte und Strategien zur Standardisierung und Automatisierung mittels Integriertem Datenhaushalt (IDH) für Datenkonsistenz, Datenqualität und einen hohen Automatisierungsgrad.

Die Bündelung der Digitalisierungs-Kompetenzen durch den zentralen IT-Dienstleister im Sparkassen Innovation Hub (S-Hub) ist ein weiterer Vorteil der Verbundgruppe. Interdisziplinäre Teams entwickeln gemeinsam mit Mitarbeitern der Sparkassen und Verbundpartner innovative Ideen, Produkte und Services für die Sparkassen-Finanzgruppe. Der S-Hub managt die Kooperationen mit den FinTechs. Er setzt Innovationen prototypisch um und unterzieht sie frühzeitig einem Praxistest.

7.4.5 Aktuelle Gestaltungsschwerpunkte im Kontext der Digitalisierung

Die IT treibt den digitalen Wandel in der Sparkassen-Finanzgruppe durch zahlreiche Initiativen aktiv voran. Handlungsschwerpunkte liegen unter anderem in der Gestaltung attraktiver digitaler Kundenschnittstellen, dem Ausbau moderner Steuerungs- und Sicherungsinstrumente sowie einer zeitgemäßen Kommunikations- und Collaborations-Infrastruktur. Die Potenziale der KI zu heben und der Ausbau des Security Operations Centers (SOC), in dem der zent-

---

[1] Quelle: Master-Thesis »Analyse und Bewertung der Vor- und Nachteile des Einsatzes von Standardgeschäftsprozessen am Beispiel des Privatkundenbereichs von Kreditinstituten«, Anika Waltermann.

rale IT-Dienstleister alle wichtigen IT-Sicherheitsfunktionen bündelt, sind weitere wesentliche Handlungsfelder.

Im digitalen Zeitalter wird die Gunst der Kunden an der Schnittstelle zu ihnen gewonnen. Hier greifen BigTechs wie Amazon die traditionellen Player an. Eine zentrale Aufgabe der IT ist es, für Sparkassen-Kunden attraktive Angebote zu schaffen. Mit der Internet-Filiale und der marktführenden S-App stehen den Kunden moderne digitale Zugangswege zu ihren Sparkassen zur Verfügung. OSPlus_neo verbindet alle analogen und digitalen Vertriebs- und Servicekanäle mit der persönlichen Beratungskompetenz der Sparkassen-Mitarbeiter. Die einfachen, sicheren und auf den Endkunden zugeschnittenen Prozessstandards des DSGV bieten den geeigneten Rahmen, um Kunden optimal zu betreuen. Die Berater stehen bei Bedarf in der Filiale und über das ePostfach mit Rat und Tat zur Seite.

Die FI baut derzeit eine moderne, digitalisierte Banksteuerung für die Sparkassen-Finanzgruppe aus. Die Schwerpunkte liegen dabei auf Datenkonsistenz, Datenqualität und einem hohen Automatisierungsgrad. Der Aufbau einer zentralen Datenplattform, des IDH, ist dabei ein zentrales Thema. Die methodischen beziehungsweise fachlichen Vorgaben für den Aufbau des zentralen Datenhaushalts sowie für die darauf basierenden Methoden der Banksteuerung erstellt die SR. Das Ziel ist der Aufbau einer digitalen und erweiterbaren Banksteuerung, die aus den unterschiedlichen Quellen eines Instituts Potenziale für den optimalen Einsatz von Ressourcen erkennt, um Kunden mit einem umfassenden Allfinanzangebot auf effiziente Weise zu bedienen. Der IDH steht im Kontext des Schwerpunktthemas des DSGVs, auf Basis eines einheitlichen Vertriebs-Datenhaushalts die Nutzung von Data Analytics zur Unterstützung der Vertriebsstrategie der Zukunft zu ermöglichen. Die Datenschutz-Grundverordnung (DSGVO)-konforme Nutzung der Daten der Sparkassen-Finanzgruppe mittels Data Analytics-Anwendungen zielt darauf, in Zukunft die individuellen Kundensituationen besser zu verstehen, das Feedback der Kunden noch mehr zu berücksichtigen, den Vertrieb weiter zu fokussieren und die Kundenbindung zu erhöhen.

Die Digitalisierung fördert die engere Zusammenarbeit innerhalb der Institute sowie organisationsübergreifend im Verbund. Neue Arbeitsweisen und ein verändertes Kommunikationsverhalten gehören immer mehr zum Arbeitsalltag. Der Austausch über Chats, Messenger-Dienste und auch Videotelefonate eröffnet neue Formen der Kommunikation, der Zusammenarbeit sowie des Wissens- und Content-Managements. Die Sparkassen-Finanzgruppe erhält dafür mit der Lösung für Bürokommunikation »Office_neo« eine zeitgemäße technische Plattform. Die moderne Kommunikations- und Collaborations-Infrastruktur trägt auch dazu bei, die historisch gewachsenen Umgebungen in den Sparkassen, Landesbanken und Verbundunternehmen zu harmonisieren. Funktional bietet die neue Lösung den Mitarbeitern in der Sparkassen-Finanzgruppe einen Cloudspeicher, Mail- und Kalenderfunktionen sowie eine digitale und interaktive Collaborations- und Austauschplattform. Dazu gehört auch die Möglichkeit des Video-Chats – sowohl innerhalb eines Hauses, organisationsübergreifend in der Sparkassen-Finanzgruppe, aber auch mit den Endkunden.

Kaum eine Technologie bietet in der Digitalisierung so ein großes Veränderungspotenzial wie die Künstliche Intelligenz (KI). Sie versetzt die Institute in die Lage, Kunden persönlicher zu beraten, Geschäftsprozesse zu rationalisieren, Mehrwerte und Erkenntnisse aus der immer größeren Menge an Daten zu ziehen und die IT-Sicherheit zu verbessern. Ende 2018 ging das KI-Competence Center »KIXpertS« für die gesamte Sparkassen-Finanzgruppe an den Start. Es bündelt die KI-Expertise zu Technologien und Verfahren aus den Bereichen Data Analytics, Machine Learning und Predictive Computing für Sparkassen, Landesbanken, Verbundpartner und Servicegesellschaften der Gruppe. Das KI-Competence Center evaluiert die fundamental neue Technologie für die Sparkassen-Finanzgruppe und macht sie nutzbar. Dazu untersuchen die KI-Experten Anwendungsfälle und prüfen, ob sich diese in der Praxis mit den Mitteln der KI realisieren lassen. Hier zeigt sich, dass viele Herausforderungen der Digitalisierung und Automatisierung durch den Einsatz von Robotic-Technologien einfacher zu lösen sind. Viele derartige Automatisierungsanforderungen lassen sich auf Basis der Interaktiven Service Plattform (ISP) in OSPlus lösen. In anderen Fällen bieten Robotic Process Automation (RPA)-Lösungen so lange einen geeigneten Ansatz zur Automatisierung von Arbeitsabläufen, bis es Alternativen zu dieser Brückentechnologie gibt.

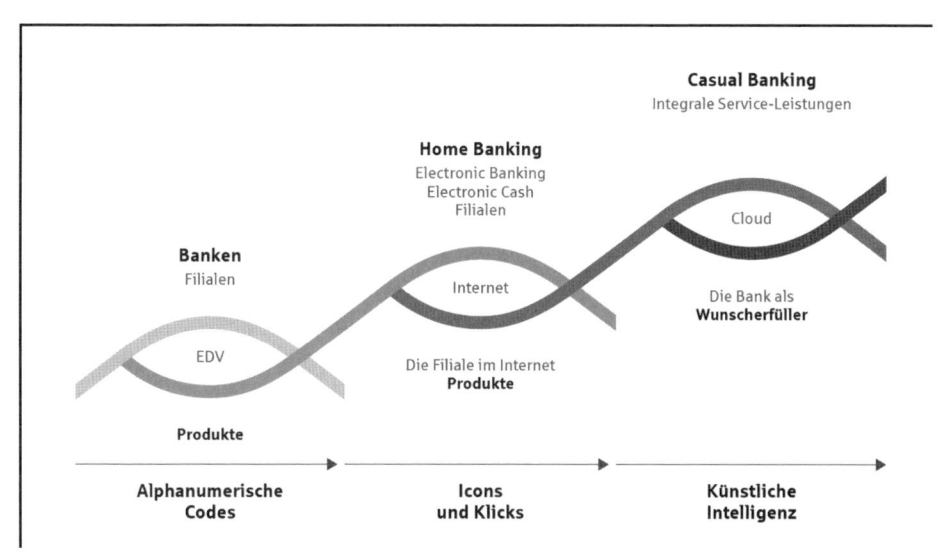

Abb.4: Entwicklung des Bankings – KI steht im Zentrum innovativer Bankkonzepte[1]

---

1 Bildquelle: Trendstudie »Casual Banking« (2019) des S-Hub in Zusammenarbeit mit Trendbüro, Professor Peter Wippermann

Der besonderen Bedeutung der Finanzwirtschaft und deren IT-Strukturen tragen auch Gesetzgeber und Aufsicht Rechnung. Aktuelle und zukünftige Anforderungen an die IT in einer Sparkasse bestehen unter anderem in der Verringerung operationeller Risiken, der Herstellung einer erhöhten Betriebssicherheit sowie der Prozessoptimierung. So plant das Bundesamt für Sicherheit in der Informationstechnologie (BSI) ab 2020 Prüfverfahren in der Bankbranche mit dem Schwerpunkt »IT-Sicherheit«. Auch die BaFin als zuständige Behörde bezieht IT-Sicherheit in aktuellen Vorgaben ein, wie etwa bei den MaRisk oder den Bankenaufsichtlichen Anforderungen an die IT (BAIT). Die IT-seitige Umsetzung dieser Anforderungen innerhalb der Sparkassen-Finanzgruppe liegt zu großen Teilen in der Verantwortung des zentralen IT-Dienstleisters.

7.4.6 Auf dem Weg zur Plattformökonomie

Die Finanzwirtschaft ist auf dem Weg zur Plattformökonomie. In diesem aktuellen Verdrängungswettbewerb ist die Sparkassen-Finanzgruppe stark aufgestellt. Strategisch weist das DSGV-Projekt »Finanzplattform« den Weg in die Zukunft. Die IT ist maßgeblich daran beteiligt, der Sparkassen-Finanzgruppe den Weg zur Plattformökonomie technisch zu ebnen. Eine Intention hinter der digitalen Finanzplattform ist es, bestehende und auch neue Kunden zu motivieren, die Sparkasse als ihre Hauptbankverbindung enger in ihr tägliches Leben einzubeziehen. Das Girokonto ist und bleibt dabei das Ankerprodukt der Sparkassen. Die digitale Finanzplattform wird für die Sparkassen-Kunden zum zentralen Anlaufpunkt für alle finanziellen Angelegenheiten. Über die Multibanking-Unterstützung werden Konten von Dritten in die Plattform integriert.

Die Internet-Filiale und die Sparkassen-App öffnen als attraktive Front-Ends die Tore zu dem wachsenden digitalen Ökosystem der Sparkassen-Finanzgruppe. Über diese greifen Kunden in Zukunft nicht nur auf das Girokonto, sondern auf alle Sparkassen-, Versicherungs-, Bauspar- oder Anlageprodukte zu. Diese liegen auf einer einheitlichen Plattform und können dort über ein zeitgemäßes Finanzcockpit gesteuert, kontrolliert und abgewickelt werden. Kunden können jederzeit mobil oder online ihre Finanzen überblicken, Zahlungen – etwa auch aus Online-Shops – autorisieren und mit dem Berater Kontakt aufnehmen. Die Plattform avanciert zu einem attraktiven Mehrwertangebot für alle Finanzangelegenheiten, das die Bindung der Kunden zu ihrer Sparkasse nachhaltig stärken kann.

Um dies zu ermöglichen, liegt ein Schwerpunkt des Ausbaus von OSPlus zu einer digitalen Finanzplattform auf der Homogenisierung der IT-Landschaften und dem Abbau von Datensilos. Die Vernetzung der Systeme ist gleichzeitig Voraussetzung und Chance dafür, in Zukunft eine zentrale Finanzplattform anzubieten. Eine technisch noch engere Anbindung der verschiedenen IT-Systeme im Verbund an die Gesamtbanklösung OSPlus bietet die Möglichkeit, die Vielzahl an Informationen und Leistungen der Verbundunternehmen über die bereits etablierten und digitalisierten Kanäle Filiale, Callcenter oder Online-Banking in Richtung Kunde in einer konsistenten Form auszuspielen. Darüber hinaus bietet die digitale Finanzplattform auch die Möglichkeit, finanznahe Angebote, die über das klassische Banking hinausgehen, zu integrieren. Technisch denkbar ist es etwa, dass Kunden über eine solche Plattform auch Steuererklärungen vorbereiten oder sogar fallabschließend erledigen können.

Um entsprechende Anwendungen in die digitale Finanzplattform zu integrieren, steht die OSPlus-Banking-API zur Verfügung. Sie bietet den Kunden einen einfachen Zugang zu einer aufbereiteten Gesamtsicht ihrer persönlichen Finanzdaten. Dies umfasst die Übersetzung der Bankfachlichkeit in innovative und nutzerorientierte Services. Die Auslösung von Transaktionen wird genauso ermöglicht wie die Bereitstellung spezieller Dienste der Sparkassen-Finanzgruppe für Dritte, damit diese neue Geschäftsmodelle umsetzen können. Die OSPlus-Banking-API zeichnet sich durch ein hohes Sicherheitsniveau aus. IT-Sicherheit, Datenschutz und regulatorische Anforderungen haben oberste Priorität. Weitere Prämissen der OSPlus-Banking-API sind Schnelligkeit, Offenheit, Einfachheit und Orchestrierung der verschiedenen Schnittstellen zu OSPlus.

Mit einer klug ausgerichteten Plattformstrategie können Sparkassen ihre Wettbewerbsvorteile auch in der digitalen Welt ausspielen. Ihre Stärken wie Service, Zugänglichkeit oder Datenschutz sind dabei wichtige Erfolgsfaktoren. Um diese einzusetzen, müssen die Institute Kernfunktionen und -angebote definieren, die sie besetzen wollen. In einigen Fällen kann sich die Partnerschaft mit Dritten anbieten. Dazu zählt auch die Zusammenarbeit mit BigTechs. Im Gegenzug bewahren sie mit dem Angebot eines digitalen Personal Finance Managements für Privat- und Firmenkunden nicht nur die Hoheit über die Schnittstelle zu ihren Kunden. Sie gewinnen über den passgenauen Einsatz von Methoden der KI auch wertvolle Informationen für das Up- und Cross-Selling von Verbundprodukten, Kreditangeboten oder auch für die Benutzerführung und die Kundenbetreuung in der Filiale.

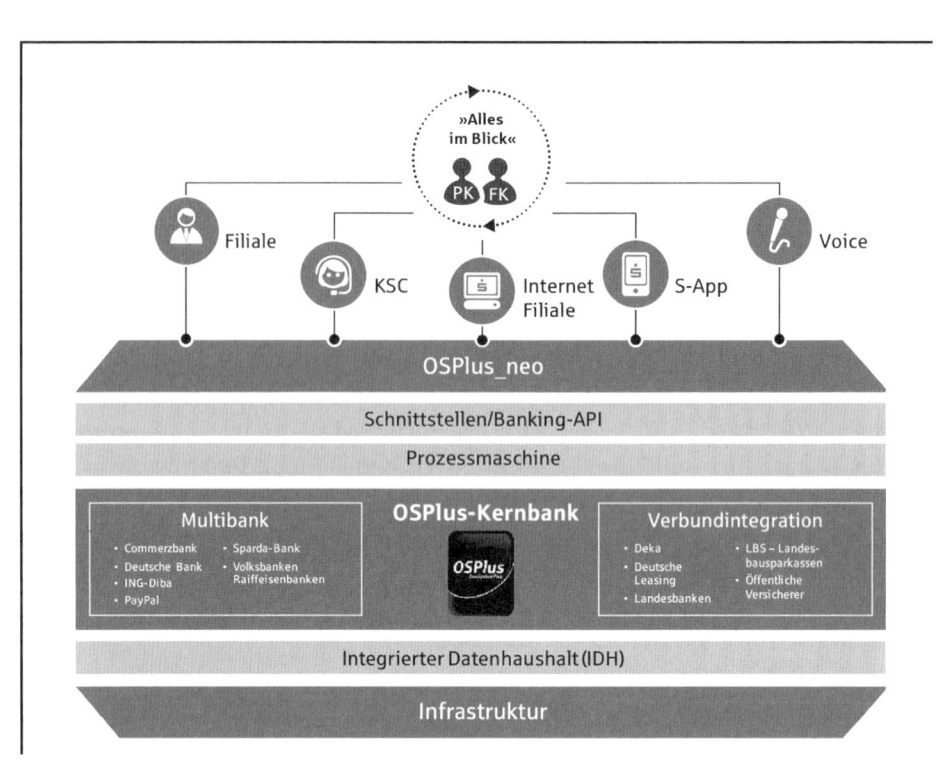

Abb.5: Die digitale Finanzplattform für alle Sparkassen und Verbundpartner

7.4.7 Erfolgsfaktor Innovationskultur

Die IT der Sparkassen wird arbeitsteilig weiterentwickelt aufgrund von klar vereinbarten Strukturen und Entscheidungswegen. Die FI entwickelt Produkte gemeinsam mit Instituten, Verbänden und anderen Unternehmen wie dem Deutschen Sparkassenverlag (DSV) oder der SR, aber immer öfter auch im direkten Zusammenspiel mit den Sparkassenkunden selbst. Viele aus dieser Zusammenarbeit resultierende Anforderungen an die IT werden von dieser immer kurzzyklischer umgesetzt. Zusätzlich rücken die Kundenzentrierung und die Usability der Produkte noch stärker in den Mittelpunkt der Produktentwicklung. Neue Arbeitsformen wie etwa agiles Arbeiten und eine in der IT verankerte Innovationskultur werden immer mehr zu einem strategischen Erfolgsfaktor bei der Gestaltung des digitalen Wandels.

Der zentrale IT-Dienstleister adressiert neue Arbeitsweisen auf verschiedenen Ebenen. Angefangen von Projektstrukturen, die schnell auf wechselnde fachliche Anforderungen angepasst werden können und Durchmischungen von Teams und Erfahrungsleveln zulassen, über neue und flexible Raumkonzepte bis hin zu agilen und modernen Projektmanagementmethoden wie Scrum, Kanban, Mindmap und Design Thinking reicht das Repertoire, mit dem die IT-

Profis den Innovationsgedanken strukturell verankern. Damit transformiert der IT-Dienstleister sich zu einem flexiblen Digitalisierungspartner der Sparkassen, ohne seine Prinzipien zu vernachlässigen. Schließlich bleiben Qualität, Zuverlässigkeit und Kosten bei aller Geschwindigkeit oberste Prämisse.

7.5 Moderne Banksteuerung rückt in den Fokus

Als strategische Ressource in den Finanzinstituten leistet die IT nicht nur an der Kundenschnittstelle einen wesentlichen Beitrag zum Erhalt der Wettbewerbsfähigkeit der Sparkassen. Sie bereitet auch der digitalen Transformation innerhalb der Institute den Weg. Vor dem Hintergrund des Erlös- und Kostendrucks in den Instituten und der Notwendigkeit zur Einhaltung der Regulierungsvorgaben rückt die Banksteuerung in den Fokus der IT. Eine integrierte Bank- und Vertriebssteuerung führt in vielerlei Hinsicht die Fäden zusammen und setzt Impulse für eine Steigerung des Ergebnisses bei gleichzeitiger Risikoreduzierung.

7.5.1 Digitalisierung und Banksteuerung

Damit die Banksteuerung diese zentrale Aufgabe übernehmen kann, muss sie zunächst selbst digitalisiert werden. Der derzeit laufende Ausbau der Banksteuerung zielt auf eine Vereinheitlichung und Standardisierung der Datenbasis als Grundlage für eine weitgehende Automatisierung wesentlicher Steuerungsprozesse in den Instituten.

Die digitalisierte Banksteuerungslösung für die Sparkassen-Finanzgruppe agiert sowohl wert- als auch periodenorientiert auf der Gesamtbankebene und auf der Ebene der strategischen Geschäftsfelder. Sie erfüllt die regulatorischen Anforderungen der Aufsicht und berücksichtigt dabei die enger werdenden Fristen für die Berichterstattung. Sie bietet eine konsistente Datenbasis für die gesamte Banksteuerung und hilft den Instituten dabei, die Potenziale zur Kostensenkung durch IT-getriebene beziehungsweise -unterstützte Prozesse zu erhöhen, um auf diese Weise zur Effizienzsteigerung beitragen. Eine wesentliche Voraussetzung für die Aggregation und Generierung von Steuerungsinformationen nach Ertrags-, Kosten- und Risikogesichtspunkten liegt in dem Aufbau einer zentralen Datenplattform, die von der IT auf Basis der methodischen beziehungsweise fachlichen Vorgaben der SR derzeit technisch umgesetzt wird. Sie bildet die technische Grundlage für eine neue und zukunftsfähige Banksteuerung für Sparkassen. Das Ziel ist die Bereitstellung einer einheitlichen Datenbasis aus den unterschiedlichen Systemen und Anwendungen der Gesamtbanklösung OSPlus. Im IDH werden zukünftig diese disziplinübergreifenden Daten aus den Operativsystemen als Rohdaten zentral abgelegt. Diese werden in der Kerndatenschicht harmonisiert und für alle Abnehmer zur Verfügung gestellt.

Der IDH wird damit zur zentralen Informationsbasis für Sparkassen und ist der Aufsetzpunkt für die neue Banksteuerung.

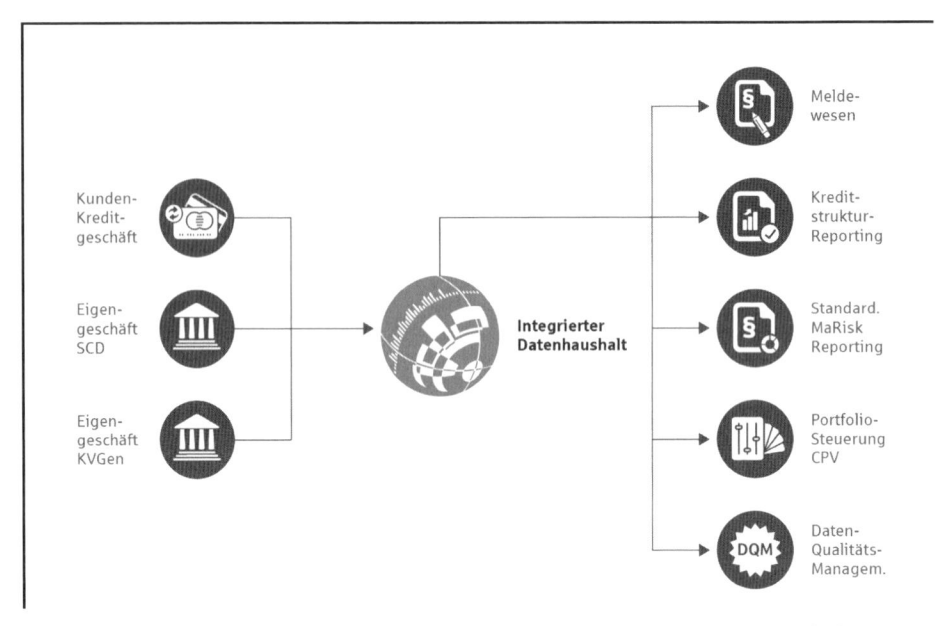

Abb.6: FI-Zielbild für einen Integrierten Datenhaushalt (IDH) mit harmonisierten Methoden zur Datenaggregation sowie Berichterstattung innerhalb der Sparkassen-Finanzgruppe

Dieser harmonisierte Datenhaushalt steht im ersten Schritt für das Meldewesen und in weiteren Ausbaustufen für das Risikomanagement und die Gesamtbanksteuerung zur Verfügung. Die in Rechenkernen aus den IDH-Basisdaten ermittelten Ergebnisgrößen werden in der Folge wieder in den IDH zurückgespielt und stehen damit zentral für unterschiedliche Abnehmer und Reportingzwecke zur Verfügung.

7.5.2 Nutzen einer digitalisierten Banksteuerung

Eine moderne, digitalisierte Banksteuerung nützt den Sparkassen-Kunden wie den Instituten gleichermaßen. Kunden eines Kreditinstitutes profitieren von einem passgenauen Produktangebot, das auf die jeweilige Lebens- oder Betriebssituation zugeschnitten ist. Ermittelt ein Kreditinstitut etwa bei Firmenkunden spezifische Risiken, kann es diesen aktive Hinweise zur Risikoabsicherung einschließlich entsprechender Empfehlungen für risikominimierende Finanzprodukte geben. Konkret: Analysiert eine Sparkasse bei einem Speditionskunden eine hohe Abhängigkeit des Geschäftserfolgs vom Kraftstoffpreis, können steigende Kraftstoffpreise das Geschäftsmodell des Spediteurs gefährden. Als wirkungsvolle Gegenmaßnahme kann der Firmenkundenberater gezielt Produkte zur Risikoabsicherung anbieten. Darüber hinaus kommen den Kunden die schlanken Prozesse zugute. Anliegen werden schnell und so weit wie möglich automatisiert bearbeitet. Zudem finden Kunden über die von ihnen präferierten Kanäle zum richtigen Zeitpunkt die richtigen Ansprechpartner, da die Banksteuerung vorher die Affinität verschiedener Kundengruppen für Spezialberatungen und Zeitpunkte ermittelt hat.

Die merkliche Steigerung der Qualität in der Kundenbetreuung schlägt sich auch in der Kundenzufriedenheit nieder. Die Institute profitieren von der damit verbundenen hohen Kundenloyalität. Zudem können sie ihr Produktportfolio auf die realen Wünsche ihrer Kunden abstimmen und erhöhen somit ihren Vertriebserfolg. Sie steigern durch passgenaue Prozesse ihre Kosteneffizienz und reduzieren ihre Risiken. Impulse aus der Banksteuerung können in Zukunft auch effizienter für vertriebliche Aspekte genutzt werden. Die Komplexität der Banksteuerung wird dabei reduziert. Die moderne Banksteuerung bietet dazu schlankere Prozesse und nutzt einheitliche Key Performance Indikatoren (KPI). Diese werden dezidiert beschrieben, so dass innerhalb der Sparkassen-Finanzgruppe ein einheitliches Verständnis von bestimmten KPIs wie zum Beispiel einer Risk-/Return-Betrachtung besteht. Ein verbundweit einheitliches Kennzahlensystem in der Banksteuerung schafft für Vorstände, Führungskräfte und auch Spezialisten aus Vertriebssteuerung, Controlling und Revision Vergleichbarkeit. Im IDH steht in diesem Zusammenhang zur Erstellung von Berichten und Einzelabfragen ein einheitliches und sachgebietsübergreifendes Frontend zur Verfügung. Das IDH-Reporting harmonisiert die dispositiven Reporting-Anwendungen im Verbund mit dem Ziel, Synergien schrittweise zu heben und Kosten zu senken.

7.5.3 Perspektiven einer digitalisierten Banksteuerung

Der Ausbau der Banksteuerung auf Basis des IDHs eröffnet der Sparkassen-Finanzgruppe weitreichende Perspektiven in der Digitalisierung, der Reduzierung von Kosten und Risiken sowie zur Wahrung der regulatorischen Anforderungen. Sie liefert wertvolle Daten und Informationen, um in Zukunft beispielsweise über die Methoden und Technologien der KI gewisse Muster zu erkennen, mit denen sich potenzielle Kreditausfälle frühzeitig identifizieren lassen. Darüber hinaus können auch Sachverhalte, die die KI etwa aus dem Risikomanagement erkennt, in Vertriebsanlässe überführt werden. Mit zunehmender Reife dieser Methoden und Technologien kann die Komplexität in zahlreichen Analysen, Abläufen und Verfahren nachhaltig reduziert werden.

Durch eine digitalisierte Banksteuerung werden Institute in Zukunft zentralisiertes Spezialisten-Wissen gezielt und bedarfsgerecht im eigenen Haus zur Verfügung stellen können. Sie können dieses Wissen dann aber auch als Service für mehrere Häuser anbieten. Immer leistungsfähigere IT-Systeme bieten damit neue Anwendungsfelder für Analysen und Warnindikatoren. Abfragen werden in Echtzeit oder in nahezu Echtzeit bereitstehen, so dass Aktionen eingeleitet werden können. So könnten etwa Presseinformationen über wesentliche Ereignisse bei einem börsennotierten Unternehmen mit Hilfe der IT automatisch analysiert und dem zuständigen Spezialisten angezeigt werden, verbunden mit dem Hinweis, ob und wie viel Obligo das Kreditinstitut im Umfeld dieses Unternehmens investiert hat. Darüber hinaus können in den Instituten vorhandene Quellen durch weitere Informationen ergänzt und auf diese Weise optimiert werden. Die Banksteuerung könnte beispielsweise dazu herangezogen werden, externe Quellen zu nutzen, um aktuell detailliertere Informationen zu Immobilienmärkten und deren Entwicklung zu bieten, eine Blasenbildung zu erkennen und die daraus resultierenden negativen Folgen zu verhindern.

Ausblick

Die Sparkassen-Finanzgruppe ist gut gerüstet, um die Chancen der Digitalisierung zu nutzen. Dabei kann sie auf leistungsfähige und moderne IT-Strukturen aufbauen. Eingebettet in einen starken Verbund an Akteuren und mit einem klaren Konzept bereitet der zentrale IT-Dienstleister der Sparkassen-Finanzgruppe den Weg in die Plattformökonomie. Dazu treibt er Innovationen voran und achtet darauf, dass Digitalisierung für die Sparkassenkunden auch Nutzen stiftet und dem Erfolg der Sparkassen im Markt dient. Sparkassen-Kunden erhalten attraktive Zugänge zu ihrem Finanzpartner. Dieser verfügt über die notwendigen technischen Voraussetzungen, um seinen Kunden ein breites, verbundweites Produktangebot auf effiziente Weise anbieten zu können. Sparkassen profitieren von standardisierten, IT-gestützten Prozessen und von Synergien bei der Umsetzung regulatorischer Anforderungen im Verbund. Wesentliche Informationen für die optimale Betreuung von Kunden und die Steuerung von Ressourcen stehen über eine digitalisierte Banksteuerung zur Verfügung. Das ist eine wesentliche Voraussetzung, um die Potenziale der Digitalisierung heute und in Zukunft rechtzeitig zu erkennen und zu heben. Auf diese Weise ist die IT für die Sparkassen-Finanzgruppe eine strategische Ressource, die in wichtigen technischen Bereichen den Takt für den digitalen Wandel vorgibt und die Dynamik des Marktes in angemessener Weise antizipiert.

Teil 2: **Verbund**

8 Digitalisierung als Chance und Herausforderung begreifen – Die Versicherungskammer als digitaler Vorreiter unter den öffentlichen Versicherern

Klaus G. Leyh und Dr. Stephan Spieleder, Versicherungskammer Bayern

8.1 Einleitung

Laut einer von PwC Deutschland durchgeführten Studie befürworten 44 Prozent der Studienteilnehmer den Einzug der Digitalisierung in alle Lebensbereiche. Eine Vielzahl an Bedürfnissen, Erwartungen, aber auch Ängsten gehen mit den Themen Big Data, künstliche Intelligenz und Co einher.[1]

Für einen Konzern wie die Versicherungskammer ist es daher von großer Bedeutung, transparent, offen und innovativ mit dem Trend »Digitalisierung« umzugehen. Kunden, Vertriebspartner und Mitarbeiter sind dabei die tragenden Elemente einer gelebten Digitalisierungsstrategie, bei deren erfolgreicher Umsetzung es sie fortlaufend einzubinden, anzuhören und zu informieren gilt. Digitalisierung bedeutet, sich im Spannungsfeld von Chancen, Herausforderungen, Ängsten und Vorbehalten zu bewegen sowie einerseits die Chancen und Herausforderungen zu nutzen, andererseits den Ängsten und Vorbehalten zu begegnen:

»Die Ergebnisse unserer Studie belegen, dass es beim digitalen Wandel wichtig ist, die Lücke zwischen dem Wunsch nach Bequemlichkeit und Zeitersparnis auf der einen und den Ängsten auf der anderen Seite, zu schließen.« – Michael Graf, Partner bei PwC[2]

Diesen digitalen Wandel gestaltet der Konzern Versicherungskammer aktiv und stellt seine Stakeholder in den Mittelpunkt. Mit der eingeleiteten digitalen Transformation richtet sich der Konzern an den Bedürfnissen der Kunden in der S-Finanzgruppe aus und entwickelt gemeinsam digitale Lösungen, die einen Mehrwert für alle Anspruchsgruppen – Kunden, Vertriebspartner sowie das Unternehmen – schaffen.

8.2 Digitalisierung: Kunden und Vertriebspartner im Mittelpunkt

»Mit diesem umfassenden Angebot haben wir – nach unserem Kenntnisstand – aktuell ein absolutes Alleinstellungsmerkmal. Wir bieten dem Kunden für die Sicherheit

---

[1] Digitisation – A Quantitative and Qualitative Market Research Elicitation https://www.pwc.de/de/digitale-transformation/pwc-digitisation-market-research-update.pdf

[2] https://www.pwc.de/de/digitale-transformation/studie-digitalisierung-in-deutschland.html, Abruf am 9. April 2019

seines Zuhauses eine innovative, ganzheitliche und selbstbestimmbare Lösung. Also deutlich mehr als nur eine Versicherung, nämlich Smart-Home-Kompetenz. Wir bieten Service, Sicherheit und Prävention.« – Barbara Schick[1]

Zu den Grundfesten des Konzerns Versicherungskammer gehört seit jeher seine konsequente Ausrichtung an Kunden und Vertriebspartnern. Beim Thema »Digitalisierung« macht der Konzern hiervon keine Ausnahme. Entscheidend ist, dass alle Stakeholder in den neuen Lösungen einen Mehrwert erkennen. Das gemeinsame Erarbeiten, Verproben und stetige Weiterentwickeln sind dabei Kern des Handelns. Von großer Bedeutung ist die Implementierung einer kundenorientierten IT-Infrastruktur, um die Wettbewerbsfähigkeit nachhaltig zu stärken, aber auch den aktuellen Veränderungen am Markt Rechnung zu tragen. Neuste technische Entwicklungen werden daher in die Produktgestaltung aufgenommen. Dies spiegelt sich beispielsweise derzeit in den Smart-Home-Angeboten des Konzerns wider.

8.2.1 Veränderte Kundenerwartungen

Versicherungskunden erfahren im täglichen Leben technische Neuerungen und erwarten deren Mehrwert auch beim Abschluss und bei der Verwaltung ihrer Versicherungsverträge. Um dieser veränderten Kundenerwartung adäquat Rechnung zu tragen, gilt es, Prozessintegration und Automatisierung nutzenorientiert und zielgerichtet voranzutreiben.[2]

Die zunehmende Internet- und Computeraffinität in der Bevölkerung machen es erforderlich, dass Versicherungsunternehmen ihre Online-Vertriebs- und Kommunikationskanäle ausbauen und stetig optimieren. Lagen bislang die klassischen drei Vertriebskanäle Direktvertrieb, Intermediäre und Bank-Assurance im Fokus der Sparkassen und des Konzerns Versicherungskammer, verändert die Digitalisierung diese Vertriebswege nachhaltig. Der neue von den Kunden erwartete Standard heißt Omnikanalvertrieb, bei dem neben einer zeitgemäßen Ausrichtung der klassischen personellen Vertriebswege die Präsenz in den digitalen Kanälen (Web, App, soziale Netzwerke) immer wichtiger wird. Die Erfahrung zeigt, dass die Verfügbarkeit und Erreichbarkeit eines persönlichen Beraters in der Sparkasse trotz der zunehmenden Bedeutung von Internetportalen und webbasierten Lösungen für Kunden über alle Altersgruppen hinweg entscheidend ist.

Kunden erwarten eine Verfügbarkeit der Ansprechpartner nach dem Schema 24/7/365. Dieses veränderte Kommunikationsverhalten und -denken kann nur über digitale Kanäle abgebildet werden und stellt nicht nur die Spar-

---

1 Jahrespressegespräch 2019
2 Die Chancen der IT in der Digitalisierung von Versicherungen https://www.ey.com/Publication/vwLUAssets/ey-die-chancen-der-it-in-der-digitalisierung-von-versicherern/$FILE/ey-die-chancen-der-it-in-der-digitalisierung-von-versicherern.pdf, S. 5

kassen, sondern auch die Versicherer vor große Herausforderungen. Neben der zeitlichen Komponente gilt es vor allem, die Verarbeitung großer Datenmengen im Sinne des Kunden zu gewährleisten. Von zentraler Bedeutung ist dabei eine flexible IT-Infrastruktur, die tief in die Sparkassenwelt integriert ist. Dabei kann nur ein verändertes Rollenverständnis der IT die vom Kunden erwartete Erreichbarkeit sichern.[1]

Gleichzeitig sind sich Kunden immer mehr bewusst, dass eine fortschreitende Digitalisierung zu einem Informationsüberfluss führen kann:[2]

»At the same time, the overload of information and fast communication causes a high level of stress for people and was perceived as leading to a reduction in the importance of the communicated content. The participants of all age groups report the intense usage of digital devices and services within their private lives. The elder target group stated that new technologies are often initially rejected but become common and integrated into their daily lives over the course of time.«

Und die Kunden sehen zunehmend, dass die Weiterentwicklung existierender bzw. Implementierung neuer Technologien ihre Privatsphäre berührt:[3]

»Digitisation of the entertainment sector, for instance, was barely mentioned whereas improvements in banking and e-payment are wished for by every age group. In addition, an overall concern with data privacy issues could be detected across all age groups.«

Die Aspekte Datensicherheit und individualisierte und damit mehrwertstiftende Informationen sind dabei in den Vordergrund zu stellen.

Letztlich wird die Akzeptanz einer fortschreitenden Digitalisierung im Banken- und Versicherungsumfeld durch den Kunden davon abhängig sein, wie Kundenerwartungen, Mehrwertigkeit und berechtigte Bedenken miteinander in Einklang gebracht werden können. Der Konzern Versicherungskammer ist sich seiner Verantwortung bewusst und setzt schon heute entsprechende Maßnahmen – über die gesetzlichen Anforderungen hinaus – um.

---

1   Die Chancen der IT in der Digitalisierung von Versicherungen https://www.ey.com/Publication/vwLUAssets/ey-die-chancen-der-it-in-der-digitalisierung-von-versicherern/$FILE/ey-die-chancen-der-it-in-der-digitalisierung-von-versicherern.pdf, S. 8
2   Digitisation-A Quantitative and Qualitative Market Research Elicitation https://www.pwc.de/de/digitale-transformation/pwc-digitisation-market-research-update.pdf, S. 5
3   Digitisation-A Quantitative and Qualitative Market Research Elicitation https://www.pwc.de/de/digitale-transformation/pwc-digitisation-market-research-update.pdf, S. 5

8.2.2 Steigende Anforderungen für den Konzern Versicherungskammer und die Vertriebspartner

Die Bereitschaft, Versicherungen online abzuschließen, ist in den vergangenen Jahren gestiegen. Laut einer repräsentativen Befragung der GfK »Die digitale Versicherung – was Kunden wollen«, die in Zusammenarbeit mit dem GDV durchgeführt wurde, hat ein Drittel der Befragten bereits online eine Versicherung abgeschlossen.[1] Dabei steht der Wunsch der Kunden, schnell und unkompliziert einen Abschluss tätigen zu können, an erster Stelle, gefolgt vom Thema Preis und weiteren Aspekten.[2]

Die Untersuchung zeigt auch, dass bei beratungsintensiven Produkten (zum Beispiel private Rentenversicherung) Kunden weiterhin lieber offline abschließen. Dabei ist der stationäre Multikanalvertrieb, wie zum Beispiel über die Sparkassen im Geschäftsgebiet, ein strategischer Vorteil für die Versicherungskammer als Serviceversicherer und hat eine tragende Rolle beim Erhalt und Ausbau des Kundenstamms.

KOMPLEXERE PRODUKTE WERDEN BERVORZUGT OFFLINE ABGESCHLOSSEN

Abschluss Offline / Abschluss Online

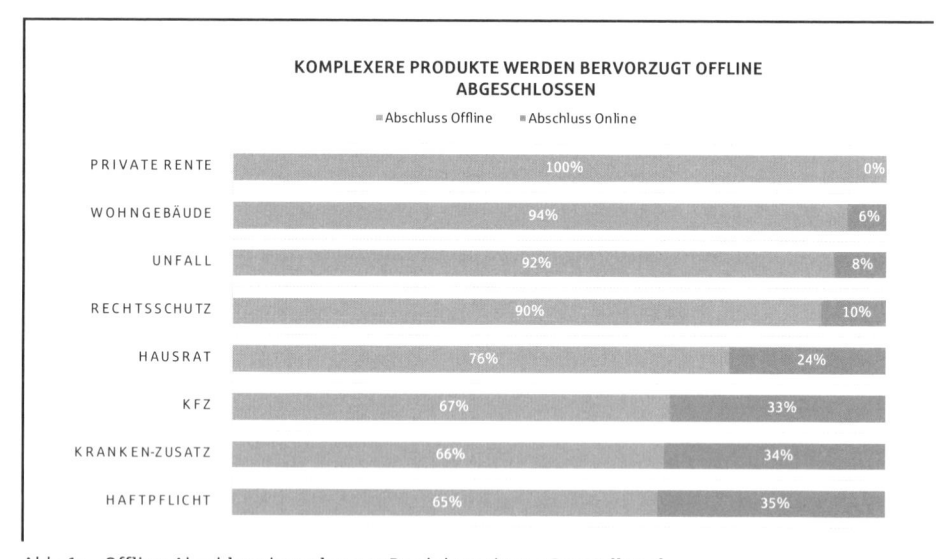

Produkt	Offline	Online
PRIVATE RENTE	100%	0%
WOHNGEBÄUDE	94%	6%
UNFALL	92%	8%
RECHTSSCHUTZ	90%	10%
HAUSRAT	76%	24%
KFZ	67%	33%
KRANKEN-ZUSATZ	66%	34%
HAFTPFLICHT	65%	35%

Abb. 1: Offline-Abschluss komplexerer Produkte; eigene Darstellung[3]

---

1 Die digitale Versicherung – was Kunden wollen https://www.gdv.de/resource/blob/10366/42e0914e5d22b77bd86c03405ce87375/die-digitale-versicherung---was-kunden-wollen-514563220-data.pdf, S. 4
2 ebenda, S. 6
3 Die digitale Versicherung – was Kunden wollen https://www.gdv.de/resource/blob/10366/42e0914e5d22b77bd86c03405ce87375/die-digitale-versicherung---was-kunden-wollen-514563220-data.pdf, S. 4

8.2 Digitalisierung: Kunden und Vertriebspartner im Mittelpunkt

Die Untersuchung hat gezeigt, dass sich viele Kunden – unabhängig vom Alter – gerade bei komplexeren Produkten eine klassische Beratung wünschen und ihrem Berater in der Sparkasse bzw. vor Ort vertrauen.[1]

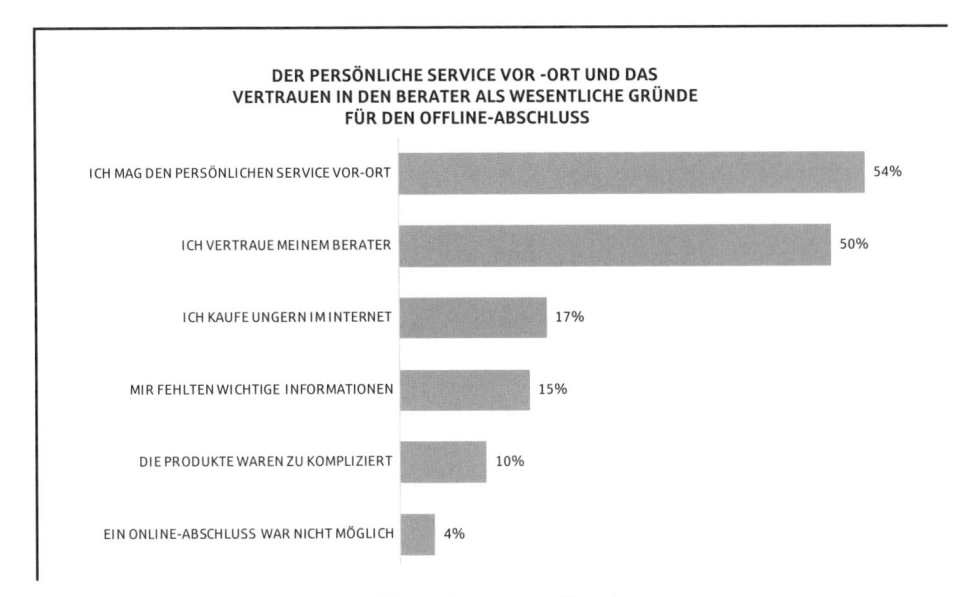

DER PERSÖNLICHE SERVICE VOR-ORT UND DAS VERTRAUEN IN DEN BERATER ALS WESENTLICHE GRÜNDE FÜR DEN OFFLINE-ABSCHLUSS

- ICH MAG DEN PERSÖNLICHEN SERVICE VOR-ORT — 54%
- ICH VERTRAUE MEINEM BERATER — 50%
- ICH KAUFE UNGERN IM INTERNET — 17%
- MIR FEHLTEN WICHTIGE INFORMATIONEN — 15%
- DIE PRODUKTE WAREN ZU KOMPLIZIERT — 10%
- EIN ONLINE-ABSCHLUSS WAR NICHT MÖGLICH — 4%

Abb. 2: Gründe für den Offline-Abschluss; eigene Darstellung[1]

---

1 Die digitale Versicherung – was Kunden wollen https://www.gdv.de/resource/blob/10366/42e0914e5d22b77bd86c03405ce87375/die-digitale-versicherung---was-kunden-wollen-514563220-data.pdf, S. 7 bis 9
1 Die digitale Versicherung – was Kunden wollen https://www.gdv.de/resource/blob/10366/42e0914e5d22b77bd86c03405ce87375/die-digitale-versicherung---was-kunden-wollen-514563220-data.pdf, S. 7

WEITERHIN HOHE ANZAHL AN ONLINE-VERWEIGERERN

- BEREITS ONLINE ABGESCHLOSSEN 31%
- ONLINE-VERWEIGERER IN DER ZUKUNFT 55%
- PLANT ONLINE ABZUSCHLIESSEN 14%

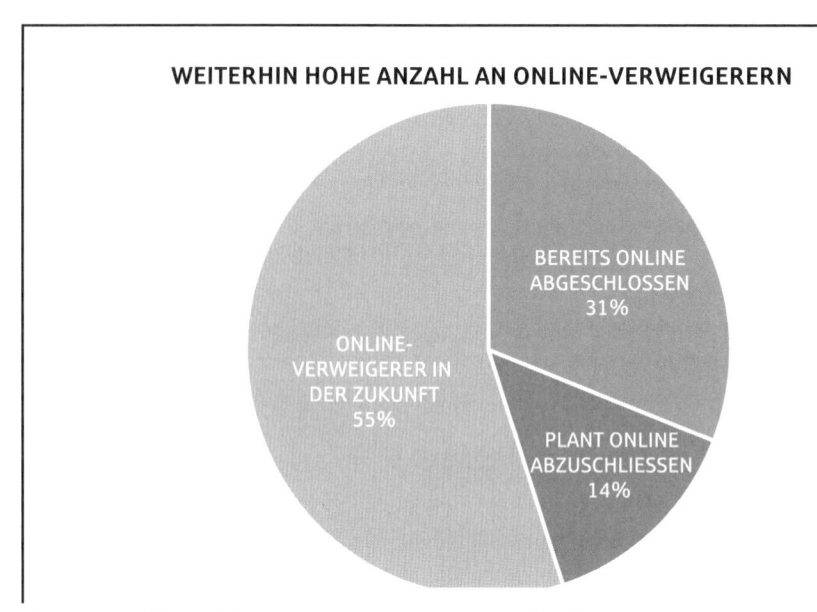

Abb. 3: Anzahl an Online-Verweigerern; eigene Darstellung[1]

Die Kombination aus Recherche online und Abschluss offline (ROPO) prägt das Kundenverhalten. So erfolgen inzwischen 53 Prozent aller Abschlüsse nach dem ROPO-Prinzip, und vier von fünf Kunden setzen vor dem Abschluss auf eine Internetrecherche.[2] Die gezielte Verzahnung, Bereitstellung und Präsenz in beiden Welten mittels Technologie und Mitarbeitern in den Filialen sind dabei ein Wettbewerbsvorteil, den es auszubauen gilt.

Zunehmend werden von Kunden auch diverse Vergleichsportale genutzt, über die vor einem Beratungsgespräch sehr leicht Produkte und Tarife verglichen werden können. In der vorgenannten Befragung gaben 59 Prozent der online abschließenden Befragten an, dass sie entsprechende Informationsquellen genutzt haben, während nur 15 Prozent der klassischen Vor-Ort-Kunden zuvor entsprechend online recherchiert haben.[3]

Der Konzern Versicherungskammer erarbeitet gemeinsam mit den Verbänden und den Verbundpartnern entsprechende Lösungen (situative Versicherungen, S-Versicherungsmanager oder Kooperationen), um diesem vermeintlichen

---

1 Die digitale Versicherung – was Kunden wollen https://www.gdv.de/resource/blob/10366/42e0914e5d22b77bd86c03405ce87375/die-digitale-versicherung---was-kunden-wollen-514563220-data.pdf, S. 7
2 Die digitale Versicherung – was Kunden wollen https://www.gdv.de/resource/blob/10366/42e0914e5d22b77bd86c03405ce87375/die-digitale-versicherung---was-kunden-wollen-514563220-data.pdf, S. 18
3 Die digitale Versicherung – was Kunden wollen https://www.gdv.de/resource/blob/10366/42e0914e5d22b77bd86c03405ce87375/die-digitale-versicherung---was-kunden-wollen-514563220-data.pdf, S. 13

Spannungsfeld von online und offline bezüglich der reinen Informationsbeschaffung bis hin zur Abschlussmöglichkeit zu begegnen. Da der Anteil der Kunden, die in der Zukunft einen Offline-Abschluss ablehnen werden, stetig zunimmt, gilt es, das wachsende Potenzial von digitalen Versicherungsordnern, Vergleichsportalen und Informationssuche im Internet zu nutzen, um den Kundenbedürfnissen gerecht zu werden sowie einen naht- und mühelosen Wechsel von Online- und Offline-Kontaktpunkten zu gewährleisten.

Neben der Auflösung dieses Spannungsverhältnisses erwarten Online-Kunden laut GDV/GfK zudem eine Vielzahl an weiteren Themen, die sowohl aus der »digitalen wie auch klassischen Welt stammen« und denen sich die Sparkassen und Vertriebspartner stellen müssen:[1]

- Vor-Ort-Vertreter, der sich im Schadenfall um den Sachverhalt kümmert (72 Prozent der Befragten)
- Online-Verwaltung aller Verträge (88 Prozent der Befragten)
- Online-Abwicklung und -Verwaltung von Schadenfällen (93 Prozent der Befragten)
- Online-Portal zur Verwaltung der Verträge (91 Prozent der Befragten)

Diese Ergebnisse zeigen, dass der Versicherungskunde eine höhere Erwartung an seinen Versicherer und damit auch an seine Sparkasse stellt als der klassische Offline-Kunde. Die Kunden sind dabei auch bereit, individualisierte Tarife abzuschließen, deren Preisgestaltung auf Basis von Informationen beruht, die mithilfe neuer Technologien ausgewertet wurden. Im Bereich der Kfz-Versicherung sprechen sich 68 Prozent der Befragten dafür aus, dass eine Auswertung des Fahrverhaltens Einfluss auf die Beitragshöhe haben sollte. Im Bereich Gesundheit sind es 52 Prozent, die eine individuelle Tarifierung positiv bewerten.[2]

Dabei liegt die Wurzel für das veränderte Kundenverhalten nicht in einem gewandelten Absicherungsbedürfnis. Vielmehr führt ein verändertes Umfeld zu veränderten Risiken, die beim Kunden Bedarf nach neuen Versicherungslösungen hervorrufen. Die Bereiche Smart Home (wie Brandwarnsystem, Einbruchschutz, Frühwarnsystem bei Wasserschäden) und Smart Insurance (wie vernetztes Kfz oder E-Health) werden aus Sicht der Kunden immer interessanter. Mittels der verfügbaren Nutzerdaten von Smart-Home-Lösungen und der aufgezeichneten Fahrdaten können neue Dienstleistungen für Sparkassen und Versicherer entstehen, während über Gesundheits- und Ernährungsdaten passgenaue Serviceangebote möglich werden und dabei helfen können, Erkrankungen vorzubeugen. Inwieweit Kunden bereit sind, die entsprechenden Informationen zur Verfügung zu stellen, und wie die dann individualisierten Tarife

---

1 ebenda, S. 22
2 Die digitale Versicherung – was Kunden wollen https://www.gdv.de/resource/blob/10366/42e0914e5d22b77bd86c03405ce87375/die-digitale-versicherung---was-kunden-wollen-514563220-data.pdf, S. 27

angenommen werden, bleibt vorerst eine spannende Frage – gerade weil die Datenweitergabe an die Versicherer aus verschiedenen Gründen eher kritisch beurteilt wird.[1]

Das Thema der Serviceangebote kann jedoch nur erfolgreich sein, wenn es in ein entsprechendes strategisches Gesamtkonzept eingebettet ist, das auf gemeinsamen Anstrengungen der S-Finanzgruppe beruht.

8.3 Digitale Transformation: Die Versicherungskammer und ihre strategische Ausrichtung in der S-Finanzgruppe

»Die Digitalisierung eröffnet uns zahlreiche Chancen. Diesen begegnen wir im Wesentlichen mit drei Ansätzen: der Stärkung unseres Kerngeschäftes, der Weiterentwicklung unseres digitalen Versicherers, der BavariaDirekt, und mit unserer Kompetenz in Ökosystemen.« – Dr. Frank Walthes[2]

Als Teil der S-Finanzgruppe ist der Konzern Versicherungskammer Partner der Sparkassen. Eine wirksame digitale Transformation kann nur in Abstimmung und engem Austausch innerhalb dieser Gruppe erfolgreich sein. Umso wichtiger ist es, ein gemeinsames Verständnis und eine abgestimmte Strategie zu verfolgen. Nur so kann sichergestellt werden, dass das Schlagwort »Digitalisierung« nachhaltig mit Leben gefüllt wird und die Interessen im Finanzverbund der Sparkassen gebündelt werden.

8.3.1 Wertbeitrag und wichtigste Technologiefelder

Banken und Versicherungen liegen im Branchenvergleich über dem Durchschnitt aller Branchen, wenn es um den Aspekt der Digitalisierung geht. Während im Schnitt nur 54 Punkte im Digitalisierungsindex der Deutschen Telekom AG erreicht werden, nehmen Banken und Versicherungen die Spitzenposition mit 63 Punkten in Sachen digitale Transformation ein.[3] Versicherer sowie Sparkassen wollen und müssen mit dem digitalen Wandel ihre Marktposition festigen und ausbauen.

Dabei gilt es, sieben Technologiefelder zu betrachten, die den höchsten Wertbeitrag für ein Unternehmen liefern können und damit wichtiger Bestandteil einer erfolgreichen Transformation sind:[4]

---

1 ebenda, S. 32
2 Jahrespressegespräch 2019
3 Digitalisierungsindex Mittelstand – Der digitale Status Quo im Finanzwesen, S. 2
4 Digitalisierung der Versicherungswirtschaft – Die 18-Milliarden-Chance, S. 6 ff.

Technologiefeld	Anwendungsbeispiele
Infrastruktur und Produktivität (Potenzial der Digitalisierung heben)	• Cloud als eigenständige oder hybride Lösung unter Berücksichtigung und/oder Einbindung von Public-Cloud-Angeboten • Videochats und Co-Authoring zu besserer Kundenbetreuung • Omnikanal-Fähigkeit zur Überwindung einzelner Interaktionskanälen
Digitale Vertriebstools (Gezielte Ansprache für höhere Erfolgsquoten nutzen)	• Kontext-und Zielgruppen-Targeting-Tools zur Steigerung der Erfolgs/Abschlussquoten • Analysewerkzeuge zur Clusterung von Informationen und damit verbesserten Kundenbedürfnisanalyse
Advanced/Predictive Analytics (Daten als Informationsherzstück gezielt einsetzen)	• Innovative Verfahren und Rechnerkapazitäten ermöglichen tiefe Einblicke in Handlungsweisen, Bedürfnisse und Präferenzen von Kunden • Maßgeschneiderte Angebote und personalisierte Services sowie verbesserte Betrugsbekämpfung • Customer Relationship Management-Software zur Stärkung des Up-und Cross-Sellings
Maschinelles Lernen (Selbstlernende Verfahren nutzen)	• Risikoprofile verfeinern und intelligente Kundenauswahl zur Ansprache inkl. passender Bepreisung • Effizientere Gestaltung von Underwriting und Interaktion mit den Stakeholdern • Deep Learning als zukünftiges Möglichkeitenfeld
Internet der Dinge (IoT) (Vernetzung und Telematik einsetzen)	• Vernetzung von Gebäuden mittels verschiedenster (End-)Geräte • Sensoren bei der Maschinensteuerung und Logistik zum Schutz der Nutzer und zur Begrenzung von Schäden • Genauerer Einblick in das Verbraucherverhalten und damit Möglichkeit einer tatsächlichen Ausrichtung am Kundenbedarf
Distributed Ledger (Blockchain-Technologie nutzen)	• Ledger-/Blockchain-Technologie im Schadens-und Vertragsmanagement bieten neue Chancen • Zugriffsmöglichkeit für Gerichte, Gutachter, usw. auf Schäden in der Ledger-Kette • Smart Contracts zur Vollautomatisierung von Policen unter Nutzung sämtlicher Informationen im Ledger
Virtuelle Realität (Mehrwert von AR-, 3D- und Remote Viewing erkennen)	• Neue Technologien (wie Google Tango) zur dreidimensionalen Erfassung von Räumen bei der Aufnahme und Beurteilung von Schäden • Innovative Softwarelösungen zur Rekonstruktion von Unfällen

Abb. 4: Technologiefelder und mögliche Anwendungsbeispiele; eigene Darstellung

Eine erfolgreiche digitale Transformation umfasst diese Technologiefelder, da insbesondere ihre Praxisrelevanz im Vertrieb eine zentrale Rolle spielt. Der Konzern Versicherungskammer sieht diese Felder als Momentaufnahme an und arbeitet konsequent daran, den technischen Fortschritt im eigenen Markt selbst mitzubestimmen.

8.3.2 Voraussetzungen für eine erfolgreiche Transformation

Der digitale Wandel und die damit einhergehende Digitalisierung stellen nicht nur den Verbraucher vor große Herausforderungen. Auch die Versicherungsunternehmen müssen sich gezielt mit verschiedenen Feldern dieses Wandels auseinandersetzen, um eine erfolgreiche Transformation und einen erfolgreichen Einsatz digitaler Technologien im Sinne der Kunden gewährleisten zu können.

Die fünf wichtigsten Aspekte für eine erfolgreiche Transformation gelten dabei nicht nur für die Versicherungsbranche allein, sondern haben Allgemeingültigkeit:[1][2]

---

[1] Digitalisierung der Versicherungswirtschaft – Die 18-Milliarden-Chance, S. 21
[2] Fünf Thesen Für Die Erfolgreiche Digitale Transformation, https://morethandigital.info/fuenf-thesen-fuer-die-erfolgreiche-digitale-transformation/, Abruf am 6. Mai 2019

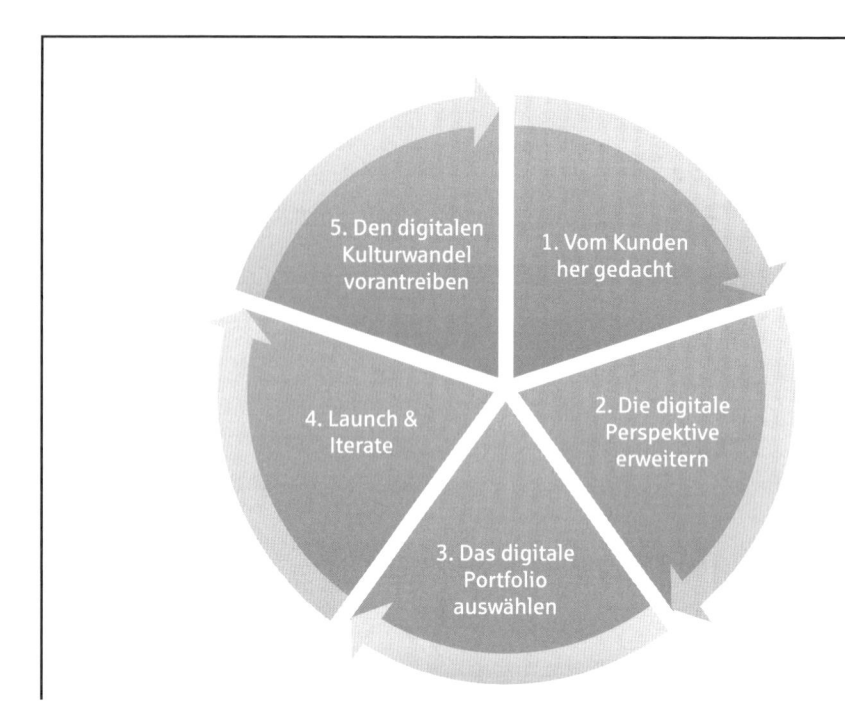

Abb. 5: Fünf Aspekte für eine erfolgreiche Transformation; eigene Darstellung

8.3.2.1 Vom Kunden her gedacht

Digitalisierung darf kein Selbstzweck sein und dient nicht primär der Steigerung der Produktivität. Digitalisierung muss die benötigte Antwort auf ein sich veränderndes Kundenverhalten und eine sich individuell darstellende Kundenerwartung sein. Jede neu entwickelte Anwendung oder Applikation muss das Kundenerlebnis optimieren und einen Mehrwert für den Kunden erzeugen. Wird dies erreicht, steigt die Zufriedenheit des Kunden, was sich letztlich auch im Ertragsergebnis widerspiegelt.

8.3.2.2 Die digitale Perspektive erweitern

Digitale Agenden sind neben dem Zeitgeist auch der Schnelligkeit der technischen Weiterentwicklung unterworfen. Das heißt, was heute ganz oben auf der digitalen Agenda eines Versicherers steht, kann bereits morgen kein Alleinstellungs- und damit Differenzierungsmerkmal mehr sein. Es gilt daher, immer den Blick für neue Entwicklungen zu öffnen und Potenziale frühzeitig zu erkennen, damit durch ihren Einsatz die eigene Position im Wettbewerb gestärkt und ausgebaut werden kann. Diese Ausweitung der Perspektive und die frühzeitige Identifizierung von möglichen Innovationsanwendungen ermöglichen die Optimierung der Kernprozesse und/oder die Stärkung der Unternehmensposition am Markt, was wiederum den Unternehmenswert nachhaltig steigert.

8.3.2.3 Das digitale Portfolio auswählen

Digitalisierung heißt, Investitionen tätigen. Da die Gefahr besteht, dass nicht jede neue Technologie die in sie gesetzten Erwartungen vollumfänglich erfüllt, müssen die digitalen Portfolios auf den Kunden abgestimmt und gezielt aufgebaut sowie Partner integriert werden. Ziel ist es dabei, die Wahrscheinlichkeit eines Scheiterns von Beginn an zumindest zu minimieren. Die Priorisierung der verschiedenen Projekte erfolgt dabei im Kontext der Mehrwertstiftung für den Kunden und unter dem Gesichtspunkt der Ausdifferenzierung im Wettbewerb sowie unter dem Kostenaspekt. Schnelle Iterationen und sofortige Rückkopplung sind dabei der Schlüssel zum Erfolg.

8.3.2.4 Die Anwendungen stetig weiterentwickeln (Launch & Iterate)

Eine langfristige Planung, wie sie auch im Versicherungsbereich bislang üblich war, ist aufgrund des rasanten technischen Fortschritts und der damit stattfindenden Entwicklung des Kundenverhaltens obsolet geworden. Eine klassische Projektplanung, an deren Ende das dann fertige Produkt (Anwendung/Applikation) steht, ist durch ein agiles Vorgehen abzulösen. Nicht mehr das fertige Produkt darf allein im Mittelpunkt stehen, sondern auch die fortlaufende Weiterentwicklung des Produkts mit neuen Features und umgesetzten Kundenanforderungen muss in den Fokus rücken. Es gilt, schnelle Prototypen auf den Markt zu bringen, die dann zur Marktreife geführt werden, indem man mit Partnern und Kunden Optimierungsmöglichkeiten eruiert und diese umsetzt.

8.3.2.5 Den digitalen Kulturwandel vorantreiben

Die digitale Transformation macht einen weitreichenden Kulturwandel im Unternehmen unumgänglich. Ohne diesen kann die Optimierung von Prozessen und Produkten im laufenden Betrieb nicht erfolgreich sein. Change Management heißt aber auch, digitale Experten für das eigene Unternehmen zu begeistern, mit denen die vom Kunden geforderten und als notwendig erachteten Änderungen in neue Lösungen umgesetzt werden können. Zudem gilt es, neue Kompetenzen bei Mitarbeitern aufzubauen und damit den vorhandenen Ängsten und Vorurteilen in Bezug auf diesen Kulturwandel zu begegnen. Gerade Letzteres kann jedoch nur erfolgreich sein, wenn gleichzeitig eine neue Form der Führung mit höherer Flexibilität, Kreativität, mehr Kompetenzen und mit unternehmerischem Handeln und Denken gelebt wird.

Digitalisierung wird auch im Versicherungsbereich häufig noch als primäres IT-Thema betrachtet. Jedoch zeigt diese kurze Darstellung bereits, dass Digitalisierung und die Transformation in ein digitales Unternehmen nur erfolgreich gelingen können, wenn die vielschichtigen Aspekte konsequent angegangen werden. Die Frage, ob dabei immer das gesamte Unternehmen »digitalisiert« werden muss oder ob die Konzentration auf einzelne Aktivitäten und Bereiche, wie zum Beispiel Vertriebs- und Online-Aktivitäten, gerade zu Beginn ausreichend ist, kann nur durch eine auf das Unternehmen abgestimmte Analyse und daraus abgeleitete Strategie beantwortet werden.

8.3.3 Strategische Ausrichtung des Konzerns Versicherungskammer

Die Versicherungskammer ist mit ihren digitalen Lösungen gut für die Zukunft aufgestellt. Ziel des Konzerns ist es, ein moderner Serviceversicherer zu sein, der die Chancen der Digitalisierung nutzt und gleichzeitig in seinen regionalen Wurzeln verankert bleibt. Die digitale Transformation erfolgt unter Berücksichtigung des definierten strategischen Ansatzes und der digitalen Leitplanken.

Abb. 6: Digitale Transformation der Versicherungskammer – die strategische Ausrichtung; eigene Darstellung

Dabei versteht die Versicherungskammer die Beschäftigung mit neuen Technologien nicht als Selbstzweck. Vielmehr stehen eine konsequente Ausrichtung an den Bedürfnissen des Kunden sowie die Entwicklung von adäquaten Lösungen im Fokus. Entscheidend sind das Kundenerlebnis und die Erhöhung der Kundenzufriedenheit. Dabei nutzt die Versicherungskammer den technischen Fortschritt, um wichtige Prozesse aus der Perspektive ihrer Kunden und Vertriebspartner zu vereinfachen. Jede Maßnahme wird im Hinblick auf Alltagsrelevanz für den Kunden geprüft.

Ferner wird durch Automatisierung und Dunkelverarbeitung ein effizienterer Einsatz von Ressourcen ermöglicht, um das Geschäftsmodell der Versicherungskammer zu stärken. Kunden und Vertriebspartner profitieren von schnellen Lösungen, die ihren Erwartungen entsprechen.

Die Digitalisierung ist aber auch Treiber für neue Produkte, wie zum Beispiel Cyberversicherung oder situative Versicherungen (siehe Kapitel 8.4.2). Der Konzern ergreift diese Chance zur Nutzung neuer Absatzpotenziale und stärkt so sein Wachstum.

Mit ihrem digitalen Versicherer, der BavariaDirekt, geht die Versicherungskammer neue Wege für digital-affine Kunden. Dabei dient der Online-Versicherer zusätzlich als Innovationslabor. So kann neues Kundenverhalten analysiert und Innovationen können schnell und direkt getestet werden.

Die Nutzung und Weiterentwicklung von Big Data/Data Analytics und KI (künstliche Intelligenz) ist ein weiterer wichtiger strategischer Erfolgsfaktor zur Erreichung aller drei Ziele. Hierfür hat die Versicherungskammer eine Plattform mit modernsten Analytics-Tools aufgebaut, um aus Daten verschiedene Anwendungsfälle für das Versicherungsgeschäft zu entwickeln und Mehrwerte für Kunden zu schaffen (siehe Kapitel 8.4.4). Zusätzlich bietet der Konzern ausgewählte Analytics Use Cases auch anderen Unternehmen aus der Finanz- und Versicherungsbranche an, allen voran den öffentlichen Versicherern.

Die digitalen Leitplanken bilden den Rahmen für die digitale Agenda der Versicherungskammer.

Um auch weiterhin die Vorreiterrolle unter den öffentlichen Versicherern zu sichern und die Verzahnung mit der Sparkassen-Finanzgruppe zu intensivieren, sucht sie bei allen wichtigen Kernthemen den Schulterschluss mit ihren Partnern und verstärkt die Zusammenarbeit.

Der Konzern verankert als Versicherer der Regionen die Regionalität in der digitalen Welt und vernetzt sich in den unterschiedlichsten Ökosystemen.

Um die digitale Transformation im Unternehmen voranzutreiben, investiert die Versicherungskammer in den Ausbau von digitalen Fähigkeiten ihrer Mitarbeiter und stärkt eine offene, agile und cross-funktionale Zusammenarbeit.

Für den Konzern ist es sehr wichtig, Innovationen laufend am Markt zu beobachten und die digitale Entwicklung der Versicherungsbranche aktiv mitzugestalten. In diesem Zusammenhang hat die Versicherungskammer mit weiteren Partnern aus der Versicherungsbranche das europäische Innovationszentrum InsurTech Hub Munich ins Leben gerufen. Ziel ist es, die weltweit besten Ideen an den Standort München zu holen und so den Wettlauf um Innovation für das Unternehmen zu entscheiden. Der InsurTech Hub Munich als Innovationsplattform öffnet dabei mit seinem großen Netzwerk an Partnern ein Fenster in die Zukunft der Branche.

Initiativen dieser Art sind jedoch allein nicht ausreichend, um erfolgreich digitale Innovationen zu schaffen und diese nachhaltig zu nutzen (vgl. Kapitel 8.3.2). Vielmehr müssen sowohl die organisatorischen Rahmenbedingungen gegeben sein als auch das Mindset in der Zusammenarbeit geschärft werden.

Deshalb hat der Konzern den »Versicherungskammer Innovation Campus« gegründet. Dieser versteht sich als internes Forschungszentrum für technische Trends. Die Experten im Campus, Innovationsmanager und Entwickler, treiben in Kooperation mit den Fachbereichen Innovationen voran. Technologietrends und Techniken werden anhand eines Trendradars systematisiert. Je nach Reifegrad erfolgt die Einordnung in die Phasen des Innovationszirkels:
1. Identifizieren: Neue Technologien, die ganz am Anfang ihrer Entwicklung stehen und später Auswirkungen auf das Geschäftsmodell der Versicherungskammer haben können, werden im Innovation Campus beobachtet, zum Beispiel Quanten-Computer.

2. **Experimentieren:** Sobald eine Technologie einen höheren Reifegrad erreicht hat, wird im Innovation Campus gemeinsam mit den Fachbereichen anhand konkreter Anwendungsfälle experimentiert. Dabei geht es darum, Prototypen zu entwickeln, Know-how aufzubauen und das Wissen in die Organisation zu tragen. Minimum Viable Products, Proof-of-Concepts und Piloten sorgen für schnelles Feedback von Kunden, Vertriebspartnern und internen Stakeholdern. Die agile Vorgehensweise im Innovation Campus unterstützt den erforderlichen unternehmensinternen Wandel von planorientierten, konventionellen hin zu flexiblen, kunden- und anwendungsorientierten Entwicklungsprozessen und schafft damit eine wertvolle Basis zur erfolgreichen Umsetzung der digitalen Transformation.
3. **Investieren:** Nach Abschluss einer erfolgreichen Pilotierungsphase gilt es, die Investitionsfrage zu beantworten. Damit der Übergang in die Linienfunktionen möglichst reibungsfrei abläuft, sind der fachliche Sponsor und der Product Owner[1] bereits in der Pilotierungsphase Teil des agilen Teams. Hierfür ist es wichtig, das Mindset im Unternehmen zu etablieren. Innovatoren und Digital Champions[2] sind die ersten Ansprechpartner für Themen rund um Digitalisierung und Innovation. Sie agieren dabei als Impulsgeber, Kommunikatoren und Treiber für den jeweiligen Unternehmensbereich, unterstützen bei der Generierung und Prüfung innovativer Ideen, sowie bei der Überführung in die Linienorganisation.

Von gleicher Bedeutung ist es, nah am Kunden und an seinen Bedürfnissen zu sein. Das konzerneigene Customer Experience Lab[3] unterstützt dabei zur Steigerung der Kundenzufriedenheit und Prozessvereinfachung entlang der Customer Journey. Im Rahmen der Bedarfsanalyse werden die konkreten Erwartungen und Bedürfnisse der Kunden und Vertriebspartner an definierten Touch Points ermittelt und beschrieben. In der Designphase werden Schnittstellen und Prozessketten konzeptionell neu gestaltet.

Digitale Transformation bedeutet, sich mit neuen Technologien zu beschäftigen, die einen bestimmten Wertbeitrag für das Unternehmen liefern. Doch mit neuen Technologien ist ein solcher Wandel allein nicht getan. Es werden auch neue Perspektiven, ein neues Denken und eine neue Herangehensweise an Problemstellungen benötigt, um erfolgreich diese Transformation zu vollziehen. Mit der weiteren Digitalisierung von internen Prozessthemen wie Automatisierung und Dunkelverarbeitung, neuen (digitalen) Produkten zur Eroberung neuer Absatzmärkte, der Stärkung der Mitarbeiterkompetenzen im agilen Projektmanagement und dank einer zunehmenden Kooperation mit FinTechs und

---

1 Die Rolle des Product Owners basiert auf der Scrum-Methodik.
2 Als Innovatoren und Digital Champions werden die Digitalisierungsexperten der Fachbereiche bezeichnet.
3 Customer Experience (CX) bezeichnet die Erfahrungen und damit verbundenen Emotionen von (potenziellen) Kunden und Vertriebspartnern.

InsureTechs sowie unserem Innovation Campus setzen wir bereits heute viele Punkte um, die wir aus unserer Digitalstrategie heraus angestoßen haben. Eine Digitalstrategie, die ganz bewusst in enger Abstimmung mit unserem Partner der S-Finanzgruppe erfolgt.

8.3.4 Digitalisierung in der S-Finanzgruppe

Die bayerischen und Pfälzer Sparkassen sind sowohl Eigentümer als auch bedeutsamer Vertriebspartner der Versicherungskammer Bayern. Vor diesem Hintergrund ist die Digitalisierungsstrategie der Sparkassen und deren Verbände für die Ausrichtung des Konzerns Versicherungskammer aus unterschiedlichen Blickwinkeln von besonderer Bedeutung.

Im Rahmen der Multikanalstrategie der Sparkassen werden die Kundenkontaktpunkte zunehmend breiter aufgefächert. Die persönliche Beratung in den Geschäftsstellen und Beratungscentern wird für hybride Kunden durch die Internetfiliale, Online-Beratungscenter mit Video-Telefonie, die S-App oder auch durch Chatbots zukunftsorientiert ergänzt.

Im Kontext des ganzheitlichen Beratungsansatzes und rückläufiger Renditen im klassischen Bankgeschäft hat sich das Versicherungsgeschäft in den vergangenen Jahren zu einem wichtigen Kerngeschäfts- und Ertragsfeld für Sparkassen entwickelt. In der Folge darf die Multikanalstrategie nicht bei den klassischen Bankprodukten enden, sondern sollte den Vertrieb von Versicherungsprodukten adäquat mit berücksichtigen, um dem ganzheitlichen Beratungsansatz des S-Finanzkonzepts auch zukünftig umfassend gerecht zu werden.

Eine Vielzahl von FinTechs und InsureTechs nutzen den ganzheitlichen Beratungsansatz digital bereits ebenfalls und bedrohen mit ihrem Geschäftsmodell bestehende Kundenverbindungen der Sparkassen oder erschweren deren Zugang zu Neukunden spürbar.

Der Konzern Versicherungskammer begegnet diesem Umstand in engem Schulterschluss mit den Sparkassen mit einer Omnikanalstrategie. Innovative Services und Apps, verbunden mit einer tiefen Integration in die Internetfiliale sowie dem traditionellen stationären Vertrieb machen es möglich, Kunden entlang der individuellen Customer Journey zu begleiten, zu unterstützen und an jedem Kontaktpunkt zu begeistern.

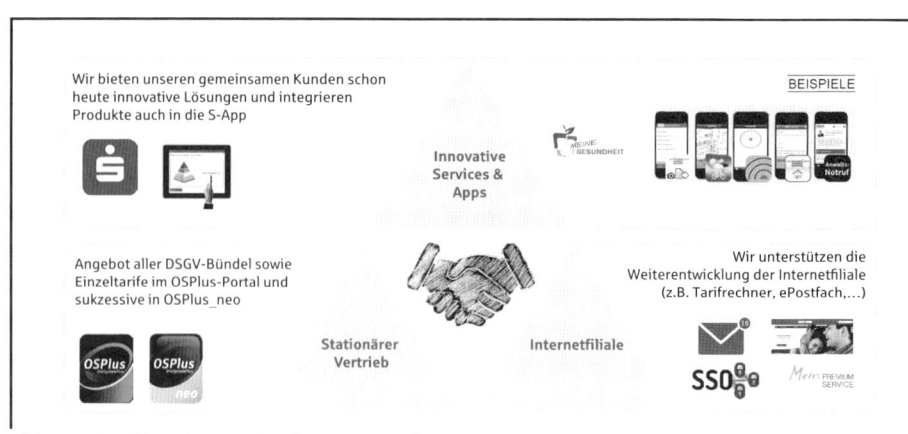

Abb. 7: Omnikanalstrategie; eigene Darstellung

Die Internetfiliale der Sparkassen hat sich in den vergangenen Jahren von einem reinen Informations- und Kommunikationsmedium zu einer kundenzentrierten Drehscheibe rund um die finanziellen Bedarfe der Kunden entwickelt. Sie ist ein wichtiger Bestandteil der Omnikanalstrategie der Sparkassen. Über die reine Digitalisierung von Geschäftsprozessen hinaus gewinnt dabei unter anderem die Digitalisierung von Vertriebsprozessen bei Sparkassen eine stetig wachsende Bedeutung.

Über reinen Content zu Versicherungsthemen hinaus bietet der Konzern Versicherungskammer in der Internetfiliale 6.0 deshalb Selbstberatungs- und Abschlussstrecken für standardisierte Versicherungslösungen und ist damit in der Internetfiliale an entscheidenden Kontaktpunkten der Customer Journey präsent.

Mit dem rasanten Wachstum der Smartphone- und Tablet-User in Deutschland erfreut sich die Sparkassen-App einer immer größeren Beliebtheit. Sie ist bereits heute die am meisten genutzte Banking-App in Deutschland.[1] Im Zuge der Digitalisierungsstrategie der öffentlichen Versicherer in Deutschland wurden sogenannte situative Versicherungsprodukte entwickelt und für die Generation Smartphone in die Sparkassen-App integriert. Über das elektronische Postfach ihres Online-Bankings erhalten Sparkassenkunden Versicherungsdokumente der Versicherungskammer Bayern, und mittels Single-Sign-On-Verfahren haben sie die Möglichkeit, mit nur einem Klick aus der Online-Welt der Sparkassen direkt in das Kundenportal »Mein Premiumservice« der Versicherungskammer Bayern abzuspringen. Online-Kunden der Sparkassen erhalten so 24 Stunden/7 Tage die Woche auch einen direkten, transparenten und schnellen Zugriff auf ihren Versicherungsbestand, und innerhalb dessen verfügen sie

---

[1] Sparkassen-App Testsieger bei Capital, https://www.dsgv.de/newsroom/presse/190326_SparkassenApp-siegt-bei-Capital_14.html, Stand: 13. Mai 2019

über eine Vielzahl von Informations- und Gestaltungsmöglichkeiten zu Versicherungsprodukten. Daneben ist es dem Kunden aber auch zu jeder Zeit möglich, Kontakt mit seinem Sparkassenberater vor Ort aufzunehmen.

Eine Vielzahl von Kundenkontaktpunkten zwischen Sparkassen und Versicherer gehen damit nahezu nahtlos ineinander über und bieten eine ganzheitliche Interaktionsplattform rund um finanzielle Angelegenheiten der gemeinsamen Kunden.

Das Leistungsangebot der Versicherungskammer trägt daher diesem Aspekt gezielt Rechnung und schafft den Schulterschluss zwischen Online- und Offline-Welt.

8.4 Ausgewählte digitale Lösungen im Portfolio der Versicherungskammer

»*Der digitale Versicherungsmanager ist auf die Bedürfnisse der Sparkassen und Öffentlichen Versicherer ausgerichtet und wird in die Sparkassensysteme integriert.*«
– *Dr. Frank Walthes*[1]

Neben dem Bedürfnis nach Online-Beratung und Online-Abschluss fordern Kunden zunehmend die Möglichkeit, ihre Versicherungen digital zu verwalten. Um diesem Bedürfnis Rechnung zu tragen, ist der Konzern Versicherungskammer eine strategische Partnerschaft mit Clark eingegangen.

8.4.1 S-Versicherungsmanager

Immer mehr Fin- und InsureTechs drängen heute auf den Versicherungsmarkt. Die Konkurrenz um den Kunden nimmt auch in diesem Bereich immer mehr zu. Namen wie Verivox, Check24 oder andere, die dem Kunden Versicherungsvergleiche online ermöglichen, konnten in den vergangenen Jahren ihre Marktdurchdringung deutlich ausbauen.[2] Mit der am 1.1.2018 in Kraft getretenen Zahlungsverkehrsrichtlinie PSD2 wurde zudem seitens der Europäischen Union eine Möglichkeit geschaffen, Zahlungsströme von Bank- und Sparkassenkunden genau zu analysieren – und das anbieterunabhängig, passgenau und auf den Kunden abgestimmt. Eine Möglichkeit, diesem neuen Wettbewerbsdruck zu begegnen, stellt die Ordneranalyse der bestehenden Versicherungen eines Kunden dar. Doch in Zeiten der Digitalisierung ist eine solche klassische, weil analoge Versicherungsordneranalyse nicht mehr zeitgemäß. Dies ist auch darauf zurückzuführen, dass bei solchen manuellen Analysen

---

1 Jahrespressegespräch 2019
2 Check24 wächst rasant; https://www.handelsblatt.com/unternehmen/it-medien/boom-der-vergleichsportale-check24-waechst-rasant/13311650.html?ticket=ST-373678-fMMAbHZLc-wdySWqu5FLe-ap4, Abruf am 28. Juni 2019

eine schwankende, oft unzureichende Qualität aufgrund fehlender Standards bei hoher zeitlicher Ressourcenverwendung festzustellen ist.

Mehrwerte für Kunden und Vertrieb...

✓ Ganzheitlicher Überblick über die Versicherungssituation

✓ Vollautomatische Überprüfung der bestehenden Versicherungen und Generierung von Gegenangeboten durch den Robo Advisor

✓ Für stationären, hybriden und Endkundeneinsatz

✓ Mehr Zeit für Beratung – Automatisierte Vorteilsargumentationen für das Beratungsgespräch

✓ Integration der Anwendung in OSPlus_neo

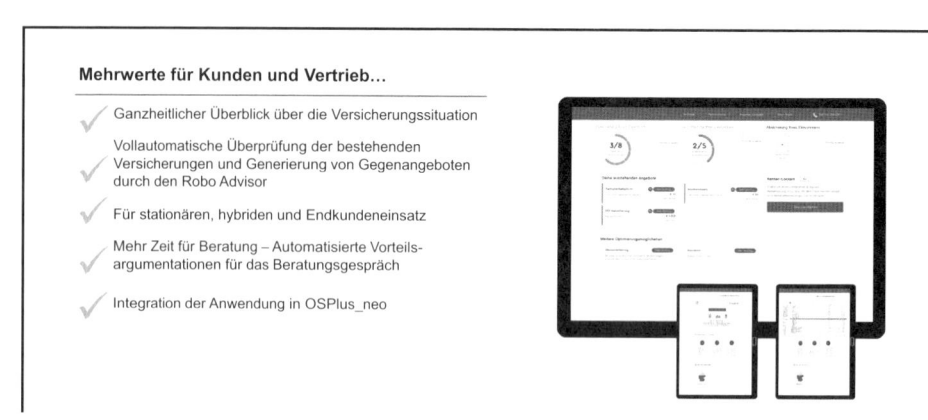

Abb. 8:   Mehrwerte für Kunden und Vertrieb; eigene Darstellung

Um einen einfachen und standardisierten Prozess für den Kunden und Kundenberater der Sparkasse bei flächendeckend einheitlicher und hoher Qualität zu erreichen, der zudem zu einer Multikanallösung weiterentwickelt werden kann, wurde im April 2018 seitens der Versicherungskammer eine Kooperation mit dem Start-up-Unternehmen Clark eingegangen. Zielsetzung war und ist hierbei, die gewonnenen Erfahrungen aus dem zuvor pilotierten Digitalen Versicherungscheck der Versicherungskammer mit dem Know-how von Clark zu verbinden und die erweiterte neue Lösung deutschlandweit auf die Bedürfnisse der Vertriebspartner und ihrer Kunden zu übertragen.

Dabei bilden zwei wesentliche Ziele die Grundlage für die Entwicklung des S-Versicherungsmanagers:

1. Größtmögliche Transparenz für den Kunden schaffen, das heißt
    a. Aufzeigen der aktuellen Versicherungssituation des Kunden auf einen Blick
    b. Automatisierte Bereitstellung von Optimierungsansätzen für den Kunden
    c. Anforderung, Abruf und Abschluss von Angeboten innerhalb der Anwendung
    d. Integration in alle Kanäle der Sparkassen-Finanzgruppe
    e. Weg vom Papier, hin zum digitalen Versicherungsordner
2. Versicherungsgeschäft stärken, das heißt
    a. Aufwandsreduzierung bei der Versicherungsordneranalyse, um mehr Zeit für den Vertrieb zu schaffen
    b. Einheitlicher Standard der Ordneranalyse
    c. Vereinfachung der Versicherungsberatung

Um diese Zielstellungen zu erreichen, wird in der ersten Ausbaustufe des S-Versicherungsmanagers auf einen Prozessablauf gesetzt, der zwei separate Termine des Sparkassenkundenberaters mit seinem Kunden vorsieht:

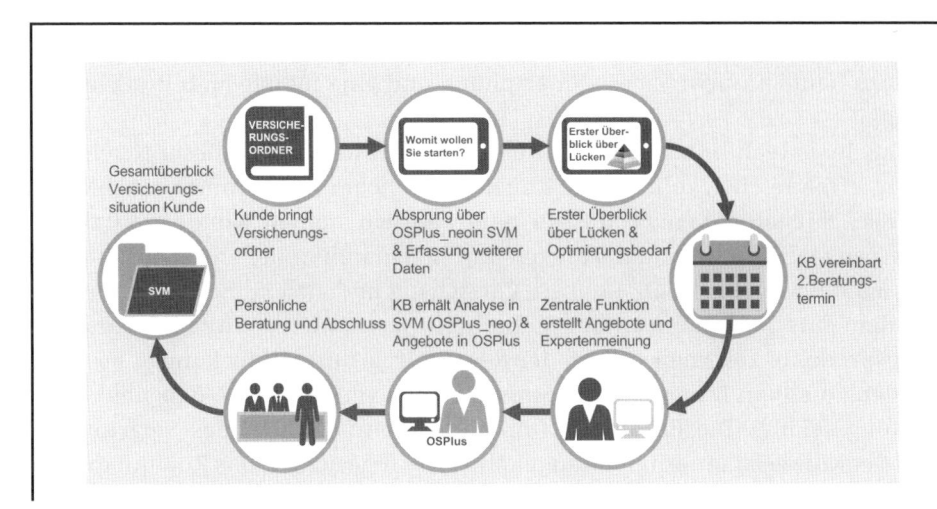

Abb. 9: Prozessdarstellung S-Versicherungsmanager (SVM); eigene Darstellung

Im ersten Termin werden alle relevanten Daten des Kunden und seiner bestehenden Versicherungen durch den Sparkassenberater in der Anwendung des S-Versicherungsmanagers erfasst und ein erster Überblick über Lücken sowie Optimierungsmöglichkeiten aufgezeigt.

Die ermittelten Daten werden im Anschluss durch die Versicherungskammer analysiert und bewertet und es werden dazu passende Angebot erstellt, die in einem zweiten Termin durch den Sparkassenberater mit dem Kunden besprochen werden.

Zusammen mit dem Kooperationspartner Clark arbeitet die Versicherungskammer daran, weitere Automatisierungsprozesse in die Anwendung zu integrieren. Neben der Anbindung der hauseigenen Tarifrechner und dem Einsatz von OCR-Texterkennung zur Analyse der vorhandenen Versicherungsunterlagen ist es ein vorrangiges Ziel, den S-Versicherungsmanager für den Kunden innerhalb der Applikation S-App bereitzustellen und diesen damit in die zentrale Anwendung der S-Finanzgruppe im Bereich der Mobiltechnologie einzubetten.

Der S-Versicherungsmanager in seinen verschiedenen Ausbaustufen stellt ein strategisch wichtiges Produkt dar, dem eine sehr hohe Bedeutung bei der Kundenbindung, Kosteneinsparung, Erhöhung der Versicherungsdichte und damit einhergehenden Ertragspotenzialen bei reduziertem Aufwand und einem Plus an Beratungszeit zukommt.

8.4.2 Situative Versicherungen

Mal eben eine Veranstaltungsversicherung für den Besuch auf dem Weihnachtsmarkt abschließen oder eine Unfallversicherung für den Skiurlaub? Die Sicherheit »auf Abruf« war vor einigen Jahren noch nicht denkbar. Heute muss man den »On-Demand«-Bedarf im Produktportfolio berücksichtigen. Alles, was es dazu heute braucht, ist ein Smartphone und eine intakte Mobilfunkverbindung.

Das InsurTech-Unternehmen SituatiVe GmbH hat sich in dieser Nische am Markt erfolgreich etabliert. Der Konzern Versicherungskammer möchte die Chance, mit situativen Produkten eine deutlich höhere Kundenkontaktfrequenz zu realisieren ebenfalls nutzen und sich in individuellen Lebenssituationen (zum Beispiel Fußball, Konzert, Carsharing und vielem mehr) des Kunden mit dem entscheidenden »Stück Sicherheit« positionieren. Situative Versicherungsprodukte zeichnen sich in der Regel durch Kurzzeitdeckungen aus und werden zu einem Einmalbeitrag zweckbezogen verkauft (zum Beispiel Veranstaltungsschutz). Die Bezahlung funktioniert einfach über das Smartphone, und der Kunde ist innerhalb weniger Minuten abgesichert. Das Zukunftspotenzial dieser Art von Versicherungen liegt in der rasanten Nutzersteigerung von mobilen Endgeräten in den vergangenen Jahren. Dadurch wird »mobile« zu einem der wichtigsten digitalen Vertriebskanäle mit enormem Vertriebspotenzial durch stets wiederkehrenden Kundenbedarf. Diesen gilt es mit situativen, zweckbasierten und zielgruppenspezifischen Versicherungen zu bedienen.

Für die Versicherungswirtschaft ist das Konzept der Kurzzeitversicherung im Wesentlichen nicht neu. Denn Policen, die nur für eine begrenzte Zeit und nur für einen bestimmten Zweck abgeschlossen werden, gibt es schon lange. Die Bauleistungsversicherung beispielsweise schützt Bauherren vor unvorhersehbaren Schäden während der Bauphase. Ist das Haus fertig, läuft der Versicherungsschutz aus. Neu an den Spontanpolicen sind die sehr kurzen Laufzeiten von wenigen Tagen oder gar Stunden, vor allem aber die wachsende Vielfalt von Einzelrisiken, die sich mit einer Police abdecken lassen. Oft geht es um die Absicherung einer konkreten Alltagssituation, sei es die Skitour am Wochenende oder der Ausflug mit dem Fahrrad.[1]

Vor allem die Sparkassenorganisation hat sich vor dem Hintergrund der Digitalisierung und des sich verändernden Kundenverhaltens eine gute Ausgangsposition geschaffen. Mit rund 27 Millionen Downloads und über sieben Millionen aktiven Nutzern ist die Sparkassen-App die am weitesten verbreitete Banking-App in Deutschland. Um diese Marktposition halten bzw. weiter ausbauen zu können, muss das mobile Angebot stetig anhand der Kundenanforde-

---

1 Kurzzeitversicherungen – Hilfe für Spätentschlossene, https://www.gdv.de/de/themen/news/kurzzeitversicherungen---hilfe-fuer-spaetentschlossene-20748, Stand: 13. Mai 2019

rungen ausgebaut und optimiert werden.[1] Hierbei unterstützt die Versicherungskammer Bayern die Sparkassen, indem sie ihnen seit 2018 neue situative Versicherungsprodukte für die Sparkassen-App zur Verfügung stellt, um den Versicherungsvertrieb nachhaltig zu stärken. Darüber hinaus nutzt die Versicherungskammer Bayern beispielsweise den Trend des Carsharings und bietet ihren Kunden die Möglichkeit, den Selbstbehalt bei der Anmietung eines Leihwagens abzusichern. Um das Portfolio an situativen Produkten weiter auszubauen, nutzt die Versicherungskammer die Kräfte innerhalb der Sparkassen-Finanzgruppe und bietet den Sparkassen innovative Produktlösungen von der Absicherung während eines Events über eine Unfallversicherung bis hin zur Absicherung des Smartphones.

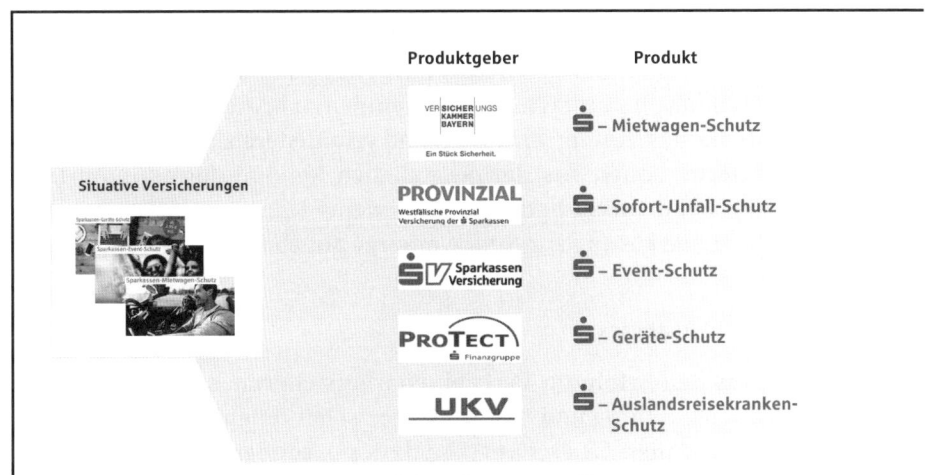

Abb. 10: Situative Versicherungen – Produkte; eigene Darstellung

Entscheidend für den Vertrieb von situativen Versicherungsprodukten ist es, den Kunden zum richtigen Zeitpunkt mit dem richtigen Produkt über den richtigen Kanal zu erreichen. Als Teil der disruptiven Technologie rund um das sogenannte IoT (Internet of Things) bietet das GeoFencing enorme Chancen, den Kunden direkt und in Echtzeit an den Orten anzusprechen, an denen ein Bedürfnis entsteht, und dieses direkt zu bedienen.

Insgesamt ist festzuhalten, dass die Kurzzeitversicherungen noch Nischenprodukte sind. Jedoch bieten genau diese Produkte die Möglichkeit, das Verhalten der Kunden besser zu kennen und ihre Bedürfnisse schneller und zielgerichteter abzuleiten. Sollte ein Kunde zum Beispiel für einen Skiausflug eine Kurzzeitversicherung abschließen, könnte man daraus schlussfolgern, dass er

---

1 Sparkassen-App Testsieger bei Capital, https://www.dsgv.de/newsroom/presse/190326_SparkassenApp-siegt-bei-Capital_14.html, Stand: 13. Mai 2019

noch keine Unfallversicherung hat. Dies ermöglicht es wiederum, Leads zu generieren und den Versicherungsvertrieb noch gezielter auf die Bedürfnisse der Kunden auszurichten.

8.4.3 Apps und Anwendungen

Dank des schnellen technischen Fortschritts ist der Konzern Versicherungskammer in der Lage, seinen Kunden und Vertriebspartnern innovative Lösungen anzubieten. So hat beispielsweise die Kfz-Angebots-App den Kaufprozess radikal vereinfacht und beschleunigt. Die Sparkasse hat damit rund 40 Prozent des Pkw-Neugeschäfts im Jahreswechselgeschäft 2018/2019 abgeschlossen. In der Krankenversicherung erleichtert die Rundum-Gesund-App den Kunden und Mitarbeitern den Prozess der Leistungsbearbeitung. Über diese App reichen die Kunden zwischenzeitlich über 2 Millionen Belege digital ein. In der Lebensversicherung können die Vertriebsmitarbeiter auch über das Tablet mithilfe des RentenManagers einfach und in wenigen Schritten die individuelle Altersvorsorgelücke des Kunden ermitteln und visualisieren. Dabei können per Fotofunktion Informationen aus der gesetzlichen Renteninformation erfasst und individuelle Bedürfnisse berücksichtigt werden. Im Ergebnis wird dem Kunden eine passende Lösung zur Altersvorsorge angeboten.

8.4.4 Advanced Analytics

Wesentlich für den Erfolg im Vertrieb von Versicherungsprodukten ist es nicht nur, aus der Sammlung und Analyse historischer Daten Zusammenhänge und Muster zu erkennen (»*Descriptive* Analytics«), sondern aus diesen auch Prognosen für die Entwicklung in der Zukunft abzuleiten (»*Predictive* Analytics«) und konkrete Handlungsempfehlungen für den operativen Vertrieb abzuleiten (»*Prescriptive* Analytics«). Dabei werden die verschiedenen Bereiche der modernen Datenanalyse unter dem Begriff der »*Advanced* Analytics« zusammengefasst. Im Folgenden wird anhand eines Beispiels der Einsatz von Advanced Analytics im Vertrieb bei einer deutschen Sparkasse dargestellt.

Ausgangspunkt für die Analytics-Maßnahme war, dass die Kundenansprache für ein lukratives Kundensegment aus den Filialen herausgenommen und in der Zentrale zusammengezogen wurde. Dabei sollte die veränderte Organisation keine Beeinträchtigung der Kundenbeziehung zur Folge haben, sondern es sollten vielmehr die Möglichkeiten einer zentralen Analyse, Steuerung und Ansprache genutzt, das Potenzial-Segment mit der Umorganisation gestärkt und das Abschlussvolumen mit einer Kampagne erhöht werden. Um die zentrale Analyse für das Kundensegment zu forcieren, führte die Sparkasse ein Forschungsprojekt durch, um mit Affinitätsmodellen die Abschlusswahrscheinlichkeit ihrer Kunden für ein Versicherungsprodukt vorherzusagen (Predictive Analytics). Damit sollte sichergestellt werden, dass die begrenzten zentralen Kapazitäten für die Kundenansprache auch zielgerichtet und effizient eingesetzt werden können. Das Scoring-Modell wurde dabei aber nicht mit den bisher üblichen Methoden erstellt, sondern auf Basis zentral vorliegender Daten und mit Methoden des Machine Learning entwickelt.

Mit Analytics-Modell den »Next best Customer« für ein Produkt ermitteln[1]

In einem ersten Schritt wurde das analytische Modell zunächst mit Daten aus dem internen Bestand der Sparkasse trainiert. Eine Herausforderung bei den Methoden des Machine Learning besteht jedoch oft darin, dass für das Training und die Validierung eines Vorhersagemodells Daten in ausreichender Menge zur Verfügung stehen müssen. Außerdem muss der Inhalt der Trainingsdaten auch noch eine ausreichende Vielfalt an Beispielen abdecken, um dem Lern-Algorithmus die verschiedensten möglichen Szenarien »vorspielen« zu können. So ist das Beispiel der Sparkasse mit dem fokussiert betrachteten Kundensegment auch kein Einzelfall, bei dem die Anzahl der intern zur Verfügung stehenden Daten nicht genügte, um ein Modell mit ausreichend guter Trennschärfe für die Vorhersage der Kaufwahrscheinlichkeit zu entwickeln.

Für diesen Fall besteht die Möglichkeit, zusätzliche externe Daten von verschiedenen Drittanbietern am Markt zu beziehen. Damit lassen sich die Trainingsdaten erweitern und die Chance für die künstliche Intelligenz erhöhen, relevante Merkmale für eine Vorhersage ausfindig zu machen und eine stabile Vorhersage zu erreichen.

Für die Modellbildung ist es dabei ausreichend, wenn die Daten anonymisiert vorliegen, da die speziellen Eigenschaften der einzelnen Datensätze nicht direkt, sondern nur verallgemeinert in das Modell einfließen. Diese Methode der Datenanreicherung war auch bei der Sparkasse erfolgreich, sodass für ein fokussiertes Kundensegment und mit einer begrenzten Datengrundlage der Ansatz des Machine Learning erfolgreich eingesetzt werden konnte.

---

[1] vgl. Dr. Stephan Spieleder/ Prof. Dr. Diane Robers in: ZfV – Die Potenziale von KI – aktuelle Einsatzmöglichkeiten und Grenzen am Beispiel Versicherungswesen, Heft 18/2019, S. 538–542, S. 539.

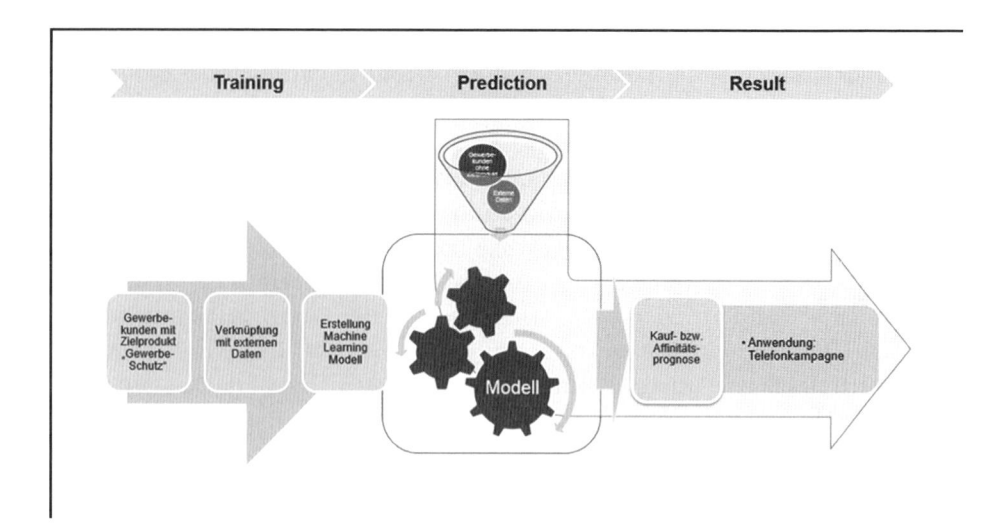

Abb. 11: Vorgehen der Predictive Analytics für »Next best Customer« in einem bestimmten Kunden- und Produktsegment; eigene Darstellung

Nach der erfolgreichen Erstellung des analytischen Modells wurden die Kunden schließlich in zwei Gruppen angesprochen:
1. In einer ersten Auswahl wurden Kunden anhand des analytischen Modells mit absteigender Wertung der Kaufaffinität ausgewählt.
2. Zum Vergleich wurden außerdem Kunden ganz zufällig ausgewählt, um die Leistungsfähigkeit des Modells gegenüber der Vergleichsgruppe bewerten zu können.

Im Ergebnis haben Kunden, die auf Basis des erlernten analytischen Modells ausgewählt wurden, in über 20 Prozent der Ansprachen einen Angebotswunsch für das modellierte Zielprodukt geäußert. In der Vergleichsgruppe zufällig ausgewählter Kunden lag der Angebotswunsch dagegen weit unter 20 Prozent. Mit einem Lift-Up beim Angebotswunsch konnte das analytische Modell somit eine erhebliche Optimierung in der zentralen Kundenansprache realisieren. Dabei gilt es, die zentrale Ansteuerung der Leads so organisiert, dass
- affine Kunden für das spezifische Produkte schnell identifiziert werden (Time-to-Market),
- das Potenzial der Akquise möglichst umfassend ausgeschöpft wird und
- unnötige Aufwände in der Akquise vermieden werden (Effizienz durch Reduktion von Aufwand und Kosten).

Ein gezielt entwickeltes digitales Portfolio bildet die Grundlage, um Mehrwerte sowohl für den Kunden als auch für den Versicherer zu generieren. Diese

Mehrwerte dürfen dabei jedoch nicht allein aus der Ertragssicht bewertet werden.

8.5 Mehrwerte der Digitalisierung

»Die Technik ist unseren Kunden wichtig. Sie würden sie aber nicht bei einem Versicherer kaufen. Allerdings würden sie eine zentrale Plattform begrüßen, über die sie einen Rundum-Service für Heim und Wohnen erhalten können.« – Barbara Schick[1]

Werden die Möglichkeiten, die die Digitalisierung bietet, intelligent im Unternehmensumfeld umgesetzt, kann das für alle Seiten gewinnbringend sein. Während Kunden dank der Digitalisierung beispielsweise neue und flexiblere Formen der Kommunikation mit ihrem Vertriebspartner oder dem Versicherer nutzen und damit Anfragen schneller und umfassender beantwortet werden können, was wiederum die Kundenzufriedenheit erhöht, verändert dieser Trend aber auch die Vertriebskanäle und hat Einfluss auf das Risiko des Kundenverlusts aufgrund der besseren Informations- und Vergleichsmöglichkeiten. Doch die Chancen, die sich aus einer intelligenten digitalen Transformation ergeben und sich in einer rückläufigen Schadenanzahl, geringeren Beiträgen, zusätzlichen Geschäftsfeldern und einer moderneren Organisation niederschlagen, wiegen diese Aspekte bei Weitem auf.[2]

8.5.1 Mehrwerte für Kunden, Partner und das Unternehmen

Von der Digitalisierung können Kunden, Vertriebspartner und das Versicherungsunternehmen gleichermaßen profitieren.

---

1 Jahresgespräch 2019
2 Digitalisierungsindex Mittelstand – Der digitale Status Quo im Finanzwesen, S. 6

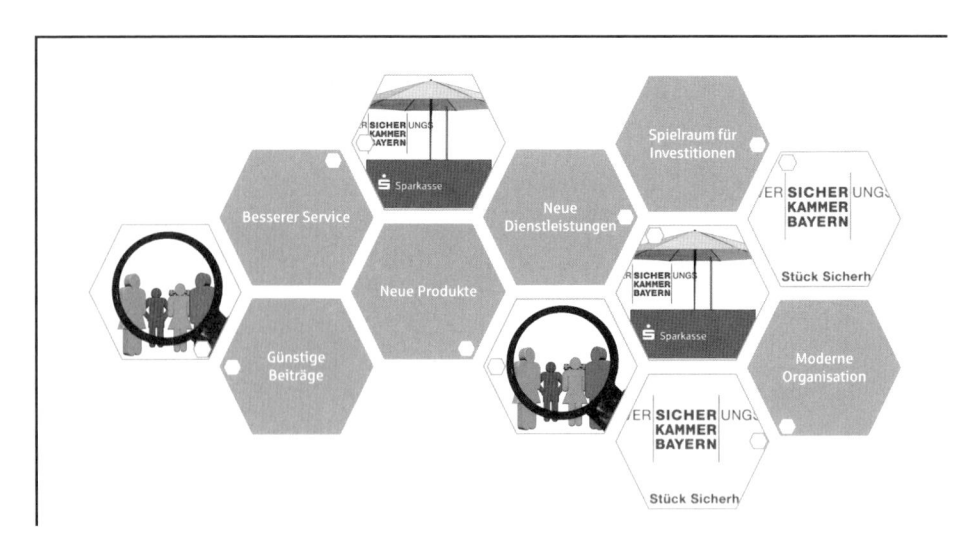

Abb. 12: Mehrwerte schaffen; eigene Darstellung

Predictive/Advanced Analytics und andere Datenpools (beispielsweise Telematikboxen in Autos) ermöglichen es den Versicherern, geringere Beiträge festzulegen, da eine verbesserte Kalkulation möglich wird und zudem die Schäden (Anzahl und Höhe) abnehmen. Neben Rabatten auf Gebäudepolicen beim Einbau von smarten Rauchmeldern ermöglichen diese Analyseverfahren bzw. maschinellen Lernverfahren, mehr über den Wartungsbedarf und die Servicezyklen von Maschinen zu erfahren. Risiko und Ausfallwahrscheinlichkeit können damit besser kalkuliert werden und die Beiträge angepasst werden. Dass der Kunde selbst Zusatzinformationen erhält, die ihn in seinem Geschäftsablauf unterstützen, ist ein zusätzlicher, nicht zu unterschätzender Mehrwert.[1]

Günstige Prämien und Betrugsbekämpfung gehen Hand in Hand. Mittels maschinellen Lernens und Predictive/Advanced Analytics können die jährlich auftretenden Betrugsschäden deutlich reduziert und die Einsparungen an den Kunden weitergegeben werden.[2]

Neue, aber auch bestehende Produkte können in ihrem Leistungsspektrum ganz individuell per Mausklick durch den Kunden ausgebaut werden. Zudem sind Übersichten über Vertragssituationen und ein Gesamtüberblick sowie Schadenmeldungen online ein Mehrwertstrauß, den sowohl Kunden als auch Versicherer immer mehr zu schätzen wissen. Predictive/Advanced Analytics und maschinelles Lernen ermöglichen es, wesentlich flexibler und bezogen auf die Bedürfnisse der Kunden zu reagieren. Auch können dank Digitalisierung die Wartezeiten und Regulierungsprozesse vereinfacht und schlanker gestaltet

---

1 Digitalisierung der Versicherungswirtschaft – Die 18-Milliarden-Chance, S. 18
2 Digitalisierung der Versicherungswirtschaft – Die 18-Milliarden-Chance, S. 18

werden, da Kommunikation, Abwicklung und nachgelagerte Arbeiten als automatisierter Prozess realisierbar sind. Eine Schadenabwicklung im Stundenbereich wird damit möglich.¹

Zusätzliche Services und Dienstleistungen wie eine 3D-Aufnahme von Wohnungen und Häusern per Smartphone zur verbesserten Absicherung sind ein weiterer Mehrwert, der sich für Kunden und Versicherer rechnen kann. Diese neuen Möglichkeiten der Servicebereitstellung schaffen eine engere Kundenbeziehung, die begeistern kann.²

8.5.2 Der personell-digitale Vertrieb

Was auf den ersten Blick wie ein Widerspruch klingen mag, ist auf den zweiten die perfekte Symbiose. Digitaler Vertrieb heißt, dass digitale Vertriebs- und Kommunikationswege genutzt werden, um Absicherungskonzepte zu platzieren. Traditionelle Vertriebsstrukturen setzen dagegen auf die Vor-Ort-Kommunikation zwischen Kunde und Berater. Digitalisierung ermöglicht es, beide Welten miteinander zu kombinieren und über digital unterstützte Verkaufsprozesse im stationären Vertrieb einen positiven Einfluss auf die Kundenzufriedenheit und damit einhergehend auf den Verkaufserfolg zu haben. Um weiterhin erfolgreich am Markt bestehen zu können, ist es daher sowohl für die Versicherungskammer als auch für die Sparkassen essenziell, dass das wertvolle Asset der bestehenden stationären Vertriebsstruktur unter Berücksichtigung der Kundenbedürfnisse zukunftsgerichtet weiterentwickelt wird und neue Wege zu erschließen sowie diese mehrwertstiftend und nahtlos in der bestehenden Omnikanalstruktur zu verzahnen.³

Der Vorteil der persönlichen Betreuung und des vorhandenen Vertrauensvorschusses muss sich als vertrauensbildende Maßnahme auch in den digitalen Vertriebs- und Kommunikationskanälen wiederfinden und dort gleichermaßen gepflegt und gestärkt werden. Während neue Anbieter am Markt zunächst einen nicht unwesentlichen Ressourceneinsatz darauf verwenden müssen, das Vertrauen ihrer Kunden zu gewinnen, können Sparkassen und die Versicherungskammer bereits auf dieser wertvollen Basis aufbauen. Damit decken die beiden Partner schon heute die wichtigsten Aspekte im digitalen Vertrieb, die für den Nutzer ausschlaggebend beim Kauf oder Abschluss sind, ab.⁴

Zudem besitzen Sparkassen einen wahren digitalen Datenschatz, der sie und ihre Verbundpartner im Rahmen der gesetzlichen Möglichkeiten sowie der kundenseitig individuell vereinbarten Nutzungsmöglichkeiten in die Lage versetzt, spezifische Kundenbedürfnisse besser einschätzen, beurteilen und be-

---

1 Digitalisierung der Versicherungswirtschaft – Die 18-Milliarden-Chance, S. 19
2 ebenda
3 Digitaler Vertrieb, https://www.vertrieb-strategie.de/vertriebsnetze/digitaler-vertrieb, Stand: 7. Mai 2019
4 ebenda

werten zu können. Gerade das Wissen um die persönliche Lebenssituation des Kunden, die familiären Verhältnisse sowie deren Wünsche ermöglicht eine gezielte Bedarfsanalyse, die auf Basis einer Multikanalvertriebsstrategie sowohl im persönlichen Gespräch als auch digital unterstützt umgesetzt werden kann.

Eine erfolgreiche Digitalisierung, die von Kunden und Mitarbeitern angenommen wird, benötigt immer eine »persönliche Note«. Denn je mehr Daten und Technik ins Spiel kommen, desto wichtiger wird das Menschliche. Digitalisierung ohne diese persönliche Komponente wird von den Kunden sonst als kalt, ablehnend und rein maschinell wahrgenommen. Empathie, Zugewandtheit und Kommunikation bleiben auch im digitalen Vertrieb die Schlüsselwerte, um Zufriedenheit auf beiden Seiten zu generieren.[1]

Laut der *Studie baningo white paper* von *Banking Hub by zeb* sind es vier Punkte, die im Kontext der Verschmelzung von persönlicher und digitaler Kundenansprache wichtig sind:[2]

1. Selbstbestimmung
   Beratung bleibt ein wichtiges Thema. Jedoch möchte der Kunde verstärkt eigenständig über die Art und Weise der Beratung entscheiden. Dies betrifft insbesondere die verschiedenen Kommunikationsmöglichkeiten.
2. Hybrides Banking
   Kunden wollen gleichzeitig eine persönliche Beratung bei maximaler Informationstiefe. Die richtige Kombination aus Informationsbeschaffung online und Beratung offline ist dabei der Schlüssel zum Erfolg und sollte integraler Bestandteil der Gesamtstrategie und Unternehmenskultur bezüglich des Themenkomplexes Digitalisierung sein.
3. Zugänglichkeit
   Online-Präsenzen schaffen Kundennähe. Sowohl Neukunden als auch Bestandskunden erwarten einen hochwertigen Webauftritt und personalisierte Serviceleistungen auf den Internetpräsenzen von Sparkassen und Versicherern.
4. Berater im Fokus
   Nach wie vor gilt, dass der Berater die Visitenkarte einer Sparkasse und damit auch der Versicherungskammer ist. Kunden bevorzugen ihren bekannten Berater, weil sie dessen Kompetenzen besser abschätzen können und ihm vertrauen. Sparkassen und Versicherer sollten daher den Fokus auf ihre Berater legen und deren Kompetenzen im Tandem mit den Möglichkeiten der Digitalisierung gezielt bewerben und nutzen.

Persönliche und digitale Kundenansprache sind nicht als Entweder-oder, sondern vielmehr als ein Sowohl-als-auch zu verstehen. Dabei gilt es, für Kun-

---

1 Digitale HR: Für dein besseres Ich, https://www.personalwirtschaft.de/der-job-hr/artikel/stilkritik-digitale-hr.html, Stand 7. Mai 2019
2 Studie: Kundenerwartungen an digitales Banking, https://bankinghub.de/innovation-digital/studie-kundenerwartungen-digital-baningo, Stand: 7. Mai 2019

den einen mühelosen Wechsel zwischen persönlichen und digitalen Kontaktpunkten zu gestalten und damit die Basis für eine individuelle, frei gewählte Kundenreise zu schaffen. Richtig verstanden und umgesetzt entstehen dabei Kundenreisen, im Rahmen derer die persönliche Beratung ihren Raum hat, die über passgenaue digitale Unterstützung an Qualität gewinnen und um neue Zugangswege erweitert werden. Mit den Lösungen der Versicherungskammer und der damit einhergehenden engen Verzahnung mit der Beratungsphilosophie der Sparkassen kommen wir diesem Kundenwunsch entgegen und gestalten gemeinsam einen modernen personell-digitalen Vertrieb.

8.6 Conclusio / Schlusswort

Die fortschreitende und in ihrer Geschwindigkeit zunehmende Digitalisierung unserer Gesellschaft stellt uns vor eine Vielzahl von neuen Herausforderungen. Die Versicherungskammer begreift diese Herausforderungen als Chance, um Mehrwerte für Kunden und Vertriebspartner sowie für das eigene Unternehmen zu schaffen. Im Rahmen der digitalen Transformation ist es unser Ziel, den veränderten Kundenerwartungen gerecht zu werden, indem wir die intelligente Automatisierung vorantreiben, die Prozesse nahtlos gestalten und deren Integration gezielt an diese neuen Anforderungen anpassen, sowie intuitive Anwendungen entwickeln.

Unsere Online-Vertriebskanäle und -Aktivitäten sind zu einem wichtigen Aushängeschild geworden, die wir weiter ausbauen, stetig weiterentwickeln und optimieren, um dem ROPO-Kundenverhalten der Online-Informationssuche und des immer noch gerne offline stattfindenden Abschlusswunsches (ROPO = Research Online, Purchase Offline) gerecht zu werden.

Wir als Versicherungskammer setzen dabei auf verschiedene Technologiefelder (wie Infrastruktur, digitale Vertriebstools, Analytics, maschinelles Lernen, IoT), deren Realisierung aber immer nur als Momentaufnahme betrachtet werden kann, da sich Kundenbedürfnisse, Marktbedingungen, der Wettbewerb sowie die technischen Möglichkeiten stetig ändern und weiterentwickeln. Dabei stellen wir bei der digitalen Transformation gezielt Kunden, Vertriebspartner und Mitarbeiter in den Mittelpunkt, um eine größtmögliche Akzeptanz zu erreichen und die erwarteten Mehrwerte wie beispielsweise eine Steigerung der Kundenzufriedenheit zu realisieren. Denn eine Digitalisierung um der Digitalisierung willen kann nicht von Erfolg gekrönt sein.

Vielmehr gilt es, die Mehrwerte für alle (Kunde, Vertriebspartner und Unternehmen) durch klare Leitplanken und eine für alle nachvollziehbare strategische Ausrichtung im Kontext der Digitalisierung zu schaffen. Es gilt, neu entstehende Geschäftsfelder und -möglichkeiten (wie Produktlinien, Risikoberechnung und -bewertung) gezielt aufzubauen und zu nutzen. Dabei lebt eine erfolgreiche Transformation und Umsetzung einer Digitalstrategie nicht zuletzt von der kulturellen Entwicklung im Unternehmen und davon, wie Mitarbeiter und vor allem Kunden und Vertriebspartner diese Strategie annehmen.

Denn eine durchdachte Digitalisierung bedeutet auch, dass Kunden selbstbestimmt handeln, umfassende Zugangskanäle vorfinden und auch weiterhin der Berater die Visitenkarte einer Sparkasse bzw. der Versicherungskammer bleibt, während die Digitalisierung gleichzeitig passgenaue Produkte und individuelle Ansprachen ermöglicht und somit das Persönliche in der Beratung wieder verstärkt in den Vordergrund rückt.

Die Versicherungskammer Bayern hat sich in den vergangenen Jahren erfolgreich als Innovationstreiber und digitaler Vorreiter unter den öffentlichen Versicherern positioniert, bestehende Vertriebsstrukturen zukunftsgerichtet im Sinne eines personell-digitalen Vertriebs weiterentwickelt und die Weichen dafür gestellt, auch zukünftig einer Vielzahl an Kundenerwartungen gerecht zu werden. Diesen eingeschlagenen Weg setzt das Unternehmen auch in Zukunft in engem Schulterschluss mit den Sparkassen und unseren Verbundpartnern weiter konsequent um, um das eigene Geschäftsmodell nachhaltig zu stärken und mehrwertstiftend für Kunden und Vertriebspartner weiterzuentwickeln.

9 Digitalisierung in der Landesbausparkasse

Peter Marc Stober, LBS Hessen-Thüringen, und Frank Demmer, LBS West

9.1 Prolog

Das Thema »Digitalisierung« ist omnipräsent. Egal ob man am Flughafen durch die Sicherheitsbereiche marschiert, an Bahnhöfen großplakatige Anzeigen liest oder die bekannten Nachrichten-Magazine – natürlich digital – durchschaut, an einer Botschaft kommen die Entscheider von Unternehmen heute nicht mehr vorbei: »Wenn Du Dich nicht rasch aufmachst, Dein Geschäftsmodell zu digitalisieren, dann werdet ihr ganz schnell vom Markt verschwinden. Dann werden morgen zwei Nerds, die sich in der Cafeteria der Uni kennengelernt haben, mit einer glorreichen disruptiven Fintech-Idee um die Ecke kommen und aus Kundensicht Deinen Markt revolutionieren!« Diese Sicht wird noch zusätzlich durch die Unternehmensberater-Szene aufgeladen, die in den vielen Facetten der Digitalisierung für ihre Branche ein weites Betätigungsfeld gefunden hat. Aus deren Sicht ist ein Appell für einen schnellen Aufbau des volldigitalisierten Geschäftsmodells nachvollziehbar. Aus Sicht des Unternehmens sollte jedoch eine sorgsame Analyse vorangehen. Sonst besteht die Gefahr viel Geld in Geschäftsprozesse zu investieren, die weder für den Kunden noch für das Unternehmen Mehrwerte schaffen. Vielleicht sogar noch viel schlimmer Faktoren ins Wanken bringen, die bisher für den Erfolg ursächlich waren.

Diese Anforderung bestand und besteht für die Bausparbranche im Besonderen, da gleichzeitig die betriebswirtschaftlichen Herausforderungen aus der Abschaffung der Zinsen zu bewältigen sind und parallel die IT-Infrastruktur zukunftsfähig ausgebaut werden muss. Und so wurde in der LBS-Gruppe zunächst Grundlagenarbeit bewältigt, anstatt dem häufigen Digitalisierungsruf »Wir brauchen unsere eigene App« nachzugeben. Es besteht Einigkeit darüber, dass das klassische Innovationsverfahren »Idee – Businesscase – Entscheidung – Umsetzung – Nachhalten« in der digitalen Welt nicht mehr funktioniert. Die Kundenbedürfnisse haben sich in weiten Teilen neu kalibriert und sind fort an »smart«. Die daraus resultierende Innovationsgeschwindigkeit lässt für tradierte Entwicklungs- und Entscheidungsprozesse deshalb nicht mehr genügend Zeit. Der digitale Fortschritt erfordert eine noch genauere Verteilung der finanziellen Ressourcen. Der Wunsch modern und digital-affin zu wirken, sollte mit der erlernten Forderung nach Monetarisierung neuer Vorhaben auch zukünftig einhergehen.

Um einen echten Mehrwert zu identifizieren, machte es Sinn zunächst eine Kundenperspektive zu erarbeiten.

9.2 Kundenperspektive

Selbstverständlich gibt es für eine solche Kundenperspektive zahlreiche Marktforschungsstudien und Sekundärliteratur, auf die aufgesetzt wurde. Vorneweg sollte man sich aber klar machen, dass Finanzdienstleistungen für Kunden eher »trockene« Angelegenheiten sind. Kein Mensch steht morgens von Vorfreude auf einen Bausparabschluss beflügelt auf. Solche Transaktionen sind rational motiviert, was nicht bedeutet, dass sie nicht emotional begleitet werden sollten. Und so kann bereits die Reduktion des »Lästigkeitswertes« (einfach, bequem und schnell[1]) ein wichtiger Indikator für die Zufriedenheit des Kunden und damit für digitale Ansätze sein. So wird der weitaus größere Teil der Bausparkunden es wohl vorziehen eine notwendige Lastschriftänderung mobil beim Warten auf den Bus – ohne Verschwendung wertvoller Freizeit – abzuwickeln, anstatt die Möglichkeit von komplexen Bausparverlaufssimulation selbst durchführen zu können.

Diese qualitativen Anforderungen soll das Angebot der LBS-Gruppe erfüllen:

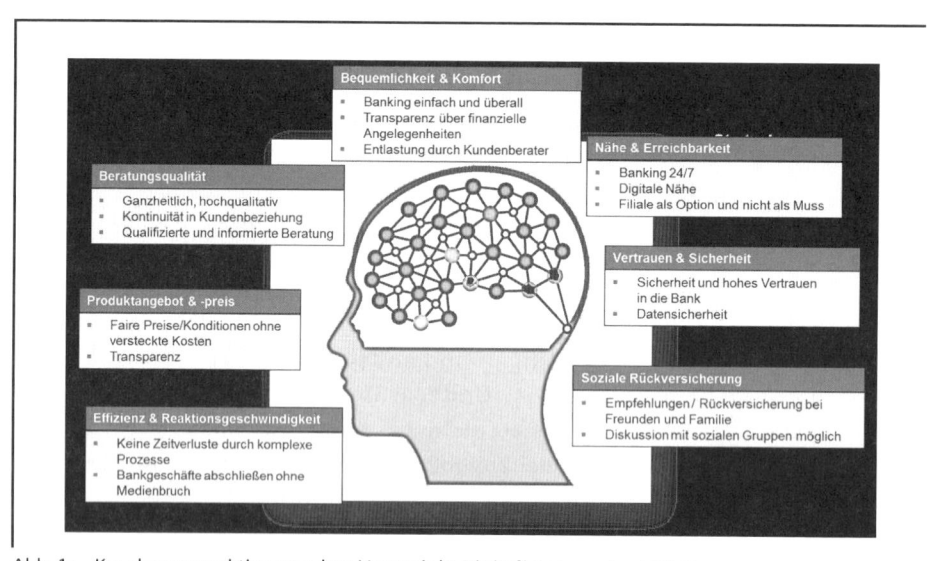

Abb. 1: Kundenperspektive aus dem Vorprojekt Digitalisierung der LBS-Gruppe

Eine gerne benutzte Messung für die digitale Welt ist der sogenannte ROPO-Ansatz. Wie viel Prozent der Interessenten/Kunden wollen sich zunächst online über ein Produkt informieren (**r**esearch **o**nline), es anschließend jedoch offline in einem bei einem Berater kaufen (**p**urchase **o**ffline). Eine Studie zur Kunden-

---

1 Trendstudie – Zehn kulturelle Forderungen der Generation Y

reise im Bankgeschäft[1] belegt hierfür einen überraschend hohen Anteil. Sage und schreibe 82 % der Bausparkunden finden ihre Haltung darin wieder. Gut informiert in ein anschließendes Beratungsgespräch zu gehen, aber gerne noch mit Unterstützung des Sparkassen- oder LBS-Beraters abzuschließen, das gibt unseren Kunden die höchste Zufriedenheit nach einem Abschluss. Das Procedere muss aber nicht mehr zwangsläufig in den Räumen der Sparkasse oder dem LBS-Kunden-Center stattfinden. Digitale Beratungsangebote erfüllen diesen Anspruch zweifelsohne auch. Es ist zu erwarten, dass sich der purchase online-Anteil sukzessive erhöhen wird.

9.3 Zielbild LBS-Gruppe

In dem zitierten Vorprojekt verständigte man sich zudem auf folgende Kernaussagen, die straff das Zielbild der LBS-Gruppe im digitalen Wandel beschreibt:
- Digitalisierung wird in das bestehende, erfolgreiche Geschäftsmodell der Landesbausparkassen integriert. LBS bleibt LBS, nur auch digital.
- Ein Wandel von der stationären Bausparkasse zum Omnikanal-Anbieter soll vollzogen werden, also ein gleichberechtigtes Nebeneinander verschiedener Beratungs-, Vertriebs-und Kommunikationskanäle.
- Die digitale Transformation basiert auf dem Kernsystem der LBS-Gruppe OSPlus-LBS.
- Eine weitgehende Kompatibilität und Integration in die Vertriebs- und Serviceprozesse der Sparkassen ist anzustreben.

Die Vertriebsstrategie der Sparkassen beinhaltet bereits in weiten Teilen systemgestützte Informations-, Beratungs- und Verkaufsprozesse. Für die LBS-Gruppe ist daher die bestmögliche Integration der LBS-Prozesse in das OSPlus der Sparkassen und die Entwicklungsteilnahme und Interessenwahrnehmung durch eine regelhafte Integration in die Entwicklungsprojekte und Entscheidungsgremien der Sparkassen-Finanzgruppe ein wichtiger Erfolgsfaktor.

Diese Festlegungen haben grundsätzliche Auswirkungen auf die Kundenreise, also die Frage, wie die Kunden an den verschiedenen Transaktionspunkten die LBS-Gruppe wahrnehmen.

9.4 Kundenreise

Unsere Kunden entscheiden über ihren Zugang zu den Angeboten der LBS-Gruppe im Sparkassen-Verbund. Diese sollen möglichst standardisiert, verständlich und für den Kunden komplett mobil nutzbar (Responsivität) inte-

---

1 Customer Journey Banking , Postbank Februar 2017

griert werden. Die LBS-Gruppe versteht sich dabei als Systempartner der Sparkassen. Das bedeutet, dass unser Angebot rund um die Immobilie (Bausparen / Baufinanzierung / Immobilienvermittlung) medienbruchfrei zum Angebot der Sparkasse und ihrer Berater passt. Und darüber hinaus alle Informationen, die der Kunde uns gibt – aktiv oder passiv, digital wie analog – am nächsten Kontaktpunkt wieder verfügbar sind. Idealerweise ohne noch ein Blatt Papier in die Hand nehmen zu müssen. Gerade den jungen Markt erreichen wir viel besser, wenn deren Wünsche rund ums Wohnen rein digital über die Internet-Filiale der Sparkassen oder das digitale Beratungscenter abgewickelt werden können.

Jedoch genügt so ein digitales Angebot in den Reiseetappen Beratung, Abschluss und Serviceprozesse bei Weitem nicht. Die LBS hat sich in einer frühen Phase auf eine gemeinsame Content-Marketing-Strategie verständigt, die als wichtiger Faktor nicht nur für die digitale Welt, sondern für die komplette Kommunikation der LBS-Gruppe gesehen wird. Die technologischen und gesellschaftlichen Veränderungen führen auch zu Veränderungen in Bedürfnisstrukturen und Mediennutzung.

Um dem Rechnung zu tragen, hat die Gruppe elf LBS-Personas, basierend auf der Personas-Systematik des Deutschen Sparkassen- und Giroverbandes, identifiziert, um durch detaillierte Profile zielgerichtet deren Bedürfnisse ansprechen zu können. Dabei geht es nicht nur darum, welche Mehrwertangebote die LBS-Gruppe für Interessenten attraktiv machen, sondern auch über welche Kanäle sie effizient angesprochen werden können.

9.5 Künftiges Digitales Ökosystem

Soviel zur Herangehensweise und zur grundsätzlichen Positionierung der LBS-Gruppe als Verbundpartner der Sparkassen im digitalen Ökosystem. Wie nun soll das Bild der Interaktion zwischen Kunden und LBS-Gruppe aussehen und welche digitalen Möglichkeiten sind zu schaffen?

Wir machen einen Zeitsprung von fünf Jahren: Die Landesbausparkassen sind unabhängig von der Zinsentwicklung weiterhin erfolgreich am Markt tätig. Sie haben die Transformation vom reinen Produktanbieter für Bausparen und Immobilienkredite zum Betreiber von digitalen Wohnplattformen mit angebundener digitaler Baufinanzierung geschafft. Mit der Digitalisierung sind diese Plattformen für viele Menschen zu einem der ersten Anlaufpunkte bei der Suche nach einer passenden Immobilienfinanzierung geworden. Die Landesbausparkassen hatten diese Entwicklung frühzeitig erkannt und reagiert: Auf Basis einer konsequenten Digitalisierungsstrategie passten sie ihr gesamtes Geschäftsmodell – von der ersten Kundenansprache bis zur letzten Tilgungsrate – konsequent an die Kundenbedürfnisse an und entwickelten sich in allen Bereichen weiter.

Die Marktverhältnisse haben sich durch die neuen Medien und das damit verbundene Informationsangebot von der Anbieter- zur Nachfragerseite ver-

schoben. Die Bausparkunden sind bei ihren Kaufentscheidungen nicht länger allein auf die Erkenntnisse aus den Gesprächen mit ihren Finanzberatern angewiesen, sondern haben eine Vielzahl von digitalen Informationsmöglichkeiten zur Verfügung, die sie ausgiebig nutzen. Als Anbieter von in großen Teilen standardisierten Produkten mussten sich auch die Landesbausparkassen dieser Herausforderung stellen. Folgerichtig stellten sie den Kunden und seinen Nutzen beim Bausparen aktiv und konsequent in den Fokus ihres Handelns und ihrer gesamten Organisation – vom Geschäftsmodell über die Produkte bis hin zu den Prozessen und Kundenkontaktpunkten. Der Marktauftritt der Landesbausparkassen ist
- kundenzentriert,
- weitgehend digital
- und auch integriert in die digitalen Angebote der Sparkassen.

Um sich digital schnell entwickeln zu können, haben die Landesbausparkassen das Know-how aus der LBS-Gruppe und dem Sparkassenverbund noch effizienter vernetzt. Über die erfolgreiche Integration in die bestehenden digitalen Angebote der Sparkassen-Finanzgruppe können sie ihren Kunden umfassende Lösungen, konsequent orientiert am Bedarf der Menschen, anbieten. Die Landesbausparkassen treffen ihre Interessenten und Kunden längst auf ihren mobilen Endgeräten.

Die Vernetzung mit den Menschen sowie die Erreichbarkeit und Präsenz vor Ort waren von jeher Stärken des Sparkassen-Verbundes. Die Kundenansprache über etablierte Kontaktpunkte wie den Beratern von Sparkassen und Landesbausparkassen sowie Marketing, PR und Werbung wurden mit den Jahren deutlicher auch mit digitalen Lösungen verknüpft.

Als Omnikanal-Anbieter betrachtete die LBS-Gruppe alle bisherigen Prozesse, Leistungen und Schnittstellen konsequent aus Kundensicht. Sie ist mittlerweile auf allen relevanten Social-Media-Plattformen mit ihren Inhalten präsent und kann kurzfristig auf relevante Themen kommunikativ reagieren. Entlang der kompletten Kundenreise werden alle Produkt- und Dienstleistungsangebote im Sinne eines im Sparkassen-Verbund vernetzten digitalen Ökosystems auch auf Content-Plattformen um echte Mehrwerte rund um die Immobilie ergänzt.

Für die Kunden bieten sie in ihrem weitreichenden Web-Content mittlerweile auch Cross-Selling-Angebote an, mit denen sie alle Kundenbedürfnisse bezüglich Wohnen, Bauen und Immobilienerwerb voll abdecken können. Verschiedene Experten erklären in kurzen Videos die wichtigsten Punkte bei der Finanzierung der Traumimmobilie, zeigen was zu einem Smart Home gehört und erläutern, wie man seine Immobilie richtig modernisiert. Per Chat, Messenger oder auch Videotelefonie stehen für individuelle Fragen persönliche Ansprechpartner zur Verfügung.

Die Prozesse im digitalen Umfeld werden end-to-end entlang der Kundenreisen gestaltet und durch effizientes Touchpoint-Management optimiert. Die Integration der Serviceanbieter in die LBS-Welt bietet den Kunden einen umfassenden und komfortablen Informations- und Kaufentscheidungsprozess.

Die Landesbausparkassen haben es geschafft, über ihre digitalen Plattformen ein ganzes Ökosystem im Baufinanzierungsmarkt zu etablieren, das den Kunden nicht nur ein umfangreiches Angebot an individuell maßgeschneiderten Finanzierungslösungen macht, sondern sie auch darüber hinaus durch eine vielfältige Erlebniswelt rund um die Immobilie an Sparkasse und LBS bindet.

Eine zentrale Funktion kommt dabei der Internetfiliale der Sparkassen und lbs.de als Zielseiten in der Zuführung des Kunden zum erfolgreichen Vertragsabschluss zu. lbs.de nimmt kompatibel zum Sparkassenauftritt eine wichtige Rolle zur Stärkung und Führung der Marke »LBS« als Bausparkasse der Sparkassen ein. Alle Prozesse rund um den Abschluss eines Bausparvertrages, eines Hypothekendarlehens oder einer kompletten Baufinanzierung haben die Landesbausparkassen voll in die zentralen Internetauftritte integriert. Durchgängig responsiv macht es dabei keinen Unterschied, mit welchem Endgerät der Kunde auf die zentralen Inhalte zugreift. Mit ein paar Mausklicks kann er seine Abschlüsse von überall auf der Welt selbstständig und rechtsverbindlich auf den Weg bringen. Die Zusage erfolgt innerhalb von Sekunden mit den vom Kunden im System hinterlegten Daten.

Innerhalb der gruppenweit abgestimmten Content-Marketing-Strategie hat bei den Landesbausparkassen ein systematischer Kulturwandel stattgefunden: Kunden in die Entwicklungsprozesse einzubeziehen ist weit verbreitet. Testen – verbessern – ausrollen, Inbegriff eines agilen Vorgehens, ist quasi zum Standard einer modernen Unternehmenskultur geworden.

Durch den Ausbau der digitalen Kontaktpunkte mit Lösungen zur (Selbst-)Beratung auf den jeweiligen Plattformen im Internet bis hin zum nahtlosen Onlineabschluss können die Landesbausparkassen das Kundenverhalten nun viel genauer beobachten. Die Rückmeldungen der Kunden werden strukturiert erfasst, ausgewertet und in die nächsten Weiterentwicklungen einbezogen. Die Kundenzufriedenheit wird aktiv an verschiedenen Kontaktpunkten abgefragt und sowohl als Mess- wie auch als Steuerungsinstrument verwendet. Den in den Zielgruppen festgelegten »Personas« können so personalisierte Angebote vorgeschlagen werden, die die bestehenden Bedürfnisse befriedigen oder neue wecken. Die Reaktionen der Kunden gehen als Rückmelde-Impuls zurück an die analysierenden Algorithmen, die sich so stetig weiter verbessern. Mittels Prototypen und A/B-Testings können Ideen schnell in der »realen Welt« überprüft werden. So werden größere und teure Fehlentwicklungen vermieden und die Ressourcen auf wertschöpfende Themen konzentriert.

Die Landesbausparkassen integrieren den gemeinsamen Datenhaushalt in der LBS-Gruppe in bestehende Datenhaushalte im Sparkassen-Finanzverbund zum Ausbau der Kunden- und Interessentenbeziehungen.

Kundenerlebnis und Prozesseffizienz befruchten sich dabei gegenseitig: Durch den permanenten virtuellen Abgleich zwischen Kundenbedürfnis und

Serviceangebot steuert sich der Prozess quasi selbst. Die neuen Möglichkeiten des Internets und der Einsatz künstlicher Intelligenz ermöglichen eine schlanke Prozessstruktur zu beiderseitigem Nutzen: Die Probleme des Kunden werden umfassend und schnell in seinem Sinne gelöst. Und der Organisation bleiben mögliche Reputationsschäden und hohe Personalkosten erspart. Dafür werden die Ursachen für auftretende Problemstellungen bereits im Prozess analysiert. Falls diese Herausforderungen systemischer Natur sind, wird aus dem System heraus automatisch eine Optimierungsinitiative gestartet.

Um eine Datenqualität und Bearbeitungsgeschwindigkeit zu sichern, die die Kunden von einem Finanzdienstleister erwarten, sind auch die internen Prozesse nach den Geschäftszuführungen aus den Sparkassen, dem LBS-eigenen Außendienst sowie weiteren Vertriebskanälen, wie z.B. Plattformen, so weit automatisiert, dass nur noch an den Stellen eine Bearbeitung durch einen personellen Service erfolgt, wo es unbedingt notwendig ist. Alle Standardbearbeitungen erfolgen selbstständig durch die Systeme, die auch in der LBS-Gruppe und im Sparkassen-Finanzverbund schnell, flexibel und effizient zusammenarbeiten. So stehen Informationen von und über die Kunden an jedem Kontaktpunkt für die Mitarbeitenden wie auch die Kunden selbst zur Verfügung, was zu einer deutlichen Verbesserung der Transparenz, Geschwindigkeit und Qualität der Kundenprozesse geführt hat.

Auch die Präsenz auf Vergleichsportalen ist längst Realität. Und selbst die Zusammenarbeit mit Drittvermittlern im Baufinanzierungsbereich, also das B2B-Geschäft der Sparkassen, wird seit Jahren mit »FORUM« gebündelt. Um Raum für weitere eigene Innovationen in der Digitalisierung zu schaffen, hat die LBS-Gruppe einen eigenen Inkubator geschaffen. Innerhalb dieses neuen Portfolios können Initiativen entwickelt und nach der Lean-Startup-Methode zur Reife gebracht werden. Der Inkubator bietet interessierten Mitarbeitenden die Möglichkeit, als Intrapreneure mutig neue Dinge auszuprobieren. Dieser neuartige Ansatz in der Mitarbeiterführung wird als wertvolle Erfahrung begriffen, die Platz schafft für echtes Unternehmertum und Weiterentwicklung. Die Beschäftigten erleben die moderne IT-Infrastruktur innerhalb der Landesbausparkassen, sich gruppenweit thematisch zu vernetzen, als bereichernde Erfahrung in ihrem Arbeitsleben. Das informelle Netzwerk hat sich durch die gegenseitige Befruchtung zu einem wichtigen Treiber für Innovationen entwickelt. Auch nach außen wird diese Möglichkeit zur individuellen Arbeitnehmerverwirklichung als ein Benefit zur Attraktivität der Landesbausparkassen als moderne Arbeitgeber wahrgenommen.

Ohne Frage wird die Digitalisierung eine immer größere Rolle im Leben der Menschen und Unternehmen spielen. Insbesondere im Finanzsektor lassen sich die zukünftigen Herausforderungen als wegweisend bezeichnen. Beispiele aus anderen Branchen wie z.B. den traditionellen Medien zeigen, dass nur solche Unternehmen überleben werden, die sich rechtzeitig auf die Entwicklung einstellen und entsprechend reagieren. Auch die Landesbausparkassen mit ihrer Sonderstellung als Spezialkreditinstitute werden hier keine Ausnahme bilden: Mit einem klaren Profil, einem klaren Nutzenversprechen und einem transparenten Angebot werden sie sich kundenzentriert und digital aufstellen müssen.

Kundenwünsche und -bedürfnisse werden zukünftig noch stärker der Maßstab sein, nach dem sich die Unternehmensstrategie ausrichten wird. Produkte, Prozesse und Services müssen konsequent von Anfang bis Ende aus Kundensicht durchdacht und von den Unternehmen umgesetzt werden. Den digitalen Schnittstellen zum Kunden kommt hier eine entscheidende Bedeutung zu. Während der Kundenreise müssen sie den Kunden zu jeder Zeit an den passenden Schnittstellen die richtigen Angebote bieten.

Dabei kommt es entscheidend auch auf die Befähigung der Menschen in Service-Centern und im Vertrieb an, mit den verschiedenen Interaktionen und der Datenflut umgehen zu können. Hierin liegt eine ebenso große Herausforderung wie in den großen Investitionen, die zur Realisierung dieses Zielbildes notwendig sein werden.

Teil 3: **Querschnittsthemen**

10 Disruption – Buzzword oder klar abgrenzbares Phänomen in Veränderungsprozessen?

Prof. Dr. Marcus Riekeberg, Sparkassen Consulting GmbH

10.1 Alles wird anders

Alles wird anders und kein Stein bleibt auf dem anderen! So beschreiben viele das Phänomen Disruption – in den letzten Jahren ein Buzzword in Wirtschaft und Gesellschaft.[1] Es soll begrifflich umschreiben, dass bestehende, traditionelle Geschäftsmodelle, Produkte, Technologien oder Dienstleistungen immer wieder von Erfindungen überholt werden. Das ist eigentlich ein ganz normaler Prozess der Weiterentwicklung. So werden die meisten Produkte immer weiterentwickelt, ob das jetzt Küchenmaschinen, Autos oder auch Winterjacken sind – man denke bei Letzteren an die Entwicklung wasserdichter aber atmungsaktiver Membranen. Manchmal führt eine Erfindung aber auch dazu, dass alte und über Jahrzehnte erfolgreiche Produkte oder auch ganze Geschäftsmodelle verdrängt und vollständig abgelöst werden. In der Regel kann man sich eine derartige Entwicklung vor dem Disruptionssprung überhaupt nicht vorstellen, aber die Entwicklung vom Eismann, der wöchentlich Eisblöcke in alle Haushalte brachte, zum Kühlschrank oder von der Schallplatte zum Streamen von Musik über das Internet sind nur die plakativsten Beispiele. Häufig ist es sogar so, dass einstmals selbst disruptive Innovationen selbst Opfer der nächsten disruptiven Entwicklung werden.

Ebenso sind Innovationen mit disruptivem Potenzial oftmals der Startpunkt der nächsten phänomenalen Entwicklung oder sie machen manche früher unvorstellbare Geschäftsmodelle und Branchen oder auch neue Kontakt- oder Vertriebswege überhaupt erst möglich. Wer hier glaubt, dass dies erst in den Zeiten des Internets möglich ist, irrt gewaltig! Ein Beispiel hierfür, das vielen sicherlich nicht bewusst ist, ist die Erfindung der verschließbaren Glasflasche![2] Vor dieser Erfindung konnten beispielsweise Winzer ihre Produkte außerhalb der Weinfässer nicht haltbar verpacken und damit auch verkaufen. Ein Handel mit Wein, wie wir ihn heute für selbstverständlich halten, war vor dieser Erfindung überhaupt nicht möglich, da Wein außerhalb von Fässern schnell oxydiert – für Bier gilt im Übrigen das gleiche. Die Erfindung der Glasflasche hat damit insofern disruptives Potenzial gehabt, als sie damals zwar nicht eine be-

---

1 Vgl. o.V.; Disruption, Baby, Disruption! In: FAZ, 27.12.2015
2 Vgl. Kämmer, F., Die Geschichte der Weinflasche, online: https://blog.liebherr.com/Hausgeraete/Weinflasche/

stehende Industrie zerstört hat – allenfalls eine Veränderung der Handelsstrukturen bewirkte – aber neue Industrien überhaupt erst möglich gemacht hat.

Aber was ist nun eigentlich »Disruption«, was kennzeichnet eine disruptive Innovation und wie unterscheidet man eine Innovation von einer Disruption? Disruption beschreibt einen Prozess, der – in der Regel ausgelöst von einer Innovation – zu einer kompletten Veränderung von Marktstrukturen, Produkten oder Dienstleistungen führt. Jeff Bezos hat den Begriff sehr handfest formuliert: »Alles was die Kunden lieber mögen als das, was sie vorher gekannt haben, ist disruptiv«[1]. Diese Definition grenzt den Begriff allerdings auf Wirtschaftsprozesse ein – und das ist mit Blick auf die Geschichte zu eng und nicht immer richtig. Häufig wird auch ein Zusammenhang zwischen Disruption und Digitalisierung unterstellt.[2] Auch dies ist falsch, wie ebenfalls ein Blick in die Geschichtsbücher zeigt. Der Unterschied zwischen einer Innovation und einer Disruption liegt vielmehr darin, dass es sich bei einer Innovation um eine Erneuerung von Produkten oder auch Produktionsprozessen wie z. B. der Fließbandfertigung handelt, die den derzeitigen Markt und seine Strukturen aber nicht grundlegend verändert.

Auch Entwicklungen in der Drucktechnik von der ersten Entwicklung austauschbarer Lettern durch Johannes Gensfleisch – genannt Gutenberg[3] – bis hin zu modernem Offsetdruck ist eine auf vielen Innovationen beruhende Weiterentwicklung eines eingeführten Prozesses. Am Ergebnis, einem gedruckten Text auf einem physischen Werkstoff (Papier), änderte das über die Jahrhunderte hinweg nichts, nur der Prozess wurde beschleunigt und um ein Vielfaches effizienter. Auch die Qualitätsverbesserungen in der Übertragungsqualität von Fernsehsendungen vom alten PAL-System über HDTV hin zu modernen 4K-Technologien, die bei Drucklegung dieses Buches vermutlich auch schon wieder überholt sind, sind eher als Innovation zu bezeichnen und nicht als Disruption, auch wenn die Übergänge fließend sind.

Eine weitere Rolle spielt der Bezugsrahmen. So wird ein Fahrzeughersteller die Entwicklung und Verbreitung von Navigationssystemen eher als Innovation für das Fahrzeug charakterisieren – für die Hersteller von Straßenkarten ist diese Entwicklung klar disruptiv, weil das Navigationssystem die Straßenkarte ersetzt, egal wie gut diese Karte gedruckt oder recherchiert ist. Interessanterweise kann man durchaus diskutieren, ob hochpreisige Navigationssysteme nicht zukünftig durch das überall und nahezu kostenlos verfügbare Google-Maps-System verdrängt werden.

Grundsätzlich wird in der Innovation aber (nur) eine Weiterentwicklung gesehen, während die Disruption völlig neuartige Produkte oder Dienstleistungen

---

1 o.V., Disruption, Baby, Disruption! In: FAZ, 27.12.2015
2 Vgl. o.V., Disruption, in: Lexikon Gründerszene, online: https://www.gruenderszene.de/lexikon/begriffe/disruption?interstitial
3 Vgl. Schaab, K., Die Geschichte der Erfindung der Buchdruckerkunst durch Johann Gensfleisch genannt Gutenberg, Mainz 1831, S. 422

beschreibt, die tradierte und erfolgreiche Produkte schlicht ablösen oder komplett neue Branchen oder Marktstrukturen entstehen lässt, für die es vorher entweder keine Nachfrage gab oder die ohne die Innovation nicht vorstellbar waren. Häufig führt eine Disruption auch zu einer vollständigen Umstrukturierung oder Zerschlagung eines bestehenden, tradierten Marktes. Haben wir oben die Weiterentwicklung des Buchdrucks als Innovation charakterisiert, so wird in jüngster Zeit der Druckvorgang – egal wie effizient er auch sein mag – durch eine mediale Verfügbarkeit von Texten und ganzen Büchern in handlichen eReadern ersetzt. Damit wird auch der effizienteste Druckvorgang schlichtweg obsolet. Die Innovation verbessert also nicht den eingeführten Prozess, sondern sie führt dazu, dass der eingeführte Prozess nicht mehr erforderlich ist – aus der Innovation wird eine Disruption.

Dies lässt sich auch am Beispiel der früher gebräuchlichen Lexika oder der über Jahrzehnte üblichen chemischen Entwicklung von Fotos und der damit beschäftigten Branche gut zeigen. Disruption führt auch nicht selten zur Veränderung grundlegender Verhaltensweisen von Gesellschaften. Das beste Beispiel hierfür ist die ubiquitäre Verfügbarkeit von Information und Kommunikationsmöglichkeiten durch Smartphones. Eine echte Disruption bricht alte Strukturen auf und ersetzt sie vollständig durch neue Strukturen, Prozesse und Verhaltensweisen der Nutzer. Gleichzeitig kommt eine Disruption aber häufig nicht »in einem Schritt«, sondern über mehrere Phasen oder Disruptionswellen und einen längeren Zeitraum. Gerade weil aber der Begriff Disruption schon so abgedroschen ist, und gerade weil immer wieder Jahrzehnte oder Jahrhunderte alte Geschäftsmodelle bedroht sind oder untergegangen sind, macht es Sinn, sich mit dem Phänomen auch aus theoretischer Sicht tiefer zu beschäftigen.

Der Begriff »Disruption« bzw. »disruptive« stammt vom Ökonomen Clayton M. Christensen, der diesen Begriff in dem 1997 erschienen Buch »The Innovator's Dilemma« thematisierte und daraus seine Theorie des »failure frameworks« ableitete.[1] Er beschrieb die Dilemmasituation derart, dass Entscheider im alten System bei Auftreten eines neuen »systemfremden« Wettbewerbers in eine Art inneren Konflikt geraten, weil zwei sich widersprechenden Kräften bei strategischen Entscheidungen gleichzeitig Rechnung getragen werden muss. Zum einen ist dies die in reifen Wettbewerbssituation häufige Notwendigkeit, kostengünstiger, schneller und effizienter zu produzieren und daher die Prozesse und Strukturen permanent zu optimieren. Damit will man auch neuen (im Grenzfall substitutiv agierenden) Wettbewerbern begegnen. Dabei versucht man »das Alte« – die Strukturen und Prozesse, die in der Vergangenheit zum Erfolg geführt haben – zu bewahren. Zum anderen müsste das tradierte Unternehmen eigentlich in Innovationen investieren und radikal in neuen Strukturen und selbst in substitutiven Prozessen und Produkten denken. Bildlich gesprochen muss man das eigene Geschäftsmodell wie ein Externer aggressiv bekämpfen

---

1 Vgl. Christensen, C., The Innovators Dilemma, Harvard Business School, 1997

und substituieren. So hätte Kodak beispielsweise massiv in die Entwicklung der Digitalfotografie investieren müssen, auch wenn diese Technik den herkömmlichen Prozess mit Filmen, Dias und Papierabzügen komplett kannibalisiert hat und damit hohe Umsätze weggebrochen wären! Im Ergebnis erkennt man: Die Umsätze im »alten Geschäftsmodell« brechen so oder so weg, unabhängig davon, wer das Substitutionsprodukt vermarktet – aber Kodak würde vielleicht noch existieren.

Ebenso müsste eine Bank massiv in eine Crowdfunding-Plattform zur Generierung von Krediten investieren und dafür sorgen, dass die über diese Plattform strukturierten Kredite – z. B. zum Erwerb von Immobilien – kostengünstiger, risikoärmer, schneller und einfacher angeboten werden als die Kredite, die die Bank über Jahrzehnte erfolgreich verkauft und mit deren Produktion Hunderte oder Tausende von Arbeitskräften der Bank beschäftigt sind. Die Situation wäre skurril: Einerseits werden ganze Unternehmensbereiche mit der Produktion von Baufinanzierungen beschäftigt, und andererseits wird eine Plattform gepusht, die dazu beiträgt, dass genau diese Arbeitsplätze defizitär und überflüssig werden und die Menschen freigestellt werden müssen.

10.2 Innovation oder Disruption?

Christensen war der erste, der das Thema Disruption wissenschaftlich aufgearbeitet hat. Seitdem ist das Wort »Disruption« überall anzutreffen – und alles und jeder Prozess ist disruptiv – ja sogar schon das Ablegen der Krawatte in Sparkassen. Christensen postuliert, dass Disruption für eine funktionierende Weiterentwicklung des Marktes notwendig sei, gerade weil eine disruptive Innovation mehr ist als eine innovative Weiterentwicklung des Bestehenden.[1] Eine Disruption ist eine grundlegende Veränderung eines Marktes mit einer kompletten Umstrukturierung beziehungsweise Zerschlagung bestehender Beziehungen, Verhaltensweisen oder Geschäftsmodelle. Dadurch entsteht eine neue und ernstzunehmende Bedrohung für tradierte Geschäftsmodelle, Produkte, Technologien oder Dienstleistungen am Markt. Selbst wenn die tradierten Modelle über einen langen Zeitraum hinweg erfolgreich waren, werden sie am Ende von disruptiven Innovationen bzw. den aus diesen hervorgehenden neuen Geschäftsmodellen abgelöst. »Disrupt or be disrupted.«[2] Kein Unternehmen will von einer Disruption überrollt werden, doch wirft man einen Blick in die Vergangenheit und in die Gegenwart, gehören derartige Entwicklungen zur regelmäßigen Herausforderung praktisch jeder Managergeneration. Disrup-

---

1 Vgl. Christensen, Clayton, The Innovators Dilemma, Harvard Business School, 1997, S. 10 f.
2 Vgl. Mutius, B. v., Disruptive Thinking: Das Denken das der Zukunft gewachsen ist, Offenbach 2017, S. 28

tion ist also überhaupt nichts neues – und gleichzeitig immer wieder eine bedrohliche Herausforderung.

Grundsätzlich kann man zwischen primären disruptiven Innovationen und sekundären disruptiven Innovationen unterscheiden. Dabei sind die Wirkungen der primären disruptiven Innovationen häufig zunächst überhaupt nicht abschätzbar, das Timelag zwischen Innovation und zerstörerischer oder auch neuschaffender Wirkung ist meist sehr lang und der Zusammenhang zunächst nicht direkt herstellbar. Beispiele primärer disruptiver Innovationen sind die Dampfmaschine, Verbrennungsmotoren, elektrische Stromversorgung bzw. grundsätzlich die Nutzung von Elektrizität, die bewusste Herbeiführung von Temperaturen (Wärme ohne Feuer und vor allem Kälte ohne Eis), maschinelles Rechnen in seinen Grundzügen und später in Teilen hieraus abgeleitet in Form von Datennetzen und der Vernetzung von Maschinen. An dieser keineswegs vollständigen Aufzählung wird deutlich, dass eine eindeutige Abgrenzung nur schwer möglich ist. Ohne die »Erfindung« des Benzins wäre ein Verbrennungsmotor nicht möglich gewesen und ohne die »Erfindung« des Stroms und seiner kommerziellen Nutzung wäre eine elektronische Rechenmaschine nicht denkbar. Der Verzicht auf den Begriff »Digitalisierung« ist hier bewusst gewählt, da die Digitalisierung, also die Beschreibung jedes nur beliebigen Sachverhaltes unter Zurückgreifen auf nur zwei Zeichen – 0 und 1 – unabhängig von elektrischen oder elektronischen Rechenmaschinen gesehen werden muss. Das Dual- oder Binärsystem – eine elementare Grundlage jeder »rechnenden Maschine« – wurde bereits am Ende des 17. Jahrhunderts vom deutschen Mathematiker Gottfried Wilhelm Leibniz erstmals beschrieben,[1] weit vor der Erfindung von elektrischen Rechenmaschinen oder gar des Computers – dem heutigen Sinnbild der Digitalisierung.

Ebenso sind unmittelbare Zusammenhänge zwischen Kraftmaschinen und der kommerziellen Erzeugung von Strom zu sehen oder zwischen der Existenz von Computern und deren Vernetzung – also dem Internet. Die meisten der oben aufgezählten Innovationen sind als primäre disruptive Innovationen zu sehen, da sie die Basis von weiteren Entwicklungsschritten sind, die ihrerseits Märkte disruptiv verändert haben. Das Internet ist die derzeitige »Disruptionsbasis«. Hierauf aufbauend verändern sich viele Märkte, angefangen von der Kommunikation über die Medienmärkte, den Handel oder auch das umfassende Thema IoT (Internet of Things), eine selbst wiederum als primär disruptiv zu bezeichnende Entwicklung.

Primär disruptive Innovationen sind häufig Jahrzehnte vor der disruptiven Wirkung einer abgeleiteten Innovation entwickelt worden. Oftmals entwickelte sich der tradierte Markt weiter, obwohl die grundlegende Erfindung, die diesen Markt zerstören würde, schon bekannt war. So wurde die von Newcomen 1712

---

[1] Vgl. Breger, H., Leibnitz' binäres Zahlensystem als Grundlage der Computertechnologie; in: Jahrbuch der Akademie der Wissenschaften zu Göttingen, Göttingen 2008, S. 385–391

und von James Watt später erheblich verbesserte Dampfmaschine faktisch in der zweiten Hälfte des 18. Jahrhunderts wirtschaftlich nutzbar (damals in Bergwerken zur Wasserhebung), der erste kommerzielle Einsatz in der Schifffahrt war bereits 1807, als Robert Fulton auf dem Hudson einen Schiffspassagierdienst mit dem Raddampfer »Clermont« einrichtete. Gleichwohl wurden die Clipper, allen bekannt als große und schnittige Frachtsegler, die die Strecke Boston-Southhampton mit hoher Zuverlässigkeit bedienten, erst um das Jahr 1850 erfunden! Die Cutty Sark als Beispiel lief erst 1869 vom Stapel – über 100 Jahre nach Erfindung der Dampfmaschine und über 60 Jahre nach Inbetriebnahme der ersten kommerziellen Dampfschiffe. Trotzdem war das Schicksal kommerzieller Segelschiffe, die jahrtausendelang Menschen und Frachten befördert hatten, mit der Erfindung der Dampfmaschine weit über 100 Jahre früher schon besiegelt.[1]

Auch die Dampflokomotive, die erstmals 1804 von Richard Trevithick entwickelt und deren Zuverlässigkeit 1829 beim berühmten Rennen von Rainhill von Stephenson unter Beweis gestellt wurde,[2] wurde erst 100 Jahre nach der primären disruptiven Innovation – der Erfindung der Dampfmaschine selbst – entwickelt. Gleichwohl war die Lokomotive die Voraussetzung für die zuverlässige Überbrückung sehr großer Distanzen und damit beispielsweise auch der Erschließung des amerikanischen Kontinents – ohne die Eisenbahn undenkbar! In der zweiten Hälfte des 19. Jahrhunderts erschlossen die Eisenbahngesellschaften die jungen USA und verdrängten die Postkutschengesellschaften. Damit wurde das erste disruptive Potenzial im Sinne der Zerstörung tradierter Geschäftsmodelle durch die Eisenbahn wirksam. Erfolgreiche Unternehmen des erwachenden Kontinents wie Wells Fargo und American Express, die als Postkutschen- und Botenunternehmen den Kontinent versorgten, wurden überflüssig und mussten sich neue Betätigungsfelder suchen. Spannend, dass diese beiden Unternehmen noch heute als Banken agieren – ein Geschäft, das aus der Not der disruptiven Zerstörung des angestammten Geschäftsmodells heraus geboren wurde.

Ohne weitere Beispiele aufzeigen zu müssen kann man festhalten, dass alle diese Entwicklungen stets dem gleichen Muster folgen: Disruptionen beginnen fast immer klein, oft »abwegig« – im »unteren« Qualitätsbereich oder Marktsegment, oft auch in absoluten Nischen oder in »neuen Märkten« sowie in nicht etablierten Branchen. Die ersten »Prototypen« sind funktionell unbefriedigend, die Leistungsfähigkeit kann mit den hochentwickelten Maschinen oder Techniken, die die disruptive Innovation irgendwann einmal verdrängen wird, bei weitem nicht mithalten. Das beste Beispiel hierfür ist der erste digitale Fotoapparat, der mit 100 mal 100 Pixel und einem Gewicht von knapp 4 kg im Jahre

---

1   Sailing Ship Effect, vgl. Hierzu Ward, H., The sailing ship effect, in: Builletin of the Institute of phisics and physical society, Jg. 18, 1967, S. 169
2   Vgl. Jeaffrson, J., The Life of Robert Stephenson F.R.S., Cambridge 1864, S. 138 ff.

1975 nicht im Entferntesten mit den damals schon hochentwickelten filmbasierten Kleinbildkameras von Canon, Nikon oder Leica mithalten konnte. Interessanterweise war der Erfinder ein 25-jähriger Mitarbeiter der Firma Kodak – Steve Sasson.[1]

Nach und nach gleicht sich dann die Qualität den technologischen Vorgängern an und übertrifft diese in wesentlichen, für die Konsumenten relevanten, Aspekten. Der Wandel startet typischerweise langsam und entwickelt sich dann exponentiell. Die Absatzzahlen steigen dramatisch, Stückkosteneffekte werden wirksam und gleichzeitig steigt die Qualität durch Lernkurveneffekte oft drastisch an. Kurz vor der »Übernahme« des etablierten Marktes kommt häufig noch eine »Gegenbewegung« der tradierten Technologie bzw. der tradierten Strukturen um dann relativ schnell in ein Nischendasein verdrängt zu werden.[2] Natürlich ist das nur eine idealtypische Entwicklung, aber die meisten Disruptionssprünge folgten diesem Muster. Unabhängig von den zeitlichen Abfolgen einer disruptiven Entwicklung gibt es auch inhaltliche »Muster«, die im Folgenden aufgezeigt werden.

10.3 Die drei Perspektiven disruptiver Veränderungsprozesse

Warum sind disruptive Veränderungen gerade für große und größte Unternehmen und für Marktführer so gefährlich – oft gefährlicher als für kleinere Unternehmen der gleichen Branche? Grundsätzlich gibt es drei Blickwinkel oder Perspektiven auf disruptive Prozesse, die man kennen sollte, um die richtigen Schlüsse für das eigene Unternehmen ziehen zu können:
- Die erste Perspektive sind die elementaren Grundprinzipien, die disruptive Prozesse beschreiben und begründen, warum eine Disruption überhaupt passieren kann.
- Die zweite Perspektive betrifft die Geschwindigkeit, mit der disruptive Veränderungen Platz greifen.
- Die dritte Perspektive betrifft schließlich die Wahrnehmung der Veränderung, da sich tiefgreifende Strukturbrüche oft in Wellen vollziehen.

10.3.1 Erste Perspektive: inhaltliche Begründung disruptiver Veränderungsprozesse

Christensen (2011) beschreibt fünf »Prinzipien disruptiver Innovationen« – inhaltliche Gründe, die dazu führen, dass oft gerade große Unternehmen verschwinden und Märkte völlig neu strukturiert werden.[3]

---

1 Vgl. Wikipedia: Steve Sasson, abgefragt am 12.8.2019
2 Sail Ship Effect – siehe oben
3 Vgl. hierzu und zum Folgenden: Christensen, Clayton, The Innovators Dilemma, Harvard Business School, 1997, S. 14 ff.

Prinzip 1: Der Ressourceneinsatz von Unternehmen hängt stets von Kunden und ihrem Verhalten und den Investoren ab. Alle Ressourcen – natürlich in der Produktion aber auch z. B. Forschungsressourcen und der Einsatz innovativer Mitarbeiter – werden in etablierten Unternehmen entsprechend der bestehenden(!) Kundenbedürfnisse und mit dem Ziel der Maximierung der Rentabilität eingesetzt. Damit wird die tradierte Technologie unterstützt und weiterentwickelt. Deutlich wird dies oft daran, dass nach einer Produktinnovation – die durchaus disruptiven Charakter gehabt haben kann, überwiegend Prozessinnovationen getätigt werden. Unternehmen, die hingegen auf disruptive Innovationen setzen, weichen von den klassischen Kundenanforderungen ab und versuchen einen neuen Kundennutzen zu generieren. Dadurch ist die Ertragskurve zunächst deutlich flacher bzw. diese Unternehmen erleiden in der Startphase häufig auch massive Verluste. Werden diese zu groß, verschwinden diese Unternehmen wieder vom Markt, wenn nicht zusätzliches Eigenkapital zugeschossen werden kann. Exemplarische Beispiele sind die Startphase von Amazon oder auch die aktuelle Entwicklung von Uber oder Tesla.[1]

Prinzip 2: Kleine Märkte ermöglichen großen Unternehmen nicht das benötigte Wachstum. Je größer ein Unternehmen wird, desto wichtiger sind große und stabile Märkte mit hoher Nachfrage und umso unattraktiver sind aus deren Sicht kleine, neu entstehende Marktnischen. Gerade etablierte Unternehmen oder sogar Marktführer in ihrem Produkt oder ihrer Dienstleistung können nur schwer die Umsatz- und Ertragserwartungen ihrer Aktionäre oder Eigentümer erfüllen und gleichzeitig als disruptiver Innovationspionier völlig neue Wege zu gehen.

Gleichzeitig führen die Ertragserwartungen der Eigentümer – oder des Kapitalmarktes – dazu, dass sich die Unternehmen auf diejenigen Geschäftsfelder konzentrieren und hier die Weiterentwicklung forcieren, die den höchstmöglichen Ertrag versprechen. Damit werden Produkte gerade für häufig kleinere Zielgruppen weiterentwickelt, die eine höhere Zahlungsbereitschaft und -fähigkeit haben. Die Gefahr besteht, dass dabei die breite Masse der »übrigen Konsumenten« nicht die gleiche Aufmerksamkeit bekommen und sich die Weiterentwicklung von Produkten oder Dienstleistungen und der Managementfokus nur auf die kleine Gruppe besonders zahlungskräftiger Kunden konzentriert.

Prinzip 3: Märkte, die nicht existieren, können nicht analysiert werden. Hier versagt die klassische Marktforschung, da der Markt für diese Innovation oder dieses Produkt noch nicht besteht. Damit kann nicht überprüft werden ob die Produkte und Dienstleistungen ersehnt werden oder wie sie am Markt angenommen werden. Das berühmteste Beispiel hierfür ist die Frage an einen Men-

---

[1] Vgl. Viehmann, S., Triumph oder Pleite? Die fünf größten Chancen und Risiken für Tesla, in: Focus online, 29. 5. 2019; Stichwort: »Risiko 1«

schen im 18. Jahrhundert, wie er schneller reisen könne. Die klassische Antwort war – wie jeder weiß – »schnellere Pferde« und nicht das Automobil, die Eisenbahn oder das Flugzeug. Dieses Henry Ford zugeschriebene Zitat bringt es auf den Punkt: Was nicht vorstellbar ist, kann auch nicht in Antwortkategorien von Befragten Eingang finden.

Prinzip 4: Jede Organisation ist die Summe der Mitarbeiter und Fähigkeiten. Diese Fähigkeiten behindern aber das Veränderungspotenzial, da nur fachliche und sozial »passende« Mitarbeiter eingestellt werden. Damit erweisen sich die Fähigkeiten einer Organisation gleichzeitig als ihre größten Hemmnisse für eine fundamentale Weiterentwicklung. Unternehmen der Tonträgerindustrie haben sicherlich früher vor allem Ingenieure eingestellt, die produktspezifische Ausbildungen vorweisen konnten, und sich auf Optimierungen der Produktionsprozesse und beispielsweise der Presswerkzeuge für die Schallplattenproduktion konzentriert. In diesen Unternehmen passten neue Kollegen um so besser in die Mannschaft, je ähnlicher ihre Denkstrukturen und Ziele denen der bisherigen Mitarbeiter und Führungskräfte waren. Damit kommt aber auch niemand auf die Idee, dass der Kunde eigentlich gar keine Langspielplatte will, sondern Musik hören – wie auch immer.

Prinzip 5: Technologien entwickeln sich schneller als sich die Kundenbedürfnisse weiterentwickeln. Damit steigt die Leistungsfähigkeit disruptiver Technologie schneller, als die vom Markt verlangte Performancesteigerung. Im Gegenteil: Die permanent steigende Leistungsfähigkeit zeigt den Kunden stets neue, erweiterte Einsatzmöglichkeiten über die Erwartungen, die die Kunden im Laufe der Zeit entwickeln, hinaus. Konnte man früher ein digitales Foto speichern und bei einem Dienstleister auf Hochglanzpapier ausdrucken lassen, so ist heute das Bild beliebig veränderbar, über alle auch nur denkbaren Wege kommunizierbar und im Ausnahmefall auf Farbdruckern selbst ausdruckbar – wenn man dies denn überhaupt noch will.

10.3.2 Zweite Perspektive: Die Geschwindigkeit disruptiver Veränderungsprozesse

Disruptive Prozesse vollziehen sich häufig zunächst unmerklich und langsam und gewinnen dann enorm an Geschwindigkeit und Wucht. Diese Entwicklung nennt man exponentiell, das Problem daran ist, dass der Mensch das nicht einschätzen kann. Das menschliche Gehirn ist nicht in der Lage, exponentielle Entwicklungen abzuschätzen. So kommt ein Mensch mit 30 großen Schritten ca. 30 Meter weit. Unterstellt man hingegen bei jedem Schritt eine Verdopplung der Schrittlänge – also eine exponentielle Entwicklung – werden aus den 30 m über eine Million Kilometer – mehr als 25-mal um die Erde. Jeder kennt das Beispiel mit dem Schachbrett und dem Reiskorn, auch hier ist das Ergebnis unvorstellbar ebenso wie ein 42-maliges Falten eines ganz normalen Blattes Zeitungspapier. Der hieraus entstehende Stapel reicht bis zum Mond – alleine der letzte »Faltvorgang« bringt rechnerisch über 150 000 km!

Fakt ist, dass disruptive Prozesse in Geschwindigkeit und Ausmaß sehr oft einer exponentiellen Funktion folgen. Das lässt sich gut am Beispiel der Disruption des »klassischen Lexikons« durch Wikipedia zeigen. Wikipedia startete am 15. Januar 2001 mit 1 000 Artikeln und hatte sich zum Ziel gesetzt, innerhalb von acht Jahren 200 000 Artikel zu erreichen – schon dieses Wachstum wäre mit 20 000 % phänomenal gewesen. Tatsächlich war der Start langsam, aber 2009 – also nach 8 Jahren hatte Wikipedia bereits über 12 Millionen Artikel und 2019 über 49 Mio. Artikel in 300 Sprachen weltweit.[1]

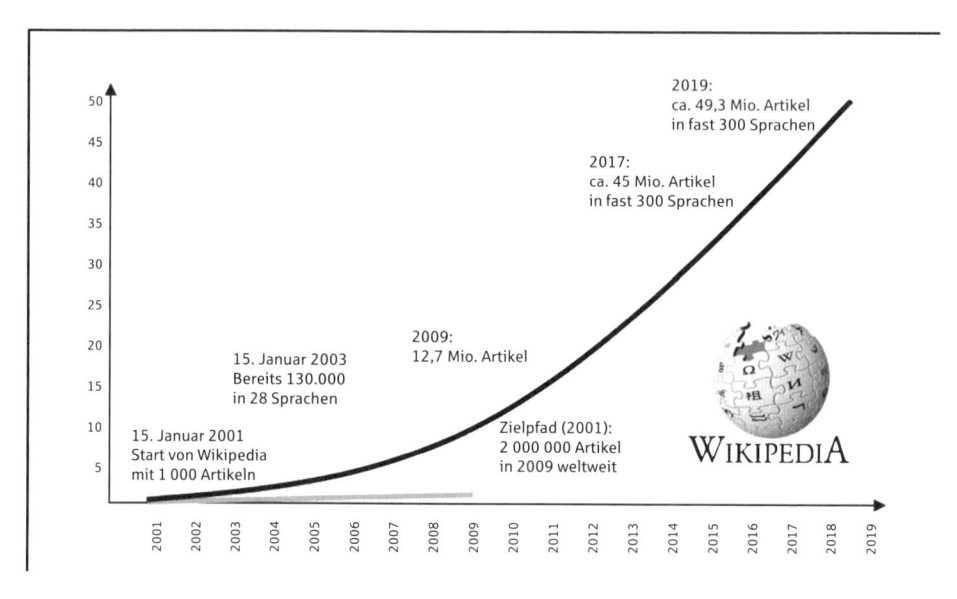

Abb. 1: Anzahl der Wikipedia-Artikel – Beispiel für eine exponentielle Entwicklung (Quelle: Eigene Darstellung)

Ähnliche Wachstumsraten lassen sich bei Google oder auch bei Amazon beobachten. Larry Page und Sergey Brin entwickelten 1995 ihren Page-Rank-Suchalgorithmus im Rahmen des Universitätsprojektes »Backrub«, dem Vorläufer von Google. Drei Jahre später – 1998 – hatte Google erst 25 Mio. URLs im Index und 500 000 Suchanfragen am Tag. Im Jahr 2000, also nur zwei Jahre später waren es bereits 1 Mrd. URLs und 25 Mio. Anfragen am Tag und schon 2002 waren es über 100 Mio. Anfragen am Tag – der zweihundertfache Wert des Jahres 1998. Im Jahr 2008 waren über 1 000 Mrd. URLs in den Datenbanken gespeichert und 2012 war die 30 000 Mrd.-Marke erreicht. Im Jahr 2017 waren dem

---

1 Vgl. Wikipedia: Wikipedia, abgerufen am 12. 8. 2019

Googlebot 47 000 Mrd. URLs bekannt, die Suchmaschine gab auf über 9 Mrd. Anfragen pro Tag eine Auskunft.[1] An diesem Beispiel wird deutlich, dass disruptive Prozesse typischerweise sehr schwach starten, oftmals nur in Nischen und lediglich von Spezialisten überhaupt bemerkt. Wenn der Wachstumspfad allerdings erst einmal begonnen hat, ist er oft nicht mehr zu stoppen – bei ständig zunehmender Geschwindigkeit. Die Reduzierung der Wachstumsgeschwindigkeit von Google ab 2012 könnte dabei auch darauf zurückzuführen sein, dass die schiere Anzahl der URLs im Netz nicht schneller wächst.

10.3.3 Dritte Perspektive: Wahrnehmung der Veränderung oder das Wellenmodell der Disruption

Viele disruptive Strukturveränderungen sind nicht in einem Schritt realisiert worden. Vielmehr sind mehrere Stufen oder Wellen zu beobachten, bis der Strukturbruch vollständig vollzogen war. Dieses Wellenmodell disruptiver Prozesse lässt sich am Beispiel der Erfindung des Kühlschrankes gut zeigen: Ursprünglich wurden ja im Winter Eisblöcke gewonnen und eingelagert oder – teilweise international – exportiert, wie das Beispiel des Eiskönigs Frederic Tudor zeigt. Tudor war im Handel mit Natureis tätig und war Gründer der Tudor Ice Company, die von den jungen USA aus Natureis in fast alle Regionen der Welt (Karibik, Europa, Indien) exportierte – wohlgemerkt mit Segelschiffen! Tudor kam zu großem Reichtum, wurde aufgrund seines enormen Erfolges in Boston auch der »Ice King« genannt und verfügte über 150 Schiffe zur Auslieferung des Natureises. Weitere Eisproduzenten folgten seinem Beispiel und am Ende des 19. Jahrhunderts zählte die Eisindustrie zu den größten Exportindustrien der USA.[2]

In der gleichen Zeit wurde intensiv an der Erfindung der Kältemaschine gearbeitet und die erste funktionierende Kältemaschine der Welt wurde 1845 wohl von dem amerikanischen Arzt John Gorrie in Florida gebaut. Deutlich erfolgreicher waren die Maschinen des deutschen Physikers Carl von Linde, der Ende des 19. Jahrhundert ein Patent auf eine Kältemaschine mit Ammoniak erhielt. Allen diesen Maschinen war aber gemeinsam, dass sie sehr groß und teuer waren und somit ein Einsatz in den Haushalten damals nicht denkbar war. Auf Grund der schieren Dimensionen der Eismaschinen am Ende des 19. bzw. Anfang des 20. Jahrhunderts wurde daher nur die (Natur-)Eisgewinnung und der Im- und Export von Natur-Eis disruptiert. Die lokale Verteilkette mit dem Eishaus und dem Eishändler vor Ort, der letztlich bis in die 1950er-Jahre des 20. Jahrhunderts hinein die Eisblöcke von Haus zu Haus auslieferte, blieb er-

---

1 Vgl. Wiesend, S., Die Geschichte von Google, in: Computerwoche online, 3.2.2015 sowie Wikipedia: Google, abgerufen am 13.8.2019
2 Vgl. hierzu und zum folgenden: Korneffel, P., Der Eiskönig von Boston, in: Spiegel online, 12.4.2008 sowie o.V., Die unerhörte Ladung des Eiskönigs aus Boston, in: Welt online, 11.8.2015, abgerufen am 12.8.2019

halten! Erst die Miniaturisierung der Kältemaschine in Form des Kühlschrankes disruptierte auch diese Branche.

Ähnliche Entwicklungen konnte man in der Videobranche beobachten: Zunächst wurden Videofilme in Ladenlokalen verliehen, die wie Pilze in den 1980er-Jahren aus dem Boden schossen. Erstmals bedroht wurden diese Ladenlokale von der Möglichkeit, online Videofilme zu bestellen – das Trägermedium »Videokassette« blieb erhalten. Letztendlich wurde auch dieses Trägermedium durch die Möglichkeit eines Downloads und letztlich durch Streamingdienste obsolet. Analoges gilt für den gewerblichen Personentransport durch Taxis. Wurden früher – und auch heute noch – die Fahrzeuge durch Taxizentralen koordiniert und gesteuert, so substituiert das Unternehmen »My Taxi« – seit der Fusion mit den Carsharing-Diensten von Daimler Benz und BMW unter dem Namen »Free Now« bekannt – mit seiner Leistung nicht die Taxis an sich, aber die Koordinationsleistung der Taxizentralen! Der nächste Schritt ist dann der UBER-Gedanke, der auch das gewerbliche Taxi als Transportmittel durch die Nutzung privater Pkw ersetzt. Viele weitere Beispiele sind denkbar, für die meisten leicht verständlich auch hier wieder die Entwicklung der Tonträgerindustrie von der Schallplatte bis hin zum Streamingdienst.

Allen diesen Entwicklungen ist gemeinsam, dass das vollständige disruptive Potenzial erst nach mehreren Stufen oder Wellen erreicht wurde. Häufig waren einzelne Wellen für einen Teil der Branche gar nicht schädlich oder sogar vorteilhaft, wie das Eisbeispiel aus der Perspektive des lokalen Handels mit Eis deutlich macht. Dass letztlich auch diese Branche von der Wucht des Disruptionssprungs überrollt wurde, war eigentlich schon Anfang des 20. Jahrhunderts absehbar, auch wenn man es vielleicht nicht wahrhaben wollte.

10.4 Bewertung der aktuellen Entwicklung in der Finanzdienstleistungsbranche

Im Folgenden sollen nun die Grundprinzipien disruptiver Entwicklungen, die Geschwindigkeit derartiger Entwicklungen und das Wellenmodell (siehe oben) auf die aktuelle Situation der Finanzdienstleistungsbranche in Deutschland übertragen werden. Dabei unterliegt die Bewertung naturgemäß einer gewissen Subjektivität. Gleiches gilt für Prognosen, die auf Basis heute schon beobachteter Technologien oder Entwicklungen aufgestellt werden.

10.4.1 Erster Blickwinkel – die Grundprinzipien der Disruption – übertragen auf den Bankensektor in Deutschland

Prinzip 1: Der Ressourceneinsatz großer und tradierter Unternehmen hängt vom Kundenverhalten und den Investoren ab, wobei vor allem die tradierte Technologie weiterentwickelt wird.

Der Finanzdienstleistungssektor in Deutschland wird dominiert von den beiden großen Bankenverbünden aus dem öffentlich-rechtlichen und dem genossenschaftlichen Bereich sowie derzeit noch zwei Großbanken. Die Marktanteile der übrigen Institute, die nicht einem dieser Institute bzw. Institutsgruppen zugeordnet werden kann, ist vergleichsweise gering. Damit kann sowohl bei den Großbanken als auch bei den Verbünden von großen und tradierten Unternehmen und Unternehmensgruppen gesprochen werden.

Das erste Prinzip – wie oben beschrieben – kann unmittelbar auf die Bankenlandschaft in Deutschland übertragen werden. Anlage- und Kreditprozesse sowie der Zahlungsverkehr wurden stetig durch Prozessinnovationen weiterentwickelt, wirklich neue Produkte gab es kaum. Die letzte Erfindung der Finanzbranche ist der Geldausgabeautomat – dieser dem US-Notenbanker Paul Volcker 2009 zugeschriebene Satz ist sicherlich zu spitz, dennoch wurden die Innovationen vor allem mit dem Ziel der Maximierung der Rentabilität der Banken und Sparkassen und der Befriedigung bestehender Kundenbedürfnisse eingesetzt. Waren in den Großbanken vor allem die Aktionäre als Dividenden fordernde Investoren Treiber dieses Verhaltens, so ist gerade in den Sparkassen mit der traditionell starken Rolle der Politik als Substitut für die Eigentümerinteressen von Investoren ein Festhalten am Status quo bis heute weit verbreitet. Dies gilt sowohl hinsichtlich der Vertriebsnetze (Filialnetze) als auch hinsichtlich der Strukturen innerhalb der Verbünde, wobei auf eine vermeintliche Historie verwiesen wird, die einer objektiven Überprüfung kaum Stand hält, da die aktuellen Geschäftsmodelle von Sparkassen und Genossenschaftsbanken nur gut 60 Jahre alt sind.[1] So gab es ja bis in die 50er-Jahre des letzten Jahrhunderts in Deutschland mit ca. 11 000 Bankstellen neben den Hauptstellen nur eine verschwindend geringe Anzahl an Filialen. Erst durch die Einführung des bargeldlosen Zahlungsverkehrs für die breite Bevölkerungsmehrheit wurde das heutige Geschäftsmodell überhaupt erst geboren und damit die heute als »traditionell« bezeichneten flächendeckenden Filialnetze. Damit sind diese in fast allen Fällen nur in einem prozentual gesehen kurzen Zeitraum der »Lebenszeit« dieser Institute oder Institutsgruppen überhaupt existent gewesen.

Prinzip 2: Kleine Märkte ermöglichen großen Unternehmen kein Wachstum.

Allein die Sparkassen-Finanzgruppe hat über 50 Mio. Kunden in Deutschland.[2] Sie ist die größte Finanzgruppe in Deutschland und Europa. Hier überhaupt noch ein signifikantes Wachstum zu erzielen ist naturgemäß schwierig, stabile Märkte mit konstanten Erträgen sichern die Arbeitsplätze von mehreren hunderttausend Arbeitnehmern. Um nachhaltige Erträge zu erzielen konzent-

---

1 Vgl. hierzu und zum folgenden Gonser, S., Das Ende der Filialnetze? Zur Geschichte der Bankfilialen, in: Eugen-Gutmann-Gesellschaft e.V. (Hrsg.), geschichte aktuell, Mai 2013
2 Vgl. DSGV (Hrsg.), Geschäftszahlen Zahlen & Fakten

rieren sich Banken und Sparkassen seit Jahren schon vor allem auf die wohlhabende Kundschaft, die pro Kundenverbindung deutlich höhere Deckungsbeiträge erwarten lassen als der Durchschnittskunde, auch wenn hierdurch nur die Bedürfnisse von maximal 10 oder 15 % aller Kunden (mit verbesserten Produkten und Prozessen) befriedigt werden. Bedürfnisse von Kunden, die weder bereit noch in der Lage sind, hohe Preise für einzelne Dienstleistungen zu bezahlen, werden mit einfachen Produkten kostengünstig befriedigt. Damit ist eine Kombination aus kostengetriebener Produktion für die Mehrheit und ertragsgetriebener Entwicklung von teuren Dienstleistungen und Produkten für die Spitzenkunden auch in der Finanzdienstleistungsbranche der Treiber des Verhaltens der Unternehmen.

Ein »Ausprobieren« von zunächst absurd scheinenden Leistungen oder Produkten für die breite Masse erfolgt auf Grund der betriebswirtschaftlichen Notwendigkeit der Befriedigung der Standardbedürfnisse einer sehr großen Kundengruppe kaum, die Priorität liegt wie in allen Großunternehmen auf Prozessinnovationen zur Abwicklung der Massenproduktion.

Prinzip 3: Märkte, die nicht existieren, können nicht analysiert werden.

Hier gilt für die Großbanken und die beiden Bankenverbünde nichts anderes als für alle andere Unternehmen auch. So war eine Frage nach Wünschen der Kunden zur automatisierten Auszahlung von Guthaben vor Erfindung des Geldausgabeautomaten ebenso sinnbefreit wie die Frage zur Erleichterung des Zahlungsverkehrs vor Erfindung des Online-Bankings. Sehr interessant in diesem Zusammenhang ist übrigens auch ein etwas anderer Blick auf die aktuelle Verhaltensweise von Bankkunden. So bestätigen viele Studien derzeit einen Effekt, der in der Finanzdienstleistungsbranche mit »RoPo-Effekt« umschrieben wird. Gemeint ist, dass Kunden sich im Internet – also online – informieren, der eigentliche Abschluss aber in den Filialen vor Ort – also offline – passiert: Research online, Purchase offline. Aus diesem objektiv beobachteten Verhalten der Kunden wird auf den subjektiven Wunsch der Kunden geschlossen, vor Ort in einer Filiale ein Finanzprodukt zu kaufen. Bei der Bewertung der Beobachtung wird aber ggf. vernachlässigt, dass die Möglichkeiten der Information über verschiedenste Finanzprodukte im Internet die Möglichkeiten des Kaufs dieser Produkte im Internet bei weitem übersteigt – somit der Abschluss in der Filiale der Notwendigkeit geschuldet ist, dieses Ladenlokal aufsuchen zu müssen, um das Bankprodukt überhaupt kaufen zu können. Hieraus auf einen Wunsch des Kunden zu schließen ist zumindest problematisch.[1] Die Marktforschung im Sinne der Beobachtung des Kundenverhaltens kann hier ebenso wenig objektiv richtige Ergebnisse liefern wie beispielsweise aus dem beobachteten Mobiltelefonie-Verhalten zu Beginn der 90er-Jahre des letzten Jahrhunderts auf die

---

1 Vgl. o.V., Customer Journey Banking – ROPO-Studie für Bankprodukte in Deutschland; GfK-Studie im Auftrag von Google und der Postbank, Februar 2017

Durchsetzungswahrscheinlichkeit dieser Kommunikationsmöglichkeit in den Folgejahren zu schließen. Damals war mobiles Telefonieren auf Grund der damit verbundenen sehr hohen Kosten eben nur einer kleinen Anzahl von Kunden überhaupt möglich.

Peer-to-peer-Kredit- oder Anlagemärkte existierten bis vor kurzem überhaupt nicht und sind derzeit immer noch in den Kinderschuhen, für nicht bankkontogebundene Zahlungsverkehrssysteme oder die Block-Chain-Technologie gilt das gleiche. Damit kann aus dem heutigen Nutzerverhalten oder aus der Frage nach einem Bedürfnis nach einem heute noch nicht bekannten Produkt seitens der Kunden nicht auf die Marktchancen geschlossen werden. Gleichwohl zeigen Beispiele wie in der Geschichte die Einführung des bargeldlosen Zahlungsverkehrs Ende der 1950er-Jahre oder heute ApplePay und N26, dass neue Ideen sehr schnell angenommen werden und zu Massenphänomenen werden können.

Prinzip 4: Jede Organisation ist die Summe der Mitarbeiter und Fähigkeiten.

Dieses Prinzip gilt gerade für Banken und insbesondere für Sparkassen. Gerade die Sparkassen-Finanzgruppe hat über Jahrzehnte hinweg einen bestimmten Typ Mensch angesprochen und als Mitarbeiterin oder Mitarbeiter gewinnen können und damit innerhalb der Gruppe einen relativ homogenen Typus von Mitarbeiterinnen und Mitarbeitern konserviert. Diese Menschen lassen sich als deutlich traditioneller und ortsgebundener charakterisieren als beispielsweise Mitarbeiter in großen IT-Unternehmen oder der Unterhaltungsindustrie. Menschen, die von Verwaltungstätigkeiten attrahiert werden – und letztlich war die Bankbranche bis in die jüngere Vergangenheit eine »Verwaltungsbranche« –, sind hier ebenso in größerer Anzahl zu finden als Innovatoren oder technisch interessierte Persönlichkeiten. All diese Menschen, die nicht in ein bestimmtes Muster passten, fühlten sich von der Finanzdienstleistungsbranche nur bedingt angesprochen, haben sich nicht beworben und wurden – auch wenn sie sich denn beworben hätten – auf Grund der mangelnden Passung nicht eingestellt.

All dies gilt auf Grund der langen Zeit mittlerweile weitgehend über alle Hierarchiestufen hinweg – und behindert nun das fundamentale Umdenken der gesamten Branche und die »innere Akzeptanz der Veränderung«. Das größte Problem aber besteht darin, dass in den meisten Unternehmen ganz grundsätzlich die Mehrzahl der Mitarbeiter ihre Verhaltensweisen als repräsentativ für die Gesellschaft werten – sich mithin nur schwer vorstellen können, dass es Teile der Gesellschaft geben kann, die völlig andere Produkte und Dienstleistungen bevorzugen würden, wenn sie denn angeboten würden. Damit behindert die Stärke von Sparkassen und Genossenschaftsbanken im Markt in den letzten Jahrzehnten jeden neuen Gedanken – denn in der Vergangenheit wurde ja durch die eindrucksvollen wirtschaftlichen Erfolge Jahr für Jahr bewiesen, dass das Angebotsportfolio und die Art der Kommunikation mit dem Kunden »richtig« war.

Prinzip 5: Technologien entwickeln sich schneller als Kundenbedürfnisse verändern.

Auch dieses Prinzip gilt uneingeschränkt für die großen Banken und Institutsgruppen in Deutschland. Schauen wir uns als Beispiel das Startup Finanzguru oder analoge Funktionen in MyGeorge der österreichischen Sparkassengruppe an.

Kontoauszüge oder Darstellungen von Kontobewegungen ganz allgemein waren über die letzten Jahrzehnte immer vom Gedanken der Dokumentation der Vergangenheit geprägt. Dem Kunden sollte transparent gemacht werden, was in der Vergangenheit passiert ist, und wie sich der aktuelle Kontostand erklärt. Das Ganze war kalendarisch sortiert – ein Blick, den der Buchhalter oder der Wirtschaftsprüfer bevorzugt. Alle Bankkunden hatten sich daran gewöhnt und niemand kam überhaupt auf die Idee, dass man das anders – und vielleicht besser – machen könnte.

Wäre es nicht sinnvoll, dass man den Kontostand nicht nur rückwirkend, sondern auch perspektivisch kennt – viele Zahlungen wie das Gehalt, die Miete, Versicherungsbeiträge oder die Handyrechnungen sind wiederkehrend in gleicher Höhe – und damit einfach prognostizierbar. Wäre es nicht sinnvoll zu wissen, wann das Girokonto ins Minus rutschen könnte, um präventiv eine Umbuchung vorzunehmen und wäre es nicht sinnvoll zu wissen, welchen Anteil an allen Kosten pro Monat auf Lebensmittel entfallen? Sowohl MyGeorge[1] als auch Finanzguru[2] bieten diesen »Service« selbstverständlich an – und jede traditionelle Bank könnte es ebenso. Da es aber nicht erwartet wird, wird es auch nicht gefordert. Gleichzeitig wird diese Art der Darstellung sehr positiv angenommen, wenn sie angeboten wird. Dieses Prinzip steht in einem engen Zusammenhang zum 3. Prinzip, da der Kunde sich kaum etwas wünscht, was er sich (noch) nicht vorstellen kann.

Ähnliches aber in einem anderen Bezugsrahmen gilt für N26. Das Institut startete mit einem sehr begrenzten Leistungsspektrum und sprach naturgemäß damit nur eine sehr enge Zielgruppe an. So lange das Institut die Dienstleistungspalette schneller erweitert als die Erkenntnis der Kunden wächst, dass hier nur ein eingeschränktes Angebot offeriert wird, wird das Institut in dieser Hinsicht kein Problem haben. Erfolgreich durchgestanden haben das bereits andere Größen im Markt. So starteten alle Wettbewerber traditioneller Banken – ob das früher einmal PayPal war oder heute Scalable und Amazon Lending sind – mit einem »Basis-Setting«. Der Start ist war in der Regel schwach und inhaltlich holprig. Heute sind computerverwaltete Depots oft besser als von Menschen verwaltete Anlagen. PayPal war früher ein System für die Bezahlung von

---

1 Vgl. Erste Bank und Sparkassen, Österreich, z. B. https://www.sparkasse.at/sgruppe/privatkunden/digitales-banking/george-kennenlernen
2 Vgl. https://finanzguru.de

ebay-Transaktionen — heute ist Paypal ein umfassendes Zahlungsverkehrssystem für Transaktionen im Netz und im Ladenlokal (Bsp: Netto-Märkte).[1]

Wenn also alle fünf Prinzipien auch für die großen Finanzdienstleister Gültigkeit haben, dann ist zumindest aus dieser Sicht eine disruptive Strukturveränderung möglich, wenn auch die Bestätigung der fünf Prinzipien natürlich nicht zwangsläufig darauf hinweist! Gleichwohl erleben wir in der Branche täglich Angriffe auf die tradierten Geschäftsmodelle. Oft geht den Startups jedoch »die Luft« aus oder aber Anfängerfehler, aufsichtsrechtliche Anforderungen oder die Notenbanken bremsen die stürmische Entwicklung, wie z. B. die erste Reaktion der EZB auf die geplante Kryprowährung Libra von Facebook zeigt. Ein Blick in die Geschichtsbücher zeigt aber, dass dies bei allen heute selbstverständlich gewordenen großen Umbrüchen so war. Die Eisenbahn wurde von Ärzten dafür verantwortlich gemacht, dass die Menschen auf Grund der hohen Geschwindigkeit schwachsinnig werden und trotzdem hat sie sich durchgesetzt.

Wir müssen davon ausgehen, dass sich viele der heute aufkommende Ideen in der einen oder anderen Form durchsetzen werden – und die Analyse des bestehenden Finanzsystems anhand der fünf Prinzipien nach Christensen hat ja gezeigt, dass die heutigen Finanzdienstleister durchaus Kandidaten dafür sind, durch Disruptoren erfolgreich verdrängt zu werden.

10.4.2 Die Geschwindigkeit des Veränderungsprozesses in der Finanzdienstleistungsbranche

Die Geschwindigkeit der Veränderungen korreliert unmittelbar mit der Offenheit der Kunden für neue Technologien. In dieser Hinsicht ist Europa sehr heterogen. Findet man in Skandinavien im Einzelhandel durchaus schon den Hinweis »Keine Barzahlung möglich«, so ist im bargeldverliebten Deutschland die Barzahlung – gemessen an der Anzahl der Zahlungsvorgänge – immer noch die beliebteste Form. Gemessen in der Summe der geleisteten Zahlungen wurde im Jahr 2019 erstmals bargeldlos ein größerer Umsatz gemessen als bei Barkäufen im stationären Handel.[2] Fraglich ist in diesem Zusammenhang auch, wie stark die Möglichkeiten des Bezahlens mit dem Smartphone hier nochmals einen Schub in Richtung bargeldlosen Zahlens geben.

Zahlungsvorgänge sind nur ein Indikator für die Veränderungsgeschwindigkeit, weiter sind die Nutzung von Vergleichs- oder Vermittlungsplattformen im Netz, das Wachstum »neuer« Kreditinstitute wie z. B. N26 oder die B2B-Nut-

---

1 Vgl. Mitsis, K., Beim Discounter mit PayPal zahlen: Netto macht es vor, in: Chip online, 16.12.2018
2 Vgl. o.V., Tschüss Bargeld: Deutsche kauften 2018 erstmals mehr mit Karte ein, in: Heise online, 7.5.2019 unter Bezugnahme auf eine Studie des EHI

zung von Bankplattformen wie z. B. Solaris durch Startups oder wie im März 2019 publik wurde durch große Player aus anderen Ländern – konkret AliPay.[1]

Objektiv betrachtet spielen »neue Finanzdienstleister« – mit Ausnahme des schon länger etablierten Zahlungsdienstes PayPal – noch eine untergeordnete Rolle in Deutschland. Für die traditionellen Banken und Sparkassen, die ihre Marktsituation in Giromarktanteilen oder Finanzierungsanteilen im privaten oder gewerblichen Kreditgeschäft oder im länderweiten Anlagevolumen in Wertpapierdepots messen, hat sich bisher noch wenig geändert. Allenfalls Anbieter wie Scalable[2] oder der schon genannte Zahlungsdienstleister PayPal tauchen überhaupt in den Statistiken auf. Hieraus jedoch zu schließen, dass das so bleiben wird, wäre trügerisch – auch in traditionellen Ländern wie Deutschland. Nimmt man auch hier die in Kap. 3.2 beschriebene Exponentialfunktion an, kann man aus den heutigen rudimentären Anfängen nicht auf die zukünftige Bedeutung schließen. Gleichwohl sollten weniger die absoluten Werte als vielmehr die Wachstumsraten und vor allem die Veränderungen der Wachstumsraten genau beobachtet werden.

10.4.3 Übertragung des Wellenmodells auf die Finanzdienstleistungsbranche

Welche Wellen lassen sich in der Finanzdienstleistungsbranche bisher beobachten – und welche Wellen könnten noch kommen? Welche Rolle spielen die Funktionen »klassischer Banken« nach den jeweiligen Wellen dann noch – oder in welchen Rollen kann man sich wiederfinden? Aus heutiger Sicht sind in der Bankenbranche drei »Wellen« zu erkennen:

Die **erste Welle** war die Substitution der bankeigenen physischen Kommunikations- und Kontaktwege durch mediale Kanäle. Die Filiale vor Ort, der Brief und eingeschränkt noch das Telefon als einzige Möglichkeiten der Kommunikation mit dem Kunden und des Abschlusses von Geschäften wurden ersetzt durch Internetfiliale und Mail. Damit wurden viele (nicht alle aber doch einige) Filialen überflüssig. Auch die Entwicklung und Verbreitung bankeigener Apps ist hierunter zu subsummieren. Diese Welle ist schon »durch« und war allenfalls aus Sicht von Lokalpolitikern »bedrohlich«. Aus Sicht von Kunden hat diese Welle zu einem deutlichen Gewinn an Flexibilität und Komfort geführt. Aus Sicht der Institute war – abgesehen von Startinvestitionen – diese Entwicklung ein Weg hin zu Kostendegressionseffekten, vorausgesetzt, die nicht mehr genutzten Wege zum Kunden (Filialen) wurden auch konsequent abgebaut. Aus

---

[1] Vgl. Neuhaus, C., Berliner Fintech-Bank kooperiert mit Alipay, in: Der Tagesspiegel online, 21.3.2019
[2] Die Unternehmensberatung Oliver Wyman geht für 2019 von einem gemanagten Volumen über alle derartigen Anbieter von 5 bis 6 Mrd. Euro aus – Scalable deckt dabei ca. die Hälfte des deutschen Marktes ab. Vgl. Rezmer, A., Markt der Robo-Advisors beginnt sich zu konsolidieren, in: Handelsblatt online, 22.4.2019. Im Vergleich zu den allein durch die deutsche Bank verwalteten 1 500 Mrd. € ist dieser Betrag allerdings noch vernachlässigbar.

der Nutzersicht des Kunden und aus Kostensicht der Institute war diese Welle somit keineswegs bedrohlich, sondern eher positiv zu werten.

Hier kann man eine schöne Analogie zur Eisindustrie am Ende des 19. Jahrhunderts herstellen. Auch hier wurde das »dreckige« Natureis durch sauberes Kunsteis ersetzt – die Konsumenten hatten also ein höherwertiges Produkt. Gleichzeitig wurden die Händler vor Ort in die Lage versetzt das Eis selber zu produzieren, ihre Wertschöpfungskette verlängerte sich also. Aus beiden Sichten eine positive Entwicklung.

Die **zweite Welle** startet gerade mit Apps wie Finanzguru und Co. Damit sind (Dritt-)Anbieter gemeint, die sich zwischen Bank und Kunde schieben. Diese Anbieter substituieren den direkten bankeigenen Kommunikationsweg zwischen Kunde und Bank. Der Kunde nimmt nur noch durch den Intermediär Kontakt mit der Bank auf. Das ist etwas völlig anderes als in der ersten Welle und gibt dem Intermediär die Marktmacht, da er nicht nur umfassende Vergleiche ermöglicht (bei oftmals im Bankbereich sehr homogenen Produkten), sondern auch den Wechsel koordinieren und lenken kann und am Wechsel Geld verdient. Diese Welle rollt gerade an und wird durch rechtliche Rahmenbedingungen wie PSD 2 und andere »angetrieben«. Typische Vertreter dieser zweiten Welle sind Finanzguru aber auch Weltsparen.

Die **dritte Welle** kann die Substitution der Leistung an sich sein, also Smava, Auxmoney, Lendico im Kreditbereich oder auch WeChat Pay im Zahlungsverkehr und Scalable und Co. im Anlagebereich.

Über die Realitätsnähe der Wellen kann man in Bezug auf die erste und die zweite Welle kaum noch streiten – diese Wellen sind entweder schon über die Branche hinweg gerollt oder bauen sich gerade auf. Bei der zweiten Welle stellt sich die Frage, wie groß sie werden wird. Allenfalls die dritte Welle ist noch so klein, dass es nicht sicher ist, ob sie überhaupt kommt. Dennoch darf sie im Sinne eines zukunftsorientierten strategischen Managements nicht ignoriert werden.

10.5 Gegenstrategien – oder besser »Mit-Strategien«

Wie wirken diese drei Wellen auf die Sparkassen-Finanzgruppe als die mit Abstand größte Bankengruppe Deutschlands? Die erste Welle hat zwar zu einer Veränderung der internen Strukturen in den einzelnen Häusern und in der Präsenz vor Ort geführt, aber nicht zu einer Schwächung der Sparkassen-Finanzgruppe. Im Gegenteil, die Sparkassen-Finanzgruppe konnte sich durch die erfolgreiche Platzierung einer der besten Banken-Apps gut behaupten. Lediglich der Kommunikationsweg hat sich geändert – das Netz ersetzt oft die Filiale – eigentlich nicht einmal ein Punkt, der außerhalb von Gemeinderatssitzungen der Rede wert wäre. Das Auftreten und Erstarken der Direktbanken kommt in dieser Welle dazu – auch hier hat die Sparkassen-Finanzgruppe mit mehreren Vertretern (z. B. 1822 oder DKB) entsprechend und gut reagiert und in Summe häufig nur die Kunden »umverteilt«.

Für die zweite und dritte Welle der Disruption gilt das nicht mehr. Schon die zweite Welle wird mit Macht Erträge aus den Bankbilanzen bzw. Gewinn- und Verlustrechnungen abziehen. Nicht etwa, weil die Leistungen nicht mehr durch Banken erbracht werden, sondern weil die Intermediäre Erträge abschöpfen werden und die »Umverteilung« steuern werden. Der Bank- oder Sparkassenkunde nimmt ja im Grenzfall nur noch »durch« den Intermediär Kontakt mit seiner Bank auf. Die Zugangsdaten werden durch den Intermediär verwaltet, Informationen und das Auslösen von Zahlungen erfolgen ausschließlich auf der Oberfläche des Intermediärs, die bankeigene App oder Internetseite verliert an Bedeutung. Hier hat gerade PSD 2 die rechtlichen Rahmenbedingungen für die sog. Aggregatoren gesetzt. Und letztlich war ja auch das Ziel der Richtlinie PSD 2 die Erhöhung des Wettbewerbs – und damit nicht zuletzt die Senkung der Preise.

In dieser zweiten Welle können Banken und Sparkassen aber gut reagieren, wenn sie sich die Spielregeln der Intermediäre bzw. der Aggregatoren zu Eigen machen. Das bedeutet, dass sie selbst in die Rolle des Intermediärs schlüpfen und eine Aggregatorenleistung anbieten. Damit verbunden sind ein vollkommen offener Marktplatz und damit die Vermittlung von Leistungen an den Kunden – unabhängig davon, wer diese Leistung erstellt. Verdient wird in diesem System entweder damit, dass die Leistung aus dem eigenen Haus oder der eigenen Gruppe vom Kunden auch ausgewählt wird oder aber durch Provisionen bei der Vermittlung von (besseren!) Drittleistungen. Problematisch ist, dass dieses System gruppen- oder konzerninterne Unternehmen, die intern Dienstleistungen erbringen, die schlechter oder teurer sind als eine vergleichbare Leistung externer Wettbewerber, gnadenlos betraft. Diese »Minderleister« im Sinne von gruppen- oder konzerninternen Unternehmen mit nicht wettbewerbsfähigem Preis-Leistungs-Verhältnis wurden in der Vergangenheit gerade in großen Konzernen oder Bankengruppen »mitgetragen«. Ein offener Marktplatz steht dazu jedoch im klaren Widerspruch.

Ist eine aus Marktsicht homogene Leistung – zum Beispiel eine Kontoführung – zu teuer oder eine Versicherung oder Fondperformance zu schlecht, wird sie von einem neutralen Aggregator dem Kunden nicht mehr empfohlen und verkauft – dieser Anbieter wird verschwinden, egal ob gruppen- bzw. konzernintern oder extern!

Betreibt ein Kreditinstitut oder eine Bankengruppe selbst einen Aggregator, muss auch dieser »neutral« sein, da er sonst im Wettbewerb der Aggregatoren nicht bestehen kann. Das kann in letzter Konsequenz bedeuten, dass Leistungen von konzern- oder gruppeneigenen Unternehmen, die im Vergleich zu Drittanbietern nicht wettbewerbsfähig sind, verschwinden und ein Teil des »eigenen Systems« in die Insolvenz geht. Gleichzeitig kann es aber dazu führen, dass das Institut oder die Bankengruppe als Ganzes durch Provisionseinnahmen höhere Erträge erwirtschaftet als vorher als »Produzent«. Der Aufbau eines Aggregators ist definitiv eine wirksame Gegenstrategie, vorausgesetzt man kennt die spezifischen Fähigkeiten und Risiken und ist sich der Tatsache bewusst, dass Minderleister aus der eigenen Bank oder Bankengruppe »ans Messer« geliefert werden.

Gerade in dieser zweiten Welle wird der Geschwindigkeit, mit der diese Welle an Fahrt gewinnt, ein entscheidender Faktor. Es ist damit zu rechnen, dass gerade hier bei schwachem Start noch vor Inkrafttreten der rechtlichen Rahmenbedingungen den Aggregatoren eine exponentiell zunehmende Bedeutung zukommen wird. Diese Annahme scheint vor allem deshalb gerechtfertigt, da die Konsumenten Aggregatoren aus anderen Branchen gewohnt sind und sich großer Akzeptanz und Beliebtheit erfreuen. Plattformen wie Booking oder HRS sind ebenso Aggregatoren wie Amazon, opodo oder idealo – die Wachstumsraten sind bekannt.

Erst die dritte Welle der Disruption, von der heute noch nicht absehbar ist, wann und wie stark sie die Branche treffen wird, ersetzt die Bankleistung an sich. Vergleichbar ist das mit der oben skizzierten Erfindung miniaturisierter Kältemaschinen – konkret der Kühlschränke. Damit wird die eigentliche »Leistung«, das Nutzen von Kälte, dort und von demjenigen erzeugt, der diese »Leistung« braucht. Ähnlich ist das in der Fotoindustrie, die nahezu vollständig durch eine komplett neue Technologie und Verhaltensweise der Konsumenten disruptiert wurde. Bilder werden ja heute nicht nur fast ausschließlich digital gemacht, sondern auch nicht mehr physisch erstellt oder in Alben gesammelt, sondern gespeichert oder auf Plattformen »geteilt«.

Für Banken könnte das bedeuten, dass beispielsweise ein Kredit in mehrere Teilleistungen aufgespalten wird. Dabei kann die Losgrößen und die Fristentransformationsleistung von der Risikotransformationsleistung getrennt werden. Das Risiko wird gegen eine Gebühr von einem Drittanbieter – einer Art Versicherung – übernommen, Losgrößen und Fristentransformation über einen Marktplatzprozess. Diese nicht mehr nur theoretische Möglichkeit ersetzt dabei nicht nur Kreditmärkte, sondern auch Anlagemärkte. Die Frage ist, ob die »Versicherer« der Zukunft nicht die teureren Banken sind. In diesem Fall würde sich das System nicht oder nur in Nischen durchsetzen.

Deutlich größer ist das Risiko im Bereich der Kapitalanlage in Form von Wertpapierdepots oder Ähnlichem. Hier sind heute schon Akteure am Markt – und hier hat auch heute schon die Sparkassen-Finanzgruppe mit dem Bevestor sehr gut reagiert. Ziel muss es nun sein, den Bevestor und seine Leistungsfähigkeit in die Beratungspalette eines Anlageberaters bei jeder Sparkasse aufzunehmen. Natürlich kann das zu negativen Entwicklungen bei gruppeninternen Wettbewerbern des Bevestors führen, langfristig ist es aber eine sinnvolle Strategie um als Gruppe in diesem Geschäftsfeld zu überleben. Das Beispiel zeigt, dass Gegenstrategien immer möglich sind – oft aber auch zu Lasten anderer Teile des Unternehmens oder der Gruppe. In jedem Fall wäre der Verzicht auf eine Gegenstrategie, um alle »alten« Teile eines Bankkonzerns oder einer Bankengruppe zu schützen, die falsche strategische Entscheidung.

10.6 Fazit

Unabhängig davon, in welcher Geschwindigkeit und wie stark die oben skizzierten Veränderungsprozesse kommen werden, muss sich die gesamte Branche auf weitere, fundamentale Veränderungen einstellen. Dabei sind die bisherigen Entwicklungen von der Filiale zur App nur die Ouvertüre gewesen. Sicher ist auch, dass diesen Veränderungsprozess nicht alle Institute überleben werden. Der zu erwartende Marktbereinigungs- und Umverteilungsprozess wird jedoch mit Sicherheit nicht dazu führen, dass die Versorgung der Bevölkerung schlechter wird. Sie wird nur aus dem Blickwinkel der Bewahrer schlechter. Aus dem Blickwinkel der Veränderer wird sie anders sein, ebenso wie die Kälte seit 70 Jahren aus dem Kühlschrank und nicht mehr aus dem Eiskeller kommt.

Literaturverzeichnis

Awuku, Y., Die erste Digitalkamera der Welt war mehr Spaß als Ernst, in: https://www.t-online.de/digital/fotografie/id_60083538/die-erste-digitalkamera-der-welt.html

Breger, H., Leibnitz' binäres Zahlensystem als Grundlage der Computertechnologie; in: Jahrbuch der Akademie der Wissenschaften zu Göttingen, Göttingen 2008, S. 385–391

Christensen, C., The Innovators Dilemma, Harvard Business School, 1997

DSGV (Hrsg.), Geschäftszahlen Zahlen & Fakten

Erste Bank und Sparkassen, Österreich, z. B. https://www.sparkasse.at/sgruppe/privatkunden/digitales-banking/george-kennenlernen

Finanzguru: https://finanzguru.de

Gonser, S., Das Ende der Filialnetze? Zur Geschichte der Bankfilialen, in: Eugen-Gutmann-Gesellschaft e.V. (Hrsg.), geschichte aktuell, Mai 2013

Jeaffrson, J., The Life of Robert Stephenson F.R.S., Cambridge 1864, S. 138 ff.

Kämmer, F., Die Geschichte der Weinflasche, on line: https://blog.liebherr.com/Hausgeraete/Weinflasche/

Korneffel, P., Der Eiskönig von Boston, in: Spiegel online, 12. 4. 2008

Mitsis, K., Beim Discounter mit PayPal zahlen: Netto macht es vor, in: Chip online, 16. 12. 2018

Mutius, B. v., Disruptive Thinking: Das Denken das der Zukunft gewachsen ist, Offenbach 2017, S. 28

Neuhaus, C., Berliner Fintech-Bank kooperiert mit Alipay, in: Der Tagesspiegel online, 21. 3. 2019

o.V., Customer Journey Banking – ROPO-Studie für Bankprodukte in Deutschland; GfK-Studie im Auftrag von Google und der Postbank, Februar 2017

o.V., Die unerhörte Ladung des Eiskönigs aus Boston, in: Welt online, 11. 8. 2015, abgerufen am 12. 8. 2019

o.V., Disruption, in: Lexikon Gründerszene, online: https://www.gruenderszene.de/lexikon/begriffe/disruption?interstitial

o.V., Disruption, Baby, Disruption! In: FAZ, 27. 12. 2015

o.V., Tschüss Bargeld: Deutsche kauften 2018 erstmals mehr mit Karte ein, in: Heise online, 7.5.2019 unter Bezugnahme auf eine Studie des EHI

Rezmer, A., Markt der Robo-Advisors beginnt sich zu konsolidieren, in: Handelsblatt online, 22.4.2019

Schaab, K., Die Geschichte der Erfindung der Buchdruckerkunst durch Johann Gensfleisch genannt Gutenberg, Mainz 1831, S. 422

Viehmann, S., Triumph oder Pleite? Die fünf größten Chancen und Risiken für Tesla, in: Focus online, 29.5.2019

Ward, H., The sailing ship effect, in: Builletin of the Institute of phisics and physical society, Jg. 18, 1967, S. 169

Wiesend, S., Die Geschichte von Google, in: Computerwoche online, 3.2.2015 sowie Wikipedia: Google, abgerufen am 13.8.2019

Wikipedia: Steve Sasson, abgefragt am 12.8.2019

Wikipedia: Wikipedia, abgerufen am 12.8.2019

11 Auf dem Weg zur »Every-Day-/Every-Pay-Bank«

Heinz-Paul Bonn, HPBonn Consulting

11.1 Künstliche Intelligenz als permanenter Einfluss

Künstliche Intelligenz (KI) verändert nicht nur die Geschäftsprozesse von Kreditinstituten und Banken – sie verändert auch die Geschäftsmodelle ihrer Geschäftskunden. Diese wiederum werden durch das veränderte Verbraucherverhalten zu neuen Formen der Kooperation und zu geschütztem Datenaustausch gezwungen – zum Beispiel dort, wo Verbraucherdaten zwischen eCommerce-Treibenden und Konsumenten einerseits und Konsumenten und Kreditinstitut andererseits abgewickelt werden. Dabei kommen die Herausforderungen von drei Seiten:
- durch regulatorische Zwänge wie PSD 2 und DSGVO,
- durch Geschäftskunden und ihre Internet-Aktivitäten
- sowie durch Privatkunden als Konsumenten und Verbraucher.

KI-Systeme können dabei helfen Ordnung ins System zu bringen. Doch bei aller Unterstützung durch Maschinen: Am Ende des Beratungsgeschäfts sitzt immer noch der Mensch – auf beiden Seiten des Schreibtisches.

Unfassbare 33 Zettabyte – also 33 mal 10 hoch 21 Byte – wurden allein im vergangenen Jahr (2018) weltweit durch Unternehmen, Non-Profit-Organisationen, private Anwender und mehr und mehr durch Maschinen erzeugt. Wer sich das nicht vorstellen kann: Für 33 Zettabyte braucht es eine Milliarde Festplatten mit einem Speichervolumen von jeweils einem Terabyte. Im Jahr 2025 soll die jährliche Produktion an Daten schon bei 175 Zettabyte liegen, für 2030 werden mehr als 600 Zettabyte erwartet. Wohlgemerkt: Das ist kein kumulierter Wert, sondern jeweils die Datenmenge eines Jahres!

11.2 Jeder Service ist eine Transaktion

Der massive Anstieg im Datenvolumen findet in allen Branchen, in allen Lebensbereichen und bei allen Anwendungen statt. Es ist abzusehen, dass wir mit den herkömmlichen transaktions- und dialogorientierten Algorithmen diese Datenmenge nicht mehr verarbeiten können. Big Data – also die Analyse großer Datenvolumen nach festgelegten Regeln – ist deshalb eines der wichtigsten Produktivitätswerkzeuge der Wirtschaft – unabhängig von Branchen und Anwendungsbereichen. Vorhersagen über Rohstoff- und Absatzmärkte, über das Verbraucherverhalten oder die Bewegungen auf den Finanzmärkten lassen sich nur noch überblicken oder überhaupt erst erkennen, wenn wir die Daten konsolidieren, aggregieren, analysieren und – bislang eine der wichtigsten menschlichen Leistungen! – daraus die richtigen Schlussfolgerungen ziehen. Das ist der Weg der digitalen Transformationen, auf dem die Geschäftskunden der Kreditinstitute vorangehen. Die Sparkassen sind gut beraten, diesem Pfad mit eigenen Visionen zu folgen.

Der Grund für diesen gigantischen Anstieg im Datenvolumen liegt einerseits darin, dass wir im Zuge des digitalen Wandels immer mehr Geschäftsprozesse aus dem analogen Mittelalter herausheben und in eine digitale Welt transformieren. Anderseits aber schaffen wir auch immer mehr Datenquellen, die digitale Informationen erzeugen und weiterleiten. Nach Schätzungen werden schon im nächsten Jahr rund 50 Milliarden Devices – also Endgeräte aller Art – über einen Internet-Anschluss verfügen und das Web mit Daten füllen. Der größte Teil geht dabei auf das Internet der Dinge, in denen Maschinen aller Art – vom vernetzten Fahrzeug über die Fertigungsmaschine bis zu ganzen Verkehrsleitsystemen oder Smart-Home-Geräten pausenlos Daten produzieren. Die Infrastruktur, über die das alles weitergeleitet und verarbeitet werden kann, befindet sich zwar gerade erst im Aufbau. Wer diese Systeme aber frühzeitig bereitstellt und für die eigenen Geschäftsmodelle einsetzt, genießt deutliche Wettbewerbsvorteile.

Dazu muss man verstehen, welche (disruptiven) Veränderungen in den bisherigen Geschäftsmodellen anstehen. Es geht nicht darum, das gleiche zu tun wie bisher – nur mit digitalen Mitteln. Im Zuge der digitalen Transformation wird vielmehr praktisch jedes Produkt und jeder Geschäftsprozess durch automatisierte Dienstleistungen angereichert: Die Wunschfarbe des neuen Pullovers wird per Mausklick von Standardblau auf ein individuelles Orange geändert. Das Navigationssystem erhält im Minutentakt aktualisierte Verkehrsinformationen über automatisierte Upload-Verfahren. Der Sprachassistent im Entertainment-Gerät gehorcht immer besser aufs Wort, während im Backoffice irgendwo in einem Datencenter das Spracherkennungssystem anhand unserer Sprachschnipsel optimiert wird. Die Fertigungsmaschine meldet sich selbst, wenn eine Wartung ansteht, weil sie ihre eigenen Daten überwacht und so Abweichungen von den Sollwerten frühzeitig registriert. Die Visionen der Digitalwirtschaft über Services aus der »Cloud«, die über das Web angeboten werden können, sind Myriaden.

Ihnen gemeinsam ist aber ein Grundmodell: Bestehende Produkte und Dienstleistungen erhalten durch Services aus der Cloud einen spürbaren Mehrwert, der durch Transaktionen bezahlt werden muss. Dieser »Bezahlvorgang« besteht heute vor allem aus personenbezogenen Daten, die die Konsumenten mehr oder minder freiwillig herausgeben. Aber ganz folgerichtig kann im Prinzip auch jede abgerufene Dienstleistung eine echte Transaktion auslösen. Denn das ist das Geschäftsmodell der Digitalwirtschaft: Mache aus allem und jedem ein Abo, einen Abruf-Service, einen Account, einen »Kunden«!

Das Modell ist längst weiter gediehen als die berühmte Vision vom Kühlschrank, der eigenständig seine Vorräte auffüllt. Interessanterweise hat diese

Idee nie zu einem allgemeinen Durchbruch gefunden – obwohl sie so einleuchtend wirkt. Der Grund dürfte darin liegen, dass hier gedanklich zwei Schritte auf einmal gemacht wurden: Vorausgesetzt wird erstens, dass wir einer Maschine erlauben müssten, eigene Entscheidungen zu treffen, und zweitens dann auch noch zulassen, dass sie geschäftliche Transaktionen ausführen darf. Diese Vision mag für die sogenannten »Digital Natives« – die in dieses Jahrtausend Hineingeborenen – vertraut und vertrauenswürdig klingen. Doch Kühlschränke werden in der Regel von Älteren gekauft, die sich an diesen Gedanken erst gewöhnen müssten.

Dafür haben aber digitale Sprachassistenten wie »Alexa« im interaktiven Lautsprecher »Echo« von Amazon quasi Geschäftsfähigkeit erlangt, die ihnen auch von praktisch allen Altersgruppen bedenkenlos zugestanden werden. Sie durchforsten ja nicht nur einfach das Internet nach Services, die wir angefragt haben – also zum Beispiel nach digitalen Radiosendern, Wikipedia-Einträgen, Rezeptvorschlägen, den neuesten Nachrichten oder Wetterberichten. Sie tätigen inzwischen Kalendereinträge, notieren Erinnerungen und schreiben Merklisten. Aber sie buchen bereits heute auch kostenpflichtige Musik- und Video-Downloads oder abonnieren Hörbücher und Infodienste.

Es ist geradezu folgerichtig, dass »Alexa« auch Kaufempfehlungen ausspricht, auf einen entsprechenden Befehl auch ausführt und über ein Amazon-Konto schließlich sogar abbuchen lässt. »Alexa« tätigt also schon heute geschäftsmäßige Transaktionen, wenn wir ihr das erlauben. Auf dem Weg von der diktierten Einkaufsliste zur selbstständigen Bestellung (und Bezahlung) sind nur noch wenige rechtliche Hürden zu nehmen. »Alexa« ist nur das bekannteste Beispiel von vielen. Immer mehr Maschinen werden also Geschäftspartner der Kreditinstitute.

11.3 »KI-Kunden« werden Key-Kunden

Hinter diesen »Kunden« steht immer häufiger ein mit künstlicher Intelligenz (KI) ausgestattetes System. Die selbstoptimierende Spracherkennungssoftware hinter »Alexa«, die in einem Cloud-Rechenzentrum irgendwo auf der Welt unsere Sprachschnipsel auswertet, um unseren Dialekt, unsere Ausdrucksweise und über unser Nachfrageverhalten auch unsere Vorlieben besser verstehen zu können, ist so ein KI-System. Um immer noch verbreiteten Missverständnissen vorzubeugen. KI-Systeme sind nicht intelligent, sondern generieren aus einer großen Zahl von Daten Informationen und aus Informationen Erkenntnisse – englisch: Intelligence. »Künstliche Intelligenz« ist insofern eine unglücklich gewählte und zugleich ungenaue Übersetzung des in den Sechzigerjahren des vergangenen Jahrhunderts durch den 2016 verstorbenen MIT-Professor Marvin Minsky geprägten Fachterminus »Artificial Intelligence«.

Der immer häufiger als Synonym für KI verwendete Spezialzweig der künstlichen Intelligenz, nämlich »Machine Learning«, trifft die Funktionsweise genauer: KI-Systeme erkennen in großen Datenmengen Zusammenhänge und ziehen daraus nach Vorgaben Schlussfolgerungen wie zum Beispiel einen Bestellvorschlag oder eine Kaufentscheidung. Der nächste Leistungssprung – »Deep Learning« – bezeichnet demnach die Fähigkeit von KI-Systemen, aus einer unüberschaubar erscheinenden Menge der zur Verfügung gestellten Daten überhaupt erst einmal Regeln zu erkennen und dann daraus Schlussfolgerungen zu ziehen. Daraus folgt allerdings auch: KI-Systeme sind nur so gut wie die vorhandenen Daten. Wie immer im Leben gilt auch hier: »Garbage in, garbage out!«

KI-Systeme sind insofern die logische Konsequenz aus der Digitalisierung, in deren Zuge ja überhaupt erst die gewaltigen Datenmengen anfallen, auf denen KI-Systeme ihre Entscheidungen treffen können. Und wenn immer mehr »User« – egal, ob Mensch oder Maschine – Daten erzeugen, dann werden wir auch immer abhängiger von Systemen, die dieses Volumen überhaupt noch verarbeiten und interpretieren können. Ähnlich wie das Spracherkennungssystem hinter »Alexa« funktionieren KI-gestützte Planungssysteme, die aus dem Kaufverhalten der Konsumenten Rückschlüsse darauf ziehen, welche Produkte und Modelle künftig bevorzugt nachgefragt werden und deshalb schon mal in den Modefarben vorproduziert werden sollten. Es ist also absehbar, dass sie künftig auch Entscheidungen treffen, die Finanztransaktionen nach sich ziehen können, weil sie Rohstoffe bestellen, Transportaufträge erteilen oder Lagerbestände neu bewerten könnten.

So werden KI-Systeme auf lange Sicht zu Key-Kunden der Finanzinstitute. Wenn Fertigungsmaschinen ihren Nachschub selbst abrufen, wenn Connected Cars die Verkehrsdetails einer neuen Region herunterladen, wenn Smarte Home-Systeme den günstigsten Stromtarif wählen oder künftige Verkehrsleitsysteme Premium-Kunden beschleunigt durch die Stadt leiten (theoretisch möglich, aber hoffentlich nie Wirklichkeit!), kann stets auch eine Transaktion fällig werden, die einen Buchungsvorgang auslöst. Naheliegende Kandidaten für das Management dieser Transaktionen sind selbstverständlich Banken und Sparkassen oder ihre Kreditkarten-Töchter.

11.4 Transaktionen sind Informationen

Vor allem Sparkassen, die traditionell ihren regionalen Geschäftskunden einen Rund-um-Service an Beratung, Zukunftsplanung, Finanzdienstleistungen bieten, sollten sich auf diese Tendenz einstellen. Denn vor allem mittelständische Unternehmen stehen bei diesen Perspektiven der digitalen Transformation ihrer Geschäftsmodelle erst am Anfang. Sie suchen Partner, die ihnen dabei helfen, diese Veränderungen zu verstehen, die Konsequenzen für das eigene Unternehmen zu erfassen und dann in einer Digital-Strategie auch umzusetzen. Es geht also um mehr als die Abwicklung von Transaktionen. Sparkassen sorgen durch ihre Beratungsleistung rund um den Megatrend Digitalisierung dafür, dass die Wirtschaft hierzulande weiter »brummt«, um ein Wort aus der eigenen Image-Werbung der Sparkassen aufzugreifen.

Sparkassen genießen hier einen entscheidenden Wettbewerbsvorteil, der dadurch entsteht, dass sie bereits heute das Vertrauen ihrer Geschäftskunden durch langjährige erfolgreiche Beratungsleistungen genießen. Sie stehen aber auch in Bezug auf die digitalen Transaktionen mehr und mehr in der Konkurrenz zu branchenfremden Newcomern. Denkbar sind hier unabhängige Clearing-Stellen, große Versandhäuser und Online-Seller wie Amazon, Internet-Giganten wie Facebook und Google, Vergleichsportale wie Check24 und Verivox oder die sogenannten Fintechs – Startups mit disruptiven Geschäftsmodellen, die in den Finanzmarkt drängen. Auch die Automobilbauer arbeiten an ihren Marktauftritten und Online-Präsenzen, indem sie rund ums Auto nicht nur eigene Finanzdienstleistungen erbringen, sondern mehr und mehr kostenpflichtige Mobilitätsdienstleistungen anbieten.

All diese TPPs – oder Third Party Service Provider – drängen auf den direkten Zugriff auf Daten über das Konsumverhalten ihrer Kunden, indem sie umfassende Service-Plattformen im Web errichten. Und naturgemäß planen sie auch den Zugriff auf die Finanzinformationen ihrer Kunden. Gemeinsam haben diese Unternehmen mit Sparkassenorganisationen, dass sie ihre Kunden in einer ganz speziellen, von Vertrauen geprägten Lebenssituation umfassend beraten und betreuen – zum Beispiel dem Kauf eines Fahrzeugs. Viele dieser Newcomer setzen aber bereits heute bei ihren Beratungsangeboten auf die Unterstützung durch künstliche Intelligenz. Sie studieren das Konsumverhalten ihrer Kunden genauer als die Kreditinstitute, obwohl diese eigentlich den besseren Überblick haben müssten. Doch das Informationspotenzial, das in den mit Transaktionen verbundenen Daten schlummert, bleibt bei den Kreditinstituten weitgehend ungenutzt und verborgen – bei den Unternehmen der Digitalwirtschaft allerdings nicht.

11.5 Den Daten auf der Spur

Dazu ein Beispiel: Nach den Angaben des Deutschen Sparkassen- und Giroverbandes haben Sparkassenkunden seit dem Produktstart am 31. Juli 2018 eine halbe Million Mal die Android-App für das »Mobile Bezahlen« auf ihr Smartphone heruntergeladen. Insgesamt wurden knapp 300 000 Karten digitalisiert – 87 Prozent davon waren Sparkassen-Cards, der Rest sind im Wesentlichen Mastercards. Die Smartphones werden also zum Point of Sale, wobei die Sparkassen hier mit der mächtigen Konkurrenz von Apple Pay und Google Pay zu kämpfen haben.

Als Point of Sale liefern diese Smartphones aber unzählige Daten über das Konsumverhalten ihrer Besitzer. Insgesamt sind sie bis April 2019 rund 1,7 Millionen Mal zum Einsatz gekommen und haben dabei Transaktionen im Gesamtwert von 37,3 Millionen Euro getätigt. Im Durchschnitt belief sich also jede einzelne Transaktion auf einen Wert von 21,94 Euro. Anders als bei der Bargeldauszahlung am Automaten, bei denen das ausbezahlte Geld keinerlei »Datenspuren« hinterlässt, können Sparkassen also verfolgen, welche Transaktionen wofür getätigt wurden – und ihre Services aufbauend auf diesen Erkenntnissen entsprechend optimieren. Dass dieser Weg erkannt wird, lässt sich auch daraus schließen, dass Sparkassen künftig eine Transaktionshistorie für ihre Kunden bereitstellen wollen – so wie Google und Apple mit ihrer großen Expertise beim Auswerten solcher Datenmengen. Gleichzeitig soll die Consumer Device Cardholder Validation Method (CDCVM), die das Bezahlen ohne Pin bei Beträgen über 25 Euro erlaubt, umgesetzt werden.

»Mobiles Bezahlen« ist also ein Kernelement auf dem Weg zur »Every Day/Every Pay-Bank«, das die Sparkassen ins Zentrum der Plattform-Ökonomie stellen kann. Es sind zwar die Privatkunden, deren Verhalten hier deutliche Veränderungen erfährt, doch es sind die Geschäftskunden der Sparkassen, die sich auf dieses Modell der Digitalwirtschaft einstellen müssen. Die Trennung zwischen Business to Consumer (B2C) und Business to Business (B2B) verwischt mehr und mehr zu einem B2B2C-Modell, in dem auch die Beziehungen zwischen Unternehmen durch die Beziehungen zum Verbraucher geprägt werden. Bei der Umsetzung braucht vor allem die mittelständische Wirtschaft die Expertise der Sparkassen.

11.6 Plattform für die Plattform-Ökonomie

Plattformen sind »Erlebnisräume«, die rund um ein Produkt oder eine Dienstleistung geschaffen werden. »Alexa« – um dieses Beispiel noch einmal zu bemühen – ist ein solcher Erlebnisraum, im Denglisch der Informationswirtschaft »Customer Experience« genannt. Der Verbraucher oder User erfährt hier einen hohen Bedienungskomfort, der ihn oder sie dazu »verleitet«, immer mehr Services in Anspruch zu nehmen. So dehnt die Plattform ihr Geschäftsvolumen immer weiter aus.

Dazu benötigen diese Erlebnisräume eine offene Plattform, über die die Transaktionen mit der gleichen »Customer Experience« abgeschlossen werden können. Der Kunde soll nicht, will aber auch gar nicht merken, dass beim Bezahlvorgang ein Zuständigkeitswechsel stattfindet. Das Ganze hat unter dem Stichwort »Open Banking« längst einen einprägsamen Titel – und mit der europäischen PSD2-Richtlinie auch längst ein rechtliches Rahmenwerk. Die jetzt gültige zweite Version der EU-Zahlungsrichtlinie (oder englisch: Payment Service Directive 2 – PSD 2) zielt einerseits auf »Marktregeln« darüber, welche Art von Organisationen neben den Kreditinstituten und Behörden künftig Zahlungsdienste erbringen können. Andererseits klären »Geschäftsleitungsregeln«, welcher Grad an Transparenz von den Instituten erbracht werden muss – einschließlich möglicher Gebühren, Transaktionsreferenzen und maximaler Ausführungszeit. Vor allem aber müssen Kreditinstitute ihre Informationen mit anderen Teilnehmern – zum Beispiel mit (Online-)Händlern – unter festgesetzten Regeln teilen.

Darin bestehen sowohl Chancen als auch Risiken. Die Kreditinstitute haben die Mechanismen der Plattform-Ökonomie noch kaum für sich adaptiert, da müssen sie zentrale Informationen bereits mit ihren möglichen Konkurrenten teilen. Es besteht also die Gefahr, dass sich die Digitalwirtschaft dieses Geschäftsmodells einschließlich der Payment-Verfahren bemächtigt. Andererseits sind gerade die Sparkassen mit ihrem dichten Filialnetz, ihrer familien- und firmennahen Betreuung und ihrer Sachkenntnis in Finanzfragen der richtige Ansprechpartner für Beratung und Dienstleistung auch in bankenfremden Bereichen. Dazu müssen allerdings einige Hausaufgaben erledigt werden.

Die Umsetzung der PSD2-Richtlinie hatte im vergangenen März mit der Bereitstellung einer »Sandbox« für den Informationsaustausch zwischen allen Beteiligten der Plattform-Ökonomie einen ersten wichtigen, allerdings vor allem technischen Meilenstein erreicht. In dieser »Sandbox« – also einer abgeschlossenen Testumgebung für Dritte – werden Schnittstellen für den Datenaustausch dieser transaktions- und personenbezogenen Informationen getestet. Während nach einer Umfrage 98 Prozent der deutschen Kreditinstitute diese Zielmarke auch technisch erfüllt haben, liegt die Quote im europäischen Durchschnitt bei lediglich 59 Prozent. In Frankreich beispielsweise haben nur 46 Prozent der befragten Institute diese »Sandbox« bereitgestellt. Doch noch geringer ist offensichtlich die inhaltliche Vorbereitung vorangeschritten.

Denn aus Sicht der »User Experience« ist es grundsätzlich unerheblich, ob die Dienstleistungen und Transaktionen rund um den Kaufprozess von ihrem (Online-)Händler angeboten werden oder – wie bisher – von den Sparkassen als Kreditinstitut ihres Vertrauens. Kunden erwarten künftig von »ihrer Sparkasse« den gleichen Service, wie sie ihn auf den Verkaufs- und Vergleichs-Plattformen im Internet gewohnt sind. Oder umgekehrt: Sie erwarten von ihrer Verkaufs- und Vergleichsplattform die gleiche Qualität, die gleiche Sicherheit, den gleichen Komfort, wie sie ihn im persönlichen Bereich des virtuellen Service-Centers auf der Webseite »ihrer Sparkasse« gewohnt sind.

Kreditinstitute müssen sich also selbst zu Service-Plattformen der Plattform-Ökonomie entwickeln. Sie müssen Dienstleistungen erbringen, die auf den ersten Blick mit den Kernfunktionen einer Bank nichts zu tun haben. Um einige Beispiele zu nennen: Kreditinstitute können ihren Kunden Mobilfunkverträge oder Medien-Services anbieten. Zusätzlich lassen sich Energieversorgungsangebote unterbreiten. Premium-Pakete für Sportübertragungen oder Live-Events inklusive Ticketservices sind ebenso denkbar wie Hotel- und Reisereservierungen. Mobilitätsdienstleistungen rund um das eigene oder gemietete Fahrzeug sind ein weiteres Beispiel für einen Added Value. Naheliegend sind zudem Services rund um die Immobilie – vom Bau oder Kauf, über die Beauftragung von Renovierungsarbeiten bis zur Liegenschaftsverwaltung.

Mit bankenfremden Zusatzangeboten lassen sich neue Ertragsquellen erschließen. Einiges davon wird auch heute schon in Ansätzen umgesetzt; allerdings mit oftmals unzureichenden Mitteln. Die Auftritte der Sparkassen bieten nicht den Komfort, nicht die »User Experience« wie ihre Marktbegleiter von Amazon bis Zalando.

Dabei geht es keineswegs darum, die Internet-Anbieter von Amazon bis Zalando zu kopieren, sondern vielmehr darum, ihre Services ins eigene Portfolio zu übernehmen. Die Angebote stehen neben den Finanzdienstleistungen auf der Internet-Präsenz wie in einer Mall. Im Sinne der Plattform-Ökonomie werden diese Dienste gebündelt und unter einer einheitlichen »User Experience« an den Kunden gebracht. Dabei können Sparkassen von einem der wichtigsten Assets der Plattform-Ökonomie profitieren: dem Vertrauen ihrer Geschäfts- und Privatkunden! Das zeigen Verbraucherumfragen: Die Mehrheit der Kunden kann sich vorstellen, auch bankenfremde Angebote ihrer Hausbank zu akzeptieren. Tatsächlich werden Empfehlungen der eigenen Bank oder Sparkasse mehr Glaubwürdigkeit unterstellt als zum Beispiel den gewerbsmäßigen Vergleichsportalen, deren Neutralität immer wieder angezweifelt wird. Ein Angebotsvergleich unter dem »S-Logo« genießt deutlich mehr Vertrauen.

11.7 Strategien für das »Internet der Dollars«

Bei der Gestaltung von PSD 2 haben die europäischen Gesetzgeber den menschlichen Kunden im Blick gehabt, die Online-Käufe, Abonnements, Bezahl-Dienste und Investitionen nutzen. Nicht im Blick hatten sie die intelligenten Maschinen, die ebenfalls Transaktionen im Web auslösen. Plastisch wird dies durch die Plattformen der Automobilhersteller, die ihre Modelle nicht nur mit immer mehr Fahrkomfort ausstatten, sondern zu fahrbaren Smartphones umrüsten. Dabei verwischt die Grenze zwischen Mobilitätsdienstleistungen, die vom Fahrer oder der Fahrerin bestellt und genutzt werden, und denen, die unmittelbar vom Fahrzeug selbst abgerufen wurden. Künftig aber werden immer mehr Rahmenverträge und Abonnements abgeschlossen, deren einzelne Transaktionen dann vollautomatisch erfolgen.

Wie muss man sich das vorstellen? Schon heute ist im Auto die Durchdringung mit Infotainment-Systemen hoch. Mit ihnen kann man nicht nur Radio hören, Telefongespräche führen oder Routen planen. Mit jedem Update, für das man nicht mehr auf das nächste Modell warten muss, sondern das online aufgespielt wird, kommen neue Features hinzu: Parkplatzsuche, Hotel- oder Eventbuchungen am Zielort, Mitfahrgelegenheiten. Denkbar wäre auch ein Software-Tuning: ein paar PS mehr durch ein Elektronik-Update. Ein ganzes Ökosystem aus Anbietern kann sich auf dieser Fahrzeug-Plattform tummeln. Und es ist ebenso absehbar, dass diese Dienste nicht länger kostenfrei bleiben oder im Austausch gegen persönliche Daten angeboten werden, sondern im »Internet der Dollars« der Plattform-Ökonomie echte Transaktionen auslösen. Kreditinstitute müssen deshalb frühzeitig sicherstellen, dass sie Teil dieses Ökosystems rund um das Auto werden.

Vergleichbare Modelle entstehen auch rund um das Smart Home, wo Energiemanagement, Entertainment, Sicherheitsservices, Wartungsaufgaben und persönliches Zeitmanagement für alle Hausbewohner intelligent miteinander verknüpft werden können. Nahezu jeder dieser Dienste wird kostenfreie Basis- und kostenpflichtige Premium-Elemente enthalten. Und gleichzeitig können mehrere Hausbewohner oder Wohnparteien unterschiedliche Tarife oder Rahmenverträge abschließen – möglicherweise sogar bei unterschiedlichen Banken und Sparkassen. Am Ende wird auch hier das beste Servicepaket gewinnen.

In beiden Fällen – bei Mobilitätsdienstleistungen wie bei Smart Home Services – besteht ein hohes Sicherheitsbedürfnis der Kunden, gerade weil Transaktionen an intelligente Maschinen delegiert werden können. Sparkassen können hier als Trusted Services Provider, als Dienstleister des Vertrauens reüssieren. Die »Every Day/Every Pay-Bank« ist vor allem ein Berater in allen Lebenslagen – und auf allen Kanälen – per Telefon, im mobilen Internet, am Personal Computer in sozialen Medien oder in der Filiale.

Die Ansätze einer solchen Omnichannel-Strategie sind Teil der Sparkassen-DNA. Sie kann Sparkassen eine 360-Grad-Sicht auf den Kunden liefern. Eine solche umfassende beratungsintensive Betreuung lässt sich in wirtschaftlichen vertretbaren Grenzen allerdings nur durch den Einsatz von KI-Systemen erreichen. Schon heute haben Banken und Versicherungen viel Erfahrung bei der Automatisierung von Buchungsvorgängen. Der Einsatz von Sprachassistenten und sogenannten Chatbots, die dabei helfen Kundenanfragen inhaltlich zum zuständigen Sachbearbeiter zu lenken, sind vereinzelt bereits im Einsatz.

Sparkassen verfügen über einen gigantischen Datenschatz, der die Grundlage für diese 360-Grad-Sicht auf ihre Kunden liefert. Mit Hilfe von KI-basierten Analysesystemen lässt sich dieser Datenschatz auch heben, um die Servicebedarfe ihrer Privatkunden zu identifizieren – im häuslichen Umfeld ebenso wie auf dem Weg zum Arbeitsplatz, in der Freizeit ebenso wie am Arbeitsplatz. Sie sind ebenso bestens positioniert, um die Geschäftsmodelle ihrer Geschäftskunden zu beurteilen und Potenziale für Partnerschaften in der Plattform-Ökonomie zu identifizieren. Diese Datenschätze sind bislang aber weitgehend ungenutzt.

Es wäre jedoch falsch, diese Beratungsangebote selbst an Systeme der künstlichen Intelligenz zu verlagern. Die Erfahrungen mit Sprachschleifen und Chatbots, die nur unzureichend das Kundeninteresse verstehen, führen eher zum Abbruch als zu mehr Umsatz. Bei aller künstlichen Intelligenz: Ohne die menschliche Intuition wird es nicht gehen.

Technologie – auch in Form künstlicher Intelligenz – ersetzt nicht die menschliche Empathie. Beratungskompetenz muss sich aber künftig stärker auf Erfahrungen stützen, die nicht zwangsläufig von Menschen gesammelt wurden, sondern maschinengemacht sind. Hier den richtigen Mix zwischen kalter Maschinengenauigkeit und menschlicher Wärme im Beratungsgespräch mit Geschäftskunden und Privatkunden zu finden, ist die tatsächliche Herausforderung – an jedem Tag in den 13 000 Geschäftsstellen und von jedem der 210 000 Mitarbeiter in den 380 Instituten, die im Deutschen Sparkassen- und Giroverband zusammengeschlossen sind. Dahinter verbirgt sich jede Menge KI – kompetente Intelligenz.

12 Process Mining als Grundlage für die Digitalisierung der Geschäftsmodelle

Dr. Rainer Klingeler, CP Consulting Partner AG

12.1 Einleitung

Was ist zu tun, wenn die Performance der Prozesse gegenüber vergleichbaren Instituten schwach ist? Oder wenn Hinweise vorliegen, dass die Geschäftsprozesse hinsichtlich der Performance deutlich herausstechen oder zurückbleiben? Oder wenn die Vermutung besteht, dass der Einsatz fortschrittlicher Konzepte und Technologien in Kernprozessen einen positiven Beitrag zur Werthaltigkeit des Unternehmens darstellen könnte? Ein probates Vorgehen ist es, durch aufwändige Interviewmodule und Workshop-Konzepte, die nicht selten durch eine Begleitung von Mitarbeitern flankiert werden, den Ist-Zustand ausgewählter Prozesse aufzunehmen und zunächst lediglich zu dokumentieren. Ein typisches Resultat dieses Vorgehens ist, dass große Budgets für externe Begleitung verbraucht sind, interne Ressourcen aus der Linie sowie aus dem Management blockiert waren und ein subjektiv geprägtes Bild der untersuchten Ist-Prozesse vorliegt. Dass mit diesem Vorgehensmodell auch Konflikte an die Oberfläche geholt werden kann sowohl positiv als auch negativ gewertet werden. Die eigentliche Prozessanalyse und hierauf aufbauende Maßnahmenvorschläge müssen dann erst noch erarbeitet werden.

Was bleibt ist die Erkenntnis, dass die Frage nach der Beurteilung der Güte von Prozessen mitnichten trivial ist und dass es hinsichtlich der erforderlichen Eindringtiefe bei der Prozessaufnahme und Prozessanalyse keinen Königsweg gibt. Schon die Fragen nach der Verfügbarkeit und dem Stellenwert bestimmter Prozessinformationen sind mithilfe des skizzierten Vorgehensmodells nicht klar zu beantworten.

Die hier diskutierte Methode des Process Mining ist in der Lage, die Aufnahme der Ist-Prozesse deutlich zu vereinfachen, den Aufwand hierfür stark zu reduzieren und die Qualität sowie den Umfang der gewonnenen Informationen maßgeblich zu verbessern. Damit kann eine sehr viel aussichtsreichere Ausgangsposition für die Prozessanalyse und die Formulierung von Handlungsoptionen zur Verbesserung der Situation erreicht werden. Die Mittel, die im Rahmen der klassischen Vorgehensweise für die Aufnahme der Ist-Prozesse budgetiert werden müssen, können bei Anwendung von Process Mining auf die fachliche Analyse des Ist-Zustandes umgewidmet werden.

Process Mining, wie wir es verstehen, besteht in der Nutzbarmachung der digitalen Spuren, die von nahezu allen ablauforganisatorischen Aktivitäten in den IT-Systemen und Datenbanken hinterlassen werden. Somit wird jegliche

Subjektivität aus dem Vorgehensmodell verbannt und die Messung des Ist-Zustandes objektiviert. Weitere Vorteile des Vorgehensmodells sind, dass

- die Sollprozesse keinen (unerwünschten) Einfluss auf das Resultat der Erhebungen haben,
- Erwartungshaltungen der jeweils beteiligten Funktionen und Personen keine Relevanz für das Ergebnis haben,
- die entsprechenden Analyseschritte jederzeit und ohne nennenswerten Mehraufwand wiederholt werden können, was eine objektive Auswirkungsanalyse ermöglicht, und dass
- standardisierte Berichte erstellt und dem Prozessmanager zur laufenden Steuerung und Verbesserung zur Verfügung gestellt werden können.

In gewisser Weise setzt Process Mining dort auf, wo moderne Workflow-Managementsysteme aufhören. Sie sind in der Regel sehr leistungsfähig hinsichtlich der Erzeugung von Kennzahlen zu den Prozessen, die über sie ablaufen. Diese Kennzahlen werden häufig durch tabellarische Prozess-Informationen ergänzt, die viele wichtige Daten und Informationen enthalten. Die Stärke ist somit zugleich die Schwäche, da der Überblick verloren geht und die Erfassung von Einzelheiten hinsichtlich der Chronologie und des sachlogischen Zusammenhangs der Ereignisse kaum möglich ist. Ein solcher Zugang ist jedoch für den Prozess-Manager notwendig, um Schwachstellen zu erkennen und geeignete Maßnahmen formulieren zu können. Process Mining ermöglicht genau diesen Zugang, und zwar in Form einer Prozess-Notation, mithilfe derer die Modellierung der Prozesse und damit deren Visualisierung und auch Animation gelingt. Das Vorgehen bietet verschiedene Vorteile, wobei die größte Stärke ist, dass die Dynamik des Prozessablaufs erkennbar wird. Weitere Vorteile bestehen darin, dass verschiedene Analysemöglichkeiten angewandt werden können, ohne dass die Übersichtlichkeit und damit ein intuitiver Zugang zu den Erkenntnissen verloren geht. Hierzu zählen insbesondere die Möglichkeiten eines schnellen Perspektivwechsels zwischen Fällen und Varianten einerseits sowie zwischen Frequenz- und Performanceinformationen andererseits.

Diese Möglichkeiten der Filterung oder der Anpassung von Parametrisierungen ad hoc in die Modellierung einbauen zu können eröffnet neue Analysemöglichkeiten, da Auswertung und Analyse parallel erfolgen können und nicht den zeitlichen Verzug hinnehmen müssen, den die Erstellung eines neuerlichen Datenabzugs bedeuten würde. Somit können auf der Basis von bereits gewonnenen Erkenntnissen neue Fragen an den Prozess formuliert und direkt beantwortet werden. Soweit Soll-Prozesse in der entsprechenden Detaillierung in der schriftlich fixierten Ordnung dokumentiert sind, können die Prozess-Modelle direkt mit diesen vergleichen und abgeglichen werden.

Die genannten Möglichkeiten sollen anhand eines konkreten Beispiels verdeutlicht werden. Wir wählen dazu einen Prozess aus, bei dem der Markt und die Marktfolge beteiligt sind und bei dem es zu einer Überleitung zwischen den

beiden Organisationseinheiten kommt. In diesem Zusammenhang auftretende Fragestellungen haben die folgende Qualität:
- Wie häufig kommen Nachfragen seitens der einen Organisationseinheit bei der anderen vor? Betrifft das nur bestimmte Fälle, und wenn ja welche?
- Kommt es zu Stauungen in einer der beiden Organisationseinheiten? Wenn ja, in welcher Aktivität und in welchen Fällen? Gibt es hierzu eine Systematik oder eine Regel?
- Kann die Sinnhaftigkeit eines Dissenses zwischen Markt und Marktfolge hinsichtlich der Risikoeinstufung erkannt werden?

Abbildung 1 zeigt die schematische Darstellung des entsprechenden Ausschnitts des Prozesses, wie sie mithilfe der Process-Mining-Methoden in einem ersten Schritt gewonnen werden kann. Die Visualisierung kann in gemeinsamen Analysegesprächen zwischen Prozessmanagement und Process Mining erörtert und die Fragestellungen direkt beantwortet werden.

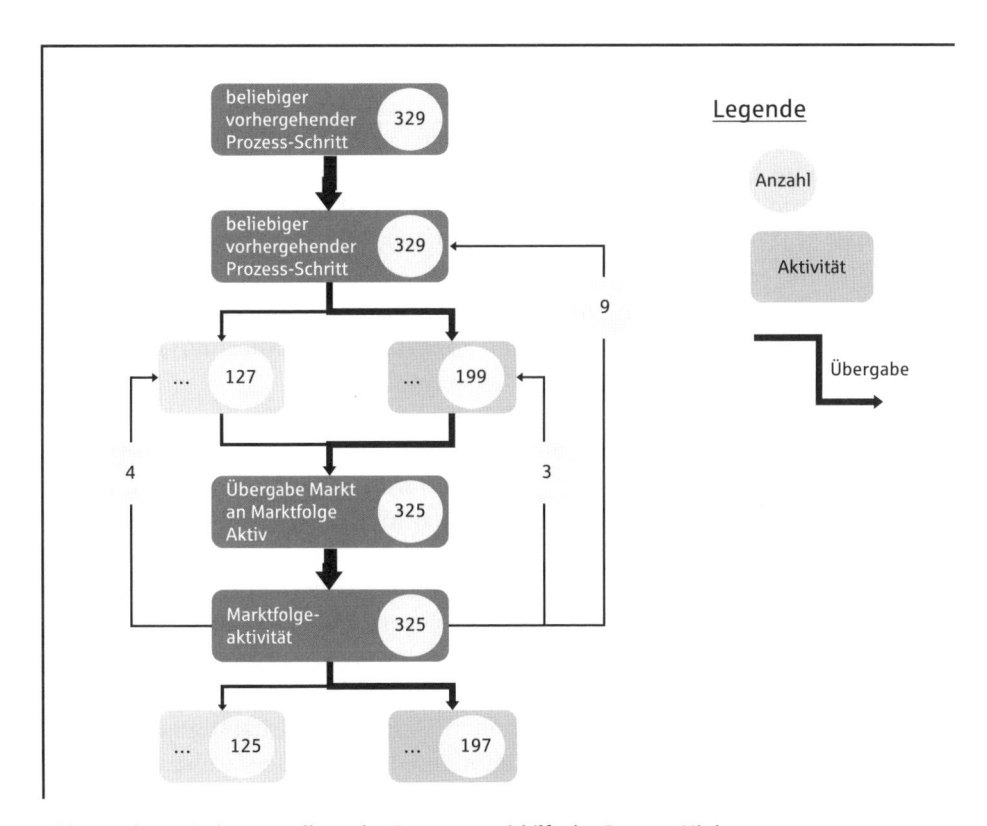

Abb. 1: Schematische Darstellung des Prozesses mithilfe des Process Mining

Natürlich ergibt sich im Zusammenhang mit Process Mining auch die Frage, inwieweit die Technologie verwendet werden kann, um Prozessautomatisierung zu unterstützen. Zum einen legt Process Mining die Grundlagen zur Anwendung moderner Analyseverfahren wie Deep Learning Methoden, mit deren Hilfe in Prozessen auftretende komplexere Entscheidungen überhaupt erst einer Automatisierung zugänglich gemacht werden können. Dies geschieht, indem künstliche Intelligenz über die Beschränkungen einfacher regelbasierter Entscheidungen hinaus eingesetzt wird. Zum anderen setzt die Automatisierung von Prozessen voraus, dass eine hervorragende Kenntnis über die aktuellen manuellen Prozess-Schritte vorhanden ist, denn ohne weiter gehende Analysen mündet die Automatisierung eines mangelbehafteten Prozesses in einem automatisierten mangelbehafteten Prozess.

Der Markt von Softwarelösungen für Process Mining bietet derzeit (2019) etwa ein halbes Dutzend relevante Produkte. Darunter gibt es solche, bei denen eine direkte Sicht auf die dokumentierten Fälle und die zugehörigen Prozesse mithilfe einer direkt an die entsprechenden Datenquellen angebundenen Cloud-Lösung möglich ist. Andere Produkte legen den Fokus auf Möglichkeiten zur Ex-Post-Analyse auf der Basis von Einzelplatz-Lizenzen.

12.2 Process Mining und Prozessanalyse

Für den Einsatz von Process Mining gibt es keinen Königsweg, sondern es sollte individuell und im Einzelfall entschieden werden. Es ist dann eine lohnenswerte Ergänzung oder gar das führende Analyseinstrument, wenn die Schwächen der Methodik nicht zu Buche schlagen und die Stärken ausgespielt werden können. Die Frage ist, wie sich verschiedene Vorgehensmodelle miteinander kombinieren lassen und parallel, sukzessive oder alternierend zur Anwendung gebracht werden können.

Zu den Vorteilen und damit den Stärken einer »klassischen« Prozessaufnahme, also einer »nicht-elektronischen« Vorgehensweise, gehört, dass auch solche Aktivitäten und Prozess-Schritte erfasst werden können, die keine digitalen Spuren hinterlassen haben oder gar nicht hinterlassen können. Dazu gehört neben rein manuellen Tätigkeiten auch der mündliche Informationsaustausch, der häufig inoffiziellen Charakter hat und diesem Fall auch in Soll-Prozessen nicht dokumentiert ist. Auch die Vorgehensweisen und Tätigkeiten im Zusammenhang mit Konfliktlösung hinterlassen in der Regel keine digitalen Spuren und sind damit dem Zugriff durch Process Mining allein verwehrt.

Dieser Vorteil der klassischen Vorgehensweise ist gleichzeitig eine Schwäche des Process Mining, da bei rein digitaler Aufnahme der Ist-Prozesse diese Informationen nur mittelbar erfasst sind und somit die Gefahr besteht, die Schwachstellen der Ablauforganisation aus einem technokratischen und damit eingeschränkten Blickwinkel zu betrachten. Das Nicht-Erkennen von Konflikten und Konfliktpotenzialen stellt eine Schwäche des Process Mining dar und ist in solchen Fällen ein Indikator dafür, dass eine Mischung der verschiedenen Vorgehensmodelle zielführend sein kann. Weiter können verschiedene Sachverhalte vom Process Mining nur mittelbar erfasst werden und drücken sich etwa in einer großen Streuung von Bearbeitungszeiten für eine bestimmte Tätigkeit aus. Dabei ist a priori nicht zu erkennen, was die Ursachen hierfür sind. Ein Beispiel sind etwa nicht im System erfasste, unsystematische Rückfragen.

Ein weiterer Vorteil der klassischen Aufnahme ist, dass auch qualitative Angaben zu den Arbeitsschritten erfasst werden können, etwa ob ein Arbeitsschritt komplex ist und damit eine erhöhte Fachkompetenz oder einen speziellen Ausbildungsgrad erfordert. Eine weitere wichtige Information kann sein, ob die erfasste Tätigkeit eintönig oder fordernd ist. Insgesamt ist es möglich, ein unmittelbares Stimmungsbild auch in qualitativen Kriterien zu erfassen und damit der systematischen Analyse zuzuführen.

Eine Schwäche der manuellen Prozessaufnahme im direkten Vergleich zum Process Mining liegt im vergleichsweise hohen zeitlichen Aufwand sowie einem hohen Aufwand interner und gegebenenfalls externer Ressourcen. Erschwerend kommt hinzu, dass die manuelle Prozessaufnahme zwar standardisiert werden kann, aber Folgeuntersuchungen an gleichen oder anderen Prozessen in nur geringem Umfang von den Errungenschaften der Erstanwendung profitieren können. Dem gegenüber kann Process Mining die einheitliche und im zeitlichen Verlauf stabile Erfassung aller quantitativen Kennzahlen sicherstellen, z. B. auch Fallzahlen und Bearbeitungszeiten. Die Untersuchungen und Messungen können jederzeit unter identischen Bedingungen und Parametrisierungen wiederholt oder auf andere Prozesse übertragen werden, was zum Beispiel die detaillierte Messung der Auswirkungen von Maßnahmen ermöglicht. Der hohe Grad an Standardisierung der Erfassung von Informationen und der Berichterstattung garantieren ein Höchstmaß an Entkopplung von individuellen Erwartungen und Verhaltensweisen.

Die große inhaltliche Schwäche der manuellen Prozessaufnahme liegt klar darin, dass die Resultate in einem a priori unbekannten Ausmaß subjektiv gefärbt sind. Die Reproduzierbarkeit der Resultate der Prozessaufnahme kann nicht gewährleistet werden. Damit verbunden ist auch die Gefahr, dass – ganz ähnlich wie beim Process Mining in Bezug auf informelle Prozess-Schritte – kein vollständiges Bild erzielt werden kann. Es ist nahezu unmöglich sicherzustellen, dass alle eingesammelten Informationen jederzeit und vollumfänglich objektiv sind. Der Grund hierfür muss nicht zwingend in einer Fehlleistung der beteiligten Mitarbeiter liegen, etwa dass vorsätzlich oder fahrlässig falsche Angaben gemacht oder dokumentiert wurden. Vielmehr stellt sich die in der Regel verwendete Interviewsituation so dar, dass die verschiedenen Beteiligten, in erster Linie der Interviewer und der Interviewte, mit unterschiedlichen Erwartungen und Vorstellungen in die Situation gehen. Der Interviewte hat einen Einfluss auf die Gewichtung bestimmter Sachverhalte und damit auf deren Einordnung durch den Analysten. Auch die Art und der Umfang etwaiger Vorbereitungsmaßnahmen können eine Rolle spielen. Nicht zuletzt kann es auf dem Weg von einem Ereignis über dessen Beobachtung, der Weitergabe und Perzeption hin zur Dokumentation bei dieser Vorgehensweise zu Verzerrungen zwischen tatsächlichem Ereignis und dokumentiertem Ereignis kommen. Ursache hierfür können schlichte Missverständnisse sein oder versteckte und damit stillschweigend akzeptierte Annahmen, die wie ein Filter wirken können. Hinzu kommt, dass solche Ungenauigkeiten nicht nur schwer erkannt werden, sondern zu einem späteren Zeitpunkt auch kaum noch korrigiert werden können.

Die Analyse der Vor- und Nachteile der verschiedenen Vorgehensmodelle legt nahe, dass je nach zu untersuchendem Prozess eine Mischung der Methoden mit der stärkeren Betonung auf die eine oder die andere Methode am vielversprechendsten ist.

12.3 Die Bedeutung der Prozessanalyse für das Geschäftsmodell

Wie an viele andere Tätigkeiten und Managementverfahren in einem Institut auch stellt die Aufsicht auch an die durchgeführten Prozesse Anforderungen. Diese genau zu kennen und über Instrumente zu verfügen, sie hinsichtlich der relevanten Belange zu analysieren und die jeweiligen Erkenntnisse angemessen berichten zu können, ist allerdings nicht nur aus aufsichtsrechtlicher Sicht, sondern auch aus unternehmerischer Sicht erforderlich.

12.3.1 Optimierung

Zur Definition von Preisuntergrenzen für Produkte und damit zur Gestaltung der Nettomarge brauchen die entsprechenden Systeme und Vorgehensweisen zeitlich stabil und sehr exakt Informationen über die Prozesskosten. Dies gilt umso mehr in einem zunehmend durch stark digitalisierte Geschäftsmodelle geprägten Markt, der die Durchsetzung angemessener Margen erschwert.

Zum anderen spielen auch Fälle eine Rolle, bei denen der Kunde das ausgearbeitete Angebot des Instituts ablehnt und sich einem Mitbewerber zuwendet oder für ein anderes Produkt entscheidet; in jedem dieser Fälle kommt es nicht zum vorbereiteten Geschäftsabschluss und die bis hierher entstandenen Kosten verbleiben in der Regel beim Institut. Indikatoren, die im Laufe des Prozesses auf eine erhöhte Wahrscheinlichkeit hinweisen, dass es sich um einen solchen Fall handelt, können wertvolle Informationen zur Steuerung des Prozesses liefern.

Die Fähigkeit, die Prozesse so flexibel analysieren zu können, dass sich schnelle Perspektivwechsel realisieren lassen erlaubt es, die Eigenheiten von nicht zu Produktabschlüssen führenden Prozessdurchläufen zu erkennen und damit die entsprechenden Ursachen zu isolieren.

Folgende Fragestellungen spielen dabei eine Rolle:
- Wo genau brechen diese Prozesse ab und wann genau kann das Fehlen von wichtigen Voraussetzungen für einen erfolgreichen Abschluss erkannt wer-

den? Ist dies bereits zu Beginn des Prozesses möglich oder erst gegen Ende?
- Ist belegbar, dass die Quote der Ablehnungen vonseiten der Kunden an einem bestimmten Punkt im Prozess oder nach einer bestimmten Zeit signifikant ansteigt?

Da deutschlandweit agierende Direktbanken mit stark digitalisierten Geschäftsmodellen über schlanke, schnelle und vor allen Dingen leicht skalierbare Infrastrukturen verfügen, ist es auch für regional agierende Institute essenziell, ihre Prozesszeiten im Blick zu haben.

Lange Prozess-Gesamtlaufzeiten können im Prinzip zwei Ursachen haben: zum einen lange Bearbeitungszeiten, die durch die einzelnen Aktivitäten verursacht werden, und zum anderen die Liegezeiten zwischen den Aktivitäten, während denen der Prozess nicht aktiv vorangetrieben wird. Beide Aspekte sollten bei der Prozessanalyse genau unter die Lupe genommen werden. Lange Liegezeiten können der Ausdruck von Ineffizienzen sein, etwa
- mangelnde Kapazitäten in bestimmten Aktivitäten oder
- unnötige Schritte und Rückfragen.

Gerade der erste Aspekt erfordert eine sachgerechte Verzahnung der zur Verfügung stehenden Planungs- und Steuerungsinstrumente, in diesem Fall insbesondere die Verzahnung der Planung von Vertriebsaktivitäten mit einer Produktionssteuerung. Die Prozessanalyse gibt außerdem dezidierte Hinweise auf diejenigen Stellen und Situationen im Prozess, an denen ein Abgleich von benötigten zeitlichen Aufwänden zur Bearbeitung der Prozess-Schritte mit den verfügbaren Kapazitäten der Mitarbeiter erfolgen sollte. Hinweise auf wiederkehrende Auslastungsmuster mit etwa einem saisonalen, monatlichen oder wöchentlichen Charakter geben hierzu Anlass.

Nicht zuletzt muss auch berücksichtigt werden, dass aufseiten der Kunden eine bestimmte Erwartungshaltung vorzufinden ist, was die Customer Journey angeht. Dabei steht die Erwartung des Kunden im Mittelpunkt, dass bei der Bearbeitung seiner Wünsche und Anfragen nicht nur eine hohe Geschwindigkeit an den Tag gelegt wird, sondern darüber hinaus ganz im Sinne einer zeitgemäßen Kommunikation individuell und auf seine Bedürfnisse zugeschnitten angesprochen zu werden. Das betrifft sowohl den Kanal als auch die Ausgestaltung der Kommunikation. Dabei ist zu beobachten, dass sich die Akzeptanz der Kunden hinsichtlich dieser Merkmale, insbesondere hinsichtlich der Antwortzeiten, nach verschiedenen Segmenten differenziert. Mithilfe von Process Mining kann es gelingen, genügend Erkenntnisse zu sammeln, um dem Kunden den Weg zum Produktabschluss zu ebnen bzw. ihn dort gezielt hinzuführen.

Neben der Gefahr, Kosten unnötig zu erzeugen oder zu erhöhen und darüber hinaus Geschäftsabschlüsse zu erschweren, verbergen sich hinter unzureichend verstandenen Prozessen auch weitere Risiken. Vor allem Compliance-Risiken lassen sich üblicherweise nicht aus der Betrachtung und Erhebung von Messgrößen an einzelnen Punkten des Prozesses erkennen, sondern können nur anhand der Betrachtung der tatsächlichen Prozessdurchführung in der Praxis identifiziert werden. Im Zentrum dieser Risikoaspekte steht beispielsweise die Frage, ob im Rahmen von Kreditvergabeprozessen die einschlägigen Anforderungen an Kontroll- und Prüfmechanismen sachgerecht eingehalten werden. Ein weiterer wichtiger Aspekt ist der Schutz von personenbezogenen Daten sowie deren Nutzung: Ist gewährleistet, dass die entsprechenden gesetzlichen Regelungen nicht nur in den Soll-Prozessen angemessen berücksichtigt sind, sondern in den Ist-Prozessen tatsächlich beachtet und umgesetzt werden? Auch umgekehrt wird hieraus ein Schuh. Es werden nicht nur solche Situationen erkannt, in denen die bestehenden Kompetenzen überschritten oder missinterpretiert wurden. Auch solche Situationen können erkannt werden, in denen eingeräumte Freiräume nicht genutzt, bestehende Kompetenzen – etwa aus Unkenntnis – nicht wahrgenommen und sich bietende Möglichkeiten aus Unsicherheit nicht ergriffen wurden und die Mitarbeiter fallweise oder sogar regelmäßig den sichereren, aber kostenintensiveren Weg gewählt haben. Hinsichtlich der Anwendung der Risikorelevanzgrenze etwa kann häufig beobachtet werden, dass Marktmitarbeiter ihren Spielraum nicht ausreichend nutzen, sondern auch in solchen Fällen die Wege des risikorelevanten Geschäfts einschlagen, für die die Prüfung als risikoarmes Geschäft vorgesehen ist.

Die Beispiele zeigen, dass sich die Notwendigkeit einer dezidierten Kenntnis über die tatsächlichen Prozessabläufe nicht allein aus dem Wunsch heraus motivieren lässt, Optimierungspotenziale zu erkennen und zu heben und damit die Effizienz der Geschäftsorganisation zu steigern. Darüber hinaus bietet sich die Technologie des Process Mining an, Compliance-Risiken zu erkennen und zu analysieren und damit einer Steuerung und Anwendung von Risikominderungsmaßnahmen zugänglich zu machen.

12.3.2 Die Bankenaufsicht und Geschäftsprozesse

Eine wesentliche Aufgabe der Finanzaufsicht ist es, die Stabilität des Finanzsystems sicherzustellen. Insofern liegt ein eindeutiger Schwerpunkt der aufsichtsrechtlichen Anforderungen an die Ausgestaltung von Geschäftsprozessen in Banken auf den Risikomanagementprozessen, und hier wiederum liegt ein Schwerpunkt auf den Prozessen des ICAAP und des ILAAP. Die Aufsicht will sicherstellen, dass die Entscheidungsprozesse im Zusammenhang mit der Identifikation, Messung und Steuerung von wesentlichen Risiken einem leistungsfähigen internen Kontrollrahmen unterliegen und wirksam sind bei der Aufrechterhaltung des Geschäftsbetriebes und der Risikotragfähigkeit auch in angespannten Situationen. Neben entsprechenden Planungsprozessen umfasst dies auch die Berichterstattungsprozesse. Naturgemäß verschließen sich diese Prozesse zumeist einer systematischen Analyse mithilfe von Process-Mining-Techniken. Ein Aspekt der Geschäftsmodellanalyse im Rahmen des SREP jedoch beschäftigt sich mit Verhaltensrisiken, die in vielfältiger Ausprägung inhärenter Bestandteil zahlreicher Geschäftsprozesse und Produkte sind. Zusammen mit den Richtlinien und Vorschriften zu Verfahren zum Management des Kredit- und Gegenparteiausfallrisikos, hier insbesondere die Verfahren zur Kreditvergabe und zur Preisgestaltung, ergibt sich ein relevanter Anforderungskreis für die Prozessanalyse.

Zur Operationalisierung der aufsichtsrechtlichen Anforderungen muss geklärt werden, inwieweit diese vereinfacht interpretiert oder grundsätzlich durch fundierte Prozessanalyseverfahren und Prozesskenntnisse erfüllt werden können. Die Frage nach einem universellen Vorgehen zur Einhaltung der oben erwähnten Compliance-Anforderungen stellt sich hier nicht, da jeweils eine institutsindividuelle Sicht vorausgesetzt wird und somit jeder Versuch scheitert, einen detaillierten und umfänglichen Lösungsansatz zu formulieren. Die Einsatzmöglichkeiten des Process Mining für die Umsetzung von aufsichtsrechtlichen Anforderungen sind vielfältig und sollen an dieser Stelle untersucht werden.

Sowohl der nationale als auch die europäische Aufsichtsmechanismus stellen grundsätzliche Anforderungen an Governance, Kernprozesse und Risikodatenaggregation. Angesichts integrierter Datenhaushalte und eng verzahnter Geschäftsprozesse ist es sinnvoll, die Anforderungen an Prozess-Governance einerseits sowie an die Erhebung und Verarbeitung von Risikodaten andererseits durch die gleiche Brille zu sehen und gemeinsam zu betrachten und zu erfüllen.

Ein Beispiel hierfür sind die Anforderungen an die Fähigkeiten von Instituten zur Risikodatenaggregation, die zunächst mithilfe des BCBS 239 Papiers des Basler Ausschusses für Bankenaufsicht als Anforderung für systemrelevante Institute im Sinne von Grundsätzen formuliert wurden, und die darüber hinaus die Neufassung der Mindestanforderungen an das Risikomanagement (MaRisk) sowie die Formulierungen der bankaufsichtlichen Anforderungen an die IT (BAIT) beeinflussten. Die besondere Herausforderung bei der BCBS 239-Umsetzung ist nicht nur die Tiefe und Komplexität der fachlichen Anforderungen, sondern auch, dass die jeweils formulierten Grundsätze im Kontext des einzelnen Instituts interpretiert und individuell einer sachgerechten Umsetzung zugeführt werden müssen.

Die zentralen Anforderungen an risikorelevante Daten, nämlich Vollständigkeit, Integrität und Aktualität scheinen zunächst nichts mit ablauforganisatorischen Prozessdaten zu tun zu haben. Auf den zweiten Blick jedoch ist zu erkennen, dass auch diesen Grundsätzen die Notwendigkeit erwächst genau zu wissen wann, wo und auf welche Art bestimmte Daten bearbeitet wurden und werden. Die Vollständigkeitsanforderung bedeutet, dass alle Daten zu einem bestimmten Risiko berücksichtigt werden müssen, wobei die Integritätsanforderung ergänzt, dass die Daten richtig verarbeitet und insbesondere nicht korrumpiert oder in sonst einer Art und Weise unerlaubt verändert sein dürfen. Schließlich müssen die betrachteten Daten zeitlich zueinander passen. Ein Nachweis zur Erfüllung dieser Anforderungen kann gelingen, indem die Prozesse der Datenerfassung und -verarbeitung rekonstruiert und entsprechend modelliert werden. Das Zusammentragen entsprechender Fragmente und einer sukzessiven Analyse kann daher entscheidend dazu beigetragen, die Anforderungen an die Risikodatenaggregation sowie an deren Erzeugung einzuhalten.

Für in Deutschland beaufsichtigte Institute sind die MaRisk und die BAIT relevant. Im Folgenden werden die Berührungspunkte und Schnittstellen mit Process Mining erörtert, nämlich die automatisierte Erfassung und Darstellung beziehungsweise Modellierung von Prozessen. Während die MaRisk grundsätzliche und allgemein formulierte Anforderungen an Prozesse in ihrer Ausgestaltung, an eine entsprechende Risikoeinstufung sowie an geeignete Prüfungshandlungen stellt, fordern die BAIT, dass die die Geschäftsprozesse darstellenden IT-Prozesse die Integrität, die Verfügbarkeit, die Authentizität sowie die Vertraulichkeit der Daten sicherstellen müssen. Weiter halten die MaRisk für die Prozesse im Kredit- und Handelsgeschäft besondere Anforderungen bereit. Abschnitt AT 4.3.1, der sich mit der Aufbau- und Ablauforganisation befasst, fordert die Definition von Prozessen sowie den hiermit verbundenen Kompetenzsystemen und Kontrollmechanismen. Auf diesen Definitionen aufsetzend muss die Interne Revision unter Beachtung der Anforderungen aus Abschnitt BT 2.3 (Prüfungsplanung und Durchführung) regelmäßig eine Prüfung durchführen, wobei der Turnus ein Jahr beziehungsweise drei Jahre betragen kann. Ein vollständiger Verzicht auf die wiederkehrende Überprüfung kann regelmäßig nicht gewährt werden, mit Ausnahme von als nicht wesentlich eingestuften Prozessen.

Die oben genannten Anforderungen können mithilfe von Process-Mining-Techniken nicht allein erfüllt werden, aber sie können die erforderlichen Tätigkeiten flankieren und vorbereiten und einen Beitrag zur Erfüllung der Datenqualitätsanforderungen leisten. Der Soll-Ist-Abgleich eines Prozesses ist eine Voraussetzung für die Sicherstellung der Datenintegrität, indem etwa an verschiedenen Punkten des Prozesses Kennzahlen erhoben werden und das so entstandene Muster regelmäßig auf Vollständigkeit geprüft wird.

12.4 Die Methodik des Process Mining

In den vorausgehenden Abschnitten wurde in erster Linie aufgezeigt, was das Process Mining für uns zu leisten vermag und wo im Kontext unterschiedlicher Zielsetzungen und Anforderungen die Möglichkeiten und Grenzen liegen. Im Folgenden geht es darum, wie Process Mining konkret funktioniert und welche Voraussetzungen erfüllt sein müssen, damit diese Technologie zur Anwendung gebracht werden kann. Hierbei handelt es sich natürlich zuvorderst um Anforderungen an IT-Systeme und an Datenhaltung.

12.4.1 Definitionen und Begriffe

Da Process Mining eine Technologie ist, die in vielen verschiedenen Industrien, Zusammenhängen und Anwendungsgebieten eingesetzt werden kann (nämlich überall da, wo einzelne Prozess-Schritte so in einem IT-System abgelegt werden, dass ihre Reihenfolge und idealerweise ihre zeitlichen Abstände rekonstruiert werden können), haben sich auch verschiedene Terminologien etabliert. Die hier verwendeten Begriffe werden im Folgenden erläutert.

Von »digitalen Spuren« spricht man bei Einträgen in einer Datenbank, die immer dann erzeugt werden, wenn ein entsprechendes Trigger-Ereignis stattgefunden hat, das eine bestimmte Aktivität markiert. Dabei ist es unerheblich, ob das Trigger-Ereignis durch eine manuelle Tätigkeit eines Mitarbeiters ausgelöst wurde oder ob es sich um ein technisches Ereignis handelt, etwa um das Signal eines Codes oder Roboters über die Beendigung einer Aufgabe oder um Nachrichten im Zusammenhang mit einer Batch-Verarbeitung. Daher bezeichnen wir solche Datensätze als »Aktivität«, in Anlehnung an den in der zumeist englischsprachigen Literatur verwendeten Begriff »activity«. Die Natur einer Aktivität, also die Frage nach der Art oder Herkunft des entsprechenden Trigger-Ereignisses, ist ein weiteres Attribut der Aktivität, das verwendet werden kann, um in einer späteren Analyse bestimmte Aktivitäten systematisch auszusteuern.

Sinn und Zweck des Process Mining ist es, einen chronologischen Zusammenhang zwischen verschiedenen Aktivitäten herstellen zu können. Dazu ist es erforderlich, für jede Aktivität jeweils einen oder mehrere Vorgänger und Nachfolger identifizieren zu können. Um zu einer abgeschlossenen Menge an Aktivitäten zu kommen, braucht es neben einem Startpunkt und einem Endpunkt außerdem ein gemeinsames Merkmal, das diese Aktivitäten zusammenfasst. Dieses Merkmal kann eine Antragsnummer oder eine Personen-ID sein, denkbar sind auch eine Organisationseinheit oder ein Mitarbeiter, mithin eine wie auch immer geartete Fallnummer. Daher bezeichnen wir eine Abfolge einander zugehöriger Aktivitäten, die in ihrer Gesamtheit jeweils einen Startpunkt und einen Endpunkt haben, als »Fall«. Da es essenziell ist, dass jeder Fall eine individuelle ID besitzt, um alle zusammengehörigen Aktivitäten identifizieren zu können, vergeben Workflow-Managementsysteme solche Fall-IDs.

Den Begriff »Prozess« nutzen wir für die Gesamtheit aller Fälle und damit aller zusammenhängenden Aktivitäten, für die es einen übergeordneten Zusammenhang gibt. Dieser übergeordnete Zusammenhang könnte eine Personenanlage sein, ein Kreditantrag oder ein Auskunftsersuchen eines Kunden. Um Fälle einem Prozess zuordnen zu können, ist ebenfalls die Verwendung eines Identifiers erforderlich. Häufig wird dieser Zusammenhang durch Workflow-Managementsysteme dadurch sichergestellt, dass zu Beginn eines Falls eine bestimmte Prozess-Schablone ausgewählt und mit einer geeigneten Parametrisierung verwendet werden kann.

Wenn im Process Mining die Rede davon ist, dass Prozesse »modelliert« werden ist zu beachten, dass es sich hierbei nicht um eine »Modellierung« in dem Sinne handelt, wie man sie aus anderen Bereichen der Banksteuerung kennt. Ein im Treasury eingesetztes Cashflow-Modell zur Steuerung von Embedded Options im Kundenkreditgeschäft etwa versucht, das erwartete Verhalten von

Kunden hinsichtlich der Ausübung von Zins- und Liquiditätsoptionen so vorherzusagen, das eine möglichst passgenaue Refinanzierung erfolgen kann. Kreditportfoliomodelle versuchen unter Berücksichtigung von idiosynkratrischen und systematischen Faktoren Wahrscheinlichkeiten für Verluste im Kreditgeschäft zu messen. Im Zusammenhang mit Process Mining geht es bei der Modellierung nicht um die Prognose künftiger Ereignisse oder die Messung von finanziellen Risikokennzahlen, sondern um die auf den Daten der Fälle aufbauende Visualisierung eines Prozesses in seiner beobachteten Gesamtheit und den tatsächlichen Realisierungen beziehungsweise Fällen. Es entsteht das Prozess-Modell. Dem Prozess-Modell kommt im Rahmen des Process Mining eine entscheidende Aufgabe zu, wobei sich zwischen zwei Arten der Verwendung des Modells unterscheiden lässt. Zum einen kann die Analyse des Prozess-Modells dazu verwendet werden, den regelmäßig wiederkehrenden Verlauf (oder mehrere Verläufe) als Standard zu identifizieren und diesen zu verwenden, um die Gesamtheit aller Fälle hinsichtlich dieses Standards beurteilen zu können. Zum anderen kann das Prozess-Modell direkt mit dem Soll-Prozess verglichen werden, sofern ein solcher definiert oder bekannt ist.

12.4.2 Datenanforderungen

Um zu erreichen, dass die Aktivitäten in einer zeitlichen Reihenfolge richtig dargestellt und visualisiert werden können, braucht es einen Zeitstempel. Wenn zusätzlich eine Differenzierung nach Bearbeitungszeiten und Durchlaufzeiten möglich sein soll, ist die Anforderung an Felder mit Zeitstempeln, dass diese mindestens den Start und das Ende von Aktivitäten kennzeichnen. Hinzu kommen die Felder für die Zuordnung von Aktivitäten zu Fällen und zu Prozessen. Um darüber hinaus auch einen fachlichen Zugang zu den Prozess-Modellen gewähren zu können, ist eine nähere Beschreibung der Aktivität im Sinne eines Aktivitätsnamens oder einer ID erforderlich. Mithilfe dieser Informationen ist eine Darstellung beziehungsweise Visualisierung von Prozessen hinsichtlich Ablauf und Dauer möglich, und die Grundlage für weitere Analysen ist geschaffen.

Um weitere Stärken und Möglichkeiten des Process Mining heben und nutzen zu können, sind allerdings weitere Informationsbedürfnisse in Form weiterer Attribute notwendig. So erfordert etwa die Möglichkeit, einen Perspektivwechsel vorzunehmen, weitere Informationen zum jeweils betroffenen Kunden oder Konto oder zu den beteiligten Organisationseinheiten. So kann ein Fall aus der Perspektive des Kunden (etwa der Status der einzureichenden Unterlagen), aus Sicht der Angebotserstellung (etwa die notwendigen Informationen für Kreditentscheidung und Preisfestsetzung) oder aus Sicht des Produktionsworkflows (etwa Stand des KYC-Prinzips und Fraud Prevention) betrachtet werden.

Stellen die IT-Systeme darüber hinaus weitere (Meta-)Daten zur Verfügung, etwa Informationen zu Produkten, Konditionen, Volumina, Kunden, etc., so ergeben sich weitere Analysemöglichkeiten. Zum einen kann eine differenziertere Modellierung der Prozesse erfolgen, indem zusätzlich zu den oben genannten Perspektivwechseln ein Filtern nach den entsprechenden Dimensionen möglich ist, beispielsweise die Darstellung nach Kundengruppen oder Volumenklassen. Darüber hinaus können detaillierte Informationen an bestimmten Punkten des Prozesses als »Messpunkte« gekennzeichnet und im Rahmen moderner Analyseverfahren wie Deep Learning Methoden als abhängige Variablen zur Segmentierung für Prognosezwecke verwendet werden. Damit eröffnet sich eine weitere Analyse-Dimension des Process Mining.

12.4.3 Der ETL-Prozess

Für die Anbindung eines Daten-Quellsystems an die jeweilige Process-Mining-Software muss ein ETL-Prozess etabliert werden, der in Analogie zu Vorverarbeitungsprozessen für andere Data Science Projekte gesehen werden kann. Der Begriff »ETL-Prozess« ist ein feststehender Begriff aus dem Englischen und steht für »Extract, Transform, Load«. Gemeint ist, dass Daten aus verschiedenen und gegebenenfalls unterschiedlich strukturierten Datenquellen entnommen werden, gegebenenfalls in das Schema der Zieldatenbank transformiert und schließlich in die Zieldatenbank, in diesem Fall die Eingangsschicht der Process-Mining-Software, geladen werden.

Ziel eines solchen Prozesses ist, dass der Process-Mining-Software verwendungsfähige und qualitativ hochwertige Daten zur Verfügung gestellt werden können. Zum anderen fällt mit diesem Vorgehen großer Aufwand nur einmal an, wenn der ETL-Prozess initial erarbeitet und etabliert wird. Für alle folgenden Anwendungen, wie weitere Datenabzüge für die Zwecke der Analyse weiterer Prozesse oder zur Untersuchung der Auswirkungen von durchgeführten Maßnahmen, entstehen nur geringe Aufwände; die Datenabzüge lassen sich in hohem Maße standardisieren.

- **Extraktion:** Ungeachtet der sonstigen nichtfunktionalen Nebenbedingungen ist bei der Extraktion von Prozessdaten nicht damit zu rechnen, dass unstrukturierte oder nur schwach strukturierte Daten extrahiert werden müssen. Meist ist die Anzahl der zu berücksichtigenden Quellsysteme gering, steigt jedoch mit zunehmenden Anforderungen an die Auswertungsmöglichkeiten, etwa im Hinblick auf die Darstellbarkeit verschiedener Prozessperspektiven oder die Möglichkeit zur Anwendung fortgeschrittener Modelle und künstlicher Intelligenz. Da der Extraktionsprozess und damit auch der Aufwand sich stark an den jeweiligen Quellsystemen orientieren beziehungsweise von diesen abhängig ist, haben Institute in Finanzverbünden aufgrund der weitgehend einheitlichen Systeme einen klaren Vorteil. Solche Datenbanken, deren Schnittstellen aus Workflow-Management-Systemen beschickt werden, bieten die Extraktion der relevanten Daten mit einem nur geringen Aufwand an.
- **Transformation:** In einem weiteren Schritt werden zunächst fehlerhafte oder unplausible Datensätze identifiziert und nach bestimmten Regeln behandelt. Wie in anderen Data Science Projekten auch empfiehlt es sich, an dieser Stelle

den Aufwand nicht zu scheuen. Die Erfahrung zeigt, dass im Zusammenhang mit der Modellierung von Prozessen ein unzureichend akkurates Vorgehen an dieser Stelle in erhöhtem Ausmaß unerwünschte Konsequenzen bei der Interpretierbarkeit der der abgeleiteten Prozess-Modelle nach sich zieht. Soweit Workflow-Management-Systeme zum Einsatz kommen, können weite Teile der erforderlichen Datenaggregation sowie der Formatierung von Quellsystem geleistet werden. Auch können Transformationen und das Erstellen notwendiger Verknüpfungen in den Spezifikationen des Datenabzugs integriert sein.

- **Laden:** Meistenteils verlangen die angesprochenen Process-Mining-Lösungen einfach zu öffnende Flatfiles. Der XML-basierte Standard XES für Eventlogs stellt ein vereinheitlichtes Format für den Austausch entsprechender Daten zwischen Quellsystemen und Applikationen bereit. Der Vorteil ist unter anderem, dass die für das Process Mining so wichtige Zuordnung der IDs bereits durchgeführt ist, sodass dies in der jeweiligen Applikation nicht manuell erfolgen muss.

12.4.4 Software-Auswahl

Grundsätzlich gilt, dass im Rahmen von projekthaften Vorgehensweisen zur Prozessanalyse oder zur Prozessoptimierung mit externer Unterstützung eine Lizenzierung und Implementierung der entsprechenden Software durch das Institut nicht zwingend erforderlich ist, weil die Lizenz des externen Unterstützers verwendet werden kann. Daher eignen sich Projekte mit klar definiertem und abgegrenztem Scope, um die Eignung des Process Mining für das eigene Unternehmen zu erproben. Ist allerdings vorgesehen, dass die entsprechenden Datenabzüge und Analysen Teil eines wiederkehrenden Prozesses sind und fester Bestandteil des Prozesscontrollings werden sollen, muss eine separate Lizenz erworben werden. Im Wesentlichen wird zwischen drei verschiedenen Typen von Lösungen unterschieden:

- Software für unterschiedliche Business-Schwerpunkte kommerzieller Anbieter, die entweder die Analyse an sich in den Mittelpunkt stellt oder bei denen Wert auf ein zeitnahes Reporting gelegt wird. Je nach Anforderungsprofil dürfte für kleine und mittlere Institute eine Ex-post-Analyse genügen.
- Lösungen, die auf den für statistische Fragestellungen entwickelten Programmiersprachen wie R oder Python basieren.
- Frei verfügbare Software aus dem universitären Umfeld.

Soll eine konkrete Auswahl zwischen verschiedenen kommerziellen Optionen getroffen werden, kann ein Marktvergleich helfen, wie er beispielsweise von Gartner[1] angeboten wird.

---

1 Gartner, Market Guide for Process Mining, 03/2018

Bei der Entscheidung spielt auch eine Rolle, inwieweit die Data Analytics Strategie des Instituts den Aufbau und die organisatorische Einbindung von Daten- und Analyseexperten bereits zugelassen und vorangetrieben hat. Folgende Strategien sind dabei denkbar:
- Die aufbauorganisatorische Einbindung und feste Zuordnung von Data Scientists in einzelne Organisationseinheiten, etwa Organisation, Risikocontrolling, Treasury, Interne Revision oder Compliance. Der Vorteil liegt darin, dass die Experten nahe an den Geschäftsprozessen sind und damit mit den relevanten Fragestellungen vertraut sind, was gegenüber anderen Organisationsformen die Entwicklung von passgenauen Lösungen und Modellen begünstigt.
- Hat sich das Institut für den Aufbau eines separaten Data Analytics Teams entschieden, verfügt es über eine Organisationseinheit mit hoher Schlagkraft. Die Bündelung der Experten ermöglicht es, eine ausgedehntere Palette an Methoden anzuwenden, außerdem können übergreifende Fragestellungen wie etwa die nach der Verwendungsfähigkeit von Daten vor dem Hintergrund verschiedener Compliance-Anforderungen (DSGVO, Verbraucherschutzgesetze, BCBS 239) besser gelöst werden. Es ergibt sich allerdings die Notwendigkeit für den Einsatz von so genannten »Bridge People«, deren Aufgabe darin besteht, die Problemstellungen der Fachbereiche mit den fortgeschrittenen Lösungsansätzen aus den Bereichen »Deep Learning« und »Künstliche Intelligenz« zusammenzubringen und darüber hinaus die Modellergebnisse für die Anwendung in den Fachbereichen zu interpretieren.

Sofern entsprechende Data Analytics Kapazitäten in der einen oder anderen Form vorhanden sind, ist der Einsatz von freien Programmiersprachen wie R oder Python eine Option, ebenso wie ProM[1] als einem führenden Process-Mining-Tool mit grafischer Nutzeroberfläche. Der Nachteil von frei verfügbarer Software ist jedoch, dass die Implementierung als »freihändig« bezeichnet werden kann und die Dokumentation nicht gut ist. Wenn diese Programmiersprachen ohnehin bereits für verschiedene andere Anwendungen im Einsatz sind, stellen sie eine günstige Alternative zum Aufbau von Know-how über Process Mining dar. Dieses Wissen kann dann nutzenbringend in den Auswahlprozess einer kommerziellen Process-Mining-Lösung eingebracht werden, denn für den praktischen Einsatz sind sie aktuell nur eingeschränkt geeignet. Eine Ausnahme bildet die Software ProM, die im universitären Umfeld genutzt wird. Sie bietet einen großen Funktionsumfang und eine Vielzahl an Algorithmen, was das Erzeugen von interpretationsfähigen Ergebnissen eher erschwert. Für R ist derzeit eine Klasse verfügbar,[2] für Python fehlte bislang eine Implementierung,

---

[1] Entwickelt an der Eindhoven University of Technology als freie Software für Process Mining
[2] buparR-Pakete, http://www.bupar.net/

neueste Entwicklungen versuchen die Lücke zu schließen.[1] Damit geht eine der großen Stärken des Process Mining verloren, die in der Visualisierung der analysierten Daten besteht und so ein intuitives Verständnis über die analysierten Prozesse auch bei denjenigen Mitarbeitern im Institut ermöglicht, die keine weitergehenden technischen Kenntnisse haben. Als besonders effizient bei der Analyse der Diskussion von Schwächen hat sich die Möglichkeit von schnellen Perspektivwechseln in Form von Filtern erwiesen.

12.4.5 Miner

Unter einem Miner verstehen wir diejenigen Algorithmen in den bereits genannten Applikationen, mit deren Hilfe aus den digitalen Spuren der Workflow-Management-Systeme Prozesse modelliert werden und damit für eine Visualisierung vorbereitet werden. Es kommen algorithmische, statistische und semantische Verfahren zum Einsatz, bisweilen auch hybride Techniken. Ohne im Detail auf die jeweiligen Unterschiede eingehen zu wollen liegt der Fokus der verschiedenen Miner auf spezialisierten Anwendungsgebieten, da die verwendeten Algorithmen mehr oder weniger gut geeignet sind, ein spezielles Problem zu beschreiben. Die unterschiedlichen Miner weisen einen unterschiedlichen Grad an Komplexität auf.

Eine fast schon übersimplifizierte Darstellung eines Miners beschreibt ihn als einen Algorithmus, der ohne jedwede weitere Logik die zeitliche Reihenfolge der Aktivitäten eines Falles innerhalb eines Prozesses darstellt. Jede Aktivität eines Falles wird in einer Visualisierung als ein Rechteck dargestellt und durch einen Pfeil mit der jeweils folgenden Aktivität des Falles verbunden. Je häufiger die gleiche Verbindung zwischen zwei Aktivitäten in verschiedenen Fällen eines Prozesses vorkommt, desto dicker wird der Pfeil dargestellt.

Bei der Auswahl eines geeigneten Miners sollte man sich von der gewünschten Darstellungsart leiten lassen, unter der man die verschiedenen Prozessnotationen mit ihren unterschiedlichen Schwerpunkten und Darstellungsmöglichkeiten versteht. Die Prozesskarten, die viele kommerzielle Anbieter ausgeben, kennen weder Parallelität noch Abhängigkeiten oder logische Verknüpfungen. Mit anderen Notationen können diese Sachverhalte sehr wohl abgebildet werden, etwa mit der geläufigen BPMN (Business Process Model and Notation), die auch zur Konstruktion und Modellierung neuer Prozesse verwendet werden kann. Dabei muss vorab festgelegt werden, wo und unter welchen Bedingungen Abzweigungen vorkommen sollen, welche konkreten Abhängigkeiten es geben soll (an welcher Stelle muss auf die Finalisierung eines anderen Prozess-Schritts gewartet werden), und ob es sich um eine »Entweder/Oder« oder um eine »Sowohl als auch« Bedingung handelt.

---

1 siehe van der Aalst et. al (arXiv:1905.06169 [cs.SE]) vom 15.5.2019

Bei der Nutzung von Workflow-Management-Systemen in der Praxis spielen diese Fragen eine weniger wichtige Rolle: man kann die entsprechenden Regeln ja direkt neben das Mining legen, indem man den Sollprozess geeignet darstellt und parallel zum Mining-Resultat an die Wand wirft.

Somit werden andere Miner dann interessant, wenn die Daten nicht aus einem integrierten Workflow-Management-System entnommen werden und die Prozesse generell weniger starr sind. Ein schönes Beispiel hierfür ist das Krankenhaus, das die Wege und verschiedenen Behandlungsstationen der Patienten anhand einer Patientennummer aus verschiedenen Systemen zu extrahieren versucht. Hierbei handelt es sich bereits um einen vergleichsweise komplexen Fall, womit die Frage nach der Performanz und Robustheit gegenüber Rauschen im Raum steht. Zum einen sollte das Modell innerhalb einer angemessenen Zeitspanne erstellt werden können, zum anderen werden Modelle leicht zu komplex und zu allgemein, wenn alle Ausnahmen mit einbezogen werden. Auch in solchen Fällen kann als exploratives Modell eine Prozesskarte beziehungsweise ein Directly-Follow-Graph das geeignete Mittel sein.

Der in verschiedenen kommerziellen Produkten genutzte Miner dürfte der sogenannte Fuzzy-Miner sein, bei dem es sich um einen Miner handelt, der die direkte Abfolge der Prozess-Schritte als Karte darstellt. Zusätzliche Methoden entscheiden (etwa über Korrelationen), welche Schritte und welche Übergänge welches Gewicht erhalten. Mithilfe dieses Vorgehens lassen sich im Fall von vielen Schritten und Übergängen Vereinfachungen erreichen, die dennoch oftmals noch eine gute Aussagekraft haben. Sehr hilfreich ist beispielsweise ein Filter, der zwar alle Aktivitäten anzeigt, aber nur die wichtigsten Übergänge. Das verhindert eine überkomplexe Darstellung, wie sie beispielsweise aus automatisiert und damit sekundengleich ablaufenden Tätigkeiten resultieren würde. Die Darstellung ermöglicht so die Identifikation der wichtigsten Übergänge, die auch in Einklang mit den administrierten Prozessen des Workflow-Management-Systems stehen.

Welcher Miner genau im Einzelnen hinter welcher kommerziellen Lösung steht, wissen wir nicht, wir können aber davon ausgehen, dass es sich jeweils um angepasste Miner handelt. ProcessGold etwa ist eine kommerzielle Lösung, die unterschiedliche Miner anbietet. Akademisch ausgerichtete Tools wie ProM oder seit neuestem auch die Python Klasse PM4PY verfügen über weitere Miner.

- Der Alpha-Miner ist der Urvater aller Miner und steht ganz am Anfang der Entwicklungen zum Process Mining. Der Algorithmus ist recht einfach mathematisch zu beschreiben und auch anschaulich darstellbar. Aktuelle Bücher nutzen ihn daher eher als didaktisches Beispiel, warnen allerdings vor der praktischen Anwendung. Der Alpha Miner erstellt aus den Daten ein sogenanntes Workflow-Net als Unterklasse eines Petri Nets.[1] Übergänge werden dabei durch Knoten dargestellt. Die zu einem Übergang gehörenden Knoten

---

[1] https://en.wikipedia.org/wiki/Petri_net

müssen regelgerecht mit Tokens (Prozessdurchläufe) gefüllt sein um auslösen beziehungsweise »feuern« zu können. Damit lassen sich bereits Parallelitäten abbilden, jedoch können kurze Schleifen sowie weitere Konstrukte nicht entdeckt werden. Die resultierenden Modelle sind teilweise zu komplex und lassen wenig Abweichungen zu; das ist ein Nachteil, da Prozessmodelle nicht zu eingeschränkt sein sollten, da nicht davon ausgegangen werden kann, dass der jeweilige Datensatz komplett ist.

- Der heuristische Miner (früher Little Thumb) leitet XOR- und AND-Konnektoren aus Abhängigkeitsbeziehungen ab. Es kann von außergewöhnlichem Verhalten und Rauschen abstrahieren (durch Weglassen von Kanten) und ist daher auch für viele reale Logs geeignet. Einer der Vorteile ist, dass ein heuristisches Netz in andere Arten von Prozessmodellen umgewandelt werden kann, wie z.B. ein Petrinetz zur weiteren Analyse in ProM.[1]
- Der »Inductive Miner« kann ebenfalls XOR / AND Verzweigungen darstellen und liefert – zumindest in ProM – direkt eine Animation. Für die Prozessanalyse in Instituten mit einem Workflow-Management-System sind logische Verknüpfungen nicht unbedingt erforderlich, zumal die Resultate des Fuzzy-Miners besser interpretierbar sind.

12.5 Praxisbeispiele

12.5.1 Kreditprozess Retailgeschäft

Das erste Praxisbeispiel behandelt einen Kreditprozess im Retailgeschäft. Hier gibt es eine Unterscheidung nach risikorelevantem Geschäft und risikoarmem Geschäft, daher können die Fälle des Prozesses zwischen verschiedenen Organisationseinheiten des Instituts wechseln, in der Regel zwischen dem Marktbereich und dem Marktfolgebereich.

Das Beispiel setzt auf den Daten auf, die aus dem Workflow-Management-System des Instituts gewonnen werden konnten. Ohne dieses System könnte die Process-Mining-Technik nicht angewandt werden. Im vorliegenden Fall werden die Daten direkt aus dem Kernbanksystem entnommen, und zwar über eine geeignet parametrisierte Schnittstelle. Weil auf vergleichbaren Datengrundlagen vorher bereits Process-Mining-Analysen durchgeführt wurden, konnten die dort gespeicherten Filter wieder verwendet werden, was hinsichtlich des zeitlichen Aufwandes eine große Erleichterung brachte und einen »Proof of Concept« für die Wiederverwendbarkeit bereits gewonnener Erkenntnisse in verschiedenen Instituten mit gleichen Systemen darstellt. Die der eigentlichen Analyse vorgelagerten vorbereitenden Arbeiten konnten so erfreulich schnell bewältigt werden.

---

1 https://fluxicon.com/blog/2010/10/prom-tips-mining-algorithm/

Bei den genannten Filtern handelt es sich einerseits um Filter, die zur Aussteuerung rein technischer und automatisierter Schritte beziehungsweise Aktivitäten erforderlich sind, die mithilfe bereits bekannter Attribute identifiziert werden. Zum anderen werden Prozess-Schritte eliminiert, die hinsichtlich der sachlogischen Ebene nicht in eine Reihe mit den eigentlichen Aktivitäten gestellt werden können. Dabei handelt es sich um Datensätze, die als »Einleitung« zu den betrachteten und analysierten Aktivitäten dienen.

Wir erläutern die jeweils gewonnenen Erkenntnisse anhand der beiden Visualisierungen des Prozesses (Abbildung 2). Wie bereits oben dargelegt gibt die Visualisierung wichtige Einblicke in die Ist-Prozesse und erlaubt darüber hinaus einen schnellen Perspektivwechsel zwischen Frequenzinformationen und Performanceinformationen. In beiden Sichten, der Frequenzsicht und der Performancesicht, zeigt die Stärke der Pfeile zwischen den Aktivitäten jeweils die Intensität an, also die relative Anzahl an Fällen beziehungsweise die relative Dauer. Gleiches gilt für die Intensität der Farbgebung der Aktivitäten hinsichtlich der jeweiligen Metrik: Die Aktivität wird umso häufiger ausgeführt beziehungsweise die Ausführung dauert umso länger, je dunkler sie dargestellt wird. Aus Gründen der Übersichtlichkeit zeigen die beiden Grafiken jeweils nicht den gesamten Kreditprozess, sondern nur diejenigen Abschnitte, die zur Erläuterung der Effekte vonnöten sind, und auch diese nur schematisch. Daher startet der Kreditprozess mit der Beratung, gefolgt von Prüfung respektive Risikoeinschätzung und Sachbearbeitung, und zwar im Markt und in der Marktfolge. Der Übersichtlichkeit halber kann die Darstellung auf solche Aktivitäten und auf solche Pfade eingeschränkt werden, die eine Mindestanzahl an Aufrufen auf sich vereinen können beziehungsweise eine Mindestzahl an Fällen vorweisen können. Gleiches gilt für die Darstellung von Aktivitäten mit sehr kurzen Liegezeiten.

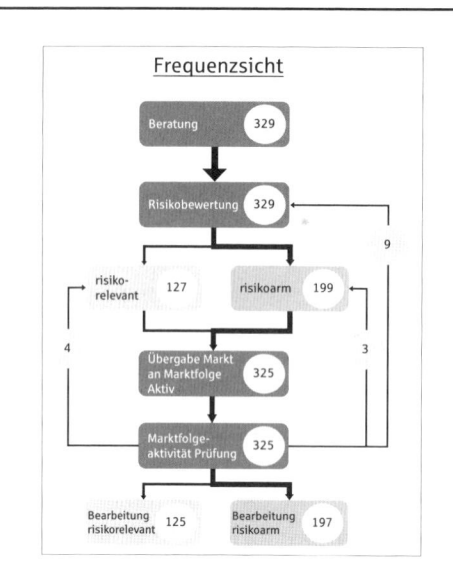

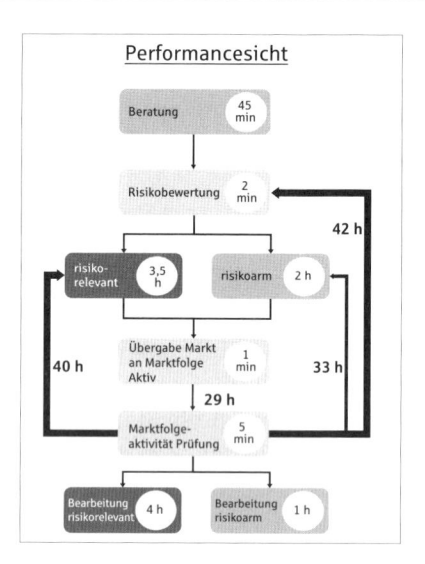

Abb. 2: Perspektiven der Analyse, links die Frequenzsicht mit Fallzahlen, rechts die Performancesicht mit Bearbeitungs- und Liegezeiten.

Erkenntnisse, die aus der Frequenzperspektive gewonnen werden können. In diesem Beispiel werden 329 Fälle betrachtet, die den Prozess beginnen, von denen jedoch nur 322 bis zum Ende durchhalten; die Differenz wird durch Fälle repräsentiert, die zwischendurch abgebrochen werden. Der Zeitpunkt des Abbruchs ist jeweils nachvollziehbar. Weiter ist erkennbar, dass mit 127 von 326 Fällen knapp 2/5 den aufwändigeren risikorelevanten Pfad nehmen, was eine im Vergleich mit anderen Instituten deutlich überdurchschnittliche Rate sein dürfte. Eine weitere Erkenntnis ist, dass auf drei verschiedenen Pfaden insgesamt 16 Fälle, also etwa 1/20, nach der Prüfung in der Marktfolge wieder an den Markt zurückverwiesen werden. Offenbar gab es hier aus Sicht der Marktfolge noch Tätigkeiten, die durch den Markt erledigt werden konnten, was eine möglicherweise ungewollte und damit außerplanmäßige Nacharbeit und Mehrarbeit bedeutete. Die Darstellung kann um weitere Informationen ergänzt werden, etwa die Anzahl an Fällen, die von einer bestimmten Aktivität ausgehend dem Prozess-Abschluss beziehungsweise Abbruch zugeführt werden oder die maximale Anzahl an Fällen, die wiederholt in der gleichen Aktivität bearbeitet werden.

Erkenntnisse, die aus der Performanceperspektive gewonnen werden können: In der Performanceperspektive kann eine geeignete Metrik für die Bearbeitungszeiten und die Liegezeiten gewählt werden, hier das arithmetische Mittel der jeweiligen Teilmenge der Fälle. Denkbar ist auch, stattdessen den Median zu wählen oder ein beliebiges anderes Quantil. In diesem Beispiel fällt zunächst auf, dass die Übergabezeit vom Markt an die Marktfolge mit 29 Stunden recht lange ausfällt. Das führt zu einer weiteren grundsätzlichen Frage, nämlich der zählweise der Zeitabschnitte. Aus Prozess-Sicht müssen hier die relevanten Zeiten anhand einer Parametrisierung von Bankarbeitstagen und Arbeitszeiten identifiziert und gemessen werden, aus Kundensicht gehören weitere Zeiten dazu. Softwarelösungen bieten die Möglichkeit, Feiertagskalender zu hinterlegen und Geschäftszeiten individuell zu konfigurieren, um zu aussagefähigen Performancekennzahlen zu gelangen. Das Beispiel zeigt weiter, dass die Beratung im arithmetischen Mittel eine Dreiviertelstunde dauert. Wir wollen diese Erkenntnis beispielhaft dazu verwenden, um zu demonstrieren, wie weitere Analysen zu anderen Einsichten und einem Mehr an Erkenntnis führen können. Der Wechsel der Metrik vom arithmetischen Mittel hin zum Median zeigt, dass dieser für die Beratung nur 20 Minuten beträgt. Mithin ist klar, dass die Beratungszeit in der Hälfte aller Fälle 20 Minuten oder weniger beträgt. Die Detailanalyse der Verteilung der Beratungszeiten zeigt eine große Streuung. Um zu weiteren Erkenntnissen über mögliche steuernde Eingriffe in den Prozess zu kommen können nun Filter gesetzt werden, etwa nach bestimmten Start- und Endpunkten innerhalb der gesamten Prozessdarstellung, nach bestimmten Performance-Merkmalen oder nach bestimmten Prozessvarianten. So kann aus der Einschränkung auf Fälle, die letztlich in der Marktfolge entschieden werden, Rückschluss auf die Sinnhaftigkeit von variierenden Beratungszeiten und Prozesslaufzeiten gezogen werden. Die Verwendung weiterer (Meta-) Daten wie etwa der Höhe des beantragten Darlehens bietet weitere Möglichkeiten der Erzeugung getrennter Sichten zur Plausibilisierung von Diskrepanzen oder zur Ableitung von Optimierungspotenzialen.

12.5.2 Anwendung von Machine-Learning-Algorithmen auf Prozessdaten

Bei diesem Beispiel geht es um einen Retailprozess, bei dem der Kunden einen Onlinekredit beantragen kann und der bis zur Bewilligung, Auszahlung und Übernahme in die Systeme der Bank durch einen extrem hohen Grad an Automatisierung und Standardisierung gekennzeichnet ist. Aufbauend auf der Prozess-Analyse wird eine künstliche Intelligenz entwickelt, die bereits zu einem frühen Zeitpunkt des Prozesses erkennen kann, ob der Prozess zu einem aus Sicht der Bank erfolgreichem Ende führt. Das Erfolgskriterium ist in diesem Fall, ob der Kunde das Angebot der Bank schlussendlich annimmt oder nicht. Ziel ist es, gegebenenfalls zu einem frühen Zeitpunkt in den Ablauf steuernd eingreifen zu können. Das Vorgehen ähnelt dem anderer Data Science Projekte – nach einer Beurteilung der Datenlage und Überlegungen zum möglichen Modelldesign werden verschiedene Modelle implementiert und bewertet. Die durch das vorgelagerte Process Mining gewonnenen Erkenntnisse und Daten fließen in die Modellentwicklung mit ein. Das entkoppelt das gesamte Vorgehen von der reinen Sicht auf den Kunden und das Produkt, wie es beispielsweise im Rahmen der Bonitätsprüfung mithilfe einer Scorecard erfolgt. Auch können verschiedene Modelle zu verschiedenen Zeitpunkten des Prozesses entwickelt werden, da mit zunehmendem Prozessfortschritt mehr Informationen zur Verfügung stehen und in der Modellentwicklung verwendet werden können. Unter den möglichen Prozessperspektiven wählen wir die Angebotssicht, die zur Ableitung der gewünschten Prognosen gegenüber der Workflow-Sicht und der Sicht aus Perspektive des Antragstellers die geeignetste ist.

Die Datengrundlage umfasst einige zehntausend Datensätze von Kunden, die ein Kreditangebot des Instituts erhalten haben, mit einer beobachteten Approval Rate von knapp 70%. Es wurden Decision Trees, Random Forests und Neuronale Netze entwickelt, wobei jedes der Verfahren typische Stärken und Schwächen zeigt. Die schlechteste Genauigkeit zeigt jeweils der Entscheidungsbaum, der jedoch bei erfolgreichen als auch bei erfolglosen Angeboten gleich gute Ergebnisse liefert. Der Random Forest schneidet bei der Erkennung von erfolgreichen Angeboten besonders stark ab, erfolglose Angebote werden jedoch in knapp der Hälfte der Fälle nicht erkannt, und die Precision liegt mit 82 % über den beiden anderen Methoden. Das Neuronale Netz erfordert den meisten Aufwand bei Tuning und Berechnung, liegt im Ergebnis insgesamt zwischen beiden anderen Verfahren, zeigt jedoch eine schwache Specificity bei erfolglosen Angeboten.

Zur Skizzierung eines Business Case verwenden wir daher die Resultate des Random Forest. Bei einem Einsatz des Modells im Sinne einer Selektion der Anträge würden bei einem Recall (Hit Rate, richtig vorhergesagte Käufer) in Höhe von 94 % und einer Specificity (richtig vorhergesagte Nicht-Käufer) in Höhe von 52 % entsprechenden Einbußen bei der Nettomarge signifikante Einsparungen bei den Prozesskosten gegenüberstehen. Entgehen dem Institut einerseits Nettomargen aus dem Kreditgeschäft mit solchen Kunden, die fälschlicherweise kein adäquates Angebot erhalten, erspart sich das Institut über die Hälfte der Prozesse bei den Kunden, mit denen ohnehin kein Abschluss erzielt worden wäre. In Zahlen ausgedrückt: auf jeweils 1 000 Anträge entfallen 700 Abschlüsse; von diesen würden unter dem Einsatz des Modells 42 fälschlicherweise nicht zustande kommen. Unter den 300 Anträgen, bei denen am Ende des Prozesses der Kunde das Angebot des Instituts ablehnt, würden 156 den Prozess erst gar nicht bis zum Ende durchlaufen. Je nachdem, wie Kosten und Nettomarge zueinander im Verhältnis stehen, kann das Institut vom Einsatz des Modells profitieren.

12.6 Ausblick

Kaum jemand spricht datengetriebenen Geschäftsmodellen ihren potenziell disruptiven Charakter ab. Hierbei ist der kombinierte Einsatz künstlicher Intelligenz mit extrem effizienten Geschäftsprozessen ein zentraler Aspekt, besonders vor dem Hintergrund einer zu optimierenden Customer Journey. Das Ziel ist eine immer weiter verbesserte Kostenstruktur.

Process Mining schafft die Transparenz und die Grundlagen, um diejenigen Punkte zu identifizieren, an denen Prozessanpassungen sowie der Einsatz von

Robotern und künstlicher Intelligenz die Effizienz erhöhen und die Erwartungshaltung der Kunden besser treffen können.

Das Anspielen von Metadaten an Prozessdaten ist bereits jetzt machbar und ermöglicht erst die Anwendung und sinnvolle Verknüpfung mit Machine-Learning-Algorithmen. Neben den dadurch gegebenen umfangreicheren Analysemöglichkeiten leidet jedoch die Transparenz von Darstellung und Parametrisierung. Abhilfe könnte die Integration der entsprechenden Methoden in die Kernbanksysteme schaffen. Damit ist zum einen die Möglichkeit gemeint, an bestimmten Stellen im Prozess die Entscheidung über den weiteren Verlauf des Prozesses vom Resultat eines geeignet trainierten Modells abhängig zu machen. Zum anderen ist bereits jetzt zu beobachten, dass die Entwicklung fortgeschrittener Modelle immer stärker standardisiert erfolgt und künftig im Rahmen der jeweiligen Workflow-Management-Systeme durch die bankfachlichen Experten selbst erfolgen kann.

Über die automatische Erkennung von Fällen mit beispielsweise geringer Abschlusswahrscheinlichkeit hinaus (wie im Beispiel oben skizziert) würde es einen Mehrwert bieten, den Prozess live verfolgen zu können und eine Verknüpfung zur Produktionssteuerung herzustellen. Hierfür ist je nach Prozess eine tägliche oder sogar häufigere Datenversorgung erforderlich, die es ermöglicht auf Basis der bestmöglichen Bewertung aller verfügbaren Informationen den Vorgang in den Zweig mit den besten Erfolgsaussichten zu lenken. Bei länger laufenden Prozessen können Engpässe frühzeitig erkannt, durch automatisierte Kapazitätssteuerung gemildert und in der Planung von Vertriebsoffensiven berücksichtigt werden.

Weiter lässt sich Process Mining deutlich intensiver als bisher in der Aufnahme und Optimierung der Customer Journey anwenden, die derzeit in der Regel mit manuellem Aufwand verschiedene Datenquellen verknüpft.

Process Mining ist insofern als Investition in die Zukunft zu sehen, die das Institut in die Lage versetzt, durch den Einsatz moderner Technologien Wettbewerbsfähigkeit zu bewahren.

Teil IV: **Praxis**

13 Verwendung von Sparkassen-DataAnalytics (SDA) in der Verteilung von Vertriebszielen

Jens Biehsmann, CP Consultingpartner AG

13.1 Planungs- und Verteilungsverfahren im Kundengeschäft

13.1.1 Aktuelle Herausforderungen an die Planung des Kundengeschäfts

Erfolgsbeiträge in Sparkassen ließen sich in der Vergangenheit einfach planen. Günstige, meist kurzfristige Refinanzierungsmittel auf der Passivseite wurden überwiegend langfristig auf der Aktivseite veranlagt. Überstieg das Kreditgeschäft die Einlagen, so wurden Refinanzierungsmittel am Kapitalmarkt aufgenommen. Überstiegen die verfügbaren Einlagen den Kreditausleihungen, so wurde der Überfluss im Depot A platziert. Für die Gesamtbankplanung spielte es häufig keine wesentliche Rolle, woher die Refinanzierung stammte bzw. die Veranlagung getätigt wurde. Wichtig waren die zu planenden Zinserträge und Zinsaufwendungen, welche zusammen mit dem Provisionsüberschuss den Verwaltungsaufwand sowie ein potenzielles Bewertungsergebnis zu tragen hatten und in der Regel ein auskömmliches Ergebnis für die Bildung von Reserven zurückließ.

Die Planung und Ermittlung von Erfolgsbeiträgen aus dem Kundengeschäft war nicht selten eine alleinige Disziplin der Vertriebssteuerung, um zum Beispiel Plan- und Zielwerte für Vertriebseinheiten festzulegen. Hier stand die Messung der Vertriebsleistung von Beraterinnen und Beratern im Vordergrund. Weitere Anforderungen wurden an die vertriebliche Planung nicht gestellt. Eine integrierte Planung von Gesamthaus- und Vertriebskennzahlen scheiterte nicht zuletzt an der fehlenden Akzeptanz sowie den technischen Möglichkeiten.

Heute stehen die Institute vor neuen Herausforderungen, die sich auch in der Planung von Erfolgsbeiträgen im Kundengeschäft niederschlagen. Diese lassen sich in drei Aspekte gliedern.
1. Die Beiträge aus dem Passivgeschäft sind stark rückläufig. Bleibt das Zinsniveau auf dem aktuellen Stand und die Möglichkeiten beschränkt, ein Verwahrentgelt für wesentliche Kundeneinlagen zu erzielen, werden negative Deckungsbeiträge die Folge sein. Die Ergebnisse werden knapper. Daraus folgt, dass im Rahmen des Strategie- und Planungsprozesses alle möglichen Ertragsquellen zu lokalisieren und in der Planungsrechnung abzubilden sind.
2. Die Aufsicht rückt den Planungsprozess zunehmend stärker in den Fokus der Regulierung. Zum einen gibt sie vor, dass eine nachhaltige Strategie aufzustellen ist und Maßnahmen abzuleiten sind, die zur Erreichung der strategischen Ziele geeignet sein sollen (MaRisk AT 4.2, Tz. 1). Zum anderen ermög-

licht ihr der Supervisory Review and Evaluation Process (SREP) eine Analyse des Geschäftsmodells »Sparkasse«, die sich auf strategische Pläne und finanzielle Prognosen fokussiert. Genügen die Planungen nicht den Anforderungen der Aufsicht, so sind Auflagen für das Institut möglich.
3. Die Chancen, auch außerhalb des Kundengeschäfts wesentliche Erfolgsbeiträge zu erzielen, werden durch steigende Kapitalanforderungen und damit verbundene eingeschränkte Möglichkeiten in der Risikotragfähigkeit begrenzt. Das Kundengeschäft rückt damit verstärkt in den Fokus der Ertrags- und Kostenplanung und bedarf einer differenzierten Planungs- und Verteilungsrechnung.

Das Kundengeschäft zählt aktuell und auch zukünftig zu den Kerngeschäftsfeldern der Sparkasse. Der Steuerung dieses Geschäftsfeldes ist vor dem Hintergrund dieser Herausforderungen eine erhöhte Aufmerksamkeit zu widmen, um nachhaltige Erfolgsbeiträge planen, verteilen und erzielen zu können.

13.1.2 Integrierter Ansatz – Strategie, Operative Planung, Vertriebsziele

Die operative Kundengeschäftsplanung stellt einen wichtigen Baustein der Gesamthausplanung dar. Sie setzt die Ziele aus der Strategie in konkrete finanzielle Planwerte um und stellt damit die Grundlage für klare Vorgaben an Vertriebskanäle zur Verfügung (siehe Abbildung 1).

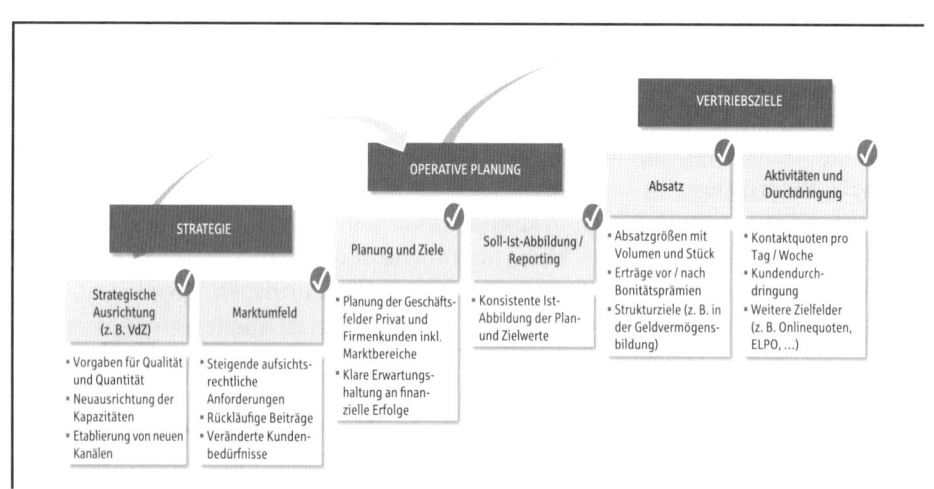

Abb. 1: Verzahnung Strategie – operative Kundengeschäftsplanung – Vertriebsziele

Die DSGV-Konzepte zur Neuausrichtung der Vertriebssteuerung im Privat- und Firmenkundengeschäft (Vertriebsstrategie der Zukunft, VdZ) werden aktuell in Sparkassen bundesweit ausgerollt. Ein wesentlicher Baustein der Konzepte ist die Fokussierung auf ertragsstarke Kundensegmente mit einem segmentspezifischen Kanal- und Produktangebot.

Klar erkennbar wird die weiterentwickelte strategische Neuausrichtung im Privatkundengeschäft. Kundensegmente werden – vereinfacht ausgedrückt – in Effizienz- und Wachstumskundensegmente unterteilt. Die Kunden der Effizienzsegmente erhalten eine standardisierte Produktpalette über überwiegend online-basierte Kanäle sowie ein Angebot über das Kundenservicecenter (KSC). Den Kunden der Wachstumssegmente soll ein individuelles Produktangebot über alle Vertriebskanäle der Sparkasse zur Verfügung gestellt werden.

In der **Geschäfts- und Risikostrategie** der Sparkasse sind die Neuausrichtung im Kundengeschäft und die damit verbundene Zielsetzung zu verankern. Insbesondere ist auf die Bedeutung der strategischen Maßnahmen für die Ertragslage und im Weiteren für den notwendigen Kapitalaufbau durch Gewinnthesaurierung einzugehen. Weitere Aspekte liefert VdZ für die Prozessoptimierung und den Ausbau von Vertriebskanälen, welche ebenfalls in der Strategie zu behandeln sind.

Für die **operative Planung** bedeutet die vertriebliche Neuausrichtung nach VdZ einen Paradigmenwechsel, weg von der mengenbasierten Planung hin zur segmentbasierten Planung.

Aktuell beschäftigt sich die Planung mit der Frage, welche Menge eine Organisationseinheit von einem Planprodukt absetzen kann. Die geplanten Produktionsmengen über alle Organisationseinheiten stellen hier den geplanten Gesamterfolg des Kundengeschäfts am Planergebnis des Instituts dar. Die in der VdZ genannten Kundensegmente spielen bei dieser Betrachtung keine entscheidende Rolle.

Für eine strategiekonforme Ausgestaltung der operativen Planung bedarf es zukünftig einer Planung von Produkten und Marktsegmenten. Die Planung hat sich demnach detailliert mit der Frage zu beschäftigen, welche Produktabsätze die Vertriebskanäle in den jeweiligen Marktsegmenten generieren können. Die Produktionsmengen über alle Segmente stellen den Anteil des Kundengeschäfts am Gesamterfolg der Sparkasse dar.

Vertriebsziele im Kundengeschäft sind grundsätzlich direkt aus der operativen Planung abzuleiten. Der Fokus liegt auf den Planungskomponenten, welche von den Vertriebseinheiten direkt beeinflusst werden können. Nicht beeinflussbare Größen bleiben grundsätzlich unberücksichtigt.

Für die Planung steht beispielsweise der Gesamterfolg (Zinskonditionsbeitrag) eines Produkts im Vordergrund, welcher sich aus dem Altgeschäft und dem Neugeschäft ergibt. Vertriebsziele fokussieren sich auf die Komponenten, welche im Neugeschäft zum Tragen kommen (Volumen und Margen im Neugeschäft).

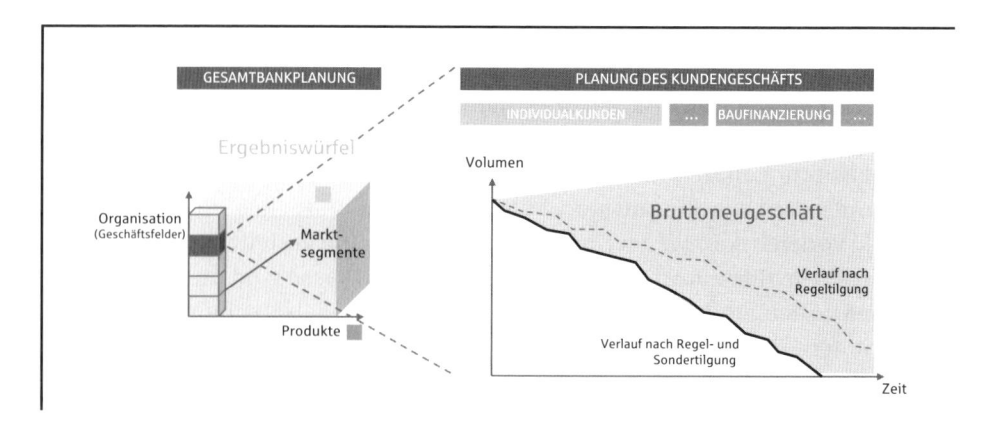

Abb. 2: Planung und Zielsetzung am Beispiel der Baufinanzierung

In Abbildung 2 werden links die Planungsdimensionen der Sparkasse im Ergebniswürfel darstellt. Betrachtet werden die Organisationseinheiten (Geschäftsfelder) der Sparkasse, die Marktsegmente (Kundensegment) und die Produkte.

Geplant wird jeweils ein Teilausschnitt der Gesamtbank, hier das gesamte Kundengeschäft für das Produkt Private Baufinanzierung im Kundensegment der Individualkunden (Abbildung 2 rechts). Es ist festzustellen, dass ausgehend vom aktuellen Stichtagsvolumen die Bestände des Altgeschäfts in den Folgeperioden durch erwartete Regel- und Sondertilgungen abschmelzen. Diese Bestände liefern jedoch noch Zinskonditionsbeiträge (ZKB) mit der individuellen Altgeschäftsmarge. Geplant wird das Bruttoneugeschäft mit der zu erwartenden Neugeschäftsmarge. Die Erfolgsbeiträge im Segment Individualkunden für dieses Produkt ergeben sich dann aus

$$ZKB = \emptyset\, Vol_{alt} \cdot Marge_{alt} + \emptyset\, Vol_{neu} \cdot Marge_{neu}$$

Die Vertriebseinheit kann lediglich Neugeschäftsvolumen und -marge beeinflussen, sodass diese Kennzahlen als Vertriebsziel herangezogen werden. Es ist auch denkbar, nur die zu kontrahierenden Neugeschäftsvolumen zu verzielen. In diesem Fall bedarf es eines weiteren Regelwerkes, um unerwünschte Margenrückgänge (z. B. durch die Vergabe von Sonderkonditionen) oder einen erhöhten Risikoeingang (z. B. durch Verzicht auf Sicherheiten) zu vermeiden.

Dem integrierten Strategie- und Planungsansatz liegt ein Planungsprozess zu Grunde, der allen Beteiligten eine feste Planungsstruktur vorgibt. Zu nennen sind hier insbesondere die vorgestellten Planungsdimensionen (Produkt, Organisationseinheit, Kundensegment) und die Planungskennzahlen (z. B. Neugeschäftsvolumen, ZKB Neugeschäft). Außerdem ist die strategiekonforme Ausgestaltung der Planung inklusive der Vertriebsziele durch eine bankübergreifende Einheit sicherzustellen.

13.1.3 Ausgestaltung von Vertriebszielen

Die Konzepte des DSGV geben strategiekonforme Empfehlungen für die Ausgestaltung von Vertriebszielen. In der Praxis ist jedoch festzustellen, dass sowohl die Ausprägungen von Zielen als auch die Anzahl der Zielfelder je Institut sehr individuell ausfällt.

Es lassen sich vier grundlegende Kategorien von Vertriebszielen erkennen.
- **Absatzziele** zeigen unmittelbar auf, welche Mengen (Volumen) bzw. Erträge je Produkt oder Bedarfsfeld zu erzielen sind.
- **Aktivitätenziele** geben vor, wie viele Gespräche beziehungsweise Kontakte eine Vertriebseinheit zu erbringen hat. Werden die Kontakte am Kundenverbund betrachtet, lassen sich Kundendurchdringungen ablesen.
- **Qualitätsziele** geben vor, welche Inhalte in den Kontakten zu erbringen sind, z. B. Abstufungen zwischen Verkaufsgesprächen, modularen Gesprächen und Basis-Update-Gesprächen zum Finanzkonzept.
- **Sonstige Ziele** umfassen weitere Sollgrößen, z. B. die Anzahl der Einverständnis-erklärungen gemäß DSGVO, Vereinbarungen Elektronischer Postkorb, etc.

Die Ableitung der Vertriebsziele erfolgt je nach Kategorie sehr unterschiedlich.

Absatzziele können in der Regel direkt aus der operativen Planung abgeleitet werden, sofern die Planungsdimensionen es zulassen.

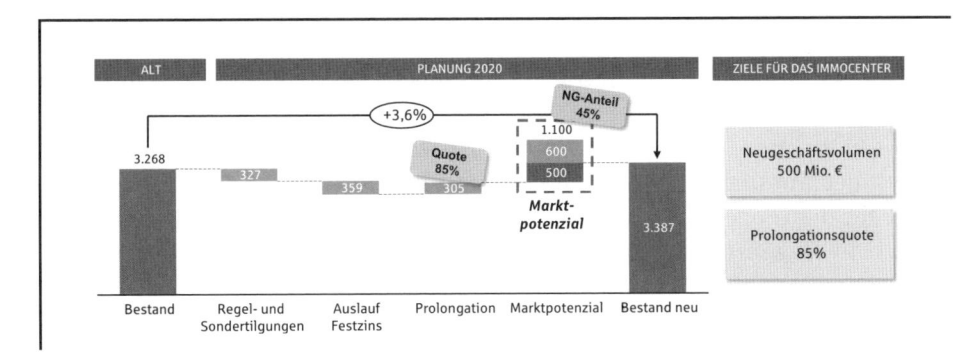

Abb. 3: Festlegung von Absatzzielen

Ein Beispiel aus dem Immobiliencenter verdeutlicht das Vorgehen, siehe Abbildung 3:

Die operative Planung sieht einen Bestandszuwachs von 3,6% vor, welcher sich, nach Berücksichtigung von Regel- und Sonderreglungen, aus dem Prolongationsgeschäft (305 Mio. €) und dem echten Bruttoneugeschäft (500 Mio. €) ergibt. Das Bruttoneugeschäft wurde strategiekonform aus dem Zielmarktanteil des Instituts (hier 45%) im Neugeschäft ermittelt. Dazu stehen mit dem VPS-Modul I in Zusammenwirkung mit der »Zentralen Marktdatenbank des Deutschen Sparkassenverlages (DSV)« praxiserprobte Instrumente zur Verfügung. Die Ziele für das Immobiliencenter sind klar: ein Neugeschäftsvolumen von 500 Mio. €, 85% der auslaufenden Festzinsgeschäfte sind erfolgreich zu prolongieren.

Aus der operativen Vertriebsplanung lässt sich jedoch **nicht** ableiten, welche Vertriebseinheiten das Ziel zu erfüllen haben. Dazu bedarf es weiterer Überlegungen, siehe Abschnitt 2.

Aktivitätenziele können nicht unmittelbar aus der operativen Planung abgeleitet werden. Sie geben vielmehr die Allokation der zu betrachtenden Beraterkapazitäten vor. Festgelegt werden Zielgrößen für vertriebliche Kontakte, Finanzkonzeptgespräche vollständig / modular, Terminvereinbarungen etc. Grundlage für Zielausprägungen und -höhe ist das Kundensegment, in dem die Vertriebseinheit tätig ist, die verfügbare Vertriebszeit sowie die Ausgestaltung der vertriebsunterstützenden Einheiten.

BEISPIEL Verfügt die Vertriebseinheit über 200 Individualkundenverbünde, welche vier Mal im Jahr zu kontaktieren sind, so beträgt die Soll-Kontaktanzahl 800 Kontakte jährlich. Da nicht davon ausgegangen werden kann, dass alle Kunden das Angebot schätzen und annehmen werden, wird nur ein Anteil (z. B. 70%) für die Zielkundendurchdringung angesetzt. Das Vertriebsziel beträgt damit 560 Kontakte (800 Soll-Kontakte x 70%) jährlich.

Mit **Qualitätszielen** sollen die Qualitätsstandards und Leistungsversprechen gegenüber den Kunden sichergestellt werden. Sie stellen ein ergänzendes Instrument zu den Aktivitätenzielen dar, indem sie die Güte der Aktivitäten messen.

Für Aktivitäten- und Qualitätsziele gilt, dass sie bei der jeweiligen Vertriebseinheit geplant und gemessen werden können. Die Zielhöhe ergibt sich in der Regel aus dem zugeordneten Kunden und der gesetzten Anzahl an Terminen je Einheit. Im Gegensatz zu Absatzzielen bedarf es keiner weiteren Verteilungsmethodik.

Die Ableitung von **Sonstigen Zielen** hängt entscheidend vom jeweiligen Zielfeld ab. Möchte das Institut z. B. verstärkt Data Analytics Informationen dazu einsetzen, um eine verbesserte Kundenansprache zu erreichen, so müssen Einwilligungserklärungen seitens des Kunden vorliegen. Die Höhe des Ziels (Einbringung von Einwilligungserklärungen) in der jeweiligen Vertriebseinheit hängt dann von der individuellen Ausgangslage der Einheit und der gewünschten Quote (ggf. je Kundensegment) ab.

Die folgenden Ausführungen konzentrieren sich auf die Verteilung von Absatzzielen.

13.2 Absatzziele für Vertriebseinheiten

13.2.1 Adressaten

Absatzziele im Vertrieb erhalten grundsätzlich alle Vertriebskanäle, die Finanzprodukte anbieten und abschließen sollen. In einer Multikanalsteuerung ist dabei zwischen dem Betreuungs- und Abschlussprinzip zu unterscheiden.

Beim Betreuungsprinzip konzentriert man sich auf die Einheiten, welche eine Verantwortung für die Kundenbeziehung übernehmen. Die Basis hierfür ist die Kundensegmentierung und -zuordnung, die sicherstellt, dass alle Kunden(verbünde) eindeutig einem kundenbetreuenden Berater zugeordnet werden. Diese Einheit kann auch eine Sammeleinheit darstellen, für die ein Team die Verantwortung übernimmt. Beim Abschlussprinzip wird auf die Einheit geblickt, welche den Produktabschluss tatsächlich vornimmt. Diese Einheit kann deckungsgleich mit der kundenbetreuenden Einheit sein (Beispiel: verantwortlicher Berater schließt Produkt mit »eigenem« Kunden ab) oder davon abweichen (Beispiel: Kunde schließt fallabschließend Produkt über die Internetfiliale ab).

Für die Vergabe von Vertriebszielen eignet sich das Betreuungsprinzip besser, da auf dieser Ebene auch die Planwerte ermittelt werden.

Weitere Adressaten für Absatzziele sind Fachberater und Spezialisten. Fachberater übernehmen eine dauerhafte, partielle Verantwortung bei einem Kundenverbund für ausgewählte Produkte (Beispiel: Vermögensberater übernimmt die Verantwortung für alle Wertpapierbestände und -geschäfte im Firmenkundensegment). Spezialisten übernehmen ebenfalls Verantwortung für ein ausgewähltes Produkt, jedoch nicht dauerhaft bei einem Kunden (Beispiel: Wohnungsbauberater übernimmt die Verantwortung für das Produkt »Private Wohnungsbaufinanzierung« im Privatkundensegment).

Die Absatzziele übernehmen Fachberater und Spezialisten von den kundenbetreuenden Beratungseinheiten. In der Praxis sind auch doppelte Absatzziele bei Fachberater und Spezialisten einerseits und den kundenbetreuenden Beratungseinheiten andererseits festzustellen, um die Überleitung des Kunden auf den Fachberater / Spezialisten zu gewährleisten.

Auch die Einheiten im Service und im KSC erhalten Absatzziele, die sich am definierten Leistungsspektrum dieser Einheiten ausrichten. In der Praxis ist verstärkt festzustellen, dass Mitarbeiter im Service und im KSC »einfache« Produkte fallabschließend anbieten und abschließen sollen.

Weitere mögliche Adressaten für kumulierte Absatzziele können die Führungskräfte sein, in deren Einheiten die bereits genannten Adressaten eingegliedert sind und bei denen die Gesamtverantwortung für einen Kundenbereich, eine Region o. ä. liegt.

13.2.2 Anforderungen Verteilung

Die Übersetzung von Planwerten in Zielwerte und die anschließende Verteilung auf die Vertriebseinheiten (z. B. auf Berater- und Teamebene) ist eine Kernaufgabe in der Vertriebssteuerung. Die Absatzziele für ein Planprodukt liegen in der Ausgangssituation für jedes Kundensegment und ggf. auch Kundengeschäftsfeld bereits vor. Die Aufgabe der Vertriebssteuerung ist es, das »richtige« Verteilungsmodell hierfür anzuwenden. Mit diesem Modell sollen

1. alle Ziele bis auf die gewünschte Hierarchieebene verteilt werden,
2. die Ziele ohne Eingriff der Führungskräfte festgelegt werden,
3. die Zielhöhen von allen Beteiligten als gerecht und fair empfunden werden und
4. die Ziele in der ex-post Betrachtung erfüllt werden.

Die Anforderungen verdeutlichen, dass ein »richtiges« Modell nicht aufgebaut werden kann. Vielmehr ist ein Verfahren zu etablieren, welches für alle Beteiligten nachvollziehbar die Vertriebsziele vollständig auf die Vertriebseinheiten verteilt und sich am Potenzial des Kunden orientiert. Liegen in den Vertriebseinheiten unterschiedliche Stärken und Schwächen vor, so sollte die Führungskraft im begrenzten Umfang temporäre Anpassungen vornehmen können.

13.2.3 Verteilungsverfahren

Die Vertriebssteuerung kann für die Festlegung von Zielen und deren Ausprägungen auf umfangreiche Konzepte und Instrumente zurückgreifen. Bei den Verteilungsverfahren hat sich jedoch noch kein Modell etabliert, welches bei einer großen Anzahl von Instituten ein hohes Ansehen genießt.

Es liegt nahe, dass ein Verteilungsverfahren direkt auf einer operativen Planung aufsetzt. Das gelingt am besten, wenn die Planungsdimensionen aus der operativen Planung einen konkreten Adressaten, also eine Organisationseinheit im Kundengeschäft, vorfinden. In der Regel liegt diese Angabe jedoch nicht vor, da nicht auf Ebene einer einzelnen Beratungseinheit eine Planung vorgenommen wird. Die kleinste Planungseinheit stellt somit den Ausgangspunkt möglicher Verteilverfahren dar.

Das DSGV-Konzept zur »Integrierten segment- und kanalübergreifenden Vertriebsteuerung« hat sich im Oktober 2009 mit diesem Thema beschäftigt und immer dann eine Gleichverteilung von Absatzzielen auf Beratungseinheiten vorgeschlagen, wenn es keine signifikanten Unterschiede bei Potenzialen je Zielfeld zwischen den Zieladressaten gibt[1]. Andernfalls sind Potenziale am

---

[1] Quelle: DSGV, Abschlussdokument zur Integrierten segment- und kanalübergreifenden Vertriebsteuerung, S. 11 ff.

Kunden zu berücksichtigen und darüber zu verteilen. Es ist zu vermuten, dass es keine eindeutigen Antworten bei der Beurteilung von gleichlaufenden Potenzialen zwischen den Zieladressaten gibt, so dass eine intensive Beschäftigung mit potenzialorientierten Verteilungsverfahren vorzunehmen ist.

Der Potenzialbegriff ist nicht eindeutig definiert. Im genannten DSGV-Konzept werden Lücken in der Kundendurchdringung und Lücken eines Beraters im Vergleich zu einer Benchmark als Potenzial definiert. Mit Sparkassen-Data-Analytics (SDA) steht ein weiteres Potenzialelement zur Verfügung, welches in einer Zielverteilung eingesetzt werden kann.

In der Praxis konzentrieren sich die Institute vorwiegend auf »einfache« Verteilverfahren, wie zum Beispiel eine Verteilung des Zielwertes über Mitarbeiterkapazitäten oder Volumen. Die folgende Tabelle gibt einen Überblick über ausgewählte Verteilverfahren welche heute im Einsatz sind, angereichert um eine potenzialbasierte Verteilung:

Tabelle 1: Überblick über ausgewählte Verteilverfahren

	Verfahren	Kurzbeschreibung	Voraussetzungen
1	Verteilen über Mitarbeiter-kapazitäten (MAK)	Die Absatzziele werden ausgehend von der kleinsten Planeinheit über die Anzahl MAK auf die kleinste Einheit verteilt. Jede (Vollzeit-)Kraft erhält das gleiche Absatzziel.	• Planwert kleinste Einheit • Produktplanung • Kenntnis MAK je Vertriebseinheit
2	Verteilen über Geschäfts-volumen	Ausgehend von der kleinsten Planeinheit werden Ziele über Aktiv+Passiv+WP-Volumen der jeweiligen Vertriebseinheit verteilt.	• Planwert kleinste Einheit • Produktplanung • Kenntnis Geschäftsvolumen je Vertriebseinheit
3	Verteilen über Vererben	Die Planungsannahmen in der kleinsten Planungseinheit werden bis auf die kleinste Vertriebseinheit vererbt.	• Kenntnis der Planungsannahmen in der kleinsten Planungseinheit • Produkt- und ggf. Segmentplanung
4	Scores Kunden (mit SDA)	Die summierten Kundenscores einer Vertriebseinheit stellen den Verteilungsmaßstab über den Planwert der kleinsten Planungseinheit dar.	• Planwert kleinste Einheit • Produktplanung • Kenntnis SDA-Scores auf Kunden- und Beraterebene

→

Verfahren	Kurzbeschreibung	Voraussetzungen
5 Scores Segment (mit SDA)	Die summierten Kundenscores je Segment stellen den Verteilungsmaßstab über ein Planprodukt dar. Im Zwischenergebnis liegt ein Planwert je Kundensegment vor. Abhängig von der Anzahl der Kundensegmente je Vertriebseinheit bestimmt sich das Absatzziel der Einheit.	• Planwert kleinste Einheit • Produktplanung • Kenntnis SDA-Scores auf Kunden- und Beraterebene

Die Verteilung nach Mitarbeiterkapazitäten und Geschäftsvolumen bedürfen an dieser Stelle keiner weiteren Beschreibung. Die Varianten 3 bis 5 werden im Folgenden näher beschrieben.

13.2.3.1 Verteilen über Vererben

Die Verteilung über das Vererben von Annahmen aus der Planung bis zur tiefsten Vertriebseinheit leitet sich unmittelbar aus der Kundengeschäftsplanung ab. Das heißt, dass Planungsannahmen in einem Geschäftsfeld oder Kundensegment in die nächsttiefere Hierarchie übertragen werden.

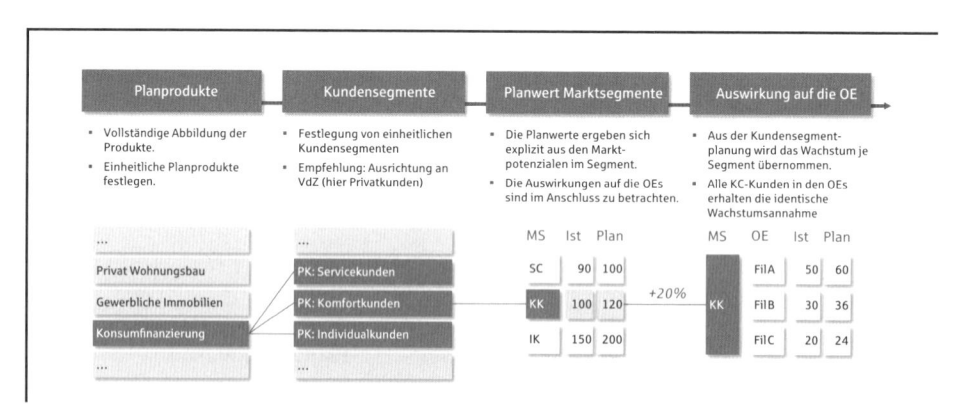

Abb. 4: Verteilung über Vererben von Planungsannahmen

Die in Abbildung 4 skizzierte Planung erfolgt in den Dimensionen Produkt und Kundensegment. Das Produkt Konsumfinanzierung beispielsweise wird in den Privatkundensegmenten Servicekunden, Komfortkunden und Individualkunden geplant. Auf Basis von Marktpotenzialen in den jeweiligen Marktsegmenten wird ein Planwert, hier eine Steigerung des Bestandes beim Komfortkunden von 20%, fixiert. Diese Planungsannahme gilt im Weiteren für alle

Komfortkunden in den jeweiligen Organisationseinheiten. Um einen Planwert je Filiale zu erhalten, werden die Kunden mit dem Segmentkriterium »Komfortkunden« den kundenverantwortlichen Vertriebseinheiten in der Filiale zugeordnet. Der Zuwachs von 20% in dieser Kundengruppe entspricht dem Absatzziel der Filiale. Werden weitere Kundensegmente in der Filiale verantwortet, für die ein anderer Planungsparameter gesetzt wurde, verändert sich das Vertriebsziel für die Filiale entsprechend.

Das Verteilverfahren ist auch bei Fachberatern einsetzbar, da bei diesen Vertriebseinheiten eine 1:1 Kundenzuordnung, wenn auch partiell für ausgewählte Produkte, vorliegt. Zu beachten ist eine klare Zuordnung von Planprodukten auf die partielle Produktverantwortung des Fachberaters.

Bei Spezialisten (z. B. Baufinanzierungsberater im Immobiliencenter) liefert dieses Verteilverfahren nur eingeschränkt verwendbare Ergebnisse. Die Spezialisten tragen in der Regel keine Kundenverantwortung, sodass eine Zuordnung von Planwerten am Kundensegment nicht möglich ist. Vielmehr ist die gesamte Vertriebseinheit für den Absatz des Planproduktes verantwortlich. Die Aufteilung des Planwertes auf den jeweiligen Berater muss dann über einen alternativen Verteilungsansatz erfolgen.

13.2.3.2 Verteilung über Kundenscores

Die von der Sparkassen Rating und Risikosysteme GmbH (SR) zur Verfügung gestellten SDA Ergebnisse dienen der Intensivierung der Vertriebssteuerung. Sie werden zur Selektion von Kundendatensätzen verwendet, um Vertriebskampagnen effektiver zu gestalten sowie die Cross-Selling-Quoten zu verbessern.

Der Grundgedanke für den Einsatz von SDA – Intensivierung des Vertriebs – kommt auch bei der Ableitung der Zielverteilung zur Anwendung: Mit SDA liegen Potenzialwerte auf Kundenebene vor, welche auch im Rahmen des Kundenkontaktmanagements zum Einsatz kommen. Daher bietet es sich an, diese Informationen auch als Verteilkriterium für kundenbetreuende Berater und Fachberater anzuwenden. Das Grundprinzip ist aus der Kundenansprache bekannt.

Den Sparkassen werden die Kundendatensätze je Anwendungsfall (z. B. für das Produkt Konsumfinanzierung) in Listenform zur Verfügung gestellt. Je höher der Rang eines Kunden in der Liste, desto höher ist die Wahrscheinlichkeit, dass der Kunde einen Abschluss vornimmt. Für die Zielverteilung sind die Ranginformationen um Scores zu erweitern, um die Abstände zwischen den Rängen erkennen zu können und in der nachfolgenden Verteilung anzuwenden. Die um Kundenscores erweiterte Liste für einen Anwendungsfall (Produkt) gestaltet sich wie folgt (Tabelle 2):

Tabelle 2: Rangliste mit Scores und Beraterinformationen

Kundennr.	Segment	Score	Berater
3	IK	80	C
8	IK	70	B
4	IK	65	B
7	IK	55	A
2	KK	50	B
5	KK	45	B
6	IK	30	C
10	KK	30	A
9	KK	20	C
1	KK	15	A

Die Kunden werden nach Score absteigend sortiert. Der Kunde mit der Kundennummer 3 beispielsweise nimmt in dieser Liste den ersten Rang mit einem Scorewert von 80 ein, der Kunde mit der Kundennummer 1 mit einem Score von 15 den letzten Rang. Zusätzlich ist die Angabe der Vertriebseinheit (Spalte Berater) für die nachfolgende Zielverteilung relevant.

Für das ausgewählte Produkt wurde ein Gesamtabsatz von 800 festgelegt, der von den Vertriebseinheiten (drei Berater) zu erfüllen ist. Zunächst wird ein Planwert je Kunde ermittelt, indem der Scorewert eines Kunden ins Verhältnis zu der Summe über alle Kundenscores gesetzt wird. Jeder Kunde übernimmt mit seinem prozentualen Anteil am Gesamtscore (Summe aller Kundenscores) einen Anteil am Planwert (siehe Tabelle 3).

Tabelle 3: Verteilung über Scorewerte am Kunden (I)

Kundennr.	Score	Berater	Anteil	Ziel
3	80	C	17%	139
8	70	B	15%	122
4	65	B	14%	113

→

Kundennr.	Score	Berater	Anteil	Ziel
7	55	A	12%	96
2	50	B	11%	87
5	45	B	10%	78
6	30	C	7%	52
10	30	A	7%	52
9	20	C	4%	35
1	15	A	3%	26
	460		100%	800

Im letzten Schritt ist eine Aggregation von Zielwerten am Kunden auf den kundenverantwortlichen Berater oder Fachberater vorzunehmen (Tabelle 4):

Tabelle 4: Verteilung über Scorewerte am Kunden (II)

Berater	Absatzziel	Anteil
A	174	22%
B	400	50%
C	226	28%

Berater B erhält 50% des Gesamtziels, den Beratern A und B werden 22% beziehungsweise 28% des Gesamtzieles zugewiesen. Ursächlich für diese Verteilung ist, dass Berater B nicht nur die meisten Kunden auf sich verschlüsselt hat, sondern über die potenzialstärksten Kunden im Vergleich zu den anderen Beratern verfügt.

In anderen Produktfeldern kann sich eine andere Verteilung ergeben, sodass dieses Verfahren bei jedem Planprodukt separat zur Anwendung kommt.

13.2.3.3 Verteilung über Segmentscores

Einer Verteilung von Planwerten über Segmentscores liegt der Gedanke zu Grunde, dass alle Vertriebseinheiten einen einheitlichen segmentspezifischen Planwert je Kunde und Produkt erhalten sollen. Daraus folgt, dass sich die Zielhöhe einer Vertriebseinheit für ein Produkt ausschließlich nach der Anzahl der zugeordneten Kunden und dem jeweiligen Kundensegment richtet.

Als Ausgangsbasis ist die Kundenscoreliste mit Beraterinformationen aus Tabelle 2 heranzuziehen. Im Gegensatz zur Verteilung über Kundenscores werden zunächst die Scorewerte auf die jeweiligen Kundensegmente aggregiert.

Tabelle 5: Verteilung über Segmentscores (I)

Kundennr.	Segment	Score	Berater
3	IK	80	C
8	IK	70	B
4	IK	65	B
7	IK	55	A
2	KK	50	B
5	KK	45	B
6	IK	30	C
10	KK	30	A
9	KK	20	C
1	KK	15	A

Segment	∑ Scores im Segment	Anteil
KK	160	35%
IK	300	65%

Die Scorewerte aggregieren sich für Komfortkunden (KK) auf 160 und für Individualkunden (IK) auf 300 (Tabelle 5).

Der Planwert liegt unverändert bei 800. Davon trägt das KK-Segment 35% und das IK-Segment 65%. Diese prozentuale Verteilung auf die Segmente kann zugleich für die Verteilung des Planwertes (800) auf die Segmente verwandt werden. Daraus folgt ein Planwert für KK von 278 und für IK von 522.

Jedem Kundensegment sind 5 Kunden zugeordnet, diese tragen demnach jeweils ein Fünftel des Planwerts im jeweiligen Segment, also ein KK-Kunde 56 (278/5) und ein IK-Kunde 104 (522/5). Um einen Planwert je Kunde festzustellen, sind die Planwerte je Kundensegment den zugeordneten Kunden anzufügen (Tabelle 6).

Tabelle 6: Verteilung über Segmentscores (II)

Kundennr.	Segment	Ziel	Berater
3	IK	104	C
8	IK	104	B
4	IK	104	B
7	IK	104	A
2	KK	56	B
5	KK	56	B
6	IK	104	C
10	KK	56	A
9	KK	56	C
1	KK	56	A
	Ziel	800	

Im letzten Schritt ist die bekannte Aggregation von Zielwerten auf den kundenverantwortlichen Berater oder Fachberater vorzunehmen (Tabelle 7):

Tabelle 7: Verteilung über Segmentscores (III)

Berater	Absatzziel	Anteil
A	216	27%
B	320	40%
C	264	33%

Berater B werden mit dieser Verteilung 40% des Gesamtziels zugeordnet, die Berater A und C erhalten 27% bzw. 33% des Gesamtzieles. Im Vergleich zu der Verteilung über Kundenscores verschieben sich die Absatzziele vom Berater B auf die Berater A und C. Ursächlich dafür sind die unterschiedlichen Verteilungen von Scorewerten je Kunde im Vergleich zum Kundensegment.

13.2.4 Bewertung der Verfahren

Mit den oben skizzierten alternativen Verteilverfahren sind Vor- und Nachteile verbunden. Die folgende Tabelle 8 gibt hierzu eine Übersicht:

Tabelle 8: Vor- und Nachteile alternativer Verteilverfahren

	Verfahren	Vorteile	Nachteile
3	Verteilen über Vererben	Konsistenz zwischen Planung und Verteilung	Individuelle Kundenpotenziale bleiben unberücksichtigt.
4 + 5	Scores Kunden oder Segment (mit SDA)	Berücksichtigt Potenziale am Kunden / im Segment Modell wird auch im Rahmen des Kundenkontaktmanagements eingesetzt	Komplexes Verfahren, verbunden mit hohem Kommunikationsaufwand

Weiterhin ist zu beachten, dass die individuelle verkäuferische und fachliche Kompetenz der Vertriebseinheit die Zielhöhe in allen Verteilverfahren nicht beeinflusst. Entwicklungspfade des Beraters sind jedoch zwingend zu berücksichtigen, um eine konsequente Überforderung mit den daraus folgenden Konsequenzen vermeiden zu können. Es bedarf daher (weiterhin) einer Führungskraft, die bei Bedarf – in gewissem Rahmen – Anpassungen in den Zielhöhen vornimmt.

Mit SDA steht den Sparkassen erstmals eine echte Alternative für eine potenzialorientierte Zielverteilung zur Verfügung, welche sich an den Potenzialen am Kunden bzw. am Segment ausrichtet.

Aufgabe für die Institutionen in der Sparkassen Finanzgruppe wird es sein, SDA verstärkt in den Planungs- und Verteilungsprozesse der Sparkasse zu verankern und prozessunterstützende Instrumente / Anwendungen zur Verfügung zu stellen.

14 Umsetzungsempfehlung für das Digitale Beratungs-Center in der Kreissparkasse Kelheim

Teresa März B.A., Kreissparkasse Kelheim (gekürzte Fassung der Bachelor-Thesis)

14.1 Einleitung

In Deutschland nutzten im Jahr 2018 ca. 57 Mio. Menschen ein Smartphone, das sind fast 70 % der Bevölkerung.[1] Die Nutzungsquote hat sich in den letzten Jahren rasant erhöht, ein Ende ist nicht in Sicht. Zudem haben sich die Webseitenaufrufe in den letzten Jahren stark hin zum Smartphone und Tablet verschoben. Im Hintergrund der Nutzung von Apps wird eine Vielzahl von Daten gesammelt. Diese werden zum Teil dazu genutzt um dem Kunden einen bestimmten Service zu bieten. Meist denkt der Nutzer von Apps aber nicht an die Daten, die möglicherweise weitergegeben werden. Im Vordergrund steht die User-Experience – das Nutzererlebnis.

Die Smartphone-Nutzung ist analog zum Smartphone-Besitz in den letzten Jahren stark angestiegen. Nahezu jede Person, die ein Smartphone hat, verwendet dies um in das Internet zu gehen und zu surfen. Dies führt unweigerlich dazu, dass sich die Bevölkerung immer mehr durch das Internet informiert, auf Sozialen Netzwerken unterwegs ist, Angebote einholt und bei Online-Shops einkauft.

Eine Studie von Statista hat ergeben, dass bereits heute 46 % aller Smartphone-Nutzer darüber Online-Banking abwickeln.[2] Unter Berücksichtigung der vorherigen Studie sind das ca. 26,2 Mio. Smartphone-Nutzer, die ihre Bankgeschäfte über das Smartphone erledigen. Wenn man in Betracht zieht, dass der Anteil der Bevölkerung, die ein Smartphone besitzt noch ansteigen wird, ist davon auszugehen, dass zukünftig noch mehr Menschen Banking über das Smartphone und das Internet abwickeln. Vor allem die junge Generation ist es gewohnt, die meisten Dinge online zu erledigen und erwartet dieses Angebot auch von den Anbietern.

Die Kreissparkasse Kelheim (KSK) hat erkannt, dass sich das Kundenverhalten ändert und die klassische Filiale nicht mehr in dem gewohnten Umfang wie bisher von den Kunden aufgesucht wird. Die Anzahl der Kunden, die Online-Banking nutzen, steigt stetig an. Diese Entwicklungen haben dazu geführt, dass der Vorstand der Kreissparkasse Kelheim entschieden hat, ein Digitales Beratungs-Center zu implementieren. Das Digitale Beratungs-Center (DBC) wird im Rahmen eines Projektes umgesetzt.

---

1 Vgl. Statista (Hrsg.), Anzahl Smartphone Nutzer [online], 2018
2 Vgl. Statista (Hrsg.), Nutzung Smartphone Funktionen [online], 2017

Im Rahmen dieses Beitrags wird zuerst die Rolle der Digitalisierung betrachtet. Diese beinhaltet zum einen die Auswirkungen auf das private Umfeld der Menschen. Zum anderen werden die Veränderungen in der Wirtschaft beleuchtet. Im nächsten Schritt werden die Auswirkungen auf die Kreissparkasse Kelheim anhand der PESTEL-Analyse analysiert. Der Wettbewerb wird mit einer qualitativen Analyse betrachtet. Weiter werden das Kundenverhalten und die daraus abgeleiteten Erwartungen an die Sparkasse anhand einer quantitativen Analyse beurteilt. Die Auswirkungen dieser Ergebnisse auf die Kundenkommunikation werden erörtert. Die Anpassung der Anforderungen an die Beraterin oder den Berater einer Sparkasse oder Bank werden ebenfalls betrachtet. Welche Auswirkungen das Kundenverhalten auf das Back-Office einer Sparkasse hat, wird unter Punkt 7 dargestellt. Aus den gewonnenen Erkenntnissen wird für die Umsetzung eines Digitalen Beratungs-Centers eine Handlungsempfehlung für die Kreissparkasse Kelheim abgeleitet.

14.2 Makroökonomische- und Wettbewerbsanalyse und Handlungsoptionen

14.2.1 PESTEL-Analyse

Viele Banken und Sparkassen haben bereits einige dieser Neuerungen eingeführt oder nutzen einige ausgesuchte Möglichkeiten für das Kundengeschäft. Allerdings unterliegen Banken besonderen Regularien und Einflüssen. Um das Umfeld und die Einflüsse auf die Kreissparkasse Kelheim zu kennen und einschätzen zu können, soll eine PESTEL-Analyse durchgeführt werden.

Damit werden die sechs verschiedene Einflussbereiche Politik, Wirtschaft, Soziokultur, Technologie, Ökologie und Recht betrachtet sowie mögliche Chancen, Gefahren oder Probleme für die Installation eines Digitalen Beratungs-Centers abgeleitet.[1]

Durch diese Analyse ergeben sich für die Kreissparkasse Kelheim einige zentrale Chancen und Risiken, siehe Abbildung 1. Als eine der größten Chancen wird das Ziel der Bundesregierung Deutschland, einer der führenden KI-Standorte der Welt zu werden, gesehen. Mit der KI-Strategie sollen die Entwicklungen in diesem Bereich sowie die Aus- und Fortbildung der Mitarbeitenden gefördert werden. Diese Technologie wird bereits von einigen Wettbewerbern eingesetzt und kann damit auch für die Kreditinstitute ausgebaut werden. Gleichzeitig gibt es immer mehr technische Konkurrenten, sogenannte FinTech-Unternehmen, die eigene Lösungen für Bankanwendungen anbieten und das traditionelle Bankgeschäft revolutionieren könnten. Diese Entwicklung darf nicht außer Acht gelassen werden.

---

1 Vgl. Johnson, Strategisches Management, 2011, S. 80

14.2 Makroökonomische- und Wettbewerbsanalyse und Handlungsoptionen

[Diagramm mit sich überlappenden Kreisen: EZB-Zinspolitik, Technische Konkurrenten, Chancen und Schlüsselprobleme der KSK, KI-Standort Deutschland, Veränderung der Bevölkerung]

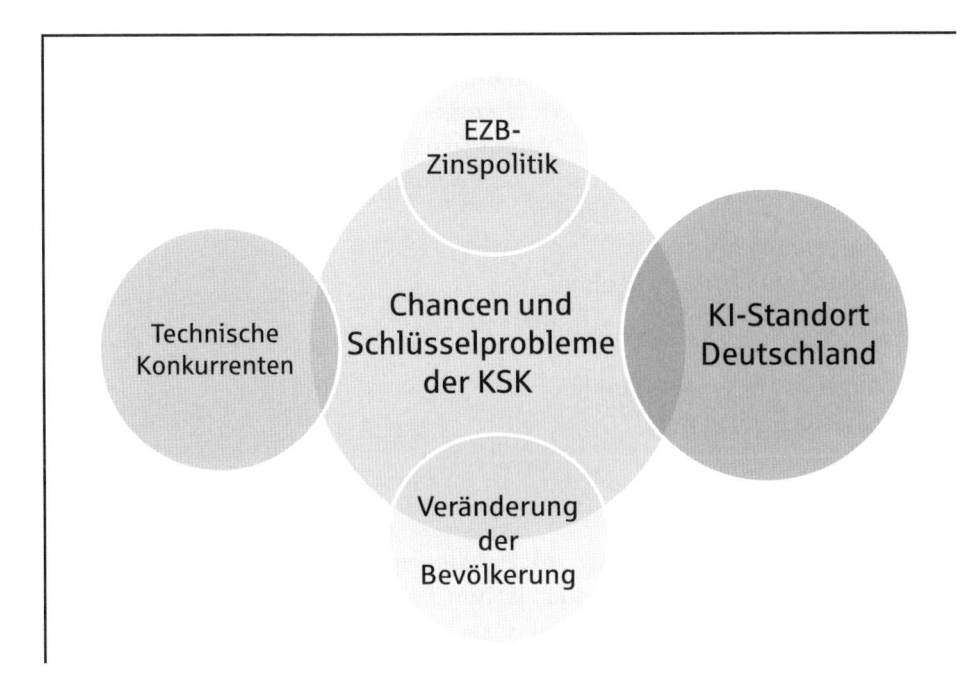

Abb. 1: Chancen und Schlüsselprobleme
Quelle: eigene Darstellung

Ein Problem der Banken und auch der Kreissparkasse Kelheim ist die Niedrigzinspolitik der EZB. Diese Herausforderung besteht aber unabhängig davon, welche Strategie ein Kreditinstitut wählt. Ein weiteres Schlüsselthema ist die Veränderung in der Bevölkerung, da sich dadurch auch die Anforderungen an die Banken und Sparkassen der Kunden ändern.

Zusammenfassend betrachtet unterliegt die Kreditwirtschaft vielen verschiedenen Einflüssen. Eine Weiterentwicklung der Systeme und Anpassung der Angebote für den Kunden werden die Sparkassen und Banken beschäftigen.

14.2.2 Wettbewerbsanalyse

Wie bereits erwähnt wurde, treten immer mehr Konkurrenten in den Markt der Finanzbranche ein. Um einen besseren Überblick zu erhalten, was die Mitbewerber anbieten, wurden die wichtigsten Konkurrenten der Kreissparkasse Kelheim hinsichtlich ihres aktuellen digitalen Beratungs- und Serviceangebots im Privatkundenbereich analysiert.

Das sind vor allem die Genossenschaftsbanken, die in der gleichen Region wie die Kreissparkasse Kelheim tätig ist. In dieser Analyse wurde die Raiffeisenbank Kreis Kelheim e.G., Raiffeisenbank Riedenburg Lobsing e.G. und die Raiffeisenbank Hallertau e.G. betrachtet und unter Genossenschaftsbanken zusammengefasst. Unter den Privatbanken wurden die Deutsche Bank, die Commerzbank und die Hypo-Vereinsbank hinsichtlich des digitalen Angebots für Privatkunden betrachtet. Nicht zu vergessen sind die Onlinebanken, wie die Ing DiBa und die Targobank. Andere Sparkassen wurden nicht betrachtet, da aufgrund des Regionalprinzips kein Konkurrenzverhältnis besteht. Folgende Aspekte wurden betrachtet:

- Online Produktangebot,
- Online-Beratungsmöglichkeiten,
- Online-Service-Angebot,
  - Erreichbarkeit
  - Angebot an Service-Kanälen
- Angebot an Self-Service
- Erklärvideos als Service
- Besondere Angebote

Die einzelnen Sparten wurden mit Punkten von 0 bis 3 bewertet, wobei 0 bedeutet, dass kein Angebot vorhanden ist und 3 ein sehr gutes Angebot in diesem Bereich vorweisen können. Es wurden sechs verschiedene Möglichkeiten für ein Online-Angebot betrachtet. Dabei wäre eine maximale Punktzahl von 18 möglich gewesen. Der Konkurrent Commerzbank hat von den betrachteten Kreditinstituten das beste Angebot im Bereich Online-Beratung und Service, siehe Abbildung 2.

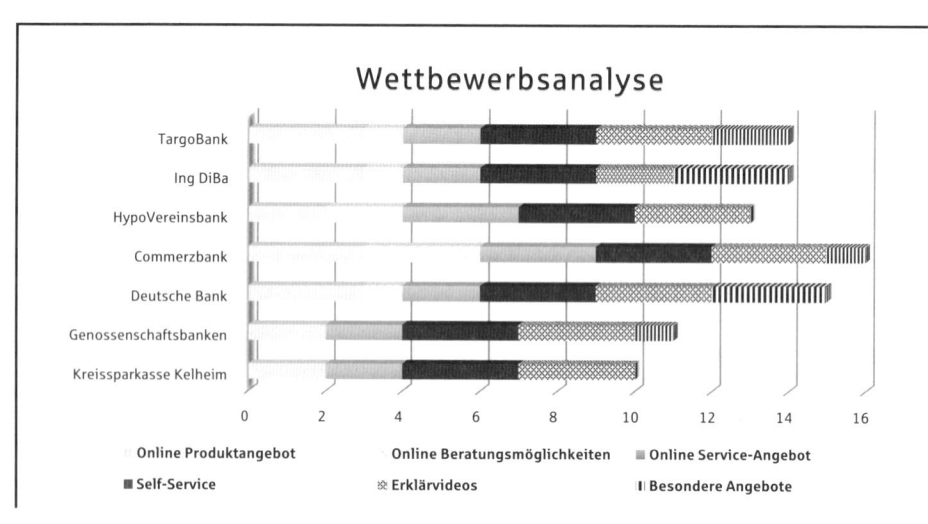

Abb. 2: Wettbewerbsanalyse
Quelle: eigene Darstellung

Die Kreissparkasse Kelheim hat nur neun Punkte erreicht. Das ist vor allem darauf zurückzuführen, dass derzeit keine Online-Beratungsmöglichkeiten und besondere Angebote für den Kunden vorhanden sind. Die Kreditinstitute Ing DiBa und Deutsche Bank haben bei besonderen Angeboten die Maximalpunktzahl erhalten. Das liegt vor allem daran, dass beide einen Chat-Bot auf ihrer Homepage zur Verfügung stellen. Dieser steht für Kundenanfragen zur Verfügung und unterstützt Kunden zum Beispiel bei der Navigation auf der Homepage. Ein Chat-Bot ist ein Programm, dass ohne das Eingreifen eines Menschen die Fragen des Kunden beantworten kann, sofern es die nötigen Informationen erhalten hat.[1] Des Weiteren bieten beide eine automatische und digitale Vermögensverwaltung an. Mit dieser Möglichkeit kann der Kunde sein eigenes Profil für Risiko und Anlagedauer wählen und er erhält automatisch Anlagevorschläge für sein Depot. Dies geschieht ganz ohne die Beratung eines Bankmitarbeiters, sondern durch Programme mit einem entsprechenden Algorithmus.

Der größte Mitbewerber der Kreissparkasse Kelheim, die Genossenschaftsbank, hat bei besonderen Angeboten ebenfalls einen Punkt erhalten. Die Raiffeisenbank Kreis Kelheim bietet für ihre Kunden den Messenger-Dienst WhatsApp an. So kann der Kunde auf einem ihm bekannten Weg mit dem Berater Kontakt aufnehmen. Die Commerzbank hat jedoch bei der Online-Beratung die meisten Punkte erzielt. Dafür bietet sie für den Kunden zur Beratung drei Kanäle an. Das ist der Audio-Chat, also Telefon-Beratung, der Video-Chat und der Text-Chat.

In dieser Wettbewerbsanalyse wurden die traditionellen Kreditinstitute betrachtet, jedoch nicht die neuen Player am Finanzmarkt. Das sind zum einen die FinTechs, aber auch die großen Unternehmen wie Apple und Google, die bereits eine Banklizenz besitzen und die Kreditwirtschaft mit deren Angebot beeinflussen. Diese Unternehmen sind auch in Deutschland bereits in der Finanzwelt aktiv. Sie bieten zum Beispiel Bezahlmöglichkeiten über das Smartphone an. Doch besonders durch die Aktivitäten der FinTechs in der Branche ergeben sich viele neue Chancen und Möglichkeiten das Kundenangebot zu erweitern und zu verbessern.

Im Ergebnis bleibt festzuhalten, dass die Kreissparkasse Kelheim vor allem in dem Bereich der Online-Beratungsmöglichkeiten, dem Online-Service und bei besonderen Angeboten noch Nachholbedarf hat, wenn sie weiterhin ein attraktives Institut für ihre Kunden bleiben möchte. Nachdem die Kreissparkasse Kelheim ein Digitales Beratungs-Center eingeführt hat, wird sich die Wettbewerbsanalyse anders gestalten. Jedoch zeigt sich eines deutlich: Die Wettbewerber haben bereits einige digitale Varianten für den Kunden eingeführt.

14.2.3 Handlungsoptionen für das Kundengeschäft

Wie bereits oben erwähnt, hat die Kreissparkasse Kelheim noch Nachholbedarf bei Online-Beratungsmöglichkeiten und Service. Grundsätzlich sind Kun-

---

[1] Vgl. Smolinski, Innovationen und Innovationsmanagement, 2017, S. 232 f.

denservice und -beratung zu trennen, denn Service ist meist schneller und unkomplizierter abzuwickeln als eine Beratung.

Beim Service steht die Erreichbarkeit für den Kunden an erster Stelle. Früher war für die Bankkunden ein Service nur während der Öffnungszeiten der Geschäftsstelle möglich. Das hat sich mit der Einführung von Geldautomaten, Überweisungsterminals und Online-Banking bereits geändert.[1] Damit hat der Kunde die Option jederzeit seinen gewünschten Vorgang durchzuführen, unabhängig von den Öffnungszeiten. Doch bei Fragen ist meist noch der Kontakt zur Sparkasse nötig. Durch die Nutzung des Smartphones haben die Kunden mittlerweile auch an die Sparkassen und Banken die Ansprüche, dass der Service schnell, unkompliziert und benutzerfreundlich erfolgt.[2] Damit dies gelingt und der Kunde zufrieden ist, müssen neue Serviceangebote geschaffen werden. Bereits einige Banken und Sparkassen bieten den Kunden für einfachere Fragen einen neuen Service an: einen Chat-Bot auf deren Homepage, der einen einfachen Service für Kunden erbringen kann. Dabei ist ein Chat-Bot ein Programm, dem bestimmtes Wissen und Fragen implementiert wurde. Durch die Fragen der Kunden kann das Programm erkennen, welchen Service dieser erwartet.[3] In der Sparkassen Finanzgruppe wurde der Chat-Bot »Linda« entwickelt und steht den Nutzern zur Verfügung.[4] Diese Anwendung wird von Künstlicher Intelligenz betrieben und je nach Ausprägung kann diese selbst dazulernen und Kundenanfragen immer effizienter beantworten.[5] Der Vorteil eines Chat-Bots ist, dass dieser rund um die Uhr zur Verfügung steht und Anliegen lösen kann.[6] Dies hat eine Studie zum Thema »Virtuelle persönliche Assistenten, Chat-Bots und Co.« der Beratungsagentur *BearingPoint* ergeben. Jedoch wurde in der Studie auch herausgefunden, dass den Kunden der persönliche Kontakt zu einem Mitarbeiter eines Unternehmens sehr wichtig ist und auch, dass Anliegen schnell und fallabschließend erledigt werden. Dies gelingt am einfachsten per Telefon, was neben dem E-Mail-Kontakt das bisher beliebteste Medium im Kundenservice ist. Jedoch werden zunehmend auch andere Kontaktwege immer mehr präsent. So wird vor allem die Möglichkeit eines Kontaktformulars immer mehr online genutzt. Eine leichte Steigerung im Vergleich zum Vorjahr zeigt sich bei der Videotelefonie.[7]

Die Möglichkeit eines Video-Chats wird vor allem in der Online-Beratung von Konkurrenten der KSK eingesetzt. Mit dieser Option lässt sich die standortunabhängige Beratung und eine Beratung von Angesicht zu Angesicht optimal verbinden.[8] Das hat den Vorteil, dass der Bankangestellte für den Kunden nicht

---

1 Vgl. Smolinski, Innovationen und Innovationsmanagement, 2017, S. 172 f.
2 Vgl. Smolinksi, Innovationen und Innovationsmanagement, 2017, S. 197 f.
3 Vgl. Smolinski, Innovationen und Innovationsmanagement, 2017, S. 232
4 Vgl. Suhr, Bot-Kollegin Linda viel beschäftigt, 2018, S. 5
5 Vgl. Becker, Was Roboter können und was nicht [online], 2017
6 Vgl. BearingPoint (Hrsg.), Virtuelle persönliche Assistenten [online], 2018, S. 7
7 Vgl. BearingPoint (Hrsg.), Virtuelle persönliche Assistenten [online], 2018, S. 5 f.
8 Vgl. Brock, Multi- und Omnichannel-Management, 2015, S. 249

anonym bleibt, sondern ein Gesicht hat und so eine persönliche Beziehung aufgebaut wird. Zugleich erhält der Berater auch einen Einblick in das private Leben des Kunden und kann sich so ein ganz anderes Bild von dem Kunden machen. Im Vergleich zur telefonischen Beratung haben Berater und Kunde den gemeinsamen Vorteil, dass sie über Screen-Sharing oder Co-Browsing gemeinsam eine Homepage besuchen können oder eine Visualisierung des Gesagten leichter möglich ist.[1] Bei Screen-Sharing kann der Kunde den Bildschirm des Beraters sehen, bei Co-Browsing hingegen können beide Parteien gemeinsam auf einer Homepage agieren.

Eine Herausforderung bei allen Kommunikationswegen mit dem Kunden, die nicht persönlich stattfinden, ist die Legitimation des Kunden. Denn bei einer Beratung, aber auch bei Serviceanfragen sind viele sensible Kundendaten im Spiel. Der Bankmitarbeiter muss sich sicher sein, dass die richtige Person die Auskunft erhält. Um vor allem bei Produktabschlüssen und bei Neukunden eine sichere Identifikation zu gewährleisten, wurde von einem Teil der Banken und Sparkassen eine Video-Legitimation eingeführt. Der Kunde beginnt mit einem Mitarbeiter einen Video-Chat. Der Kunde wird dabei anhand der Video-Übertragung und dem Ausweisdokument verglichen. Dabei verwendet der Kunde seinen Reisepass oder Personalausweis während dem Video-Chat und dessen Daten werden von dem Bankmitarbeiter abgelesen und verifiziert.[2] Dieses Verfahren kann noch weiter ausgebaut werden. Damit ist es möglich anhand einer Verschlüsselung eine digitale Signatur des Kunden zu generieren. Somit kann ein Vertrag direkt während der digitalen Beratung abgeschlossen werden.

Eine weitere Möglichkeit für eine Online-Beratung ist Roboadvisory. Das ist eine Software, die dem Kunden aufgrund von zuvor beantworteten Fragen und Aussagen einen Anlagevorschlag bringt.[3] Diese Form der Beratung findet ausschließlich digital und ohne Kontakt zu einem Berater statt. Es ist je nach Gestaltung der Software möglich, einige Vorlieben oder Wünsche hinsichtlich der Anlagevorschläge mitzuteilen, doch die Auswahl erfolgt standardisiert und automatisiert.[4] In der Sparkassen Finanzgruppe wurde vor Kurzem ein Roboadvisory-Produkt für diesen Bereich der Beratung vorgestellt. Es handelt sich um ein Produkt der DekaBank und nennt sich bevestor. Diese digitale Vermögensverwaltung bietet dem Kunden zwei Auswahlmöglichkeiten für seine Depotsteuerung an, das ist zum einen »Relax« und »Select« und dabei wiederum verschiedene Anlageszenarien je Risikoausprägung des Kunden.[5] Gleichzeitig kann der Kunde einen Anlageschutz wählen. Dieser Schutz stellt eine Art Sicherheitsnetz dar, dass sich öffnet, wenn die Märkte stark schwanken oder der

---

1 Vgl. Brock, Multi- und Omnichannel-Management, 2015, S. 249
2 Vgl. Brühl, Praxishandbuch Digital Banking, 2018, S. 23
3 Vgl. Brühl, Praxishandbuch Digital Banking, 2018, S. 272
4 Vgl. Alt, Digitalisierung der Finanzindustrie, 2016, S. 116 f.
5 Vgl. bevestor (Hrsg.), Anlagelösungen [online], 2017

Wertpapiermarkt gerade auf Talfahrt ist. Die Fondsanteile werden in sichere Anlagen umgeschichtet und somit soll ein Verlust des eingesetzten Kapitals vermieden werden.

Bei der Wettbewerbsanalyse fiel zudem auf, dass alle betrachteten Konkurrenten in den sozialen Medien, wie zum Beispiel Facebook oder YouTube vertreten und präsent sind. Die Kreissparkasse Kelheim besitzt jedoch keine eigene Seite bei Facebook oder anderen Social-Media-Kanälen. Die Erklärvideos in YouTube werden von der Sparkassenorganisation zentral eingestellt. Hier sollte geprüft werden, ob eine aktive Mitwirkung in den Social Media für die Interessen der Kreissparkasse Kelheim genutzt werden kann.

Festzustellen ist, dass das Angebot an digitalen Beratungs- und Servicemöglichkeiten für die Sparkassen und Banken scheint endlos zu sein. Die FinTechs, also Startup-Unternehmen, die sich auf die Finanzdienstleistungsbranche spezialisiert haben, bieten viele neue Varianten für den Kundenservice und -beratung an.[1] Die Möglichkeiten gehen über die Installation eine Chat-Bots, über Video-Beratung und digitaler Video-Legitimation bis hin zu einer automatisierten Beratungssoftware im Anlagebereich oder einem Auftritt in Social Media. Jedoch kann ein Kreditinstitut nicht jede Lösung anbieten und nicht jede neue Idee passt zu der Sparkasse oder Bank.

14.2.4 Herausforderung für die Kreissparkasse Kelheim

Ein wichtiger Punkt ist sicherlich, wie sich die Kreissparkasse Kelheim zukünftig im Kundengeschäft weiter zukunftsfähig positionieren möchte und auf welchen Kanälen die KSK präsent sein wird. Diese Optionen sollten auch unter dem Blickwinkel der Regulatorik betrachtet werden. Weiter ist eine Herausforderung, das Kundenverhalten und die Wünsche und Bedürfnisse der Kunden richtig abschätzen zu können. Diese Aspekte sollten in einer Digitalisierungsstrategie behandelt werden. Damit können die Herausforderungen dezidiert betrachtet werden und entsprechende Handlungsvorschläge innerhalb der Kreissparkasse Kelheim erarbeitet werden. Dabei ist auch das Kundenverhalten zu berücksichtigen.

Anhand der PESTEL-Analyse wurden die Einflüsse für die Sparkasse dargestellt und Chancen und Risiken abgeleitet. Die Wettbewerbsanalyse hat gezeigt, dass die Kreissparkasse Kelheim ihr digitales Angebot ausbauen sollte. Dafür stehen eine Fülle an Handlungsoptionen zur Verfügung. Diese sollten für den Einsatz in der KSK geprüft werden.

---

1 Vgl. Brühl, Praxishandbuch Digital Banking, 2018, S. 32 f.

14.3 Rolle des künftigen Kundenverhaltens

14.3.1 Aktuelle und zukünftige Erwartungen an die Sparkassen

Es stellt sich die Frage, welche Informationen die Kunden von der Sparkasse erwarten. Zudem ist man es als Internetnutzer gewöhnt, von den Portalen direkte Vorschläge über das nächste Produkt zu erhalten, das zu einem passen könnte.[1] Das viel zitierte Beispiel von Netflix oder anderen Streaming-Anbietern, die dem Kunden immer passende Vorschläge für Filme und Serien anbieten, steht exemplarisch dafür was anhand der digitalen Möglichkeiten und der Datenspeicherung über einen Kunden möglich ist. Da jeder Klick im Internet gespeichert wird und somit eine Datensammlung für einen Nutzer angelegt wird, können durch gezielte Auswertungen die entsprechenden Titel und Produkte vorgeschlagen werden. Jedoch ist der Kunde dieses Vorgehen gewöhnt und erwartet scheinbar einen Vorschlag.[2]

Angebote, die direkt auf den einzelnen Nutzer zugeschnitten sind, fallen unter den Begriff der Personalisierung. Jedoch ist es dafür nötig, den Kunden zu verstehen und seine derzeitige Lage richtig einzuschätzen. Es ist wichtig zu wissen, mit welchem Medium der Kunde zu welchem Thema angesprochen werden möchte.[3] Das Prinzip der Personalisierung wurde bereits früher von den Beratern der Banken durchgeführt, als der Kunde die Filiale öfters aufgesucht hat – wie oben bereits beschrieben. Jedoch bietet die Digitalisierung hier eine Herausforderung.

Der Kunde ist auf vielen verschiedenen Kanälen unterwegs und sucht verschiedene Information. Die Banken und Sparkassen besitzen ebenfalls eine Fülle an Wissen über einen Kunden. Wenn ein Kunde ein Girokonto unterhält, haben die Kreditinstitute die Möglichkeit die Daten auszuwerten – sofern der Kunde einwilligt. Diese Informationen können verwendet werden, um dem Kunden ein Produkt vorzuschlagen, das auf seine persönliche Situation passt.[4] Jedoch wird es nicht ausreichend sein, die Daten der Girokonten auszuwerten, vielmehr müssen auch die Wege des Kunden zur Sparkasse betrachtet werden. Die Nutzungsintensität des Online-Bankings oder der App auf dem Smartphone ist ebenfalls ein wichtiger Aspekt. Die Erwartung des Kunden hinsichtlich der Personalisierung zu erfüllen, ist am einfachsten, wenn der Bankberater den Kunden bei einem Termin auf dieses Thema anspricht und eine bedarfsgerechte Beratung starten kann.

Die Online-Angebote steigen in allen Branchen und für jeden Zweck. Deshalb erwartet der Kunde auch von den Sparkassen und Banken, dass sie auf seinen bevorzugten Kanälen vertreten sind. Jedoch ist dies nur sinnvoll, wenn der

---

1 Vgl. Brackert, Bankkunden wollen personalisierte Dienstleistungen [online], 2018
2 Vgl. Leichsenring, Personalisierung als Erfolgsfaktor [online], 2018
3 Vgl. Brock, Multi- und Omnichannel-Management, 2015, S. 88 f.
4 Vgl. Brühl, Praxishandbuch Digital Banking, 2018, S. 16

Nutzer auch einen Vorteil davon hat, zum Beispiel durch einen erweiterten Service. Wichtig ist ebenfalls die Nutzerfreundlichkeit, denn wenn sich der Kunde über einen Kanal ärgert, dann wird er diesen Weg vermutlich nicht noch einmal einschlagen. Damit die verschiedenen Medien einen Vorteil bieten, sollte die Nutzeroberfläche, die Bedienung und das Layout homogen sein. Der Nutzer sollte sich auf den Kanälen leicht zurechtfinden und die Kontaktaufnahme und Verknüpfung zum Kundenberater sollte möglich sein. In der Studie von *BearingPoint* wurde herausgefunden, dass 90 % der Befragten, die Nutzerfreundlichkeit der Kontaktkanäle wichtig ist.[1] Wenn sich eine Sparkasse dafür entscheidet, für den Kunden in mehreren Kanälen präsent zu sein, dann bringt das automatisch weitere Anforderungen des Kunden an die Sparkasse mit. Da die Medien normalerweise dauerhaft verfügbar sind, muss zumindest gewährleistet sein, dass zu üblichen Geschäftszeiten ein kompetenter Ansprechpartner der Sparkasse zur Verfügung steht.[2] Noch effektiver wäre es, wenn auch außerhalb dieser Zeiten Mitarbeiter für die Anliegen des Kunden zur Verfügung stehen.

Eine weitere Erwartung der Kunden an die Sparkasse ist Transparenz. Bereits jetzt hat der Kunde die Möglichkeit über die Vergleichsportale verschiedene Produkte zu vergleichen. Jedoch ist es noch oft eine Herausforderung für Kunden alle. Eine Umfrage der Beratungsagentur PricewaterhouseCooper belegt, dass 53 % der Befragten Transparenz und Einfachheit bei Banken als besonders wichtig empfinden.[3] Die Vereinfachung von Produkten und Produkterklärungen könnte einen Wettbewerbsvorteil darstellen.[4]

Somit bleibt festzuhalten, dass der Kunde von der Sparkasse auch im digitalen Zeitalter personalisierte Angebote und Ansprachen erwartet. Jedoch auf dem Kanal, den er bevorzugt. Zusätzlich ist die Benutzerfreundlichkeit der Kanäle, sowie die Verfügbarkeit der Kanäle und des Beraters genauso wichtig, wie die Transparenz.

14.3.2 Auswirkungen auf die Zielgruppenbildung

Es zeigt sich deutlich, dass sich die Kunden und deren Wege zu einer Sparkasse oder Bank stark verändert haben und verändern werden. Vor allem die jüngeren Kunden nutzen die digitalen Angebote, da die Digital Natives mit diesen Wegen und Kanälen aufgewachsen sind. Die Herausforderung besteht nun darin, die für die Kunden wichtige Kanäle zu bespielen und dort verfügbar zu sein, wo der Kunde es möchte. Jedoch sind nicht alle Kunden gleich und nicht alle Kunden haben die gleichen Erwartungen an die Sparkasse.

---

1 Vgl. BearingPoint (Hrsg.), Virtuelle persönliche Assistenten [online], 2018, S. 4
2 Vgl. Brühl, Praxishandbuch Digital Banking, 2018, S. 19
3 Vgl. PwC (Hrsg.), Retail Banking 2020 [online], 2014, S. 28
4 Vgl. Brock, Multi-und Omnichannel-Management, 2015, S. 234

Eine Zielgruppe, die auch das Digitale Beratungs-Center der Kreissparkasse Kelheim ansprechen soll, sind die Digital Natives. Die Besonderheit an dieser Zielgruppe ist, dass sie eine ausgeprägte Bereitschaft hat einfachere Produkte online abzuschließen.[1] Ebenso ist es für diese Zielgruppe völlig normal, sich auf allen möglichen Kanälen zu informieren, jedoch hat besonders die Sparte Social Media einen hohen Stellenwert im Vergleich zu anderen Altersgruppen. Damit dem Wunsch nach Individualität und in gewisser Weise der Selbstdarstellung entsprochen. Diese Zielgruppe nutzt überwiegend nur die Produkte, die zu dem eigenen Lifestyle passen. Dadurch steigt der Einfluss dieser Sparte auf die Entscheidungen der Nutzer. Dadurch ist es umso wichtiger genau zu prüfen, welche Themen in Social-Media-Plattformen beworben werden.[2] Eine weitere wichtige Information zu dieser Zielgruppe ist, dass sie überwiegend das Smartphone inkl. der Apps nutzen, um in das Internet zu gehen.[3] Trotz allem ist auch für die Digital Natives wichtig, einen persönlichen Ansprechpartner zu haben, wenn es um komplexere Fragen rund um die Finanzen geht.

Ein interessanter Aspekt, der bisher noch nicht betrachtet wurde, ist der demografische Wandel. Die Bevölkerung in Deutschland wird immer älter und hat veränderte Ansprüche. Viele Menschen zwischen ca. 55 und 65 Jahren haben ihr aktuelles Arbeitsleben damit verbracht, sich auf die veränderte Technik einzustellen und im Arbeitsalltag das Internet kennengelernt.[4] Diese Personen werden nach und nach in Rente gehen und sind in diesem Bereich – ähnlich wie Digital Natives – gut informiert und sogar vernetzt. Jedoch ist bei dieser Zielgruppe zu berücksichtigen, dass sie das Internet überwiegend mit dem Laptop oder PC nutzen.[5]

Um die Kunden bedarfsgerecht anzusprechen und deren Interesse zu wecken, ist wichtig, zu wissen, auf welchen Kanälen der Kunde unterwegs ist und welche Themen ihn derzeit interessieren. Da sich auch das Angebot der Kanäle verändert hat, gibt es unterschiedliche Kundenwünsche bezüglich der ausführlichen Information und Beratung. Manche Kunden wollen eine große Auswahl an Informationen und wenn möglich die Produkte sofort online abschließen.[6] Andere Kunden hingegen wollen durch einen Mitarbeiter beraten werden.

Dies bedeutet, dass eine einfache Einteilung der Kunden in vorgegebene Zielgruppen nicht mehr so leicht möglich ist. Die Einteilung anhand bspw. des Alters und des Familienstandes ist überholt. Der Kunde möchte individuell beraten werden, deshalb sind auch individuellere Zielgruppen nötig.

---

1 Vgl. Brock, Multi- und Omnichannel-Management, 2015, S. 271
2 Vgl. PwC (Hrsg.), Von A wie Amazon, 2018, S. 29 f.
3 Vgl. BVWD (Hrsg.), Digitale Nutzung [online], 2018, S. 19
4 Vgl. Brock, Multi- und Omnichannel-Management, 2015, S. 271 f.
5 Vgl. BVWD (Hrsg.), Digitale Nutzung [online], 2018, S. 19
6 Vgl. Alt, Digitalisierung der Finanzindustrie, 2016, S. 74

14.4 Die Kundenkommunikation der Zukunft

14.4.1 Handlungsmöglichkeiten für die Kundeninteraktion

Die Sparkasse kann mit dem Kunden über viele verschiedene Kommunikationskanäle in Verbindung treten, siehe Abbildung 3. Eine Kommunikation mit dem Kunden ist bereits jetzt bei der KSK über einige Kanäle möglich, wie zum Beispiel die SB-Geräte, das Telefon oder eine E-Mail. Jedoch können auch diese Wege erweitert werden, z.B. mit Video- und Text-Chats Video-Chat sowie Social-Media-Kanäle.

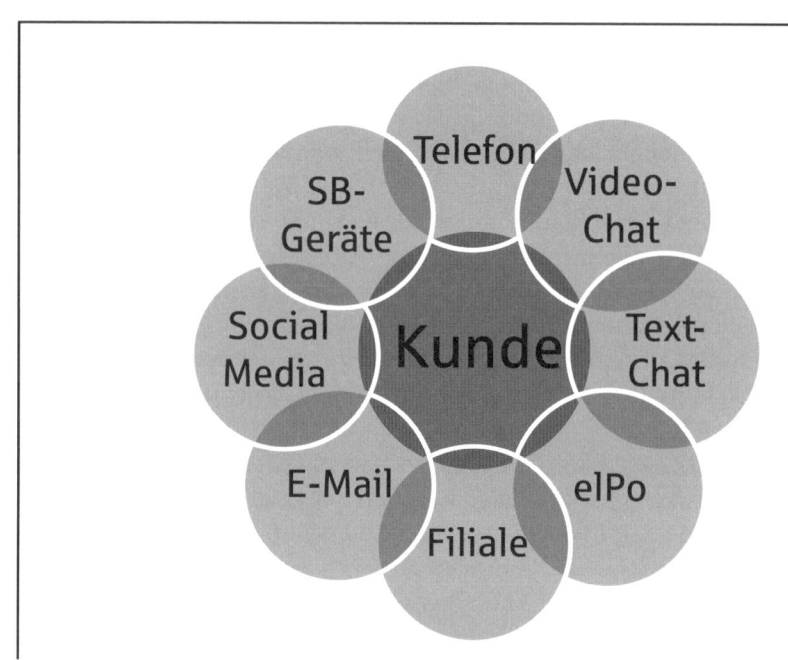

Abb. 3: Kommunikationswege
Quelle: in Anlehnung an Brock, Multi- und Omnichannel-Management, 2015, S. 337 f.

Der Kommunikationskanal über SB-Geräte wurde bisher noch nicht betrachtet. Dabei ist das einer der Kontaktpunkte, die der Kunde am häufigsten frequentiert. In spanischen Sparkassen ist es zum Beispiel möglich über diese Geräte einen Kredit oder eine Versicherung abzuschließen.[1] Ein Konkurrent – die Commerzbank – hat bei den SB-Geräten eine Funktion eingerichtet, bei der der Kunde per Video von einem Bankangestellten angesprochen und auf passende

---

1 Vgl. Müller, Menschlicher Kontakt wird Mangelware [online], 2018

Angebote hingewiesen werden kann, wenn dieser am Geldautomaten ist.[1] Diese Beispiele zeigen, dass SB-Geräte durchaus für eine gegenseitige Interaktion mit dem Kunden geeignet sein können.

Das elektronische Postfach (elPo) wird bereits von Sparkassen und Banken genutzt, um dem Kunden die Kontoauszüge zur Verfügung zu stellen, oder wichtige Dokumente zu übermitteln. Voraussetzung ist dabei, dass der Kunde einen Online-Banking-Zugang besitzt. Dieses Medium gilt als sicherer Übertragungsweg. Allerdings kann die Nutzung zum gegenseitigen Austausch noch intensiviert werden.

Ein weiterer Weg ist der Video- oder Text-Chat, den bereits einige Wettbewerber anbieten. Dabei ist eine persönliche Interaktion zwischen Kunde und Berater möglich. Damit dieser Kanal die Erwartungen des Kunden erfüllt, ist es sinnvoll, dass der persönliche Kundenberater für die Anliegen des Kunden zur Verfügung steht, oder ein Termin mit ihm per Video möglich ist.[2] Um die Kontakthäufigkeit zwischen Kunde und der Sparkasse zu steigern, kann es sinnvoll sein, auch Beratungstermine auf einen vom Kunden gewünschten Zeitpunkt zu verlegen. Bei einem Video-Chat nutzt der Kunde vor allem den Vorteil, dass er für eine Beratung nicht persönlich in der Filiale zu erscheinen braucht. Diese Vorteilhaftigkeit sollte für den Nutzer auch bis zum Produktabschluss gegeben sein. Das bedeutet, dass eine Kommunikation mit dem Kunden nur so lange für ihn von Nutzen ist, wie er alles über das gewählte Medium abschließen kann. So sollte der Vertragsschluss zu keinem Medienbruch führen, in dem der Kunde plötzlich einen papierhaften Vertrag unterschreiben muss, den er ggf. erst einige Tage später erhält.[3] Diese Thematik mit einer medienbruchfreien Kommunikation gilt auch für alle anderen Kanäle.

In der Wettbewerbsanalyse wurden weitere Handlungsmöglichkeiten für Sparkassen und Banken thematisiert, unter anderem die Integration eines Chat-Bots auf der Homepage der Sparkasse. Dabei kann der Kunde einfache Fragen zu seinem Anliegen stellen und das Programm kann weiterhelfen oder das Anliegen an einen Mitarbeiter der Sparkasse weiterleiten. Der Chat-Bot steht dem Kunden durchgehend zur Verfügung und kann je nach Bedarf genutzt werden. Dieser Service ist jedoch ein einseitiges Angebot an den Kunden, denn er muss das Tool aktiv in Anspruch nehmen. Eine Interaktion zwischen Sparkassenmitarbeiter und Kunde findet nicht statt. Sollte das Programm des Chat-Bots das Anliegen des Kunden nicht zufriedenstellend bearbeiten können, so ist es möglich, dass im nächsten Schritt der Kunde an einen Mitarbeiter der Sparkasse weitergeleitet wird. Damit eine Interaktion mit Kunde und Sparkasse zu Stande kommt, bietet sich die Möglichkeit an, dass der Kunde auf der Home-

---

1 Vgl. Brock, Multi- und Omnichannel-Management, 2015, S. 249
2 Vgl. Brock, Multi- und Omnichannel-Management, 2015, S. 248 f.
3 Vgl. Brock, Multi- und Omnichannel-Management, 2015, S. 372

page auf die Möglichkeit des Chat-Bots hingewiesen wird und der Kunde Fragen stellen kann.[1]

Die Kunden nutzen Social-Media-Plattformen, um sich auszutauschen, aber auch um sich zu informieren. In einer repräsentativen Umfrage zur Mediennutzung in Deutschland durch *Kantar TNS* wurde ermittelt, dass die befragten Personen folgende vier Dienste (Intermediäre) täglich am meisten nutzen:[2]
- Messenger-Dienst WhatsApp 47,1 %
- Informations-Dienst Google 45,9 %
- Social Media YouTube 24,7 %
- Social Media Facebook 22,6 %

Die klassischen Medien wie Fernseher oder Printmedien werden in Deutschland nach wie vor zur Informationsbeschaffung genutzt, jedoch ist hier ebenfalls zu erkennen, dass die Kanäle immer mehr in die Sozialen Medien münden.[3]

Es sind die beiden Bereiche Kommunikationskanal und Informationsbeschaffung zu trennen. Die Informationsbeschaffung ist ein wichtiger Teil für die Kundenkommunikation, denn nur wenn das Informationsmaterial ansprechend und informativ gestaltet ist, wird sich der Kunde bei der Sparkasse oder Bank melden. Dabei ist es den Kunden wichtig, ausführlich informiert zu werden und nicht dauernd beworben zu werden.[4] Die Besonderheit bei der Information über soziale Netzwerke ist, dass jeder, egal ob Kunde, Mitarbeiter, Geschäftspartner oder Personen ohne erkennbare Verbindung zur Sparkasse die Inhalte sehen und teilen können.[5] Unter dem Begriff der sozialen Netzwerke fallen vor allem die bekannten Portale wie Facebook, Instagram, Snapchat, LinkedIn und viele weitere.[6] Besonders Video-Portale wie YouTube verzeichnen in letzter Zeit erhöhte Nutzerzahlen. Diese Plattform wird vor allem für Informationszwecke und Unterhaltung genutzt.[7] Aber egal, welchen digitalen Kanal eine Sparkasse oder Bank verwendet, so ist besonders wichtig, dass die Informationen richtig dargestellt sind und einen Nutzen aufweisen. Denn eine Veröffentlichung von Informationen wird eine Reaktion des Kunden zur Folge haben und mündet in eine Kommunikation.

Außerhalb von Social Media findet eine Kommunikation mit dem Kunden normalerweise nur zwischen der Bank und dem Kunden statt. Das ändert sich mit der Eigenschaft der Öffentlichkeit dieser Plattformen, denn jeder interessierte Nutzer kann seinen Kommentar abgeben, seine Zustimmung oder Ableh-

---

1 Vgl. Smolinski, Innovationen und Innovationsmanagement, 2017, S. 238
2 Vgl. Kantar TNS (Hrsg.), MedienGewichtungsStudie 2018-I [online], 2018, S. 9
3 Vgl. Brühl, Praxishandbuch Digital Banking, 2018, S. 296
4 Vgl. Brock, Multi- und Omnichannel-Management, 2015, S. 325
5 Vgl. Smolinski, Innovationen und Innovationsmanagement, 2017, S. 273
6 Vgl. Kantar TNS (Hrsg.), MedienGewichtungsStudie 2018-I [online], 2018, S. 8
7 Vgl. Brock, Multi- und Omnichannel-Management, 2015, S. 329

nung signalisieren.¹ Mit diesem Aspekt kommt man zu der größten Herausforderung bei Social Media und den Netzwerken.

- Schnelle Verbreitung der Informationen: Unabhängig davon, wie der Inhalt der Nutzer empfunden wird, kann die Information per »Like« oder einem »Retweet« rasch an eine viel größere Nutzerzahl vermittelt werden. Die Auswirkungen können von der Sparkasse oder Bank nicht mehr kontrolliert werden. Aufgrund der hohen Reichweite können aber auch wichtige Informationen schnell verbreitet werden.
- Rasche Meinungsbildung: Durch die oben beschriebene Wirkungskette bilden sich die Nutzer eine Meinung – positiv oder negativ – über das Unternehmen oft ohne, dass die Nutzer das Unternehmen tatsächlich kennen und kann zu einem Reputationsschaden führen.²
- Reaktionsdauer: Um die Auswirkungen etwas kontrollieren zu können, müssen die Kreditinstitute oft schnell und qualitativ auf Kommentare reagieren.³
- Kostenlose Werbung: Durch die hohe Reichweite können Inhalte, die für die Kunden nützlich sind, auch Kunden von der Sparkasse überzeugen und Vertrauen schaffen.⁴
- Gegenseitige Einblicke: Weil die Informationen viele Kunden erreichen und die Sparkasse viele Reaktionen erhält, können Kunde und Markt besser eingeschätzt werden.

Besonders der letzte Aspekt rückt aktuell immer mehr in den Vordergrund. Durch die Möglichkeiten der Digitalisierung, insbesondere Data Analytics und Big Data können die Kundenbedürfnisse besser eingeschätzt werden. Dazu können die vorhandenen Daten und die Informationen aus den sozialen Netzwerken und Plattformen ausgewertet werden, um dem Kunden gezielte Vorschläge zu machen.⁵

Um eine klare Zielrichtung für die Mitarbeiter der Bank vorzugeben, sollte eine Strategie entwickelt werden, welche Medien die Sparkasse mit welcher Priorisierung einsetzt. Diese Multi-Channel-Strategie sollte im Einklang mit der Geschäftsstrategie stehen und die aktuellen Gegebenheiten wie Ressourcen oder Kenntnisstand der Mitarbeiter der Sparkasse berücksichtigen.⁶

---

1 Vgl. Brühl, Praxishandbuch Digital Banking, 2018, S. 292
2 Vgl. Brühl, Praxishandbuch Digital Banking, 2018, S. 292
3 Vgl. Smolinski, Innovationen und Innovationsmanagement, 2017, S. 280
4 Vgl. Brock, Multi- und Omnichannel-Management, 2015, S. 325
5 Vgl. Brühl, Praxishandbuch Digital Banking, 2018, S. 8
6 Vgl. Brock, Multi- und Omnichannel-Management, 2015, S. 342

14.5 Veränderung der Beraterrolle

14.5.1 Anforderungen des Kunden an den Berater

Die Ansprüche des Kunden und dessen Erwartungen an die Sparkassen und Banken haben sich bereits verändert und werden sich weiterhin ändern. Damit diese Anforderungen auch erfüllt werden, sollten sich auch die Mitarbeiter der Kreditinstitute anpassen. Die Zeit der Veränderung ist überall angekommen.

In dem Kapitel 14.2 wurde bereits thematisiert, was Kunden von einer Sparkasse erwarten. Da eine Sparkasse, sowie jedes andere Kreditinstitut auch von dem Erfolg der Berater profitiert, kann man diese Erkenntnisse ebenfalls für den Berater ummünzen. Folgende Erwartungen wurden ermittelt:
- Transparenz
- Verfügbarkeit
- Persönlichkeit

In der Betrachtungsweise, was von dem eigenen Berater gefordert wird, sollte Transparenz genauer beleuchtet werden. Kunden erwarten von deren Berater vor allem einfache und verständliche Beratung. Das bedeutet, die derzeitige Werbebotschaft der Sparkassen-Finanzgruppe »Sparkasse ist einfach« muss auch gelebt werden. In der Beratung durch einfaches und übersichtliches Material. Gleichzeitig muss der Berater den Kunden über alle Produkteigenschaften informieren. Durch die Digitalisierung und den Möglichkeiten ist der Kunde meist schon über die Produktvariante informiert. Das hat zur Folge, dass der Kunde von seinem Berater alle Informationen erwartet. Sollte dies nicht der Fall sein, wird das Vertrauen zwischen Kunde und Berater sinken und es ist unwahrscheinlich, dass der Kunde ein Produkt abschließen wird, bei dem er sich nicht wohl fühlt.[1] Eine Statista-Befragung von 14–29-jährigen Deutschen aus dem Jahr 2015 zeigt, dass neben einer sicheren Geldanlage und Online-Banking das Vertrauen zum Bankberater am wichtigsten ist. Dies unterstützt die oben getroffene Aussage.

Dadurch dass sich Kunden ggf. bereits vor einer Beratung über Produkte informieren, haben sie eine große Auswahl von verschiedenen Anbietern vorgefunden, über Vergleichsportale konnte vielleicht schon eine erste Meinung eingeholt werden. Der Kunde wird nun vom Berater bezüglich des Produktes Offenheit und Ehrlichkeit erwarten. Dies sollte für den Berater eigentlich selbstverständlich sein. Der Kunde die Aussagen des Beraters nun leichter verifizieren.

Der Kunde ist es zum Beispiel durch die digitalen Anwendungen im Einzelhandel gewöhnt immer online einkaufen zu können oder seine Anliegen jederzeit beantwortet zu bekommen. Dies ist auch eine Anforderung an den Berater,

---

1 Vgl. Brock, Multi- und Omnichannel-Management, 2015, S. 234

die die Digitalisierung mit sich bringt. Die Kunden erwarten von ihrem Sparkassenberater, dass ihre Anliegen schnell erledigt werden und sie die gewünschten Informationen erhalten.[1] Die Verfügbarkeit des Beraters ist nicht nur in der Geschäftsstelle wichtig, sondern eben auch in allen Kanälen, auf denen die Sparkasse aktiv ist. Der Kunde erwartet, dass er, egal welches Medium er nutzt, eine rasche Antwort erhält. Dies führt dazu, dass von dem Berater auch eine Verfügbarkeit außerhalb der normalen Öffnungszeiten gefordert wird.[2]

Wenn die Sparkasse mehrere Medien anbietet, mit denen der Kunde seine Bankgeschäfte erledigen kann oder Informationen zu Produkten und Dienstleistungen anbietet, dann werden dazu Fragen entstehen. Wendet sich der Nutzer an seinen Ansprechpartner der Sparkasse wird erwartet, dass der Berater die Anwendung kennt. Diese sollte verfügbar sein und der Kundenbetreuer sollte gemeinsam mit dem Kunden den Vorgang durchführen können. Dies ist jedoch nur möglich, wenn die Angestellten der Sparkasse die eigenen Anwendungen und Medien kennen und vor allem, sich damit auskennen. Gleichzeitig kann der Kunde von seinem Berater erwarten, dass ihn dieser über neue technische und digitale Lösungen informiert und diese gemeinsam getestet werden können.[3]

Durch die Möglichkeiten der Digitalisierung, insbesondere Big Data und Data-Analytics kann eine Sparkasse die Interessen des Kunden herausfiltern und seine persönlichen Ziele erkennen. Aufgrund dieser Erkenntnisse erhält der Kunde individuelle Produktvorschläge und Marketingaktionen. Diese Erkenntnisse sollte sich ein Berater zunutze machen und den Kunden individuell und persönlich beraten und dabei wissen, welche Produkthinweise der Kunde bereits über die verschiedenen Kanäle erhalten hat. Besonders bei komplexeren Sachverhalten wie zum Beispiel einer Baufinanzierung oder eine umfassende Wertpapierberatung möchte der Kunde persönlich beraten werden und Produktvorschläge erhalten, die genau auf ihn zugeschnitten sind.[4]

Somit zeigt sich, dass die Rolle des Beraters in Zukunft mehr sein wird, als jemand der die Produkte der Bank kennt. Da sich der Kunde weiterentwickelt, erwartet er dies auch von seinem Berater. Dieser sollte zukünftig auch als Navigator für die verschiedenen digitalen Möglichkeiten und Informationen dienen.

14.5.2 Veränderung der Erwartungshaltung der Sparkassen an die Berater

Eine Sparkasse kann die technischen und organisatorischen Voraussetzungen für eine neue digitale Beratungsmöglichkeit schaffen, jedoch müssen die Mitarbeiter – insbesondere die Berater – die neuen Optionen beherrschen.

---

1 Vgl. Brock, Multi- und Omnichannel-Management, 2015, S. 72
2 Vgl. Brock, Multi- und Omnichannel-Management, 2015, S. 88
3 Vgl. Brock, Multi- und Omnichannel-Management, 2015, S. 216
4 Vgl. Bühl, Praxishandbuch Digital Banking, 2018, S. 309

Durch die technischen Möglichkeiten der künstlichen Intelligenz, Big Data, Chat-Bots und Roboadvisory werden sich die Dienstleistungen und einfachere Produkte standardisieren. Deshalb ist für einen Kunden besonders wichtig, dass er die gewünschte persönliche Beratung und personalisierte Angebote erhält. Dies ist vor allem durch die Berater-Kunden-Beziehung möglich. Daher ist eine besonders starke Sozialkompetenz in Verbindung mit Kommunikationsfähigkeit eine der zentralen Anforderungen an den Berater.[1]

Die Veränderungen gehen oft rasch vonstatten, sobald man sich an eine neue Software gewöhnt hat und deren Arbeitsweise beherrscht, wird diese upgedatet und viele Anwendungen haben sich bereits wieder verändert. Diese Situation ist im digitalen Zeitalter Realität. Deshalb erwarten die Sparkasse von den Beratern und Mitarbeitern, dass diese offen für Veränderungen sind und sich nicht dagegen sperren. Die Aufgeschlossenheit wird gegenüber dem Kunden in Verbindung mit den neuen Medien erwartet. Zusätzlich wird von dem Berater auch erwartet, dass er sich den Veränderungen, die die interne Arbeitsweise betreffen genauso offen verhält.[2] Dies bringt gleichzeitig die Bereitschaft mit, sich einzuarbeiten und sich an die neuen Ansätze ein Stück weit anzupassen. Da der Mensch an Gewohnheiten festhält, ist es nicht für jeden Mitarbeiter gleich einfach, sich auf etwas Neues einzustellen. Dies muss dem Arbeitgeber bewusst sein. In einem optimalen Arbeitsumfeld erhält jeder Berater genügend Zeit um sich auf die Veränderung einzustellen.[3] Dabei können die Kollegen untereinander unterstützend zur Seite stehen und sich gemeinsam auf die Veränderung einstellen. Die Unterstützung der Mitarbeiter untereinander fördert den Teamgeist und senkt den Rivalitätsgedanken einzelner Abteilungen und Geschäftsstellen.[4] Dadurch wird ein übergreifender Austausch zwischen Abteilungen, Filialen und teilweise verschiedenen Altersgruppen ermöglicht. Da verschiedene Ansichten, Umgangsweisen mit der Technik und Erfahrungen in der Beratung zusammenkommen, können somit neue Ansätze zur Beratung, neue Ideen im Umgang mit den digitalen Angeboten und Verkaufsstrategien entstehen.[5]

Diese Zusammenkünfte fördern die Kreativität und bringen Innovationen der Berater hervor. Da diese in direktem Kontakt mit dem Kunden stehen, das Feedback dieser erhalten und die Anwendungen gemeinsam mit den Kunden testen, wissen die Berater worauf es bei den Veränderungen ankommt. Deshalb ist es wichtig, dass die Berater ihr Wissen zu möglichen Optimierungen an die entsprechende Abteilung weitergeben. Die Sparkasse erwartet von den Beratern, dass sie sich aktiv an der Produkt- und Prozessgestaltung beteiligen und

---

1 Vgl. Sigg, Zukunftsstudie Bankfachspezialisten 2030 [online], 2017, S. 69
2 Vgl. Wyen, Digitalisierung beginnt im Kopf!, 2017, S. 23
3 Vgl. Smolinski, Innovationen und Innovationsmanagement, 2017, S. 88
4 Vgl. Wyen, Digitalisierung beginnt im Kopf!, 2017, S. 22
5 Vgl. Brock, Multi- und Omnichannel-Management, 2015, S. 79 f.

ihre Verbesserungsvorschläge einbringen.[1] Damit dies möglich ist, muss die Sparkasse ein entsprechendes Changemanagement im Unternehmen eingerichtet haben. Wenn die Berater und Mitarbeiter die Veränderungen mitgestalten, hat das zugleich einen weiteren Vorteil. Sie treten als Botschafter bei den anderen Mitarbeitern im Unternehmen auf und können die Fragen beantworten und ein gemeinsames Verständnis für die Themen schaffen. Diese rasante Veränderung bringt bei einigen Beratern sicher eine gewisse Angst um den Arbeitsplatz mit und kann im ersten Moment ein Gefühl der Überforderung erzeugen.[2] Dadurch dass sich die Berater beteiligen können und andere Kollegen als Art Botschafter auftreten kann diese Angst etwas genommen werden. Jedoch ist es nicht die Aufgabe der Berater und Mitarbeiter, die Ängste und Sorgen der Kollegen zu nehmen. Diese Themen müssen von den Führungskräften und dem Management an die Mitarbeiter kommuniziert und vorgelebt werden.[3]

Eine gewisse Weiterbildungsbereitschaft bei den Beratern und Mitarbeitern wird nahezu in jedem Unternehmen erwartet. Doch besonders im Rahmen der digitalen Veränderung in der Kundenbeziehung wurde bereits angeschnitten, dass die digitale Fitness sehr wichtig ist. Die Sparkasse stellt in diesem Bereich die gleichen Erwartungen an den Berater, wie der Kunde. Er soll sich in den Kanälen, die angeboten werden gut auskennen und den Kunden durch die Medien navigieren. Vielen Beratern ist der Umgang mit Social Media und Apps aus dem privaten Alltag bekannt. Doch wenn man für die Sparkasse handelt sind teilweise angepasste Umgangsformen und regulatorische Anforderungen zu berücksichtigen. Damit dies gelingt ist es nötig sich weiterzubilden.

Besonders der Kundenkontakt über soziale Medien und öffentlichen Foren und Websites sollte dabei beleuchtet werden. Das Vertrauen des Kunden, das Bankgeheimnis und der Datenschutz dürfen nicht verletzt werden. Um dies zu gewährleisten ist es nötig die Mitarbeiter zu sensibilisieren und ein gemeinsames Verständnis für den Umgang mit den Kanälen zu schaffen.[4]

Ein weiterer Aspekt der Weiterbildung ist, dass durch die Nutzung der verschiedenen Medien außerhalb der Arbeitswelt ein unterschiedliches Grundverständnis der Mitarbeiter für diese herrschen.[5] Der Arbeitgeber kann nicht wissen, wie die digitale Fitness eines Beraters ist. Deshalb darf die Sparkasse von den Beratern aber auch deren Führungskräfte erwarten, dass diese ihren Schulungsbedarf erkennen und sich um eine Weiterbildung bemühen. Selbstverständlich sollte der Arbeitgeber Seminare zu diversen Themen anbieten, bei denen sich die Berater eigenständig anmelden. Damit sich ein Berater selbst hinsichtlich seiner digitalen Fitness einschätzen kann, wurde von dem Deutscher Sparkassen- und Giroverband ein Digitalisierungs-Check für die Mitarbei-

---

1 Vgl. Brock, Multi- und Omnichannel-Management, 2015, S. 359
2 Vgl. Wyen, Digitalisierung beginnt im Kopf!, 2017, S. 23
3 Vgl. Brock, Multi- und Omnichannel-Management, 2015, S. 98
4 Vgl. Smolinski, Innovationen und Innovationsmanagement, 2017, S. 289
5 Vgl. Sparkasse Managermagazin (Hrsg.), Digitale Kompetenz erfassen [online], 2016, S. 1

ter entwickelt.¹ Auf dem Ergebnis aufbauen können verschiedene Seminare besucht werden oder innerhalb des Unternehmens Workshops veranstaltet werden.

Flexibilität wird von den Arbeitnehmern mittlerweile in allen Punkten erwartet. Allerdings ergeben sich durch die Veränderungen der Beratungsmöglichkeiten auch andere Varianten hinsichtlich der Arbeitszeitgestaltung und der Örtlichkeit des Arbeitsplatzes.

Der Kunde kann die meisten Kanäle rund um die Uhr nutzen und erwartet von den Kundenbetreuern auch eine höhere Verfügbarkeit. Dazu gehören Beratungstermine außerhalb der Öffnungszeiten und je nach Nachfrage auch Termine an Wochenenden.² Um den Ansprüchen der Kunden gerecht zu werden, erwartet auch die Sparkasse die Bereitschaft der Mitarbeiter für flexiblere Terminmöglichkeiten. Damit dies möglich ist, müssen die rechtlichen Voraussetzungen in der Sparkasse vom Management geschaffen werden und die Bereitschaft vorliegen, dass die Berater in angemessenen Rahmen Homeoffice nutzen dürfen.

Es ist festzuhalten, dass die Ansprüche und Erwartungen an die Berater und Mitarbeiter der Sparkasse hinsichtlich der Veränderungen enorm sind. Gleichzeitig erwartet auch der Kunde immer mehr von seinem Berater. Im Endeffekt erwarten der Kunde und die Sparkasse das Gleiche von den Beratern. Nämlich sind an die digitalen Veränderungen anzupassen und die Wünsche des Kunden zu erfüllen. Deshalb ist es für die Arbeitnehmer wichtig, ein gemeinsames Grundverständnis für das Thema Digital Banking zu erarbeiten. Aber alle Anpassungen und Veränderungen, die nach dem Kunden ausgerichtet sind, sind nur so gut, wie die Umsetzung in der Nachbearbeitung oder die Prozessabläufe im Back-Office.

14.6 Die Rolle des Back-Office in der künftigen Kundenbeziehung

14.6.1 Auswirkungen auf die Organisationsentwicklung im Back-Office

Back-Offices sind die sekundären Ebenen einer Wertschöpfungskette. Darunter fallen unter anderem die Abteilungen Personal, Rechnungswesen/Controlling und Organisation inkl. EDV-Organisation. Auf den ersten Blick haben diese Abteilungen keinen Bezug zu den Kunden. Jedoch sind diese Bereiche in einem Unternehmen dafür zuständig, dass das operative Geschäft reibungslos funktioniert und die Kundenwünsche umgesetzt werden können. Aus diesem Grund sollen die Rollen der einzelnen Einheiten in Bezug auf die geänderten

---

1   Vgl. Sparkasse Managermagazin (Hrsg.), Digitale Kompetenz erfassen [online], 2016, S. 2
2   Vgl. Brock, Multi- und Omnichannel-Management, 2015, S. 88

Kundenanforderungen betrachtet werden und mögliche Handlungsoptionen erläutert werden.

Grundsätzlich werden die Auswirkungen der Digitalisierung eine allgemeine nachhaltige Veränderung in der gesamten Organisation der Sparkassen spürbar sein. Die Arbeitsweisen werden sich anpassen, um mit dem Kunden auf einer Augenhöhe zu sein.

Der Bereich Personal ist in einer ersten Betrachtungsweise von den geänderten Anforderungen des Kunden an die Sparkasse weniger betroffen. Wagt man jedoch einen zweiten Blick, stellt man fest, dass die Anforderungen des Kunden an den Berater nur erfüllt werden können, wenn dieser vorhanden ist. Die Personalbeschaffung unterliegt auch in diesem Fall den Auswirkungen des Kunden. Zum einen erwartet der Kunde einen erfahrenen Berater, der ihn umfassend beraten kann. Zum anderen auch einen Berater, der die digitale Fitness aufweist und mit ihm auf einer Wellenlänge ist. Dies kann die Personalabteilung vor eine Herausforderung stellen. Erfahrene Berater haben oft nicht die digitale Kompetenz, da sie mit dem Umgang nicht aufgewachsen sind. Der demografische Wandel wirkt sich zudem auf die Arbeit dieser Abteilung aus. Die Mitarbeiterstruktur stellt den demografischen Wandel der Bevölkerung dar. Die Sparkassen haben einen hohen Anteil an Arbeitnehmern, die in den nächsten Jahren das Unternehmen verlassen.[1] Mit dem Personal verlässt die Sparkasse auch die Erfahrung der Berater.

Der demografische Wandel hat gleichzeitig Auswirkungen auf die Kundenstruktur und deren Verhalten und Wünsche bezüglich der Kommunikationskanäle.[2] Diese Aspekte haben einen großen Einfluss auf die Personalarbeit hinsichtlich der Kapazitätssteuerung der Mitarbeiter. Der Einsatz der Mitarbeiter ist neu zu planen und die veränderten Kompetenzen sind dabei zu berücksichtigen.[3] Um den Mitarbeitern die gleichen Möglichkeiten zu geben sind Schulungskonzepte zu erarbeiten.

Die Wünsche der Kunden zu erfüllen ist zwar vorrangig die Aufgabe eines Vertriebsmitarbeiters, jedoch – wie bereits erläutert – ist dies nur mit der nötigen technischen und prozessualen Voraussetzung möglich. Um dies zu gewährleisten, sind auch in diesen Bereichen einer Sparkasse Arbeitnehmer gefragt, die die Anforderungen umsetzen können und eigenen Ideen zur Verbesserung haben.

Damit diesen Herausforderungen entsprochen werden kann, ist es kaum umgänglich neues Personal zu rekrutieren, das die Ansprüche der Sparkasse und auch der Kunden erfüllt. Dabei sollten die Vorteile, die Social Media ergeben, genutzt werden. Zum einen sollte die Sparkasse auf Netzwerken wie Xing oder LinkedIn gezielt nach passendem Personal suchen.[4] Zum anderen können

---

1　Vgl. Brock, Multi- und Omnichannel-Management, 2015, S. 78
2　Vgl. Bühl, Praxishandbuch Digital Banking, 2018, S. 179
3　Vgl. Smolinski, Innovationen und Innovationsmanagement, 2017, S. 86 f.
4　Vgl. Smolinski, Innovationen und Innovationsmanagement, 2017, S. 282

die sozialen Netzwerke genutzt werden, um die Mitarbeiter vorab zu begutachten um eine vorsichtige Einschätzung zu erhalten, ob sie zu dem Unternehmen passen.

Die Erwartungen des Kunden und die Entwicklung der Kundenbeziehung wirken sich nicht direkt auf den Bereich der Banksteuerung und Controlling aus. Jedoch ist diese Organisationseinheit wichtig für die Planung und Entwicklung zukünftiger Anforderungen. Vor allem die Projektsteuerung benötigt Informationen der Banksteuerung und des Controllings. Anhand dieser werden unter anderem die neuen oder geplanten Projekte bewertet. Das Controlling unterstützt das Management bei Entscheidungen über Umsetzung von Innovationsprojekten und Produkten.[1]

Eine weitere Möglichkeit um den Innovationsgedanken der Mitarbeiter zu fördern ist es, ein gewisses Budget für die Entwicklung um Umsetzung von neuen Ideen zur Verfügung zu stellen.[2]

Wenn ein neues Produkt oder ein neuer Vertriebsweg eingeführt wird, sollte die Banksteuerung zudem für die Erfolgsmessung mit eingebunden werden. Es muss festgelegt werden, welche Kriterien gemessen werden. Zudem sollte eine Zielgröße festgelegt werden, die aussagt, ab wann das Produkt erfolgreich von den Kunden angenommen worden ist.[3] Die Ergebnisse werden aufbereitet und an die relevanten Stellen im Haus berichtet. Deshalb ist es auch eine Aufgabe dieser Abteilung die Ergebnisse zu interpretieren. Sollte sich herausstellen, dass eine Innovation oder ein neuer Kundenprozess auf Dauer nicht erfolgswirksam sind, dann ist es die Aufgabe des Controllings diese Informationen an das Management weiterzuleiten.[4] Denn wenn auch der Kunde im Mittelpunkt stehe, können nur die Anforderungen auf Dauer erfüllt werden, die zu einer positiven Entwicklung der Sparkasse führen.

Um die Aufgaben der Banksteuerung angemessen ausführen zu können, ist es grundsätzlich nötig, dass eine Vielzahl an Daten und Informationen gesammelt, ausgewertet und berichtet werden. Da in den meisten Sparkassen verschiedene Systeme eingesetzt werden, ist es wichtig, dass diese reibungslos miteinander kommunizieren können. Das ist eine zentrale Aufgabe der EDV-Organisation. Jedoch beziehen die Kreissparkasse Kelheim und alle anderen Sparkassen das Kernbanksystem von einem zentralen Dienstleister – der Finanz Informatik.[5] Die zentrale Bereitstellung von Anwendungen hat zwar den entscheidenden Vorteil, dass das einzelne Institut diese nicht selbst entwickeln müssen. Jedoch bringt das gleichzeitig den Nachteil mit sich, dass eigene Vorstellungen nicht sofort oder unter Umständen gar nicht umgesetzt werden können.

---

1 Vgl. Alt, Digitalisierung der Finanzindustrie, 2016, S. 142 f.
2 Vgl. Smolinski, Innovationen und Innovationsmanagement, 2017, S. 33
3 Vgl. Smolinski, Innovationen und Innovationsmanagement, 2017, S. 75
4 Vgl. Brühl, Praxishandbuch Digital Banking, 2018, S. 212
5 Vgl. Brühl, Praxishandbuch Digital Banking, 2018, S. 106

Werden jedoch neue Anwendungen bezogen, die für den Kunden Auswirkungen haben, so ist es die Aufgabe der EDV-Organisation, diese entsprechend zu administrieren. Die rechtlich erforderlichen Freigaben einzuholen und für eine reibungslosen und vor allem medienbruchfreie Kommunikation zwischen den Anwendungen zu sorgen.

Das führt zu einem weiteren Aspekt des Back-Offices. Die Prozesse und Abläufe sowohl im Kundengeschäft, als auch in der Abwicklung müssen miteinander verzahnt werden, so dass ein lückenloser Informationsfluss möglich ist.

Zusammengefasst betrachtet hat die Kundenbeziehung auch Einfluss auf die Bereiche im Back-Office. Die Bereiche Personal, Banksteuerung und Controlling sind genauso wie die Organisationseinheit davon betroffen. Nur wenn die Systeme ineinandergreifen und die Prozesse abteilungsübergreifend aufeinander abgestimmt sind, arbeitet die Sparkasse effizient und kann dem Kunden bieten, was er erwartet. Damit diese Möglichkeiten in Anspruch genommen werden können ist es nötig, die entsprechenden Systeme in der Sparkasse zu implementieren.

14.6.2 Anforderungen an die Systeme und Technik im Back-Office

Der Begriff Big Data steht in engem Zusammenhang mit Digitalisierung. Da jede Aktion eines Internetnutzers einen digitalen Fußabdruck und somit Spuren und Daten hinterlässt, haben die Unternehmen die Möglichkeit diese auszuwerten. Diese Option sollten auch die Sparkassen nutzen, um den Kunden besser kennenzulernen und ihm personalisierte Angebote zu unterbreiten.

Der Begriff Big Data steht für eine Fülle an Daten und Informationen die aus den vielfältigen Möglichkeiten des Internets gewonnen, gespeichert, analysiert und ausgewertet werden können.[1] Die Abbildung 4 zeigt das sich Big Data im Finanzsektor derzeit vordergründig in der Kundenbeziehung abspielt. Es ist wichtig zu wissen, was der Kunde für Interessen hat, auf welchen Homepages er unterwegs ist und welche Inhalte ihn interessieren. Diese Erkenntnisse können gemeinsam mit den Daten, die von dem Kunden bereits in der Sparkasse gespeichert sind, verwendet werden um dem Kunden ein individuelles Angebot zu unterbreiten.[2] Im nächsten Schritt können die gewonnenen Erkenntnisse herangezogen werden um die Finanzprodukte und den Service für die Kunden zu modifizieren oder zu aktualisieren. Die Möglichkeiten von Big Data werden jedoch durch die Regulatorik, deren Banken unterliegen – insbesondere aber dem Datenschutz eingeschränkt und sind zu beachten. Dies ist ein ständiger Kreislauf und führt zu ständigen Anpassungen und Optimierungen im Produkt -und Servicebereich, wie in Abbildung 4 dargestellt.

---

1 Vgl. Bendel, Definition Big Data [online], 2018
2 Vgl. Brühl, Praxishandbuch Digital Banking, 2018, S. 28

Abb. 4: Big Data und die Aus- und Einwirkungen
Quelle: eigene Darstellung

Zur Erhebung dieser Datenmengen erhoben wird ein Tool benötigt. Diese werden unter dem Namen Data Analytics oder Smart Analytics geführt. Die Daten werden aus verschiedenen Quellen bezogen. Zum einen können es die Daten sein, die bereits in der Sparkasse gespeichert sind, wie zum Beispiel:[1]
- Kontoumsätze,
- Finanzdaten,
- Aufzeichnungen aus dem Kundengespräch,
- Daten aus Kooperationsplattformen,
- Daten aus E-Mails oder anderen internen Kommunikationsmedien.

Firmenexterne Datenquellen sind zum Beispiel Social Media Netzwerke, öffentliche Foreneinträge, GPS-Daten und Statistiken oder öffentlich zugängliche Erhebungen.

Diese Datenmengen kann das Kreditinstitut ebenfalls dazu nutzen, um das Risiko eines Kundengeschäfts zu ermitteln oder die Bonität eines Kreditantragstellers zu ermitteln.[2]

Eine Weiterentwicklung von Data Analytics ist das Machine Learning. Unter Machine Learning ist gegeben, wenn sich eine Anwendung anpassen kann und dazulernen kann. Dabei wird ein Algorithmus erstellt und mit Daten befüllt. Man gibt dem Algorithmus anhand der Daten eine Logik vor, diese wird verwen-

---

1 Vgl. Brock, Multi- und Omnichannel-Management, 2015, S. 354
2 Vgl. Alt, Digitalisierung der Finanzindustrie, 2016, S. 189

det um an Datenströmen ein Muster zu erkennen.[1] Der große Vorteil des Machine Learnings ist, dass es sich, sobald es einmal trainiert ist, automatisch an neue Muster anpasst und daher sehr pflegearm ist. Weiter ist die Verarbeitung von Datenströmen sehr schnell und eine Unregelmäßigkeit kann direkt aufgedeckt werden.[2] Ein Nachteil dieser Anwendung ist, dass nur Vorgänge innerhalb der Logik erfasst werden können.[3]

Besonders mit den Möglichkeiten immer mehr Produkte und Dienstleistungen online abschließen zu können, wächst für die Kreditinstitute die Gefahr, dass die digitalen Angebote für betrügerische Handlungen verwendet werden. Verwendet eine Sparkasse oder Bank die Möglichkeit des Machine Learnings, dann kann das Risiko eines Betrugs vermindert werden.

Auch im Back-Office ist zusammenfassend festzustellen, dass diese Bereiche an den Kundenwünschen ausgerichtet sind oder sein sollten. Der Kunde hat zwar keinen direkten Kontakt zu diesen Abteilungen, aber sie tragen ebenfalls zur erfolgreichen Anpassung an die neuen Herausforderungen bei. Das Zusammenspiel von verschiedenen Bereichen und Systemen ist besonders wichtig um weiterhin effizient zu arbeiten. Vor allem ist die Integration von neuen Systemen und Technik in die bestehenden Anwendungen nötig, um z. B. Data Analytics optimal zu nutzen und somit den Kunden besser kennen zu lernen.

14.7 Handlungsoptionen für das Digitale Beratungs-Center

Die Kreissparkasse Kelheim hat sich für das DBC entschieden, um ihren Kunden eine Alternative zur stationären Beratung anzubieten. Diese Form der Beratung stellt jedoch nicht für alle Kunden eine Alternative dar. Viele bevorzugen für eine Beratung den persönlichen Kontakt in der Geschäftsstelle. Um mit Erfolg zu agieren ist es entscheidend, welchen Kunden diese Option angeboten wird. Es wurde bereits thematisiert, dass die Kunden nicht mehr so einfach typisiert und eingeteilt werden sollten. Für den Start braucht es eine Zielgruppe, die bereit ist, neue Kanäle auszuprobieren und keine Scheu vor der Veränderung hat. Dabei kommen vor allem die Kunden in Frage, die bereits Online-Banking und die angebotenen Online-Services ausnutzen. Vor allem die Digital Natives, also die jungen Erwachsenen zwischen 18 und ca. 35 Jahren sind die relevanten Kunden, da bei dieser Kundengruppe überwiegend die Bereitschaft neue Medien zu nutzen und testen vorhanden ist. Gleichzeitig darf nicht der Eindruck entstehen, dass das DBC nur für junge Kunden gedacht ist. Jeder Kunde sollte die Wahl haben, ob er künftig digital beraten werden möchte oder lieber den Weg in die Sparkassenfiliale wählt.

---

1 Vgl. Smolinski, Innovationen und Innovationsmanagement, 2017, S. 249
2 Vgl. Smolinski, Innovationen und Innovationsmanagement, 2017, S. 257
3 Vgl. Smolinski, Innovationen und Innovationsmanagement, 2017, S. 75

Die präferierte Zielgruppe erwartet von der Sparkasse und seinem Berater ein digitales Angebot. Es ist nicht ausreichend, ein DBC zur Verfügung zu stellen, bei dem Beratungstermine vereinbart werden können. Vielmehr ist ein umfangreiches Online-Angebot nötig, bei dem Informationen eingeholt werden können. Sucht ein Kunde Informationen zu einem konkreten Produkt der Sparkasse, so wird er sich auf der Homepage dieses Kreditinstituts umschauen. Es wurde bereits berichtet, dass Kunden unter anderem Transparenz an der Sparkasse und den Beratern schätzen und sich auch wünschen. Dieser Wunsch sollte auch auf der Homepage umgesetzt werden. Selbstverständlich sollte die Sparkasse dem Kunden die Möglichkeit zu einer persönlichen Beratung bieten, jedoch in einem angemessenen Rahmen.

Eine weitere Bezugsquelle für Informationen ist Social Media. Die Möglichkeit Erklärvideos zu verwenden ist für die Kreissparkasse Kelheim eher zweitrangig, da der DSGV diese zentral auf seinem YouTube-Channel zur Verfügung stellt. Die Kreissparkasse Kelheim kann diese Videos trotzdem verwenden. Diese Videos können zum einen auf die Homepage der KSK gestellt werden. Dies wird teilweise bereits umgesetzt. Eine andere Möglichkeit ist es, Social Media selbst zu nutzen, in dem eine eigene Facebook-Seite erstellt wird oder ein Account in Instagram angelegt wird. Die ausgewählte Zielgruppe ist zum Großteil auf diesen Netzwerken vertreten und informiert sich darüber. Es können die Erklärfilme zu den entsprechenden Produkten und Dienstleistungen selbst verwendet werden. Viel wichtiger ist aber, dass die eigenen Interessen und Aktivitäten der Kreissparkasse Kelheim veröffentlicht werden können. Die Reichweite über Social Media viel übertrifft die eines Artikels in der Lokalzeitung. Zudem wird mit einem Auftritt in den sozialen Netzwerken die Kreissparkasse Kelheim als Marke weiter gestärkt und der Kunde nimmt die KSK als digitalen Ansprechpartner wahr.

Doch Social Media dient nicht nur der Information des Kunden. Vielmehr kann der Kunde diese Kanäle auch zur Kommunikation nutzen und mit der Sparkasse in Verbindung treten. Deshalb solle auch die Variante eines Messenger-Dienstes betrachten werden. Die Sparkassenorganisation positioniert sich mit dem Slogan »Sparkasse ist einfach« und die Kreissparkasse Kelheim mit der Aussage auf der Homepage »Der Mensch im Mittelpunkt« klar für die Kundennähe. Um diesen Aussagen gerecht zu werden, ist es nötig, dem Kunden seinen bevorzugten Kommunikationskanal anzubieten. Sicherlich ist dies nur sinnvoll, wenn die Ressourcen vorhanden sind und die Kundenanfragen innerhalb kurzer Zeit beantwortet werden.

Mit der Sparkassen App kann der Kunde seine täglichen Online-Banking-Geschäfte abwickeln und Kontakt zu seinem persönlichen Berater aufnehmen. Dieser Kommunikationsweg sollte ausgebaut werden, da der Kunde somit die Sparkasse immer mit bei sich trägt. Den Weg von der App zur Sparkasse kann der Kunde genauso wie über die Homepage selbst wählen. Der Kunde erhält eine Antwort von seinem Berater, jedoch nur solange dieser am Arbeitsplatz verfügbar ist. Anfragen und Anliegen des Kunden zu wenig komplexen Themen können mittlerweile über automatisierte Anwendungen wie Chat-Bots beantwortet werden. Der Chat-Bot Linda beantwortet bereits jetzt einfache Anfragen und ist lernfähig. Auf Dauer kann er komplexere Fragen ebenfalls beantworten. Der Vorteil von Linda ist, dass diese unabhängig der Öffnungszeiten zur Verfügung steht. Im Moment ist ein Chat-Bot mehr eine zusätzliche Möglichkeit für Kunden um einfache Fragen zu klären, doch im Laufe der Zeit wird diese Kommunikationsform immer mehr angenommen werden.

Weiterhin kann man davon ausgehen, dass diese Art der Kommunikation mit einem Programm weiterentwickelt wird. Nicht zuletzt aus dem Grund, da es in den Bereich von KI fällt, was als eine der Chancen der Zukunft identifiziert wurde. Deshalb sollte diese Anwendung frühzeitig dem Kunden zur Verfügung stehen. Zum einen kann ein interessierter Kunde das System bereits testen und es ist eine Ventillösung für Kunden, die zum Beispiel in der Telefonwarteschleife sind. Zum anderen lernt die Anwendung so immer mehr dazu. Damit ein reibungsloser Ablauf gewährleistet werden kann, ist es erforderlich, dass die Anwendung gewartet und vor allem zu Beginn überwacht wird. Dies erfordert ebenso wie bei Social Media-Nutzung freie Ressourcen.

Ein aktueller Trend und eine Entwicklung von FinTechs sind die automatisieren Anlagefinder für den Kunden. Dabei eröffnet der Kunde ein Depot bei einer Gesellschaft und ein Algorithmus empfiehlt im konkrete Anlagevorschläge oder verwaltet sein Depot automatisch. Damit die SFG konkurrenzfähig ist, wurde bevestor gegründet. Bei dieser Form der Geldanlage ist kein Berater eingebunden und der Kunde entscheidet selbst. Solche Anwendungen sind aus diesem Grund in der Depotführung etwas günstiger als herkömmliche Depots bei einer Sparkasse oder Bank. Aber gerade bei preissensiblen Kunden, die Interesse an der Anlageberatung haben und digital affin sind, wird diese Variante Anklang finden. Deshalb ist es unerlässlich für eine Sparkasse dem Kunden diese Möglichkeit zur Verfügung zu stellen. Weil der Kunde die Anlage und alle anfallenden Tätigkeiten selbst regelt, ist für die Kreissparkasse Kelheim kein Mehraufwand erkennbar. Der Aspekt, dass der Kunde das Depot nicht bei der KSK eröffnet und dieser dadurch Erträge aus den Depotgebühren und -umsätzen entgehen, ist eher zweitrangig. Zudem ist die Anlageform ab einem geringen monatlichen Sparbeitrag möglich und somit wird langfristig das Kapital des Kunden aufgebaut. Dies kann künftig dem Kunden und auch der Sparkasse zugute kommen.

Um das DBC nutzen zu können ist es erforderlich, die technischen Voraussetzungen zu schaffen. Die Anwendungen müssen mit den bestehenden Systemen kompatibel sein und für den Kunden leicht zu bedienen. Der gleiche systematische Aufbau wie bei den bereits bestehenden Medien fördert das Vertrauen des Kunden.

Die Wettbewerbsanalyse hat ergeben, dass die KSK vor allem in der Online-Beratung Nachholbedarf hat. Um dem entgegenzutreten, sollte vor allem die Möglichkeit eines Video-Chats eingeführt werden. Damit kann der persönliche Kontakt hergestellt werden und der Berater kann die Reaktion des Kunden besser einschätzen. Weiterhin soll neben dem Video-Chat auch die Möglichkeit des Text-Chats und des Audio-Chats eingeführt werden. Die Besonderheit dabei ist, dass der Kunde für diese drei Varianten einen gesicherten Zugang erhält und der Berater den Kunden darüber bereits legitimieren kann. Da bei der digitalen Beratung die Veranschaulichung der Produkte ebenfalls gegeben sein soll, müssen die Möglichkeiten von Screen-Sharing und Co-Browsing ebenfalls vorhanden sein. Um dem Kunden einen rundum digitalen Service und Beratung bieten zu können ist es zwingend nötig, dass der Kunde über den digitalen Weg legitimiert werden kann und die Produkte oder Verträge ebenfalls digital abgeschlossen werden können. In der SFG wurde bereits ein Tool entwickelt, dass diese beiden Punkte erfüllt – die Videolegitimation und eSign. Eine Partnergesellschaft hat diese Anwendung entwickelt, mit der sich der Kunde medienbruchfrei legitimieren kann und im nächsten Schritt anhand einer digitalen Signatur den Vertrag rechtswirksam schließen kann. Erst mit diesen beiden Möglichkeiten ist für den Kunden eine digitale Beratung spürbar, sinnvoll und vorteilhaft.

Damit der Kunde alle Produkte wie in einer Filiale abschließen kann, ist es nötig zu identifizieren, wo gewisse Herausforderungen sind und welche Prozessschritte angepasst werden müssen. Diese Aufgabe fällt vor allem in den Zuständigkeitsbereich des Back-Offices. Grundsätzlich sollten die einzelnen Prozesse laufend überprüft werden, deren Effizienz und Vorteilhaftigkeit beleuchtet werden. Da sich der europäische Finanzmarkt seit Jahren in einer Niedrigzinsphase befindet und dadurch die Erträge nicht mehr in dem gewohnten Umfang durch den Abschluss von Krediten und Einlageprodukte generiert werden können, ist es erforderlich um die Kostenseite des Unternehmens zu prüfen. Darunter fällt das Back-Office. Da im Zuge der Digitalisierung und der Implementierung des Digitalen Beratungs-Centers in der KSK bereits die Prozesse überprüft werden, sollte dies auch unter Berücksichtigung der Notwendigkeit dieser Aufgaben betrachtet werden. Zudem sind diese nicht nur auf den Hinblick auf den medienbruchfreien Kundenkontakt zu prüfen. Es ist genauso wichtig, dass die Prozesse intern im gleichen Maße digital sind. Es macht keinen Sinn, wenn der Kunde den Produktabschluss online und ohne Papier durchführen kann, innerhalb der Sparkasse aber noch Papierausdrucke nötig sind. Prozessoptimierung bedeutet in diesem Kontext nicht nur intern Papier zu sparen, sondern auch für eine reibungslose Kommunikation der Systeme untereinander zu sorgen. Da die Effizienz deutlich gesteigert werden kann, wenn kein manueller Eingriff des Mitarbeiters in die Systeme nötig ist.

Eine weitere Handlungsoption wird in diesem Zusammenhang gesehen. Da die Finanzindustrie und auch die Unternehmen innerhalb der Sparkassen-Finanzgruppe laufend neue Produkte, Systeme und Anwendungen entwickelt, sollten in regelmäßigen Abständen die aktuellen Angebote überprüft werden. Zum einen Angebote, die das Back-Office unterstützen und effizienter machen, zum anderen aber auch Anwendungen und Systeme, die Kundenseitig eingesetzt werden können. Jedoch ist ein Mitarbeiter alleine kaum in der Lage die Anwendungen zu beurteilen und aus allen Sichtweisen zu betrachten. Deshalb sollte ein Arbeitskreis oder Digitalisierungs-Zirkel in der KSK ins Leben gerufen werden. Denkbar wäre eine Zusammensetzung aus Mitarbeitern der EDV-Organisation, des Kunden-Service-Centers, Berater des DBCs und Berater aus einer Filiale.

Eine Aufgabe dieses Arbeitskreises sollte es sein, das Feedback der Kunden zu sichten, und daraus mögliche Handlungsoptionen abzuleiten. Natürlich sollte vorher geregelt werden, wie das Feedback, dass die Sparkasse über diverse Kanäle erreicht gesammelt und aufbereitet wird.

Ein weiterer Auftrag sollte sein, dass neu zur Verfügung stehende Anwendungen begutachtet werden. Deren Einsatzfähigkeit inklusive der Vor- und Nachteile in der Sparkasse beurteilt werden. Damit dies möglich ist, sollte die EDV-Organisation die entsprechenden Systeme vorab sichten und die Angebote vorstellen. Neben der Analyse des Kundenfeedbacks sollte die Beurteilung der Ideen der Mitarbeiter im Fokus stehen. Die Arbeitnehmer, die täglich als Mitarbeiter aber auch als Kunde die Anwendungen verwenden, erkennen am schnellsten Verbesserungspotenzial oder haben neue Ideen, die die Kundenkommunikation vereinfachen. Der Zirkel sollte die Ergebnisse und die von ihnen als wichtig befundenen Handlungsmaßnahmen dem Vorstand vorstellen. Anhand dieser Expertenmeinung aus dem eigenen Unternehmen kann der Vorstand eine Entscheidung über den Einsatz im Unternehmen fällen. Ein weiterer Vorteil ist, dass die Mitarbeiter, die diesem Arbeitskreis angehören, für die Kollegen als Ansprechpartner bei Fragen und Anregungen zur Verfügung stehen.

Damit die Berater den Kunden optimal über alle Kanäle und Anwendungen beraten und informieren können, ist es nötig, dass die digitale Kompetenz gestärkt wird. Da die Mitarbeiter – wie Kunden auch – eine unterschiedliche digitale Kompetenz haben, sieht es die Autorin als erforderlich, diese Unterschiede im ersten Schritt greifbar zu machen. Nur wenn die KSK diese kennt, ist es möglich ein passendes Schulungsangebot zu entwerfen. Damit dies möglich ist, gibt es verschiedene Anwendungsmöglichkeiten innerhalb der SFG.

Es ist zu berücksichtigen, dass die Arbeitnehmer in unterschiedlichen Positionen innerhalb der Sparkasse tätig sind und nicht überall die gleiche digitale Fitness erforderlich ist. Zudem ist nicht jeder Mitarbeiter bereit sich zu verändern – das mag unterschiedliche Gründe haben.

Anhand der Ergebnisse dieser Umfrage sollen verschiedenen Schulungsangebot entworfen werden. Die Landesbausparkasse Bayern hat zum Beispiel ein Projekt gestartet, bei dem ein Austausch über digitale Möglichkeiten zwischen Azubis und Beratern möglich ist.[1] Dies hat den Vorteil, dass sich Kollegen besser kennenlernen und vor allem voneinander lernen. Zudem fallen keine extra Kosten für ein Seminar an und der Austausch kann praxisbezogen durchgeführt werden. Bei Seminaren sollte das Tätigkeitsumfeld der Mitarbeiter in der Sparkasse berücksichtigt werden. Ein Service-Mitarbeiter in einer Geschäftsstelle

---

1 Vgl. Ziegler, Steigerung der digitalen Kompetenz, 2017, S. 9

sollte dem Kunden die digitalen Angebote erklären können. Ein Berater in dem DBC sollte gemeinsam mit dem Kunden die Anwendungen testen können, aber noch viel wichtiger ist, dass dem Berater vermittelt wird, wie er die Kundenreaktion in z. B. einem Video- oder Audio-Chat einschätzen kann.

Bei den vielen Handlungsoptionen, die es im Bereich des Digital Banking gibt, droht schnell eine Unübersichtlichkeit. Um dies zu vermeiden, sollte die Kreissparkasse Kelheim eine Digitalisierungsstrategie entwerfen, die zum einen die verschiedenen Handlungsfelder aufzeigt und eine Richtung vorgibt. Zum anderen sollte diese Strategie den gesamten Angestellten zugänglich gemacht werden, dass sich auch die Mitarbeiter entsprechend informieren können. Dabei sollte die Digitalisierungsstrategie nicht starr sein, da sich in diesem Bereich ständig Neuerungen und Veränderungen ergeben. Vielmehr sollte eine gewisse Flexibilität möglich sein und eine regelmäßige oder bedarfsorientierte Anpassung vorgenommen werden, wie in Abbildung 5 dargestellt.

Diese Strategie macht jedoch nur Sinn, wenn sie mit der Geschäftsstrategie und deren Teilstrategien, wie die Vertriebs- oder IT-Strategie kompatibel ist und sich gemeinsam ergänzen. Die Digitalisierungsstrategie sollte einen roten Faden darstellen und richtungsweisend für die gesamte Sparkasse in diesem Thema sein. Da sich das Thema Digitalisierung nicht nur auf den Kundenkontakt auswirkt, sondern alle Abteilungen davon betroffen sind, sollte auch geregelt sein, wie die Zusammenarbeit innerhalb dieser Einheiten stattfinden kann.

Abb. 5: Prozess der Digitalisierungsstrategie
Quelle: eigene Darstellung

Der Erfolg des Unternehmens hängt auch immer davon ab, wie die Mitarbeiter zusammenarbeiten und als Team funktionieren. Da diese Thematik vielen verschiedenen Einflüssen unterliegt, ist die abteilungsübergreifende Zusammenarbeit sehr wichtig.[1]

Da eine Strategie immer vom Vorstand der Sparkasse beschlossen wird, sollte in dieser Strategie auch versucht werden, ein gemeinsames Verständnis der gesamten Sparkasse für das Thema zu erarbeiten. Da eine Strategie als übergeordnetes Instrument dient, könnten auch die Belange der Mitarbeiter und deren Anforderungsprofil mit aufgenommen werden. Wobei auch eine Integration in die Personalstrategie möglich ist.

Weiter sollten der Kunde und seine Erwartungen im Mittelpunkt stehen. Ein Teil davon ist es, welche Kanäle und Medien dem Kunden angeboten werden, wie diese zusammen agieren und funktionieren. Besonders das Thema Social Media sollte mit integriert werden und welche Regelungen und Vorgaben die Kreissparkasse Kelheim dazu macht.

Was zum Erfolg einer digitalen Sparkasse und einer digitalen Kundenberatung beiträgt kann nicht vorhergesagt werden. Deshalb ist es wichtig, dass sich die KSK in dieser Strategie dazu positioniert, dass sie bereit ist neue Anwendungen zu testen. Genauso wie neue Wege zu gehen, wenn es für sinnvoll erachtet wird. Das eine Anwendung nicht den erhofften Erfolg bringt, ist ein gewisses Risiko für die Sparkasse. Die Bereitschaft dieses Risiko einzugehen, sollte vorhanden sein.

Digitalisierung beschäftigt die gesamte Sparkasse. Eine Umsetzung von verschiedenen Optionen sollte abteilungsübergreifend durchgeführt werden. Jedoch benötigt das Thema eine gewisse Verantwortlichkeit innerhalb der Sparkasse. Diese Person oder Abteilung ist auch für die Überprüfung und Anpassung der Strategie zuständig. Der Verantwortliche sollte eine gewisse Position in der KSK besetzen, damit sie auch die Möglichkeit hat Veränderungen einzuläuten und das Thema gegenüber dem Vorstand und den Mitarbeitern zu vertreten. Diese Person sollte ebenfalls in dem Digitalisierungs-Zirkel teilnehmen.

Zusammenfassend sollte aus der Digitalisierungsstrategie die Handlungsoptionen für die Kreissparkasse Kelheim priorisiert abgeleitet werden können. Um das Digitale Beratungs-Center in der Kreissparkasse Kelheim erfolgreich einführen zu können sollten folgende Anwendungen und Angebote für den Kunden umgesetzt werden:

1. Die Kommunikationskanäle Text-, Video- und Audio-Chat sollen eingeführt werden. Im gleichen Zuge die Möglichkeit der Video-Legitimation und der elektronischen Signatur.
2. Eine Digitalisierungsstrategie soll entwickelt und verabschiedet werden.
3. Der Schulungsbedarf für die Mitarbeiter ist zu erfassen und anschließend geeignete Konzepte zu entwerfen.
4. Die Kreissparkasse Kelheim sollte in Social Media vertreten sein.

---

[1] Vgl. Smolinski, Innovationen und Innovationsmanagement, 2017, S. 61

5. Eine medienbruchfreie Kommunikation mit dem Kunden und innerhalb der KSK ist umzusetzen.
6. Der Digitalisierungs-Zirkel soll implementiert werden.
7. Prozessoptimierung ist in allen Bereich der KSK durchzuführen, um Kostentreiber aufzuspüren.
8. Dem Kunden sollte die Möglichkeit zur automatisierten Anlageberatung durch Robo Advisory gegeben werden.

14.8 Zusammenfassung

Im Rahmen der Projektarbeit »Umsetzungsempfehlung für das Digitale Beratungs-Center in der Kreissparkasse Kelheim anhand Analyse des Wettbewerbs und des veränderten Kundenverhaltens« wurden die beiden Thesen aufgestellt:
- »Stärkung und Ausbau der Kundenbeziehung ist für die Kreissparkasse Kelheim wichtiger denn je«
- »Die Digitalisierung wird wesentlich zum zukünftigen und nachhaltigen Erfolg der Kreissparkasse Kelheim beitragen«.

Es wurde veranschaulicht, dass sich Digitalisierung sowohl auf das private, als auch auf das wirtschaftliche Umfeld stark auswirkt. Diese Veränderungen sind teilweise bereits einer Selbstverständlichkeit gewichen und teilweise sind in der Wirtschaft noch gar nicht alle Umsetzungsmöglichkeiten realisiert worden. Durch die Möglichkeiten, die das Internet und die Digitalisierung mit sich bringen, wie umfangreiche Informationsbeschaffung, Profitieren von den Erfahrungen anderer Kunden, unzählige Angebote von anderen Kreditinstituten und vieles mehr ist es nötig die Wünsche des Kunden zu bedienen. Deshalb kann die Kundenbeziehung nur ausgebaut und gefestigt werden, wenn die Erwartungen und Anforderungen des Kunden erfüllt werden. Im Rahmen dieser Arbeit wurden die Erwartungen und Anforderungen des Kunden an die Sparkasse und den Berater beleuchtet. Im Ergebnis erwarten die Kunden von einem Finanzdienstleistungsunternehmen genau die Dinge, die bereits durch Internetpioniere wie Amazon und Netflix bekannt sind. Sie wollen individuelle Leistungen und Produkte. Persönliche Beratung und eine hohe Verfügbarkeit für Service-Leistungen. Das Vertrauen in den Berater und die Transparenz ist für den Kunden nach wie vor wichtig. Diese Anforderungen können nur vollumfänglich erfüllt werden, wenn die Kreissparkasse Kelheim die vom Kunden gewünschten digitalen Kanäle und Medien anbietet und vor allem diese nutzt und diese dem Kunden nutzen.

Die zweite These wird bereits durch die Wettbewerbsanalyse gestützt. Die wesentlichen Konkurrenten der Kreissparkasse Kelheim haben teilweise einen enormen Vorsprung, was die digitale Leistung anbetrifft. Um auch für die Kunden der Digital Natives und die zukünftigen Kunden ein passendes Produkt-

und Dienstleistungsportfolio bieten zu können, ist es wichtig die Anforderungen und Möglichkeiten der Digitalisierung zu prüfen und umzusetzen.

Das Ziel der Bundesregierung, dass Deutschland zu einem der führenden Standorte für Künstliche Intelligenz wird, wurde anhand der PESTEL-Analyse herausgefunden. Dadurch werden in allen Branchen in diesem Bereich viele neue Innovationen und Anwendungen entstehen und die bereits Bestehenden werden weiterentwickelt werden. Vor allem in der Finanzindustrie ist durch die vielen technischen Konkurrenten und FinTech-Unternehmen sichergestellt, dass neue Systeme für die Sparkassen und Banken zur Verfügung stehen werden.

Die beiden Thesen konnten im Rahmen der Projektarbeit belegt werden. Anhand der daraus gewonnen Erkenntnisse wurde die Umsetzungsempfehlung für das Digitale Beratungs-Center in der Kreissparkasse Kelheim erarbeitet.

Die Kreissparkasse Kelheim steht – wie jede andere Sparkasse – vor jedem neuen Produkt vor der Frage, ob diese Anwendung die richtige ist. In dieser Fragestellung wird es vor jeder Einführung keine richtige oder falsche Empfehlung geben. Jedoch ist eines sicher, die Veränderungen geschehen durch die Digitalisierung noch rascher und die Produkte und Leistungen entwickeln sich ständig weiter. Deshalb darf nur eines nicht geschehen, um weiterhin als Kreissparkasse Kelheim zu existieren, nämlich Nichts zu tun und den Wandel vorbeiziehen zu lassen.

Quellenverzeichnis
Alt Rainer, Puschmann Thomas (Digitalisierung der Finanzindustrie, 2016): Digitalisierung in der Finanzindustrie, Grundlagen der Fintech-Evolution, Springer Gabler, Berlin, Heidelberg, 2016

Bauer Wilhelm, Herkommer Oliver, Schlund Sebastian (Die Digitalisierung der Wertschöpfung, 2015): Die Digitalisierung der Wertschöpfung kommt in deutschen Unternehmen an, Industrie 4.0 wird unsere Arbeit verändern, in: Zeitschrift für wirtschaftlichen Fabrikbetrieb, Jahrg. 110 (2015) 1–2, S. 68–73

Boyd Danah, Ellison Nicole (Social Network Sites, 2008): Social Network Sites: Definition, History, and Scholarship, in: Journal of Computer-Mediated Communication, Heft 13, 2008, S. 210–230

Brock Harald, Bieberstein Ingo (Multi- und Omnichannel-Management, 2015): Multi- und Omnichannel-Management in Banken und Sparkassen, Wege in eine erfolgreiche Zukunft, Springer Gabler, Wiesbaden, 2015

Brühl Voker, Dorschel Joachim (Praxishandbuch Digital Banking, 2018): Praxishandbuch Digital Banking, Springer Gabler, Wiesbaden, 2018

Burr Wolfgang (Dienstleistungssektor, 2017): Der Dienstleistungssektor als Wachstumsmotor?, in: Zeitschrift Führung und Organisation, Ausgabe 06/2017, 86. Jahrgang, S. 344–351

Johnson Gerry, Scholes Kevan, Whittington Richard (Strategisches Management, 2011): Strategisches Management, Eine Einführung, Analyse, Entscheidung und Umsetzung, 9. aktualisierte Auflage, Person Studium, München, Boston, San Francisco, 2011

Ökologie & Landbau (Hrsg.) (Digitalisiere oder weiche?, 2017): Digitalisiere oder weiche?, in: Ökologie & Landbau, Ausgabe 02/2017, S. 25–27

Piermeier Heinrich (Von der Vertriebsbank zur Kundenbank, 2013): Von der Vertriebsbank zur Kundenbank, in: Bank und markt, Heft 11, November 2012, S. 33–35

Porter Michael E. (Wettbewerbsvorteile, 1992): Wettbewerbsvorteile, Spitzenleistungen erreichen und behaupten, Frankfurt/Main, New York, Campus Verlag, 1992

Smolinski Remigiusz, Gerdes Moritz, Siejka Martin, Bodek C. Mariusz (Innovationen und Innovationsmanagement, 2017): Innovationen und Innovationsmanagement in der Finanzbranche, Edition Bankmagazin, Springer Gabler, Wiesbaden, 2017

Suhr Kirsten (Bot-Kollegin Linda viel beschäftigt, 2018): Bot-Kollegin Linda viel beschäftigt, in: DSV-Report, Ausgabe 1/2018, S. 5

vbw (Hrsg.) (Neue Wertschöpfung durch Digitalisierung, 2017): Zukunftsrat der Bayerischen Wirtschaft, Neue Wertschöpfung durch Digitalisierung und Analyse und Handlungsempfehlungen, Dokument-ID 1765315, Oberhaching, 2017

Wyen Achim (Digitalisierung beginnt im Kopf!, 2017): Neue Kompetenzen für den Banker der Zukunft, Digitalisierung beginnt im Kopf!, in: Sparkassen Markt, Juli/August 2017, S. 22–23

Ziegler Dorothea (Steigerung der digitalen Kompetenz, 2017): Weiterbildung für »Digital Natives« und »Immigrants«, Steigerung der digitalen Kompetenz, in: LBS Magazin 2/2017, S. 9

15 Role of digitization for German savings banks

dr inż. Piotr Komorowski, Assistant Professor, Department of Finance, Institute of Sociology, Faculty of History and Social Sciences, Cardinal Stefan Wyszyński University in Warsaw, Poland

15.1 Introduction

The German banking system consisting of three pillars, private commercial banks, public banks and cooperative banks is a system that for decades has been regarded as a balanced and stable example of a continental model of a banking. It is a system that while developing was adapting its structure to market demand. This system can be characterized by a variety of organisational and proprietary forms, as well as by an extensive network of bank branches.

In its history, this system has experienced moments of better and worse times, but it seems that today it faces the greatest challenge for itself: the necessity of a thorough change in the model of functioning resulting from changes in the environment led by digitization. These changes are caused by the development of computer technology and the dynamic growth of the importance of the digital economy. Today, new technologies are the basic stimulus of changes, the use of which may determine the existence of entities.

The aim of the chapter is to characterise the importance of the digital transformation in regard to the banking business. The chapter discusses the phenomenon of digitization and points out its driving forces. Furthermore, the need of changes in the business model has been highlighted in the search of new competitive advantages. Finally, threats resulting from digital transformation have been specified.

15.2 The era of the digital economy in the context of the functioning of German savings banks

According to Alvin Toffler, an American futurologist, in his works almost half a century ago, the economic development can be segmented into three phases[1]. First was the agrarian civilisation, with earth as the most important resource. During this phase pickers became farmers and hunters became breeders. Next was the industrial era, with capital as the most important factor, with industrialisation, mass production, mass media, mass education and commu-

---

1 A. Toffler, *Future Shock*, Bantam Books, 1970 and A. Toffler, *The Third Wave*, Bantam Books, 1980.

nication. The next phase, named by Toffler as post-industrial, the technology is the most important factor of the development and information is the most important resource. Today's economy is very often referred as an economy based on knowledge and digitization is its development driver[1].

Modern economic reality is not only narrowed to production, services and money. With time, parallelly, it is the Internet, information and data that acquires importance. The developing sphere that is based on the digital computing technologies is described as the »digital economy«. The digital economy is sometimes defined narrowly as online platforms and activities that owe their existence to such platforms. In a broad sense, as digital economy we understand all activities that use digitized data. According to OECD, the today's developed economies can be treated as digital economies[2].

Speaking about a digital economy, it can also be referred as one that produces »digital goods«. Digital goods can be defined as valuable information written in binary form, characterized by the following:
- intangible in form,
- non-competitive and freely replicable,
- aspherical,
- indivisible,
- often very complementary with others,
- lacking perceived control or ownership.

The process of the development and increasing role of the digital economy is named »digital transformation« (symbolised as »DX«). According to Microsoft, digital transformation is a change in the way people work and the data and processes are used. Digital transformation seems to be more than just the digitization of data and processes, or digitization in combination with robotisation. It leads to a special kind of socio-economic change. With digital transformation the events gain its momentum and affect functioning of organisations and many aspects of lives of individuals, with consequences as follows:
- the emergence of the almost ubiquitous Internet of Things – subjectivity and objectivity become complex,
- the unreal world becomes a new reality,
- use of smartphones – the need for continuous communication (Fear of Missing Out)
- virtual assistants,
- threats to our private lives through the unauthorized use of security cameras and surveillance equipment.

---

1 P. Wtulich, *Cyfrowa transformacja… od podstaw*, https://www.cxo.pl/news/Cyfrowa-transformacja-od-podstaw,406745.html (Access 20.6. 2019).
2 *Measuring the Digital Economy*, International Monetary Fund, Washington, D.C. 2018, p. 7.

Another aspect of changes generated by digitization have economic nature and can be observed:
- in the organisational structures of enterprises, sectors and entire supply chains,
- through the emergence of new business models and new services,
- in the integration of digital technologies with business processes,
- in mass delivery of added value to many participants.

Of course it is possible to develop a SWOT analysis of digital transformation, however words of Google CEO, in a nutshell summarise the opportunities and threats at the same time: »With your permission, you give us more information about you, about your friends and we can improve the quality of our searches. We don't need you to type at all. We know where you are. We know where you've been. We can more or less know what you're thinking about.«[1] Today, in yesterday's science-fiction, the fiction disappears and the science becomes the reality with digitization as its main driving force.

15.3 Forces that push digitization

Digital transformation is todays force driving changes in the economy and society. It also became the new imperative in running an organisation and managing business. The process of digital transformation is relatively new but its importance accelerates since it started. This process is constantly empowered by main two factors:
- growing computing power and at the same time reducing cost of computing power and data storage– development of hardware that increases computing possibilities, with the number of transistors per square inch in an integrated circuit doubling since last 50 years[2],
- development of internet – internet became one of the leading powers of the digital revolution once it went beyond the intranet and became a global network.

The two mentioned, combined with miniaturisation, led to a second wave in the digital revolution: the invention of a smartphone which caused further acceleration of the digital development especially in the sphere of virtual plat-

---

1 *The Atlantic, Interview with Eric Schmidt, Google CEO*, https://www.theatlantic.com/technology/archive/2010/10/googles-ceo-the-laws-are-written-by-lobbyists/63908/#video (Access 26.6.2019).)
2 G. Moore, *Cramming more components onto integrated circuits*, Electronics Magazine, 1965, p. 83.

forms, social media and cloud services etc. Another source states that there are three significant driving forces in the digitization process. These are[1]:
- technology,
- competition,
- customers.

The technology is understood as a power that made the digitization change the environment of competition, delivering the services to customers in a mass scale. This ongoing dynamic expansion of the digital sphere has led to forming an ecosystem of technologies and applications, which, through increasing use by individuals, firms and governments, is the main driver today in the digital transformation.

According to OECD the key components of this ecosystem are[2]:
- the Internet of Things (IoT) – comprises devices and objects whose state can be altered via the Internet, with or without the active involvement of individuals. It includes objects and sensors that gather data and exchange these with one another and with humans, that monitor all sorts of processes and states, and are a key source of data feeding big data analytics,
- big data analytics[3] – a set of techniques and tools used to process and interpret large volumes of data that are generated by increasing digitisation of content, greater monitoring of human activities and spread of the IoT. It can be used to infer relationships, establish dependencies and perform predictions of outcomes and behaviours. Firms, governments and individuals are increasingly able to access unprecedented volumes of data that help to inform real-time decision making by combining a wide range of information from different sources. Big data analytics also enable machine learning, a driver of AI,
- artificial intelligence (AI) – understood as machines performing human-like cognitive functions. Its rapid diffusion is driven by recent strides in machine learning, an AI discipline that automatically identifies patterns in complex data sets. AI is making devices and systems smart and empowers new kinds of software and robots that increasingly act as self-governing agents, operating much more independently from the decisions of their human creators and

---

1 A. Dombret, *Was bedeutet Digitalisierung für den Bankensektor in Deutschland*, speech A. Dombret at the Bundesbank Symposium *Bankenaufsicht im Dialog*, Frankfurt am Main, 8 July 2015.
2 *OECD Digital Economy Outlook 2017*, OECD Publishing, Paris 2017, pp. 24–25.
3 More regarding big data as a tool for financial instututions in reaching the client in: D. Filip, *Big Data – narzędzie instytucji finansowych w dotarciu do klienta*, in: *Ekonomia*, Wroclaw Economic Review, 21/3(2015), Wydawnictwo Uniwersytetu Wrocławskiego, Wrocław 2015, pp. 39–53, and D. Prokopowicz, S. Gwoździewicz, *The Big Data technologies as an important factor of electronic data processing and the development of computerized analytical platforms, Business Intelligence* in: *International Journal of Small and Medium Enterprises and Business Sustainability*, volume 2, issue 4, November 2017, Center for Industry, SME and Business Competition Studies, University of Trisakti in Jakarta,. University of Social Sciences, Warsaw 2017, pp. 27–42.

operators than machines have previously done. AI is expected to help solve complex questions, generate productivity gains, improve the efficiency of decision making and save costs,
- blockchain – a decentralised and disintermediated technology that facilitates economic transactions and peer-to-peer interactions. In addition to supporting information exchange, it enables protocols for value exchange, legal contracts and similar applications. Permissionless blockchains such as Bitcoin function as a tamper-proof distributed database and act as an open, shared and trusted public ledger that cannot be tampered with and can be inspected by everyone. The combination of transparent transactions, strict rules and constant oversight that characterise a blockchain-based network provides the conditions for its users to trust the transactions conducted on it, without the need for any trusted authority or intermediary operator.

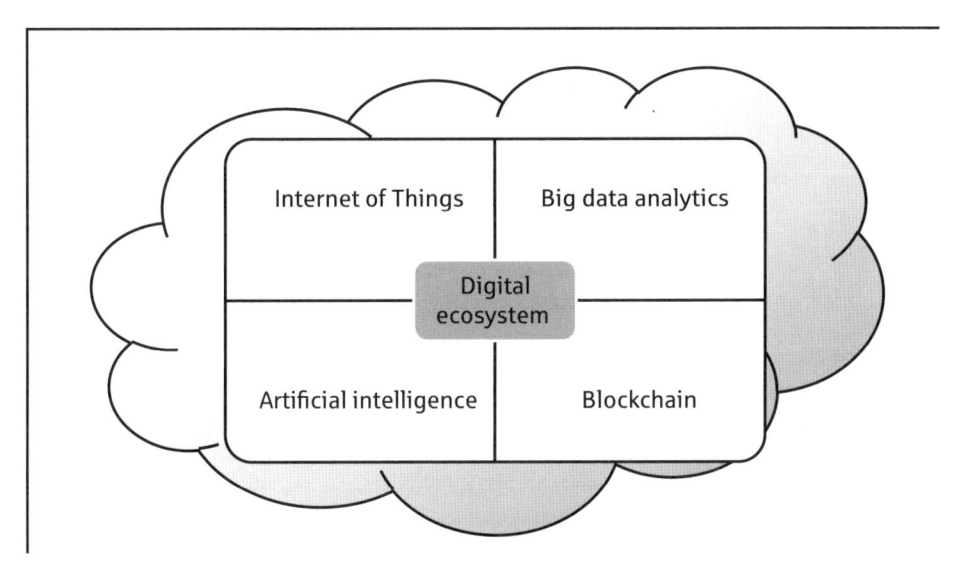

Chart 1: Key components of the cloud ecosystem.

Source: Authors concept based on *OECD Digital Economy Outlook 2017*, OECD Publishing, Paris 2017, pp. 24–25.

Further, in the *OECD Digital Economy Outlook* the main three vectors of digital transformation are described and these are[1]:
- scale, scope and speed,
- ownership, assets and economic value,
- relationships, markets and ecosystems.

---

1 *OECD Digital Economy Outlook 2017*, OECD Publishing, Paris 2017, p. 26.

The understanding of these vectors (Table 1) will allow to improve the knowledge about the development of digital transformation and related policy implications.

Table 1: Vectors of digital transformation.

Scale, scope and speed	Scale with little mass	close to zero, marginal costs, with the global reach of the Internet, possibility to scale very quickly, often with few employees, tangible assets or a geographic footprint
	Panoramic scope	unprecedented complexity in products and services, co-operation of components from different sources, furthering economies of scale and scope, from combining, processing and integrating digital resources at a global level.
	Temporal dynamics	digital technology accelerates communications, commerce, the diffusion of information and innovation, and changes in economic and social practices
Ownership, assets and economic value	»Soft« capital	growing importance of intangible sources of value, especially software and data
	Value mobility	software and data can be stored or exploited anywhere, decoupling value from specific geographic locations
Relationships, markets and ecosystems	Intelligence at the edges	The intelligence of the network moved from the centre to the periphery
	Platforms and eco-systems	Digital technology enables expanded interactions and behaviour among individuals, communities, businesses and governments which propelled development of platforms
	Loss of place	Internet enables value creation, transactions and interaction regardless of location and borders

Source: Author's concept based on *OECD Digital Economy Outlook 2017*, OECD Publishing, Paris 2017, p. 26.

On top of the mentioned components of the new ecosystem and vectors of digital transformation, other elements can be added:
- development of social media,
- mobile computer devices especially smartphones,
- cloud computing,
- real-time analytics,
- omnichannel approach,
- hyperconnectivity etc.

What is important, is that development of all these factors, which function with combination and synergy together creates this dynamic reality that integrates more and more factors into its environment. Value of any two factors separately, when combined together creates additional, new value. Example:
- omnichannel approach, understood as a strategy of a supplier to reach the client using multi-channel approach in cooperation and integration, and that also includes communication channels[1],
- hyperconnectivity, is the use of many systems and devices so that you are always connected to social networks and other sources of information[2].

The omnichannel approach is something much more powerful in condition of hyperconnectivity (common use of smart phones) rather than functioning on its own. Therefore, integration of the new digital environment is a process providing new, additional strengths and opportunities. The characteristics of the described environment is very important for running a business especially in regard to gaining or maintaining the market position.

The digital transformation is often related to the industrial revolution in the XIX century, which had turned the world economy upside down. If we use this comparison, the question how the progress of digital transformation will change the modern science, system and whole business sectors, and that includes banking sector. This highlighted problem may be very important and current, indicating the need of fundamental changes in the current business model of savings bank as one of the fields of adaptation.

15.4 In search of new sources of competitive advantage

Today, existing in the new digital sphere is not an innovation anymore. It's a must to gain a competitive advantage or further, it's a must to exist. Even more, digital transformation is not the future, it's today. The situation is especially important for businesses where tradition and stability were the core of the success ie. financial services especially related to the banking business. Digitisation has

---

[1] N. Beck, D. Rygl, *Categorization of multiple channel retailing in Multi-, Cross-, and Omni-channel Retailing for retailers and retailing*, in:. *Journal of Retailing and Consumer Services*, Vol. 27, 2015, p. 174.
[2] Collins dictionary, https://www.collinsdictionary.com/dictionary/english/hyperconnectivity, (Access 11.6.2019).), and A. Quan-Haase, B. Wellman, *Hyperconnected Net Work: Computer-Mediated Community in a High-Tech Organization,* in: *The Firm as a Collaborative Community: Reconstructing Trust in the Knowledge Economy*, Ch. Heckscher, P. Adler (ed.), Oxford University Press, New York 2006, pp. 281–333.

been listed as one of the three forces currently changing the banking system in Germany, along with low interest rates and regulatory tightening[1].

The most obvious result of technical progress for the banking services market is the development of e-banking but, as mentioned above, just as until recently it could be considered an advantage, nowadays it is a necessity. E-banking is no longer a source of advantage or dominance but it's a current starting point.

Other important aspects for the functioning of banks that seems to be extremely important for savings banks in Germany are the low or negative interest rates. In such conditions a large part of banks is looking for new sources of revenue by increasing fees. In the era of the emergence of modern virtual service providers isn't this a nail to the coffin? Furthermore, is today the bank's security such an important asset that overcomes other competitive advantages of other non-bank financial intermediaries? After consideration of these aspects, it seems that thorough reflection about the future of banking is necessary.

In today's environment it is the client's needs that drives the market. This new environment and new technologies allow new entities to start competing with other, that already have established market position. Very often, the new players are new entities, start-ups, or companies from other business sectors[2]. On one hand such situation increases competition, on the other there are new possibilities of strategic alliances and partnerships. A review of the literature about the competitive structure of the banking services market allows to conclude that the competitive behaviour of banks does not necessarily depend on the number of suppliers on the market or their concentration.

Table 2: Factors affecting competition in the banking sector

Factors affecting:	
competitive behaviour of banks	competition in the field of banking services technology
• freedom to enter the market, • asymmetry of information, • branch network, • technology of providing services.	• e-banking, • scale effects that increase the size of banks, • electronic payment systems, • credit information bureaus, • the appearance of fintech enterprises.

---

1   P. Koch, M. Flötotto, U. Weigl, G. Schröck, *The road Ahead Perspectives on German banking*, German Banking Practice March 2016, McKinsey & Company, p. 6, A. Koronowski, *Stopa procentowa jako argument funkcji popytu na pieniądz*, in: *Ekonomista*, Zeszyt: 2, Key Text, Warsaw 2006, pp. 145–168.

2   More regarding the role of start-ups in todays economy in: M. Chrzanowski, P. Zawada, *Otwarte Innowacje i ich wykorzystanie w przedsiębiorstwach typu start-up*, OW Politechniki Rzeszowskiej, Rzeszów 2018, pp. 13–57.

Source: Authors concept based on A. Baszyński, *Zmiana technologiczna jako determinanta struktury konkurencyjnej rynku usług bankowych*, in: *Finanse dziś i jutro – szanse, wyzwania i zagrożenia*, Zeszyty Naukowe Wydziału Zamiejscowego w Chorzowie
Wyższej Szkoły Bankowej w Poznaniu, Nr 18/2016, Poznań-Chorzów 2016, p. 24.

It is therefore important for banks to adapt their strategy in regard to the changing business reality. The important strategic activities should focus on[1]:
- introduction of a digital brand,
- digitization of processes,
- modernisation and building of a positive digital customer experience,
- launch of new digital functions.

Within the banking sector, especially in the savings banks segment, a strategic breakthrough is needed. Failure to address challenges or attempts to downplay the current situation may result in the loss of attractiveness to more flexible organisations (eg Fintech), market loss and can cause essential existential difficulties of the entire pillar. At the same time, the digitization process has boosted the growth of the shadow banking sector, not only in the more developed western EU countries, but also in the countries from Central and Easter Europe[2].

In connection with the changes, it is necessary to re-evaluate the goals by answering what a savings bank is today, what are the expectations of the savings banks clients, what should be the operational and development strategy – the business model, that would allow adapting to the changing demand.

15.5 Revolution of the business model – get ready for a long journey

In regard to the digital revolution, the developing digital sector is not a separate sector in the economy. It is a sector that has created a new business model that uses online platforms. In the context of banking, the strength and at the same time the condition for the existence of a traditional banking sector was the belief that clients had trust in:
- banking operations,
- the security of personal data (data protection),
- experience in consulting,

---

1 B. Nocoń, *Cyfryzacja przyszłością instytucji finansowych?* in: A. Kawiński, A. Sieradz (ed.), *Wyzwania informatyki bankowej, 2019, VI edycja*, Centrum myśli strategicznych, Sopot 2019, pp. 16–20.
2 C. M. Apostoaie, *The shadow banking sector in Romania*, in: *EUFIRE 2017 – Proceedings of the International Conference on European Financial Regulation*, M. Tofan, A. Roman, I. Bilan (ed.), 1, Editura Universității Alexandru Ioan Cuza, Iasi 2017, pp. 141–161.

- risk management,
- wealth management, etc.

Today it is difficult to call banking sector traditional. In principle, it is problematic to imagine a bank that would not give the possibility of using Internet solutions involving many channels to reach the customer. These solutions, such as home banking, smartphone application, etc., which recently could have been a competitive advantage, today are basically a customer requirement for the bank.

Technological changes force organisational and strategic changes. The centre of gravity shifts from traditional banking activities through branches and concentration on products and transactions, to new forms of activity saturated with new technologies. In the process of becoming more digitized, banking institutions bring their contribution in the greening of the banking system, in particular, and of the financial system, in general.[1]

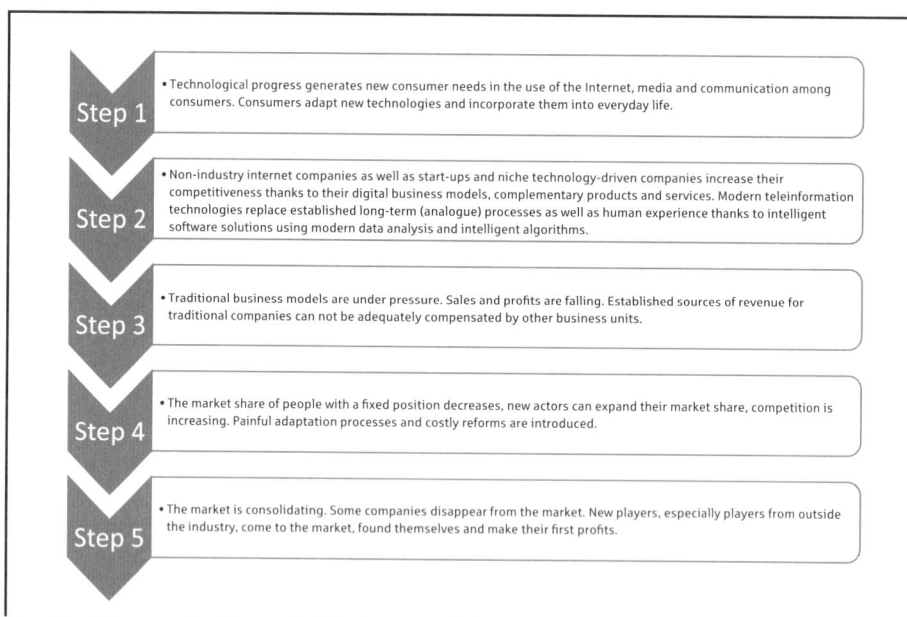

Step 1
- Technological progress generates new consumer needs in the use of the Internet, media and communication among consumers. Consumers adapt new technologies and incorporate them into everyday life.

Step 2
- Non-industry internet companies as well as start-ups and niche technology-driven companies increase their competitiveness thanks to their digital business models, complementary products and services. Modern teleinformation technologies replace established long-term (analogue) processes as well as human experience thanks to intelligent software solutions using modern data analysis and intelligent algorithms.

Step 3
- Traditional business models are under pressure. Sales and profits are falling. Established sources of revenue for traditional companies can not be adequately compensated by other business units.

Step 4
- The market share of people with a fixed position decreases, new actors can expand their market share, competition is increasing. Painful adaptation processes and costly reforms are introduced.

Step 5
- The market is consolidating. Some companies disappear from the market. New players, especially players from outside the industry, come to the market, found themselves and make their first profits.

Chart 2: Stages and patterns of digital structural change.

Source: Authors concept based on T.F. Dapp, 2014a, Die digitale (R)evolution im Finanzsektor, Banking mit Human Touch, Deutsche Bank Research. Aktueller Kommentar, www.dbresearch.de [access: 14.4.2017].

---

1   C. M. Apostoaie, *Green Banking: A Shared Responsibility between Financial Regulators and Banking Institutions*, in: *SEA – Practical Application of Science*, VI(18), Romanian Foundation for Business Intelligence, 2018. pp. 275–281.

Chart 2 pictures stages and patterns of digital structural change. The analysis of this process in relation to the banking sector prompts reflections and emerges doubts: will the banks in the digitized world be dominated by non-bank technology leaders, or will there be a different system of cooperation in the markets and how will it affect banks? There is an increasing view, and perhaps the fear that the world is approaching the end of the world of banking as we know it.

The bank's digital transformation is an operation based on changing the business model by adjusting the current one, as well as establishing new processes, tools and solutions (both within the offered banking products and services – external transformation, but also their support and development of distribution channels – internal transformation), based on modern technologies to meet the evolving needs of customers[1]. The implementation of an effective digital transformation of the banking sector should be based on four main pillars, which are at the same time new challenges for the banks of the digital era.

Table 3: Pillars of digital transformation of a bank

focus on customer needs	• to get to know the client – focus on the client's experience and on his / her needs, • online access to all bank services, • service to be provided immediately after the demand has been reported, • personalisation of the offer for the client (simultaneous intolerance of the client for unsuccessful proposals),
concentration on customer experience	• reformulation of the role of branches from treating them as a delivery channel to a place where the highest quality information can be obtained, • convenience and ease of use, • mindfulness and pragmatism of the bank, • readiness and creativity,
openness to innovation	• integration of marketing and IT, • combining banking services with a wide range of complementary services, • innovations in payment solutions, ie. combining credit cards with loyalty cards,
organisational flexibility	• ability to quickly implement new solutions, • the use of flexible IT platforms.

---

1 P. Druszcz, *Digitalizacja produktów bankowych jako cel strategiczny uczestników polskiego sektora bankowego*, Ruch prawniczy, ekonomiczny i socjologizny, Rok LXXIX, Zeszyt 1, Wydział Prawa i Administracji UAM, Poznań 2017, p. 237.

Source: Author's concept based on P. Druszcz, *Digitalizacja produktów bankowych jako cel strategiczny uczestników polskiego sektora bankowego*, Ruch prawniczy, ekonomiczny i socjologizny, Rok LXXIX, Zeszyt 1, Wydział Prawa i Administracji UAM, Poznań 2017, p. 240 and A. Pyka, A. Sieradz, *Bank detaliczny ery »Digital"*, in: A. Kawiński, A. Sieradz (ed.), *Wyzwania informatyki bankowej,*, EKF, Gdańsk 2015, pp. 21–24.

To secure the financial position that is to defend existing revenue pools and, where possible, meet the cost base or lift revenues, banks have focussed their strategic planning on a number of possible initiatives, ie.[1]:

- multichannel excellence – the multichannel offerings must be tailored to the needs of different banking segments,
- selective reinternationalisation – many banks have the scale and skills to diversify their business abroad,
- increased mergers and acquisitions activity – M&As allow banks to improve their revenue base, which leads to scale improvement, and to realize cost synergies over time,
    - make-or-buy decisions – strategic re-evaluation of a bank's strengths along the value chain. Many banks will gain advantage by:
    - sourcing out certain of their own processes or services,
    - building strategic partnerships or joint ventures for shared platforms and services with other banks, and/or,
    - offering certain services and operations to others,
- digitization of the value chain – The automation of standard processes, back-office integration, and transaction processing as a powerful cost lever, also improvement of customer experience,
- consolidating the business model and simplifying the product portfolio – Make-or-buy decisions will help simplify business models,
- customer experience – satisfaction and brand appeal – use big data to reinforce their connection to the customer, revitalize their brand appeal, and push the customer experience to more satisfying levels.

The bank must be safe but fast, cheap, tailored to the customer's needs and smart. Today, it is difficult to talk about customer loyalty or sentiment. Today's client is mobile, he comes and goes, does not stay in the bank through sentiment or habit, and because the bank accompanies him in all phases of his life as a consumer and as an economic entity. Based on the above considerations the future of German retail banking can be drawn. This modernised sector is expected to be mainly digital, online, mobile, simple & fast but also with individual service, focus on the needs and experience of its client.

---

[1] P. Koch, M. Flötotto, U. Weigl, G. Schröck, *The road Ahead Perspectives on German banking*, German Banking Practice March 2016, McKinsey & Company , pp. 51–52.

15.6 Threats of digital revolution

The new digital reality brings what is good and bad to the table. As mentioned above, there are many opportunities for banks in the digital era. But to complete the SWOT analysis also threats must be identified. The aim of the lecture doesn't include a thorough analysis of the negative aspects of digitization therefore this part of the chapter will be rather synthetic.

We may expect that digital transformation will generate consequences for banks but also to their clients. New digital solutions deliver new special challenges in regard to the critical processes of the bank's operation[1]:
- responsibility,
- scale of outsourcing of critical business processes in relation to operational risk,
- security of data and information,
- continuity of operation,
- risk monitoring,
- personal data protection,
- acceptable place of processing even outside the country.

Furthermore, there is a number of new risks and fraud possibilities related to operating in the Internet and new technologies, and these are:
- viruses, trojans, spyware, worms,
- illegal acquisition of data,
- phishing,
- rootkits,
- browser hijacking,
- ransomware (rogueware or scareware),
- account takeovers,
- keyloggers etc.

For banks security and fraud protection will never be optional. Digital banking can only function if consumers are convinced of the security of their data and payments. Materialisation of one of the above-mentioned risks may indeed result in losses of a single bank, but also depending on the situation can even breach stability of the whole system. The security of individual institutions is

---

1 A. Sieradz, G. Kuliszewski, *Bank w chmurach*, in: A. Kawiński, A. Sieradz (ed.), *Wyzwania informatyki bankowej 2016*, Instytut Badań nad Gospodarką Rynkową, Gdańsk 2016, pp. 43–44.

still crucial for the stability of the entire system, which in new conditions seems to be an additional challenge for network authority's safety[1].

15.7 Summary

Digitization is our present reality. It is mentioned as one of the main forces shaping transformations in today's society, in organisations, enterprises as well as in the economic sphere. The strength of these changes has a very large potential. We can expect consequences for individual professions, where some will disappear, but new ones may show, as well as for production related to further automation and robotisation. The force of digitization may even be result in changes in the current structure of leaders of individual markets, major players and even the economic position of countries.

Digitization also takes place in the banking sector. Banks will become more and more digital. This process is in a sense caused by changes in the habits of customers who are friends with technology and require contact with technology to have a positive experience with a service. Thus, the changing habits of consumer demand new ways to use financial services. Today's traditional branch-based banking becomes unattractive in the context of low cost, immediate, anytime-anywhere banking with convenience and transparency.

The aim of the chapter is to characterise the importance of the digital transformation in regard to the banking business. Referring to the aim, the following general conclusions have been formulated regarding the expected changes on the banking market:
- traditional financial institutions will have to give away some of the market share to fintech's,
- changes among the leaders and tycoons can be expected, also changes in the structure of the market and even disappearance of some banks from the market,
- emerging competition of fintech's, but also multifaceted cooperation of fintech's with banks.

High entry costs are associated with digitization, and these are costs of development of software and costs of technical infrastructure. On the other hand, the launch of new solutions is offset by further near-zero marginal costs.

---

1 P. Komorowski, *The life cycle of a crisis – a model of the course of an economic collapse*, in: *Studia Ekonomiczne. Zeszyty Naukowe Uniwersytetu Ekonomicznego w Katowicach*, Zeszyt: 325, Uniwersytet Ekonomiczny w Katowicach, Katowice 2017, pp. 95–109, P. Komorowski, *Financial dimension of economic security of the state in conditions of globalization as a prerequisite for economic growth*, in: Economic Growth in Conditions of Globalization: competitiveness, innovation, sustainability, National Institute for Economic Research, Chisinau 2017, pp. 8–16, R. Perciun, *The management of financial stability in national strategies*, in: *Economy and Sociology*, No 1–2/2017, Complexul Editorial »INCE«, Chisinau 2017, pp. 23–32,

The expected and anticipated activities of banks related to digitization can be divided into internal, related to management within the organisation:
- back-office automation,
- using platforms for human resources management and employee training,
- system integration that provides advanced analytical tools to optimize tasks and processes.

Today, in business the processes become organised differently, as it is possible to monitor processes in global corporations in real time. The challenges concerning changes in the internal management are supplemented with activities aimed externally, at reaching the client:
- introducing new digital products and services, flexible, tailored to the individual needs of each client,
- redesigning sales and service processes,
- focus on omnichannels, not transactions, products or branches,
- modernisation and development of transaction systems.

In the case of savings banks in Germany, digitization is a big challenge. The Sparkassen were established as a result of the need to invest in the country and in German society, with clear mandates of public service, principle of regionalism and meeting the particular needs and challenges of the regions. It is important to consider whether this traditional approach to banking business can be preserved in the era of changes related to digitization. Furthermore, will the future of savings banks be driven by evolution, i.e. acting on the principle of small steps in modernisation the business model, or a revolution, i.e. technological leap and implementation of the idea of a modern and smart savings bank?

Sources

Apostoaie C. M., *Green Banking: A Shared Responsibility between Financial Regulators and Banking Institutions,* in: *SEA – Practical Application of Science,* VI(18), Romanian Foundation for Business Intelligence, 2018,

Apostoaie C. M., *The shadow banking sector in Romania,* in: *EUFIRE 2017 – Proceedings of the International Conference on European Financial Regulation,* M. Tofan, A. Roman, I. Bilan (ed.), 1, Editura Universității Alexandru Ioan Cuza, Iasi 2017,

Beck N., Rygl D., *Categorization of multiple channel retailing in Multi-, Cross-, and Omni-channel Retailing for retailers and retailing,* in:. *Journal of Retailing and Consumer Services,* Vol. 27, 2015,

Chrzanowski M., Zawada P., *Otwarte Innowacje i ich wykorzystanie w przedsiębiorstwach typu start-up,* OW Politechniki Rzeszowskiej, Rzeszów 2018,

Collins dictionary, https://www.collinsdictionary.com/dictionary/english/hyperconnectivity, (Access 11.6.2019).),

Dombret A., *Was bedeutet Digitalisierung für den Bankensektor in Deutschland*, speech A. Dombret at the Bundesbank Symposium *Bankenaufsicht im Dialog*, Frankfurt am Main, 8 July 2015,

Druszcz P., *Digitalizacja produktów bankowych jako cel strategiczny uczestników polskiego sektora bankowego*, Ruch prawniczy, ekonomiczny i socjologizny, Rok LXXIX, Zeszyt 1, Wydział Prawa i Administracji UAM, Poznań 2017,

Filip D., *Big Data – narzędzie instytucji finansowych w dotarciu do klienta*, in: Ekonomia, Wroclaw Economic Review, 21/3(2015), Wydawnictwo Uniwersytetu Wrocławskiego, Wrocław 2015,

Koch P., Flötotto M., Weigl U., Schröck G., *The road Ahead Perspectives on German banking*, German Banking Practice March 2016, McKinsey & Company,

Komorowski P., *Financial dimension of economic security of the state in conditions of globalization as a prerequisite for economic growth*, in: Economic Growth in Conditions of Globalization: competitiveness, innovation, sustainability, National Institute for Economic Research, Chisinau 2017,

Komorowski P., *The life cycle of a crisis – a model of the course of an economic collapse*, in: Studia Ekonomiczne. Zeszyty Naukowe Uniwersytetu Ekonomicznego w Katowicach, Zeszyt: 325, Uniwersytet Ekonomiczny w Katowicach, Katowice 2017,

Koronowski A., *Stopa procentowa jako argument funkcji popytu na pieniądz*, in: Ekonomista, Zeszyt: 2, Key Text, Warsaw 2006,

Measuring the Digital Economy, International Monetary Fund, Washington, D.C. 2018,

Moore G., *Cramming more components onto integrated circuits*, Electronics Magazine, 1965,

Nocoń B., *Cyfryzacja przyszłością instytucji finansowych?* in: A. Kawiński, A. Sieradz (ed.), *Wyzwania informatyki bankowej, 2019, VI edycja*, Centrum myśli strategicznych, Sopot 2019,

OECD Digital Economy Outlook 2017, OECD Publishing, Paris 2017,

Perciun R., *The management of financial stability in national strategies*, in: Economy and Sociology, No 1 – 2/2017, Complexul Editorial »INCE«, Chisinau 2017,

Prokopowicz D., Gwoździewicz S., *The Big Data technologies as an important factor of electronic data processing and the development of computerized analytical platforms, Business Intelligence* in: International Journal of Small and Medium Enterprises and Business Sustainability, volume 2, issue 4, November 2017, Center for Industry, SME and Business Competition Studies, University of Trisakti in Jakarta,. University of Social Sciences, Warsaw 2017,

Quan-Haase A., Wellman B., *Hyperconnected Net Work: Computer-Mediated Community in a High-Tech Organization*, in: *The Firm as a Collaborative Community: Reconstructing Trust in the Knowledge Economy*, Ch. Heckscher, P. Adler (ed.), Oxford University Press, New York 2006,

Sieradz A., Kuliszewski G., *Bank w chmurach*, in: A. Kawiński, A. Sieradz (ed.), *Wyzwania informatyki bankowej 2016*, Instytut Badań nad Gospodarką Rynkową, Gdańsk 2016,

The Atlantic, Interview with Eric Schmidt, Google CEO, https://www.theatlantic.com/technology/archive/2010/10/googles-ceo-the-laws-are-written-by-lobbyists/63908/#video (Access 26.6.2019).),

Toffler A., *Future Shock*, Bantam Books, 1970,

Toffler A., *The Third Wave*, Bantam Books, 1980,

Wtulich P., *Cyfrowa transformacja... od podstaw*, https://www.cxo.pl/news/Cyfrowa-transformacja-od-podstaw,406745.html (Access 20.6.2019).

Autoren

Jens Biehsmann verantwortet als Partner der CP Consultingpartner AG das Kundensegment Sparkassen. Er berät seit vielen Jahren Banken und Sparkassen zu den Themenfeldern Gesamtbanksteuerung, Vertriebssteuerung, Risikomanagement und Aufsichtsrecht.

Dr. Markus Bock ist Geschäftsbereichsleiter »Banksteuerung, Meldewesen, Risikomanagement« bei der Finanz Informatik, dem zentralen IT-Dienstleister der Sparkassen-Finanzgruppe, und verantwortet somit die Entwicklung sowie den Betrieb der entsprechenden FI-Anwendungen in der Sparkassen-Finanzgruppe.

Heinz-Paul Bonn, Gründer des Softwarehauses GUS Group, hat sich einen Namen gemacht als langjähriger Vizepräsident des Hightech-Verbands Bitkom. Er hat mehrere Bücher über den deutschen Mittelstand geschrieben und gilt als eine der bekanntesten Persönlichkeiten der deutschen IT-Szene.

Christian Damaschke ist seit 2018 Mitglied in der Geschäftsführung der Sparkassen Rating und Risikosysteme GmbH und hat Führungserfahrung in den Bereiche Rating-Verfahren, Individualprojekte sowie Data Analytics.

Frank Demmer ist in leitender Funktion für den Geschäftsbereich Vorstandsstab, Innovationsmanagement und Unternehmensstrategie bei der LBS West verantwortlich. Hier ist er als Vertreter des Vorstandes auch für Digitalisierungsfragen zuständig und zugleich Mitglied des Fachausschusses Digitalisierung der LBS Gruppe.

Markus Derer ist nebenberuflicher Doktorand an der Technischen Universität Dresden mit dem Forschungsschwerpunkt Bewertungssysteme neuartiger Mobilitätskonzepte. Des Weiteren verantwortet er den Bereich Mobility Consulting bei der FMS Future Mobility Solutions GmbH.

Carsten Giebe ist seit 2019 Senior Referent Data Analytics in der Sparkassen Rating und Risikosysteme GmbH. Seit 2017 ist er Doktorand eines berufsbegleitenden Promotionsstudiengangs für Management und Organisationswissenschaften.

Thomas Hämmerl ist Prokurist bei der Sparkassen Consulting GmbH mit den Schwerpunkt Unternehmensentwicklung & Ressourcenoptimierung. Nach dem Zusammenschluss mit dem Beratungshaus Nord Ost in 2013 übernahm er als Prokurist die Beratungsthemen rund um den Betriebs- und Steuerungsbereich. Die Digitalisierung der internen Bereiche, insbesondere der Bürokommunikation ist ihm dabei ein besonderes Anliegen.

Marcel Kaletta ist Seniorberater bei der Sparkassen Consulting GmbH und verantwortet dort die Aktivitäten und Beratungsprojekte in den Themenbereichen digitale Bürokommunikation sowie ICM (Intranet Content Management der Finanz Informatik). In diesem Rahmen unterstützt er seine Kunden bei der erfolgreichen Umsetzung der digitalen Transformation im innerbetrieblichen Bereich einer Sparkasse.

Dr. Rainer Klingeler unterstützt als Partner der CP Consulting Partner AG seine Kunden bei der aufsichtsrechtlich konformen Umsetzung von Risikomanagementsystemen. Außerdem verantwortet er die Aktivitäten und Beratungsprojekte der CP BAP Gruppe im Bereich Data Analytics.

Siegfried Knoche ist im Sparkassenverband Bayern Bereichsleiter »Digitaler Vertrieb und Kommunikation« und verantwortet u. a. die Schwerpunkte Digitalisierung für Privat- und Firmenkunden sowie Data Analytics. Dazu berät er mit seinem Team die Bayerischen Sparkassen und unterstützt sie in der Umsetzung und Intensivierung der digitalen Handlungsfelder.

Dr. Piotr Komorowski ist Assistant Professor am Department of Finance, Institute of Sociology, Faculty of History and Social Sciences, an der Cardinal Stefan Wyszyński Universität in Warschau, Polen.

Klaus G. Leyh verantwortet als Vorstandsmitglied des Konzerns Versicherungskammer das Ressort Vertrieb und Marketing. Neben den personellen Vertrieben in den Geschäftsgebieten Bayern und der Pfalz und dem Onlinevertrieb über vkb.de obliegen ihm das konzernweite Vertriebsmanagement sowie die Bereiche Vertriebstechnik und Konzern-Marketing.

Laura Linzmeier ist Beraterin bei der Sparkassen Consulting im Unternehmensbereich Vertrieb und Digitales. Sie verfügt über langjährige Erfahrung im Sparkassengeschäft und unterstützt Sparkassen in verschiedenen vertrieblichen Themen, digitalen Strategien und Vertriebsmodellen (Digitales BeratungsCenter / Omnikanalberatung).

Teresa März ist im Vorstandssekretariat der Kreissparkasse Kelheim tätig und hat sich während ihres berufsbegleitenden Studiums zum Bachelor of Arts intensiv mit den Methoden des Projektmanagements beschäftigt. Die Möglichkeiten des Digital Bankings für die Kreissparkasse Kelheim hat sie für ihre Bachelor-Thesis sowohl theoretisch als auch in der Praxis erörtert und umgesetzt.

Univ.-Prof. Dr. Marcus Riekeberg ist Geschäftsführer der Sparkassen Consulting GmbH und lehrt an der Privatuniversität Schloss Seeburg in Seekirchen bei Salzburg/Österreich. Neben der Lehr- und Forschungstätigkeit sowie der Beratung von Sparkassen – vor allem in strategischen Fragestellungen – hat er sich nicht zuletzt durch zahlreiche Buch- und Zeitschriftenpublikationen einen Ruf als Zukunftsspezialist und Speaker rund um das Thema »Disruptive Veränderungen in der Bankenwelt« erworben.

Dr. Reinhold Roller ist Partner der Rechtsanwaltskanzlei Dr. Roller & Partner in München. Er ist Fachanwalt für Steuerrecht sowie für Bank- und Kapitalmarktrecht und ist außerdem als Referent im Rahmen der Ausbildung zum Fachanwalt für Bank- und Kapitalmarktrecht tätig.

Dr. Stephan Spieleder verantwortet als Vorstandsmitglied des Konzerns Versicherungskammer das Ressort IT, Digitalisierung, Projekte und Beratung sowie Allgemeine Services. Seit mehr als 20 Jahren ist der Wirtschaftswissenschaftler in der Versicherungskammer in unterschiedlichen Führungspositionen tätig – seit 2008 ist er Vorstandsmitglied der Versicherungskammer Bayern.

Tobias Sterr ist Referent an der Sparkassenakademie Bayern für den Bildungsbereich Betriebswirtschaft und Informationstechnologie. Er ist verantwortlich für die Bildungsangebote in den Bereichen Marketing und Vertriebsmanagement, Standardschulungen der Finanz Informatik, Microsoft Office und Bürokommunikation sowie weitere IT-Themen.

Peter Marc Stober ist seit 2007 Sprecher der Geschäftsleitung LBS Hessen-Thüringen und Vorsitzender des Fachausschusses Digitalisierung der LBS-Gruppe.

Dr. Erich R. Utz, der Herausgeber dieses Werks, ist Vorstandsmitglied in der Kreissparkasse Kelheim, war zuvor stellvertretendes Vorstandsmitglied in der Sparkasse Ulm und dort als Abteilungsdirektor für das Vertriebsmanagement, die Organisation und einen Marktbereich zuständig. 1980 hat er seine Ausbildung zum Bankkaufmann in der Kreissparkasse Augsburg begonnen. Da er unterschiedliche Leitungsfunktionen der Bereiche Betrieb, Vertrieb und Steuerung verantwortete, hat er eine breite Praxiserfahrung. Neben Lehraufträgen und Veröffentlichungen promovierte er zum Thema »Modelling and Measurement Methods of Operational Risk in Banking«. Auch als Herausgeber von mehreren Fachbüchern in Zusammenarbeit mit dem Deutschen Sparkassenverlag ist er tätig. Aufgrund seiner aktuellen Funktion als Risikovorstand liegt sein Aufgabengebiet in den Bereichen Marktfolge und Stab. Außerdem ist ihm ein Teilmarkt sowie die Abteilung »Private Banking/Medialer Vertrieb« unterstellt. Im Jahr 2019 hat die Kreissparkasse Kelheim einen wichtigen Schritt in die digitale Welt gemacht: Das Digitale Beratungscenter wurde mit großem Erfolg eröffnet und in die Abteilung »Private Banking/Medialer Vertrieb« integriert.

Prof. Dr. Harry Wagner ist Professor für Automotive & Mobility Management mit dem Forschungsschwerpunkt »Mobilität der Zukunft« an der Technischen Hochschule Ingolstadt. Neben seiner Professur ist er Mitglied der Geschäftsführung des Startup-Unternehmens FMS Future Mobility Solutions GmbH, das sich mit den Zukunftsthemen der Mobilität wie Digitalisierung, hochautomatisiertes Fahren sowie innovativen Mobilitätskonzepten beschäftigt.

Stichwortverzeichnis

A
Absatzziele 285
A/B-Testings 214
Advanced Analytics 200
Allfinanz 160
Artificial Intelligence 245
Automatisierung 112

B
Back-Office 314
BAIT 261
Balanced Scorecard 131
Bankenaufsichtliche Anforderungen an die IT (BAIT) 170
Bausparbranche 209
BavariaDirekt 190
Beraterrolle 310
Betriebsstrategie der Zukunft (BdZ) 122
Bevestor 239
Big Data 317
Binge Watching 43
Bürokommunikationsstrategie 125

C
Cambridge Analytica 48
Casual Banking 120
Casual Organization 120
Change Management 117, 189
Changeprozess 93
Chatbot 77
Chat-Bot 307
Closed Loop 147
Cloud-Computing 59
Cloud-Dienste 59
Consumer Device Cardholder Validation Method (CDCVM) 248

D
Data Scientists 152
Datenschutzgrundverordnung 72
Deep Learning 246
Design Thinking 133
Digitale Agenda 79
Digitales Beratungs-Center 319
Digitalisierungscoaches 96
Digitalisierungskompass 86
Digitalisierungsstrategie 324
Digital Leader 80
Disruption 40, 219
Disruptionsbasis 223

Disruptionssprung 219
Disruptionswellen 221
DSGVO 72

E
Effizienzsteigerung 46
Elektronisches Postfach 307
ePostfach 168
eSign 322

F
failure frameworks 221
Fast Follower 80
Fernabsatzverträge 54
Fintechs 247
FinTechs 74
Fuzzy-Miner 269

G
GAFAs 74
Generation Y 162
Generation Z 162
GeoFencing 199
Gesetz zur Beaufsichtigung von Zahlungsdiensten (ZAG) 57
Gradient Boosted Trees 148

H
Hubs 72

I
Innovationen 222
InsurTech Hub Munich 191

K
Kapitalanforderungen 280
KIXpertS 169
Kommunikationswege 306
Kundenerwartungen 76, 180
Kundenscores 290
Kundenverhalten 76, 303
– hybrides 88

L
Libra 235

M
Machine Learning 139, 318
Machine-Learning 147
Millennium Ecosystem Assessments 37

Miner 269
Mitarbeiter der Sparkassen 69
Mobiles Bezahlen 55
Multikanalfähigkeit 88
MyGeorge 234

N
Niedrigzinsphase 66

O
OECD Digital Economy Outlook 333
Onboarding 60
OSPlus 164
OSPlus-LBS 211
OSPlus_neo 100, 166

P
Peer-to-peer-Kredit 233
PESTEL-Analyse 296
Plattformökonomie 159
Plattform-Ökonomie 41
PM4PY 269
Predictive Analytics 202
ProcessGold 269
Process Mining 253
Profiling 58
ProM 267
Prototypen 214
Prozessaufnahme 257
ProzessPlus (PPS) 127
PSD 2 57, 66, 248
purchase offline 210

R
Regulatorik 72
research online 210
Retailbank 162
Robo-Advice 61
Roboadvisory 301
Robotic Process Automation (RPA) 169
ROPO-Ansatz 210
RoPo-Effekt 232
ROPO-Prinzip 184

S
SBroker 54
Scorecard 273
SDA 294
Segmentscores 291
S-HUB 80
Single-Sign-On-Verfahren 194
Situative Versicherungen 198
Smart Home Services 251
Smart Insurance 185
Social Media 302
Sparkassen-DataAnalytics 287
SREP 260
Studie baningo white paper 206
S-Versicherungsmanager 197

T
Transformation 111

U
Unternehmenskultur 70

V
Vergleichsportale 215
Vertriebsstrategie der Zukunft VdZ 280
Vertriebsziele 281
Videoidentifizierungsverfahren 55

W
Wettbewerbsanalyse 297
Workflow-Managementsysteme 254

X
XES 266

Z
Zahlungsdiensterichtlinie 57, 66
Zahlungsdienstevertrag 56
Zentrale Marktdatenbank des Deutschen Sparkassenverlages (DSV) 284
Zinskonditionsbeiträge 282